wohnen ist
tat—sache

jovis

In Dank und Erinnerung an Reiner Schendel.
Sein vertrauensvolles Engagement für den
produktiven Austausch junger Forscher·innen
und der Kolleg·innen vom wohnbund
ermöglichte dieses Buch.

wohnen ist tat–sache

Annäherungen an eine urbane Praxis

wohnbund e.V.
HafenCity Universität Hamburg (Hg.)

Ja, die Modernen sind vielleicht
endlich nach Hause gekommen.

Bruno Latour

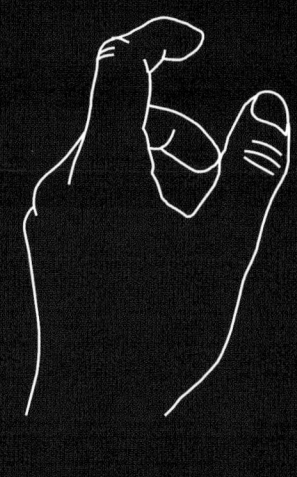
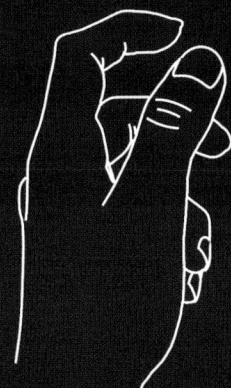
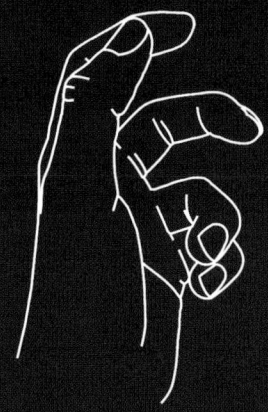
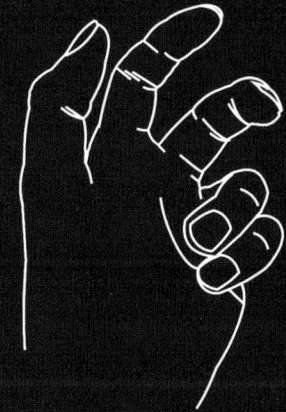
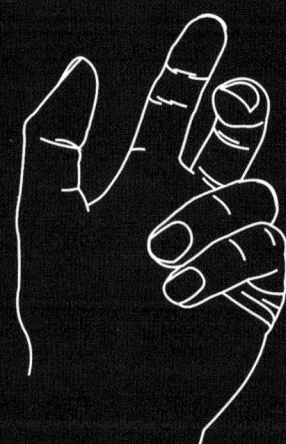
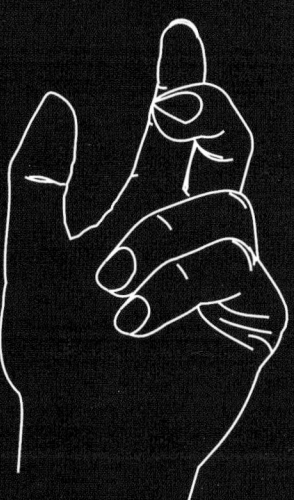
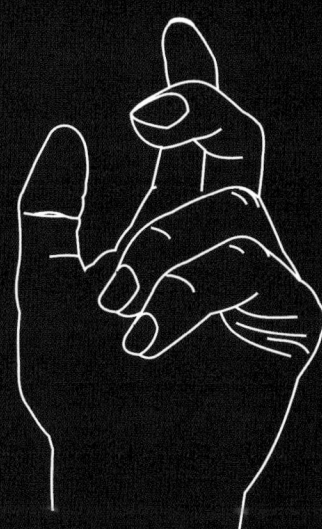

Dialektik (Illustration Jakob Kempe)

KAPITEL EINS
Interkulturelle Praxis

KAPITEL ZWEI
De–Zentral

KAPITEL DREI
Wohnen

KAPITEL VIER
Learning in process

wohnen ist tat-sache!

Sebastian Bührig und Bernd Kniess

Wir können nicht nicht wohnen. Wohnen ist ein Grundbedürfnis, alle Menschen brauchen die Möglichkeit zum Rückzug an einen Ort, der Schutz und Sicherheit gewährt.[1] Doch was tun wir, wenn wir wohnen? Schlafen, essen, uns erholen, private Beziehungen pflegen, den Haushalt führen, Nachbar sein ...? Was brauchen wir, um zu wohnen? Was tut man, wenn man wohnt? Wer wohnt mit wem zusammen? Wie wird Wohnen erlebt? Und wie kommt man überhaupt zur Wohnung?

ESSAY S. 136
Wir haben in einem Klassiker nachgeschlagen: Dem IDEALTYPUS DES MODERNEN WOHNENS nähern sich Hartmut Häußermann und Walter Siebel in ihrem Standardwerk *Soziologie des Wohnens* an. Mittels definitorischer Umgrenzungen, rechtlicher Setzungen und historischer Rückblicke beschreiben sie darin den Funktionswandel des „Wohnens" und wie es in der westlich-industrialisierten Welt charakterisiert wird.

Entsprechend der zunehmenden Ausdifferenzierung individueller Lebenslagen vervielfältigen sich auch die Formate des Wohnens. Der menschlichen Wirklichkeit des Wohnens entspricht keine von vornherein festgelegte Form.[2] (Wohn-) Raum ist nicht nur die Bühne, auf der die Handlungen des Alltags vollzogen werden, sondern er geht aus unserem Handeln überhaupt erst hervor.[3] Wohnen ist eine transformierende Tätigkeit.[4]

Was braucht es jedoch, um tätig werden zu können? Teilhabe am urbanen Alltag beginnt mit der Möglichkeit, überhaupt vor Ort sein zu können und zu dürfen.

Wohnen als Ware – Fragen der Wohnraumverteilung sind heute maßgeblich Gegenstand öffentlicher Debatten. Zentrale Lagen werden derzeit mit Nachdruck aufgewertet, von einer Krise des Wohnens ist die Rede. Denn der Finanzsektor rückte den Wohnmarkt in den Fokus globaler Investitionsströme und macht die Notwendigkeit des Wohnens zu seinem Geschäft.

Internationale Konzerne zielen auf schnelle Rendite ab, zeitgleich sind Privatanleger*innen bestrebt, ihre Spareinlagen in Immobilien zu sichern. Am anderen Ende dieser Entwicklung stehen die zur Miete Wohnenden, die sich als Nutzer*innen von Wohnräumen mit stetig steigenden Kosten ihres Daseins arrangieren müssen. Wer das nicht kann, muss auf räumlich und sozial randständige Wohnquartiere ausweichen, die im Wettstreit der Wohnungssuche übrig bleiben. Die Frage des Oben und Unten wird zu einer des Drinnen und Draußen.[5]

ESSAY S. 94
Ingrid Breckner setzt in GENTRIFIZIERUNG IM 21. JAHRHUNDERT das Phänomen Gentrifizierung in Relation zu Strukturen und Prozessen der Stadtentwicklung, welche zur sozialen Spaltung urbaner Lebenswelten und zur Zerstörung der Ressourcen aller Bewohner*innen einer Stadt beitragen.

Wer nimmt nun die Aufgabe in die Hand, die benachteiligenden Effekte sozialer und räumlicher Ausgrenzung im Zaum zu halten? Der Sozialstaat ist der Aufgabe, bezahlbaren Wohnraum für wirtschaftlich schwache Haushalte bereitzustellen, nicht länger gewachsen. Während die Bestände des sozialen Wohnungsbaus weitreichend veräußert werden, greifen privatwirtschaftliche Akteure mit global wirksamen Verwertungslogiken vermehrt unternehmerisch in den Städtebau ein.

ESSAY S. 98
Christian Schmid lotet mit HENRI LEFEBVRE UND DAS RECHT AUF STADT Möglichkeiten und Potenziale in der heutigen Urbanisierung aus, durch die ein grundlegender sozialer Wandel realisierbar würde.

Vermehrt schließen sich Menschen in Baugruppen zusammen, um auf diese Weise zukünftig vom Wert des Wohneigentums profitieren zu können. Damit einher geht eine besonders fein siebende soziale Selektion. Damit einher geht eine besonders fein siebende soziale Selektion. Ein Potenzial für sozial stärker durchmischtes Wohnen steckt in Modellen genossenschaftlichen Bauens und Wohnens. Gerade in den großen Städten wird es als eine Möglichkeit wiederentdeckt, Wohnraum dem Prinzip größtmöglicher Gewinnmaximierung zu entziehen. „Bezahlbarer Wohnraum in gemischten Quartieren", so lautet die weitverbreitete Forderung. Doch was bedeutet dies im Detail? Wie viel darf Wohnen kosten? Und wer macht was mit wem, wann, wie und wo in der Lebenswelt der vielbeschworenen „sozialen Durchmischung"?

ESSAY S. 104
Andrej Holm und Henrik Lebuhn betonen in ihrem Beitrag DIE STADT POLITISIEREN. FRAGMENTIERUNG, KOHÄRENZ UND SOZIALE BEWEGUNGEN IN DER

„SOZIALEN STADT" soziale und politische Widersprüche in der Stadt und plädieren für die Anerkennung von Selbstorganisationsprozessen, Protesten und Mobilisierungen von Anwohner*innen innerhalb und außerhalb formalpolitischer Strukturen als konstitutive Bestandteile von Stadtpolitik.

Menschen, die ihre Heimatländer verlassen haben, weil dort Krieg herrscht und/oder sie aufgrund ihrer Rasse, Religion, Nationalität, politischen Meinung oder Zugehörigkeit zu einer bestimmten sozialen Gruppe verfolgt wurden, sind ein Teil unserer Realität, mit dem wir umzugehen haben. Häufig sind sie nach ihrer Ankunft gezwungen, sich mehr schlecht als recht irgendwie aufzuhalten.[6] Ihnen muss der Zugang zu Wohnen, Arbeit und Bildung genauso ermöglicht werden wie den erwünschten und dringend benötigten Fachkräften mit ihren Familien. Einwanderung und Veränderung gehörten von Beginn an zum Wesen der Stadt. Das Aushalten des Anderen, des Fremden ist eine der bedeutsamsten Revolutionen in der Zivilisationsgeschichte der Menschheit. Schon immer war die Stadt notwendigerweise der Ort verschiedener Meinungen und Meinungsverschiedenheiten. Sicher ist, dass lebende Systeme den Austausch mit dem Außerhalb ihrer Grenze benötigen, um zu bestehen. Und mehr denn je herrscht heute in unseren Städten ein Nebeneinander von verschiedenen Lebensentwürfen vor. „Zufällige" Begegnungen mit dem „Fremden" sind eben jener Ausdruck von Verstädterung, der den Menschen ins Innere dringt. Eine Herausforderung, die aktuell unsere Gesellschaft spaltet: In der Bevölkerung sieht sich die tatkräftige Unterstützung einer offenen Willkommenskultur mit einer wütenden Angst konfrontiert, die nur allzu leicht in Hass und Gewalt entflammt. Doch welches sind die Schnittstellen, an denen interkultureller Kontakt stattfindet, der das Nebeneinander in Beziehungen bringt? Diese gelebte Praxis gilt es zu erforschen und zu befördern. Damit das gelingen kann, muss auch den Stimmen derjenigen Raum gewährt werden, die üblicherweise in Planungsprozessen überhört werden.

KAPITEL 1 S. 22
ESSAY S. 40

In INTERKULTURELLE PRAXIS geht es um die mannigfaltigen interkulturellen Zusammenhänge, die zunehmend unsere Gesellschaft prägen. Wer integriert wen wohin? „Die Einwanderungsgesellschaft spielt sich seit jeher am intensivsten in den Städten ab" schreibt Mark Terkessidis in KOLLABORATION STATT INTEGRATION. INTERKULTURELLE HERAUSFORDERUNGEN AN DIE STADT DER ZUKUNFT und richtet damit den Fokus auf die Frage, auf welche Weise die Interkulturalisierung auf die Stadt wirkt und was dies für ihre Gestaltung künftig bedeuten muss. Dazu werfen wir einen Blick auf den Hamburger Stadtteil Wilhelmsburg, der exemplarisch für einen urbanen Raum des Durchreisens und des Ankommens, des Aufeinandertreffens verschiedener kultureller Zusammenhänge steht.

In den Kernstädten wird es zusehends enger. Gleichwohl haben diejenigen, die dort wohnen, mehr Platz: Rund jeder zweite Haushalt in Deutschland wird mittlerweile von nur einer Person unterhalten.[7] Standen im Jahr 1998 jedem Einwohner noch durchschnittlich 39 Quadratmeter zur Verfügung, so beträgt die durchschnittliche Fläche 2013 bereits 45 Quadratmeter – Tendenz steigend.[8] „Familie" ist, bezogen auf das Zusammenleben, nur eine Möglichkeit unter vielen und in der Regel ein temporärer Verbund. Die klassische Wohnkonstellation des Ehepaars mit zwei Kindern ist ein statistisch wenig relevantes Auslaufmodell. Dies bedeutet aber nicht zwangsläufig, dass unsere Gesellschaft vereinzelt und vereinsamt. Viele Alleinlebende betrachten ihre Eigenständigkeit als eine Übergangsphase, auf die wieder neue Formen gemeinschaftlichen Wohnens folgen können. Wohngemeinschaften aller Altersgruppen, Patchwork-Familien, Mehrgenerationenwohnen oder multilokales Arbeiten und Wohnen sind Beispiele für die vielfältigen Varianten, in denen Menschen heute ihr Miteinander ausgestalten. Ein Wandel tradierter Muster, der für viele schon längst zur Normalität geworden, aber in der Wohnungswirtschaft bislang nur in Ansätzen angekommen ist. Das Wohnen wird sich weiter ausdifferenzieren, immer mehr Wohnfunktionen werden ausgelagert, sodass zukünftig womöglich niemand mehr unumgänglich auf eine eigene Wohnung angewiesen sein wird. Diesen neuen Wohnungsfragen des frühen 21. Jahrhunderts werden wir nicht allein mit experimentellen Ansätzen neuen Bauens begegnen können. Argumente ökologischer wie auch wirtschaftlicher Natur sprechen dafür, zunächst das Augenmerk auf den Bestand zu richten und Materialkreisläufe und Versorgungsströme effizienter zu gestalten. Denn die Stadt ist gebaut![9]
Zu ihr gehören die gründerzeitlichen Altbauten gleichermaßen wie die Großwohnsiedlungen der Moderne, aber auch das Einfamilienhaus am Stadtrand.

KAPITEL 2 S. 44

DE-ZENTRAL – DAS DRINNEN UND DRAUSSEN DER STADT skizziert dazu exemplarisch Entwicklungstendenzen der zeitgenössischen Stadt. Die Auswahl entspricht thematischen Schwerpunkten, die Studierende in ihren Projektarbeiten legten und deckt dabei nicht die Gesamtbreite von Untersuchungsfeldern ab, mit denen sich unser Lehrstuhl befasst.

STADT-STADT sucht das Durcheinander sozial und funktional gemischter Stadtquartiere zu beschreiben, die in ihrer Heterogenität gern mit dem Begriff des „Urbanen" belegt werden. Aktuell verlaufen vor allem hier die Grenzlinien von Umverteilungskonflikten.

DICHT DANEBEN beschäftigt sich mit „inneren Peripherien" und den Möglichkeiten, die sich in ihnen auftun: Transformation von Bestandsgebäuden und Nachverdichtung mit funktional gemischten Strukturen zum Wohnen und Arbeiten.

WOHNEN MIT WEITSICHT leuchtet die Situation in Großwohnsiedlungen der Nachkriegsmoderne von verschiedenen Seiten aus. Häufig noch immer als „städtebauliche Herausforderung" betitelt, werden sie in zentralen Lagen wieder vermehrt nachgefragt. Neue Perspektiven im Hinblick auf zukünftiges Wohnen sowie im Umgang mit den umfangreichen Beständen an Großwohnsiedlungen werden eröffnet.

POSTSUBURBIA beobachtet, wie sich die Struktur des Stadtrands verändert und nimmt dabei insbesondere Prozesse des Selbstbaus unter die Lupe. Im großen Stil wird hier Wohnraum an-, ab- und umgebaut und sich verändernden Bedürfnissen angepasst – und das zumeist ganz ohne das Zutun von Architekt*innen oder Planer*innen.

Entscheidend für den Fortschritt der europäischen Stadt wird es sein, ihren städtebaulichen Bestand zu untersuchen und damit innewohnende Potenziale freizulegen, um nicht nur die Wohnbauten, sondern auch das Wohnen selbst zu transformieren.

WOHNEN IST GESTALTEN untersucht beispielhaft die Wechselwirkung von Wohn-Tätigkeiten und –Räumen und fragt nach den Zusammenhängen ihrer Entstehung.

Die Projekte WEITERWOHNEN. HAUS- UND LEBENSZYKLEN IN ALT-KIRCHDORF von Aron Bohmann, Charlotte Herbst und Kathrin Hovy und GEWOHNT WERDEN MUSS IMMER. VOM GEBRAUCH UND BESITZ EINES BERLINER MIETSHAUSES von Katharina Böttger zeigen, wie Wohnhäuser durch den Gebrauch ihrer Bewohner in ihren wechselnden Konstellationen und wandelnden Bedürfnissen im Verlauf der Zeit weiterentwickelt werden.

Aus der Vielfalt von Möglichkeiten gilt es neue Modelle zu generieren, die auf die aktuellen Anforderungen eingehen. Es wird darum gehen, funktionale wie räumliche Leerstellen in den Städten zu identifizieren, bestimmte Wohnfunktionen auszulagern und Räume zu teilen. Wohnende müssen als Expert*innen ihrer eigenen Angelegenheiten anerkannt werden. Durch Analysen des Alltäglichen können Erkenntnisse gewonnen werden, um sie in ihren eigeninitiativen Motiven zu unterstützen. Eine Planung nicht für, sondern auf Augenhöhe mit den Bewohner*innen.[10]

Nutzer*innen, Nutzung und Gebrauch sind hineinzudenken in die Architektur. Mit dem INSTITUT FÜR ANGEWANDTE URBANISTIK sind wir im Gespräch darüber, wie durch gemeinschaftliche Planungs- und Bauprozesse Gemeinschaft entsteht und weshalb die Standards im Neubau hinterfragt werden sollten.

Unabwendbar wird es sein, sich mit Formen baulicher Selbsthilfe zu befassen. Nicht zuletzt der Umstand, dass schon jetzt weltweit über 1.000.000.000 Menschen in „Favelas", „Bustees", „Barrios Populares", „Shanty Towns", „Ghettos", „informellen Siedlungen" oder einfach Elendsvierteln leben, führt das eindrücklich vor Augen. Die Lebenssituationen dort werden häufig durch Armut und Gefahr geprägt, doch andererseits sind diese Quartiere auch das Zuhause von Frauen und Männern, die ihrer Arbeit und ihren Geschäften nachgehen, von Kindern, die hier spielen und lernen.[11]

Diese Menschen nehmen ihre Wohnungsfrage selbst in die Hand – sie haben keine andere Wahl. Das Bauen ohne Bauleitplanung ist nicht nur ein „Dritte Welt"-Phänomen, das darauf wartet, gelöst zu werden. Mit ihren Selbstbaupraktiken schaffen sich die Slumbewohner*innen nicht nur ein Dach über dem Kopf, sie stellen damit auch grundlegend die zukünftige Rolle der Architektur infrage.

Was wird aus denen, die nicht wollen, können, dürfen? Die Projekte A HOME FOR SINGLE MEN. COLLECTIVE HOUSING, Sarah Asseel und Mathias Schnell / WOHNEN IN DER STADT. QUALITATIVE EINBLICKE IN WOHNFORMEN UND WOHNBEDÜRFNISSE VON HAMBURGER OBDACH- UND WOHNUNGSLOSEN, Sandro Haier und Laura Hellmann / GERONTOPOLIS. VOM ALTSEIN IN STEILSHOOP, Helena Hahn und Frank Müller / AB DURCH DIE HALBE WELT. DIE NOT VERWALTEN?, Omaira Noori und Jörg Seifert und DA KANN JA JEDER KOMMEN. EINE ANNÄHERUNG AN DAS DEUTSCHE ASYLRECHT, Renke Gudehus und Jakob Kempe fragen danach, wie die Wohnraumversorgung für diejenigen funktioniert (oder nicht), die selbst aus verschiedenerlei Gründen nicht dazu in der Lage sind, sich diesen selbst zu verschaffen.

In ihrer Art des Bauens leben tradierte Formen der Raumproduktion und des Gebrauchs sowie die Nutzung lokaler

Ressourcen und kollektiven Wissens.[12] Diese urbane Praxis geht geradezu virtuos mit den Rahmenbedingungen des Ortes um. Mit einer Bewertung dieser Entwicklungen als eine Vorstufe zu „formalem" Bauen beraubt man sich der Möglichkeit, die Potenziale zu erkennen, die in dieser Selbstermächtigung zur Lebensraumgestaltung angelegt sind. Ferner wird man so nicht in der Lage sein, diese Prozesse zu verstehen oder gar zu steuern.

Stadt, Metropole, Peripherie, Region... – die Trennlinien zwischen den Bezeichnungen sind unscharf geworden. Walter Siebel trifft es auf den Punkt, indem er sagt: „Von Stadt allgemein lässt sich nicht vernünftig sprechen. Zu verschieden sind die Wirklichkeiten, die sich hinter dem kurzen Wort Stadt verbergen".[13] Dennoch bleibt die „Stadt" der Sammelbegriff für Formen gebauter und gelebter Umwelt. Individualisierung und Diversifizierung von Lebensformen und -entwürfen bringen immer neue Mobilitätsmuster und räumliche Ordnungen hervor. Ein Aufeinandertreffen von An-Ordnungen, die in ihrer Heterogenität zuweilen auch als Un-Ordnung empfunden werden können und deren Unübersichtlichkeit verunsichern kann.

ESSAY S. 148

In WOHNEN ALS HANDELN umspielt Christopher Dell das Wohnen in handlungstheoretischen Reflexionen und arbeitet damit an Grundlagen einer Re-Definition der Praktik des Wohnens in „13 TAKES". Er erläutert darin die Entstehung der Wohnungsfrage und die Ableitung eines „Rechts auf Wohnen", setzt diese ins Verhältnis zu aktuellen Veränderungen des Wohnens, um die Relationen zwischen Arbeiten, Leben und Wohnen in der heutigen Stadt neu zu befragen.

Wir verstehen Stadt als ein vielschichtiges, relationales und dynamisches Gebilde, in dem sich globale Transformationsprozesse mit den lokalen Lebenswelten verschiedenster Akteure kreuzen. Sie ist Gegenstand vielfältiger Projektionen, Erwartungen, Hoffnungen und Wünsche – ein Raum der Erfüllung und auch Enttäuschung. Stadt ist Raum des Austauschs, des Dialogs, der Auseinandersetzung und des Ausgleichs. Interessens- und Machtstrukturen materialisieren sich in ihr – doch wer zeichnet für die entstehenden Formen verantwortlich? Die Architekt*innen, die Städtebauer*innen, die Planer*innen, die Bauleute, die Zeichner*innen, die Ingenieure und Ingenieurinnen, die Marketingspezialist*innen, die Banker*innen, die Investor*innen, die Genossenschaftler*innen, Baugemeinschaftler*innen, die Vermittler*innen, Makler*innen, Immobilienmanager*innen, die Hedge Fonds, die Jurist*innen, die Forscher*innen, die Bewohner*innen und Nutzer*innen?

Gerade Kolleg*innen aus Architektur und Planung neigen dazu, den Gestaltungsanspruch von Stadt für sich in Anspruch zu nehmen. Aus ihrem Kreise melden sich von Zeit zu Zeit Meinungsführer zu Wort, um die „Unwirtlichkeit unserer Städte" zu beklagen und sich „Sorgen um unsere Städte" zu machen. Mit Forderungen wie „Die Stadt zuerst!" wird der „gute Stadtraum" ins Visier gerückt und auf die Notwendigkeit seiner Gestaltung gepocht. Welche Rolle aber nimmt eine Planung und Gestaltung ein, die sich ausschließlich der Umsetzung baulicher Produkte und deren ästhetischer Erscheinung verschrieben hat und dabei vornehmlich politische und wirtschaftliche Zielvorgaben verfolgt? Welches ist die „bessere" oder die „schönere" Stadt? Wie soll es möglich sein, städtische Qualitäten hervorzubringen, ohne die Bedingungen mit in den Blick zu nehmen, die sie hervorbringen?

IM GESPRÄCH S. 164

Nicht Entweder-oder, sondern sowohl als auch! Die gemeinnützige Genossenschaft KALKBREITE beweist mit der Transformation einer Tramabstellanlage in einen Wohn- und Gewerbebau, dass eine funktionale Mischung von unterschiedlichen Wohnformen von Familien, Singles, Alten, Wohngemeinschaften mit Verkehrsinfrastrukturen und Gastronomie, Ateliers, Büros, Praxen, Kulturräumen und Kino unter ein Dach gebracht werden kann. Sabine Wolf erklärt, wie der Prozess organisiert wurde.

Würden wir anerkennen, dass die vermeintliche Unordnung der Stadt nicht ihre Krise, sondern eines ihrer wesentlichsten Kennzeichen ist, so würde man sich nicht nur um ihre Form sorgen, sondern stattdessen die Tätigkeiten, Wirkungen und deren Voraussetzungen unter die Lupe nehmen. Warum wurden Stadträume derart hervorgebracht, wie wir sie vorfinden und weshalb werden sie weiterhin auf diese Weise reproduziert? Verfolgt man diese Fragen, so wird verständlich, weshalb Stadt an mancher Stelle eben nicht nur vordergründig „schön" sein kann und warum Attraktivität und Lebenswertigkeit der Stadt aus ihrem alltäglichen Gebrauch heraus entstehen.

IM GESPRÄCH S. 172

„Generally, we would never recommend the destruction of a building." Mit ihrem Konzept für den „Tour Bois le Prêtre" enthüllten LACATON & VASSAL und DRUOT die Wandlungsfähigkeit von Großbauten der 60er und 70er Jahre und bewiesen zudem, dass für die gleiche Summe, die Abriss und Neubau eines Apartments kosten, drei bis vier bestehende Wohnungen modernisiert und deren Energiebedarf gesenkt werden kann.

Es geht um ein erweitertes Verständnis von Stadtproduktion und um eine Gestaltung, die auf der Grundlage dessen erfolgt, was da ist – und sich nicht vornehmlich um Dinge dreht, die es eben nicht sind. Das setzt voraus, städtische Akteure samt ihrer Handlungen, Motive und Interessen, Sorgen und Nöte miteinzubeziehen. Wir würden uns dann nicht länger damit aufhalten, die Brüche im Nebeneinander der gegenwärtigen Stadt als unzulänglich oder hässlich zu missbilligen. Die Frage nach der „richtigen" und „falschen" Stadt würde sich nicht länger stellen.

„Probleme" zu lösen sollte nicht Ausgangspunkt der Auseinandersetzung um die Stadt sein. Stattdessen müssen die Ursachen, die zu vermeintlichen Problemen führten, in ihrer Entwicklung analysiert und ihre Gegenwart im Detail betrachtet werden. Andernfalls werden Möglichkeiten ausgeblendet, die sich durch die Analyse des Kontexts auftun könnten. Innerhalb von Prozessen, die nun einmal nicht linear verlaufen wollen, lassen sich durch das Analysieren von Zusammenhängen neue Verbindungen in sich wiederholenden Kreisläufen aufschlüsseln, die genauso wenig endlich sind wie die Stadt. Das Blatt war nie leer, es war nie nichts da. Die Aufgabe, so wie wir sie verstehen, lautet, die existierende Stadt in ihren Wirkungsgefügen zu untersuchen …

MTT S. 78

METHODS, TOOLS AND THEORY zeigt Zugangsmöglichkeiten auf, durch die sich dem Phänomen Stadt methodologisch angenähert werden kann und stellt Beispiele interdisziplinärer Arbeitsweisen vor. Besonders ist diesen Ansätzen, dass sie aus der Logik ihrer Forschungsmotive heraus „klassische" Vorgehensweisen weiterentwickeln und neue Verfahren entwickeln, um Wissen zu produzieren und zu vermitteln.

Wie also soll ein zukünftiger Städtebau funktionieren? Mit der Offenlegung der Bedürfnisse der Nutzer, der dahinter verborgenen Strukturen und Netzwerke kann die Produktion des urbanen Raums nachvollziehbar gemacht werden. Dieses Buch soll zeigen, wie Forscher*innen Prozesse des Städtischen analysieren und beschreiben, um sich Schritt für Schritt dem Phänomen des „Urbanen" anzunähern. Arbeiten von Studierenden des Lehr- und Forschungsbereichs Urban Design stehen darin neben Beiträgen von Kolleg*innen aus Städtebau, Soziologie, Architektur, Geographie, Design, Stadtplanung, Philosophie, Psychologie, Improvisationstheorie… Dem Untersuchungsgegenstand entsprechend kann dabei kein Anspruch auf Vollständigkeit erhoben werden. Vielmehr gilt es einzelne Punkte herauszuheben und deren Zusammenhänge auszuleuchten. Eine Versammlung fragmentarischer Aussagen, die in ihrem Miteinander die Vielfalt dessen sichtbar machen, was unter Stadt verstanden werden kann. Unser Motiv ist es dabei jedoch

nicht, vorschnell Antworten zu liefern, sondern den zugrundeliegenden Fragestellungen auf die Spur zu kommen.

Auf diesem Wege gilt es, ein neues Planungsverständnis zu entwickeln, das Improvisation nicht als nötiges Übel, sondern als Chance begreift. Als einen kreativen Umgang mit Unbestimmtheit, der neue Möglichkeitsräume im Gegebenen erschließt.[14]

Das heißt jedoch nicht, sich vom Kontext abhängig zu machen, sondern im Gegenteil, die ungenutzten Potenziale im Gegebenen nutzbar zu machen. Die Aufgabe des Gestalters liegt dann zuvorderst in deren Sichtbarmachung, im Aufzeigen dessen, was uns sonst im Alltag nicht auffällt, weil es uns womöglich schon zu selbstverständlich geworden ist.

KAPITEL 4 S. 198

Das Kapitel LEARNING IN PROCESS/STADTENTWICKLUNG DURCH TRANSFORMATION gibt Einblicke, wie im Rahmen des Langzeitprojektes „Universität der Nachbarschaften" Motive aus dem Lehr- und Forschungsbetrieb des Arbeitsgebiets für Urban Design experimentell in eine räumliche Praxis überführt wurden.

Mit dem Blick auf die Alltagsdimension kommen wir nicht umhin, für die Gestaltung von Prozessoffenheit und Unschärfe zu plädieren – denn sie sind die Grundlage für evolutionäre Weiterentwicklung und Adaptionsfähigkeit. Über die Praxis des Wohnens gestaltend eingreifen zu können, bedeutet also auch, sich in das urbane Leben einzubringen und die Stadt mitzuformen. Eine prozessorientierte Vorgehensweise, die das architektonische Objekt niemals als abgeschlossen ansieht – denn erst in Beziehung mit den Handlungen der Nutzer wird die Architektur zur Wirklichkeit. Wohnen ist Sache der Tat.

1. Vgl. Andritzky, M. und Spitzer, K. (1981): Grün in der Stadt: von oben, von selbst, für alle, von allen. Hamburg
2. Vgl. Lefebvre, H. (2003): Die Revolution der Städte: 44
3. Vgl. Dell, C. (2014): Das Urbane. Wohnen. Leben. Produzieren. Berlin: 8; 23
4. Vgl. Dell, C. (2013): Ware Wohnen. Politik. Ökonomie. Städtebau. Berlin: 10
5. Häußermann, H. (2000): Stadtentwicklung und Zuwanderung - Wandel des Integrationsmodus? In: Wendt, H. und Heigl, A. (Hrsg.): Ausländerintegration in Deutschland. Materialien zur Bevölkerungswissenschaft Heft 101. 33–47
6. Definition von Flüchtlingen nach internationalem Recht. United Nations High Commissioner for Refugees (UNHCR): Global Trends 2008, Statistical Yearbook 2008
7. Statistisches Bundesamt: Mikrozensus 2011, Entwicklung der Privathaushalte bis 2030, Statistisches Jahrbuch 2007
8. Bundesinstitut für Bevölkerungsforschung Pressemitteilung Nr. 9/2013
9. Um die ehemalige Stadtbaurätin von Zürich Ursula Koch aus ihrer Rede „Bauen in Zürich zwischen Utopie und Resignation" zu zitieren.
10. De Carlo, G. (2013): Die Öffentlichkeit der Architektur. Die Studentenrevolte und die Frustration an der Architekturschule. In: Arch+ 211/212. Think Global Build Social. 87–95
11. Vgl. Amnesty International (2009). Sektion der Bundesrepublik Deutschland e.V.
12. Vgl. Hansmann, S.; Kuhnert, N. und Ngo, A.L. (2013): Bauen und Gebrauchen. Für eine neue Öffentlichkeit der Architektur. In. Arch+. Think Global Build Social. 211/212: 2
13. Siebel, W. 2010: Die Zukunft der Städte. In: Aus Politik und Zeitgeschichte (APuZ 17/2010)
14. Vgl. Dell, C. (2011): Replay City. Improvisation als urbane Praxis. Berlin: 106

Housing is fACT!

Sebastian Bührig and Bernd Kniess

We cannot not live. Housing is a fundamental need. Every human being must be able to retreat in order to have protection and security.[1] But what are we actually doing when we live somewhere day-to-day? Sleeping, eating, recovering, maintaining private relationships, running the household, being a neighbor...? What do we need to live somewhere? What do we do? Who lives together with whom? How is living somewhere experienced? And, how do we find an apartment?

ESSAY P. 136
We consulted a classic: Hartmut Häußermann and Walter Siebel touch on the IDEAL TYPE OF MODERN LIVING in their standard work, "Soziologie des Wohnens." Using definitional boundaries, legal settlements, and historical references, they describe the functional transformation of the concept of "dwelling" and how it is characterized in the western industrialized world.

In our society, individual ways of living are becoming increasingly diverse, and hence the formats of how we live are also becoming more varied. The human reality of housing in our day and age has no equivalents in past, pre-established forms.[2] (Living) space is not just the stage on which day-to-day life takes place; it would not even exist or take form at all without our day-to-day actions to shape and define it.[3] Housing is a transformational activity.[4]

But what is necessary for this activity to be initiated? Participation in urban life begins with the basic ability and privilege to live there in the first place.

Housing is a commodity. The distribution of housing as commodity is now a major subject of public debate. Housing located close to city centers is currently undergoing massive renovation and upgrading. There is mention of a housing crisis, because the financial sector has pushed the real estate market into the spotlight for the flow of global investment, turning the need for housing into a commercial business. International corporations want quick returns while private investors are anxious to secure their savings in the form of real estate. Tenants are on the opposite end of this development trend and as users, are forced to accept the steadily rising cost of their fundamental existence. Those who do not have the necessary means are pushed to settle in residential areas that are on the edge both socially and geographically and, because of this, have (at least for now) survived the struggle for accommodation. The age-old question of up and down is becoming one of inside and outside.[5]

ESSAY P. 94
In GENTRIFICATION IN THE 21ST CENTURY, Ingrid Breckner discusses the phenomenon of gentrification within the context of the structures and processes of urban development, which contribute to the social division of our living environment and the destruction of resources for all inhabitants of a city.

Who will take on the job of keeping the discriminatory effects of social and spatial segregation in check? Affordable housing for economically disadvantaged households, previously made available by the social state, is a thing of the past. And while social housing stock shares are widely sold, players in the private sector use a globally effective logic of exploitation to become ever more active in urban development as entrepreneurs.

ESSAY P. 98
In HENRI LEFEBVRE AND THE RIGHT TO THE CITY, Christoph Schmid explores those opportunities and potentials in today's urbanization that are able to support a fundamental social change.

More and more people are forming joint building ventures, in order to be able to benefit from the value of residential property in the future. This usually involves a very fine-screened social selection. However, in cooperative building and housing schemes, there is still a potential for more socially mixed residential properties. They are again growing in popularity, especially in large cities, because they separate housing from the system of greatest profit maximization. "Affordable housing in mixed neighborhoods," is the widespread requirement being called for. But what does that actually mean in detail? How much should housing cost? And who does what when, how, where, and with whom in the world of the much-admired "social mix?"

ESSAY P. 104
In their contribution, POLITICIZE THE CITY. FRAGMENTATION, COHERENCE, AND SOCIAL SHIFTS IN THE SOCIAL CITY, Andrej Holm and Henrik Lebuhn emphasize social and political contradictions in the city. They also plead in favor of recognizing local residents' self-organization processes, protests, and mobilizations as a constitutive part of urban policy within and beyond formal political structures.

We have to deal with people who leave their countries due to war and/or persecution because of race, religion, nationality, political opinion, or membership in a particular social group, because they are a part of our reality. After their arrival, they are often forced to accept poor rather than good living conditions.[6] Housing, work, and education must be made available to them as it is to the desired and much needed skilled workers and their families. Immigration and change have always been intrinsic to the very essence of the city. Tolerance towards the other, the stranger, is one of the most important revolutions in mankind's history of civilization. The city, out of pure necessity, has always needed to be a place of opinions and differences in opinion. But one thing is certain: in order to exist, living systems are required to exchange with things beyond their own borders. And in our cities, the coexistence of different lifestyles prevails today more than ever before. Supposedly "random" encounters with "foreigners" are precisely that expression of urbanization that permeates people. A challenge that currently splits our society: We are witnessing how the support of an open, welcoming culture is confronted with angry anxiety that can easily turn to hate and violence. But which intersections serve best as a platform for intercultural contact, which brings different coexisting systems together? For this to succeed, even the voices of those who are usually ignored in planning processes need to be heard.

CHAPTER 1 P. 22
ESSAY P. 40
INTERCULTURE – ARCHITECTURE OF CO-EXISTENCE deals with the comprehensive, intercultural relationships that increasingly characterize our society. Who integrates whom and into what? "Most immigration society takes place in cities," writes Mark Terkessidis in COLLABORATION INSTEAD OF INTEGRATION. INTERCULTURAL CHALLENGES TO THE CITY OF THE FUTURE. With this assertion, he discusses the ways in which the interculturalisation of the city works, and how this influences its future design. We chose the Wilhelmsburg district of Hamburg an example of an urban area of transience and influx where different cultural contexts clash.

Core cities themselves are becoming more and more crowded, but personal space per inhabitant is actually on the rise. Roughly half of all households in Germany contain only one person.[7] In 1998, each inhabitant had an average of 39 m^2 of living space, by 2013 this had risen to 45 m^2, and it is still rising.[8] In context with co-habitation, "family" is now only one possibility among many, and it is usually a temporary union. Statistically, the classic living constellation of one married couple with two children has become outdated. This does not

necessarily mean that our society is more isolated and lonely. Many people living on their own consider this a transitional phase that can be followed by new forms of communal living. Residential communities of all ages, patch-work families, multi-generation residences, or multi-local working and living situations are just a few examples of the many ways in which people design their lives together in today's day and age. This is a transformation of traditional patterns, which has already become the norm for many, but which is not yet really reflected in the housing industry. The way in which we live in apartments will become increasingly diverse and more residential functions will be outsourced, meaning, we might not need personal apartments at all in the future.

Applying experimental approaches to new building is not enough to tackle the challenge of our early twenty-first century housing situation. Environmental and economic concerns will make it necessary to first direct our attention to existing buildings and improve the efficiency of our material cycles and supply flows. Because the city is built[9]—and it consists of Gründerzeit pre-war buildings as well as modernist, large residential estates and suburban one-family homes.

CHAPTER 2 P. 44
DE-CENTRAL – THE INSIDE AND OUTSIDE OF THE CITY outlines developmental trends of the contemporary city. The selection corresponds to thematic priorities that students included in their project work, but does not cover the overall breadth of the fields of study fields with which our Institute for Urban Design is concerned.

PROJECTS P. 110 / 114 / 119 / 124
CITY-CITY attempts to describe the medley of socially and functionally mixed neighborhoods, whose heterogeneity has earned them the name "urban." This is where we find the borderlines of redistribution.
CLOSE UP deals with "inner peripheries" and the possibilities they create: the transformation of existing buildings and the development of vacant plots with mixed functional structures to live and work.
LIVING WITH A VIEW examines the situation of the post-war Modernist large housing developments from different perspectives. Still often dubbed an "urban-planning challenge," the demand for them in central locations is again on the rise. New perspectives are illuminated with regard to future living and how to deal with the many existing large housing developments.
Finally, POSTSUBURBIA examines how the structure of suburbia is changing and scrutinizes processes of self-construction. Here housing is rampantly deconstructed,

reconstructed, remodeled, and adapted to fit ever-changing needs—and, for the most part, without the intervention of an architect or formal planning.

It is crucial for the progress of the European city to investigate its existing buildings, in order to reveal the inherent potential for not only transforming residential buildings, but also how we live in them.

CHAPTER 3 P. 130
Drawing on case studies, HOUSING IS DESIGNING investigates the interaction between housing activities and housing spaces, and seeks to identify the ways in which their development is connected.

PROJECTS P. 153, 155
The projects KEEP ON LIVING. HOUSING AND LIFE CYCLES IN ALT KIRCHDORF by Aron Bohmann, Charlotte Fall, and Kathrin Hovy, and OCCUPATION IS NECESSITY. ON THE USE AND OWNERSHIP OF A BERLIN APARTMENT BUILDING by Katharina Böttger demonstrate how apartment buildings can be transformed over time through the changing constellations of needs of its residents.

New models, which respond to current requirements, have to be generated from the variety of possibilities at our disposal. We must identify spaces that are empty functionally as well as spatially, outsource certain residential functions, and share spaces. Tenants themselves need to be recognized as the experts of their own affairs, because only an analysis of the everyday will yield the knowledge needed to support their initiatives. A planning strategy not for, but on equal footing with the residents.[10]

IN CONVERSATION P. 159
Users, use, and usage have to be integrated in architecture. We are in discussion with the INSTITUTE OF APPLIED URBANISM on how community is created through collaborative planning and construction processes, and why standards in new buildings should be questioned.

We will inevitably need to deal with forms of self-help in building. This is made clear not least of all by the fact that right now more than one billion people around the world live in "favelas," "bustees," "barrios populares," "shanty towns," "ghettos," "informal settlements," or simply slums. Life in these places is often marked by poverty and peril, but on the other hand, such neighborhoods are also home to men and women who carry out their work and businesses, and to children who play and learn.[11]

These people have no choice but to take their housing problem into their own hands. Building, without area development planning, is more than just a "third world" phenomenon waiting to be solved. With their do-it-yourself approach, slum dwellers not only build a roof over their heads, they also fundamentally question the future role of architecture.

What becomes of those who don't want, or can't, or aren't allowed? The projects A HOME FOR SINGLE MEN. COLLECTIVE HOUSING, Sarah Asseel and Mathias Schnell p. 181 / HOUSING IN THE CITY. QUALITATIVE INSIGHTS INTO THE HOUSING SITUATIONS AND HOUSING NEEDS OF HOMELESS AND HOUSELESS PEOPLE IN HAMBURG, Sandro Haier and Laura Hellmann p. 184 / GERONTOPOLIS. ON BEING OLD IN STEILSHOOP, Helena Hahn and Frank Müller p. 186 / ONWARDS THROUGH HALF OF THE WORLD. MANAGING THE NEED?, Omaira Noori and Jörg Seifert p. 190, and BUT THEN ANYONE CAN GET IN. AN APPROACH TO GERMAN ASYLUM LAW, Renke Gudehus and Jakob Kempe p. 194, investigate how housing provision works (or doesn't work) for those who—for one reason or another—are not in a position to find accommodation for themselves.

In their way of building, traditional forms of space production and use coincide with the use of local resources and collective knowledge.[12] This urban practice is in absolute harmony with the conditions of the site. If developments such as these are only considered precursors to "formal" building, we will fail to benefit from recognizing the potential invested in this self-empowered act of habitat design. Furthermore, we would not be able to understand or even direct the processes.

City, metropolis, periphery, region... the dividing lines between these terms have blurred. Walter Siebel cuts to the core by saying, "it is impossible to rationally discuss the city in general. The realities that lie behind the short word 'city' are too diverse."[13] Nevertheless, the word "city" remains the collective term for forms of the built and lived-in environment. Individualization and diversification of ways of life and designs always produce new spatial orders and patterns of mobility. A meeting of different ordered worlds, which, in their heterogeneity, can sometimes be perceived as disorder and their complexity unsettling.

ESSAY P. 148
In DWELLING AS ACTION, Christopher Dell plays with the concept of living while reflecting on action theory and is working on the foundations of a redefinition of the practice of living in "13 TAKES." In order to examine new relationships between work, life, and living in the present-day city, he explains how the housing problem and subsequently the "right to housing" emerged in relation to actual changes in housing.

We understand the city as a complex, relational, and dynamic structure in which the processes of global transformation intersect with the local worlds of different groups and individuals. It is a space of accomplishment and disappointment, and the object of many projections, expectations, hopes, and desires. The city is a place of exchange, dialogue, confrontation, and conciliation, in which structures of interests and power materialize—but who in fact is responsible for the forms that actually develop? The architects, urban developers, planners, the builders, the underwriters, the engineers, the market specialists, bankers, investors, members of co-ops or joint building ventures, the mediators, real estate brokers, property managers, the hedge funds, the lawyers, the researchers, the inhabitants, and users?

Architects, planners, and such types are usually the ones to assume the task of setting design standards in the city. From time to time opinion leaders in these circles complain about the "inhospitality of our cities" and express their "worry about our cities." Demands such as "the city first!" shift the focus to "good city space" and insist on the need for its design. However, what role does planning and design assume when they alone prescribe how structural products and their aesthetic appearance are implemented, while they in fact chiefly pursue political and economic targets? What is the "better" or "more beautiful" city? How can we generate urban qualities, without taking into consideration the conditions they produce?

IN CONVERSATION P. 164

Not either/or, but: everything! KALKBREITE, a non-profit cooperative, proves, with the transformation of a former tram depot in a residential and commercial building, that it is possible to bring together a mix of functions and different forms of dwelling that include families, singles, senior citizens, and shared apartments with transport infrastructure and gastronomy, studios, offices, medical practices, cultural spaces, and a cinema. Sabine Wolf explains how the process was organized.

If we acknowledged that the supposed disorder of the city is not actually its crisis, but one of its most important indicators, then we would stop worrying primarily about its form and begin examining the activities, effects, and the conditions from which these emerge. Why were urban spaces produced the way in which we find them now, and why do they continue to be reproduced in this manner? If one follows this line of questioning, we begin to understand why the city in some places cannot just be superficially "pretty," and why a city's attractiveness and quality of life arise from its everyday use.

IN CONVERSATION P. 172

"Generally, we would never recommend the destruction of a building." With their concept for the "Tour Bois le Prêtre" LACATON & VASSAL and DRUOT revealed the variability of large buildings from the sixties and seventies, and also proved that, for the same amount of money it would cost to demolish and reconstruct an apartment, three or four existing apartments could be modernized and their energy consumption reduced.

It is about a broader understanding of city production and a design made on the basis of what already exists—and not only on the basis of what does not exist. This presupposes involving urban players with their actions, motives and interests, and needs and concerns. We would then no longer stop trying to disapprove of the fractures in the coexistence of today's city as being inadequate or ugly. We would no longer need to consider what is the "right" and what is the "wrong" city.

Solving "problems" should not be the starting point of a debate about the city. We need much more to examine the development of the causes that led to the alleged problems in the first place, and then to investigate their present form in detail. Otherwise, we might not recognize the options that can be revealed when analyzing the context. Within processes that no longer run in a linear manner, new relationships can be gained by analyzing contexts in repetitive cycles that are as infinite as the city itself. The sheet of paper was never empty—there was never nothing there. The task, as we understand it, is to examine the existing city in its casual interactions.

MTT P. 78

METHODS, TOOLS, AND THEORY discusses access opportunities that make way for a methodological approach to the phenomenon of the city, and presents examples of interdisciplinary working methods. What is unique about these approaches is that, from the logic of their research motives, they further develop "classical" procedures and develop new ways to produce and convey knowledge.

How then should a future urban planning system work? Disclosing user needs reveals the structures and networks contained therein, which in turn can make the production of urban space more easily understood. If we want to have an influence on that which is urban we must address the urban at all levels. This publication aims to show how researchers are analyzing and describing urban processes in order to approach the "urban" phenomenon step by step. It presents works by students of the Department of Urban Design in addition to contributions by colleagues from the fields of urban development, sociology, architecture, geography, design, urban planning, philosophy, psychology, and improvisation theory. Therefore, the subject of investigation is not complete, but highlights individual viewpoints and illuminates their contexts. A collection of fragmentary statements that together reveals the many ways in which the city can be understood. We rather aim to trace the underlying questions than to jump to premature conclusions.

This will help develop a new understanding of planning that sees improvisation as an opportunity and not as a necessary evil—as a creative approach to uncertainty that opens up potential new spaces within pre-existing ones.[14]

This does not mean becoming dependant on context, but rather quite the opposite: to make usable the unused potential of each context that already exists. According to this, the task of the designer is first and foremost to point out spaces that we have stopped seeing because we have taken them for granted for so long.

CHAPTER 4 P. 198

The chapter LEARNING IN PROCESS / URBAN DEVELOPMENT THROUGH TRANSFORMATION gives insights into how ideas from the teaching and research activities of the Department of Urban Design were transferred experimentally into spatial practice in the long-term project, "University of Neighborhoods."

If you fully examine the dimension of the everyday, it is impossible not to plead in favor of designing open processes and blurred spaces—because they are the basis for evolutionary development and adaptability. It has to be understood that we are not the designers of the urban environment, but we participate in it. In order to shape the practice of living by means of design means also to participate in urban life and to form the city. This involves a process-oriented approach, which never looks at the architectural object as complete because architecture becomes reality only in relation to the actions of the users. Housing is a matter of fact.

1. Vgl. Andritzky, M. und Spitzer, K. (1981). Grün in der Stadt: von oben, von selbst, für alle, von allen. Hamburg
2. Vgl. Lefebvre, H. (2003): Die Revolution der Städte: 44
3. Vgl. Dell, C. (2014): Das Urbane. Wohnen. Leben. Produzieren. Berlin: 8; 23
4. Vgl. Dell, C. (2013): Ware Wohnen. Politik. Ökonomie. Städtebau: 10
5. Häußermann, H (2000): Stadtentwicklung und Zuwanderung - Wandel des Integrationsmodus? In: Wendt, H. und Heigl, A. (Hrsg.): Ausländerintegration in Deutschland. Materialien zur Bevölkerungswissenschaft Heft 101. 33-47
6. Definition von Flüchtlingen nach internationalem Recht. United Nations High Commissioner for Refugees (UNHCR): Global Trends 2008, Statistical Yearbook 2008
7. Statistisches Bundesamt: Mikrozensus 2011, Entwicklung der Privathaushalte bis 2030, Statistisches Jahrbuch 2007
8. Bundesinstitut für Bevölkerungsforschung Pressemitteilung Nr. 9/2013
9. Um die ehemalige Stadtbaurätin von Zürich Ursula Koch aus ihrer Rede „Bauen in Zürich zwischen Utopie und Resignation" zu zitieren.
10. De Carlo, G. (2013): Die Öffentlichkeit der Architektur. Die Studentenrevolte und die Frustration an den Architekturschulen. In: Arch+ 211/212. Think Global Build Social. 87-95
11. Vgl. Amnesty International (2009). Sektion der Bundesrepublik Deutschland e.V.
12. Vgl. Hansmann, S.; Kuhnert, N. und Ngo, A.L. (2013): Bauen und Gebrauchen. Für eine neue Öffentlichkeit der Architektur. In. Arch+. Think Global Build Social. 211/212: 2
13. Siebel, W. 2010: Die Zukunft der Städte. In: Aus Politik und Zeitgeschichte (APuZ 17/2010)
14. Vgl. Dell, C. (2011): Replay City. Improvisation als Urbane Praxis. Berlin: 106

Interkulturelle Praxis

Rural Opulence (Michaelis 2012)

Architekturen
des Miteinanders

Aber eines kann unsereiner nicht entbehren: die große Stadt, die abends die Lichter anzündet, die Stadt, wo man sich anonym in seine Bestandteile auflösen kann; wo so viele da sind, daß keiner mehr da ist, und wo zwar nichts wächst, aber wo es gekocht wird, alles miteinander.
> — Kurt Tucholsky, Dürfen darf man alles

Ein solches Nebeneinander von Lebensentwürfen wie heute, hat es in dem Maße noch nie gegeben. Einwanderungen und der demografische Wandel bringen Veränderungen mit sich, die unsere Gesellschaft ganz grundsätzlich verändern werden. Ein Wandel, der zunehmend Risse in den Vorstellungen von „Normalität" und „Mehrheitsgesellschaft" verursachen wird. Was wir künftig als gemeinsame Grundlage für unser Miteinander verstehen können und wollen, gilt es neu zu verhandeln.

Diese Vielfalt als grundlegende gesellschaftliche Realität anzuerkennen, ist ein entscheidender erster Schritt. Praktisch muss es aber zukünftig darum gehen, die Besonderheiten des Einzelfalls als Ausgangspunkt zu nehmen. Von dort aus gilt es Wissen über situationsspezifische Strukturen und Prozesse zu generieren. Dies soll keineswegs ein Plädoyer dafür sein, dabei große gesellschaftliche Zusammenhänge aus den Augen zu verlieren. Doch um zu erforschen, welche Handlungen Gemeinschaften tatsächlich zusammenhalten, muss die Ebene des Alltags ausgeleuchtet werden.

Wenn heutzutage von „sozialen Problemen" die Rede ist, so gilt ein Mehr an „sozialer Durchmischung" seit langem als die patente Lösung. Selten wird dabei jedoch darauf eingegangen, wer sich wo in welchem Maße mit wem mischen soll. Meist liegt diesen Überlegungen die Idee zugrunde, dass sogenannte „Problemquartiere" durch den Zuzug besserverdienender Haushalte „stabilisiert" werden. Ferner gehen die Forderungen meist nicht über vage sozialromantische Vorstellungen einer kunterbunten Vielfalt verschiedener Lebensformen, vereint in friedlicher Eintracht, hinaus. „Gleich und gleich gesellt sich gern" lautet nicht nur ein altes Sprichwort. In der Praxis neigen Individuen dazu, für engere Bindungen Partner zu wählen, die vergleichbare Hintergründe haben und aus ähnlichem Winkel auf die Welt schauen. Wer auf wen trifft, ist nicht dem Zufall überlassen und wer sich gar nicht erst trifft, der hat auch nichts miteinander zu tun.

Das ist nicht grundsätzlich schlecht — denn wir brauchen Grenzen. Auch zwischen guten Nachbarn verläuft eine Grenze. Ohne Grenzen wäre Gemeinschaft gar nicht möglich. Gleichzeitig markieren sie aber auch den Ursprung von Konflikten. Ob Kuss oder Blessur — für beides muss man erst einmal dicht aneinander heran. Wenn von „bunt durchmischten" Vierteln die Rede ist, so sind dies zumeist keine heterogen zusammengesetzten Nachbarschaftsnetzwerke, sondern Überlagerungen multipler Nachbarschaften, die in ihrem Nebeneinander das Bild urbaner Vielfalt ergeben.

Diese „Parallelnachbarschaften" können gemeinsame Schnittstellen haben, müssen sie aber nicht. Die Geschichte der Stadt war schon immer auch eine Geschichte sozialer, ethnischer und funktionaler Segregation. Genauso war sie auch immer der Ort, an dem sich die Wege von Fremden kreuzen. Räumliche Nähe allein schafft jedoch keine sozialen Beziehungen — rein städtebaulich lässt sich Kontakt nicht erzwingen. Nur wenn Individuen sich auf Augenhöhe begegnen und der Austausch für beide Seiten Vorteile hat, bringt dies positive Effekte mit sich.

Damit es aber überhaupt dazu kommen kann, braucht es „offene" Räume, die sich Menschen eigeninitiativ zunutze machen können. Flexible Aneignungsmöglichkeiten von Orten können das Aufeinandertreffen von Unterschieden unterstützen. Dies erfordert aber das bewusste Zulassen von Lücken in Planungskonzepten und Mut zum Experimentieren mit unvertrauten Einzelheiten. Eine Forcierung des Zufalls für die Gestaltung urbaner Vielfalt.

Sebastian Bührig und Bernd Kniess

 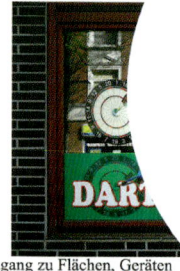  

Ziel ist es, kunst- und sportbegeisterten Menschen, Zugang zu Flächen, Geräten und Werken zu ermöglichen.

Der KuS Wilhelmsburg ist in Abteilungen und Turnieren organisiert
ORT: Verschiedene Standorte in Wilhelmsburg. www.kunstundsportverein.com

A B T E I L U N G E N

 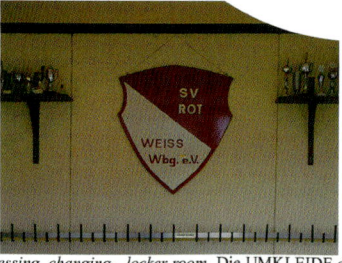  

UMKLEIDE *The Lungs of any club is the fitting-, dressing, changing-, locker room.* Die UMKLEIDE des Kunst & Sportvereins Wilhelmsburg hat keine Wände und befindet sich am Rotenhäuser Damm 30, 21107 Hamburg. Mit UMSCHICHTEN (Mateusz und Lukaz Lendzinski, Peter Weigand) www.umschichten.de
13. JUNI 2010, 14 UHR

STUDIO Raum für Ton- und Bildaufnahme, eine Künstlerwerkstatt, Versuchsbühne und Übungsraum mit unterschiedlichen Geräten zum gezielten Kraft- oder Ausdauertraining. Max Frisinger, Daniel Hauptmann, Tobias Gronau, Till van Daalen und Hannes Waldschütz. ERÖFFNUNG: 12. JUNI 2010 17 UHR. Weitere Öffnungs- und Trainingszeiten unter www.kunstundsportverein.de
ORT: Am Berta-Kröger-Platz

JOGGING JOGGING-Lectures durch Wilhelmsburg mit Roger Behrens: *Der Lauf der Dinge,* DJ Plastikstuhl: *Plastikstuhllauf* und Ulrich Lölke: *1. Wilhelmsburger Lauf der Religionen.* Mitzubringen sind: Radio und Kopfhörer, bewegungsfreundliche Kleidung und Laufschuhe. 13. JUNI, 20. JUNI, 27. JUNI 2010, 12 UHR
TREFFPUNKT: Die Schute, Maknete e.V., Industriestraße 125, 21107 Hamburg

ANGELN Der Angler am Gewässerrand. Die Sonne kommt; Morgentau, Nebel ziehen. Nahrungserwerb in tiefer Waidgerechtigkeit sein Ziel, steht er versonnen im eigenen Bild. Gründungsmitglieder der Angelabteilung: Thomas Dransch, Anton C. Kunze, Oliver Görnandt, Stefan Rychlak, Marco Schwensfeger, Jakobus Siebels. Infos und Kontakt: angeln@kunstundsportverein.de.
12. JUNI BIS 11. JULI 2010

FUSSBALL TURNIER Fußball ist eine Ballsportart, bei der zwei Mannschaften mit dem Ziel gegeneinander antreten, mehr Tore zu erzielen als der Gegner. Von diesem Spiel gibt es zahlreiche Variationen. Konzeption der jeweiligen Torspielformate: Alisson Courtot, Lukas Grellmann, Julia Hurducas, Mateusz Lendzinski, Tabea Michaelis, Hans Vollmer/HCU. ANMELDUNG für Mannschaften (6/7 SpielerInnen) bis zum 27. Juni 2010 über: www.kunstundsportverein.de oder fussball@kunstundsportverein.de.
4. JULI 2010, 10 UHR

Kunst & Sportverein Wilhelmsburg (Jan Holtmann)

Architectures
of Co-Existence

But there is something we cannot live without: the great city that turns on its lights in the evening, the city in which one can dissolve anonymously and become one of its components; where there are so many people that there is no one, and where nothing grows, but where people cook, all together.
— Kurt Tucholsky, One May Allow Everything

There has never before been such a varied and extreme juxtaposition of different ways of living as there is today. Immigration and demographic shifts also bring changes that will fundamentally alter our society. Changes that increasingly create fissures in our notions of "normality" and "majority society." What we can and want to understand as a common basis for our co-existence needs to be renegotiated.

Recognizing this diversity as being a fundamental social reality is a crucial first step. But on a practical level, we will need to take the particularities of an individual case as a starting point. From here it is important to generate knowledge by means of situation-specific structures and processes. This is not meant to be a plea in favor of disregarding large social contexts, but in order to explore what actions actually hold communities together, we must investigate the aspect of day-to-day life.

When people today speak of "social problems," the generally accepted solution is normally "social mixing." But no one usually thinks about who wants to mix with whom and how often and where. These thoughts are largely rooted in the notion that so-called "problem neighborhoods" are "stabilized" by the influx of higher-income households. Furthermore, theses postulations do not transcend the vague, socially romantic notion of a colorful cocktail of different ways of life, blended in peaceful harmony. "Birds of a feather flock together" is not just an old saying. In practice, individuals tend in fact to choose partners for closer ties that have comparable backgrounds and view the world in a similar light. Who comes in contact with whom is not left up to chance, and those who do not come in contact with each other will also never have the opportunity to engage.

That is not necessarily all that bad—because we need boundaries. A boundary even runs between good neighbors. Community would be impossible without them. But at the same time they also mark the origin of conflicts. You need to be close up to someone to be given a kiss, or a slap. "Colorfully mixed" neighborhoods are usually not neighborhood networks that are heterogeneously assembled, but superimpositions of multiple neighborhoods whose juxtaposition creates an image of urban diversity.

These "parallel neighborhoods" may have common interfaces, but they do not need to have them. The history of the city has always been a history of social, ethnic, and functional segregation. It has also always been the place where strangers meet. However, physical proximity alone does not create social relationships and urban planning alone cannot enforce contact. It can only have a positive effect when individuals meet eye to eye and this exchange yields mutual benefits.

For it to transpire at all, "open" spaces are needed which people can use on their own initiative. There is a better chance for a successful meeting of differences if there are flexible options for how spaces can be occupied. This requires, however, the courage to experiment with unfamiliar details and that gaps be deliberately left open in planning concepts. An imposition of coincidence for the design of urban diversity.

Sebastian Bührig and Bernd Kniess

Die Wilde 13 (Schaefer 2013)

Learning from Wilhelmsburg

Eine Fahrt mit der „wilden" Buslinie 13 über die Elbinsel(n) Wilhelmsburg(s) ist eine Reise durch die gesellschaftliche Vielfalt Hamburgs. Schaut man aus dem Fenster, so sieht man unter anderem Mietskasernen in rotem Backstein, Schafe auf grünem Deich, Industrie und Gewerbe, unzugängliches Gehölz, gründerzeitliche Blockrandbebauung, türkische Bäckerei, altdeutsches Lokal, Wettbüro, Musikschule, Fahrradladen, Döner-Imbiss, Marktplatz, Kiosk, Kiosk, Kiosk, Altenheim, Flakbunker, Krankenhaus, Kiosk und wieder roten Backstein, Schule, Supermarkt, Hochhäuser, Grünanlagen, Wasser, Rathaus, roter Backstein, Containerlager, Berufsschule, experimentelle moderne Architektur, Algenfassade, S-Bahnhof, Hochhäuser, Einkaufszentrum, Einfamilienhäuser, Kanäle, Wiesen, Teich, Tankstelle, Dorfkern, Kiosk, Landwirtschaft und Großwohnsiedlung. Im Bus drängen sich Menschen aller Altersklassen verschiedenster ethnischer, kultureller und sozialer Herkunft aus beinahe jedem Winkel der Welt aneinander. In Wilhelmsburg leben sie mit-, neben-, und manchmal auch gegeneinander. „Laut, direkt, arm, schmuddelig und bunt" – das Durcheinander auf der „falschen Seite" der Elbe gilt vielen Hamburgern immer noch als fremdartig und durchaus problematisch – doch ist absehbar, dass eine solche Vielfalt in enger Nachbarschaft die Zukunft des städtischen Lebens darstellt. Ein guter Grund, genau hinzuschauen.

Ladenschilder in Wilhelmsburg (Ermer 2012)

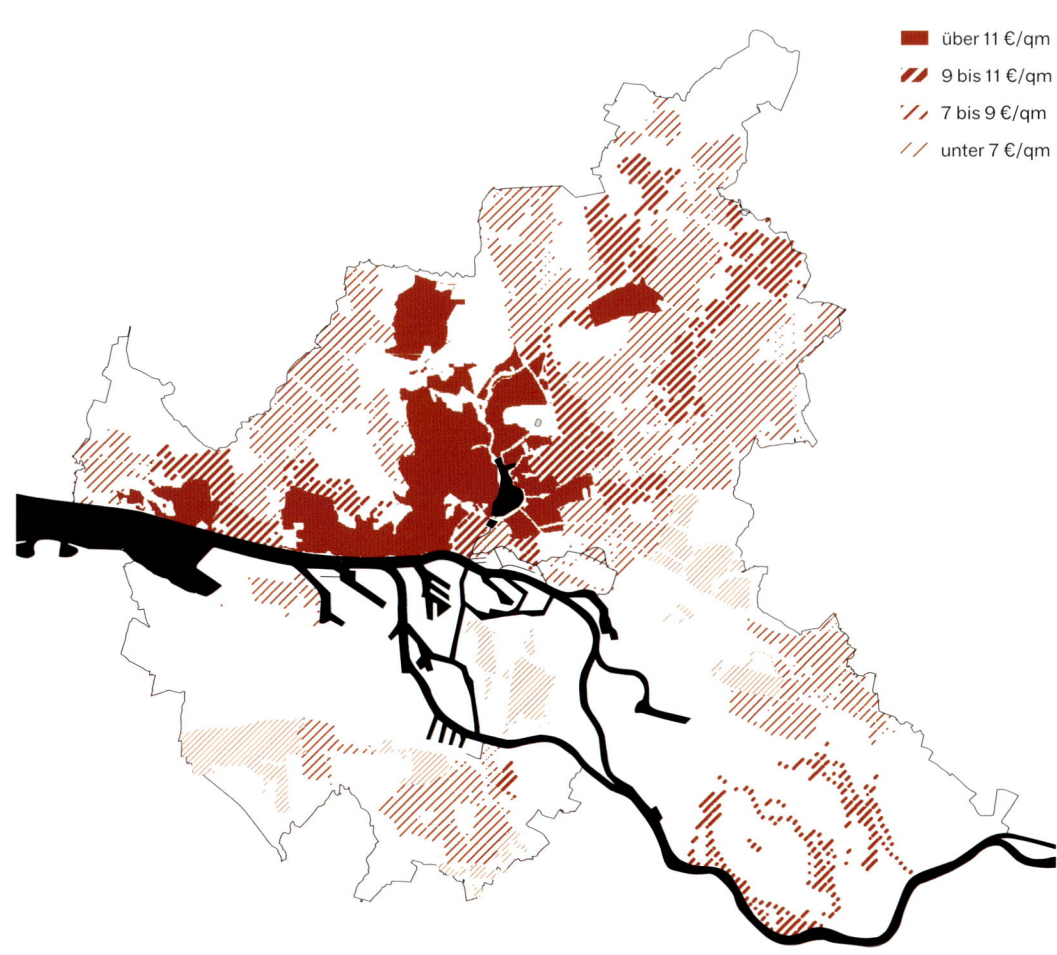

über 11 €/qm

9 bis 11 €/qm

7 bis 9 €/qm

unter 7 €/qm

Mietpreise in Hamburg (Pohl und Vollmer 2012)

(Abbildung nach Thomas Pohl, Universität Hamburg, Institut für Geographie. Datenquelle: http://www.wohnungsboerse.net/mietspiegel-Hamburg/3195)

Experten des Alltags. Bistro Votra (Pohl und Vollmer 2012)

„In den 1970er Jahren bezogen gewerbetreibende Migranten mit
ihren quartiersnahen Geschäften Ladenzeilen in Stadtvierteln,
die im Zuge weltweiter ökonomischer Umstrukturierungsprozesse
von einheimischen Gewerbetreibenden verlassen wurden.
Sie brachten damit wieder Leben in die Straßen und
trugen entscheidend zur Sanierung und Modernisierung
heruntergekommener urbaner Räume bei."

— Erol Yildiz 2011

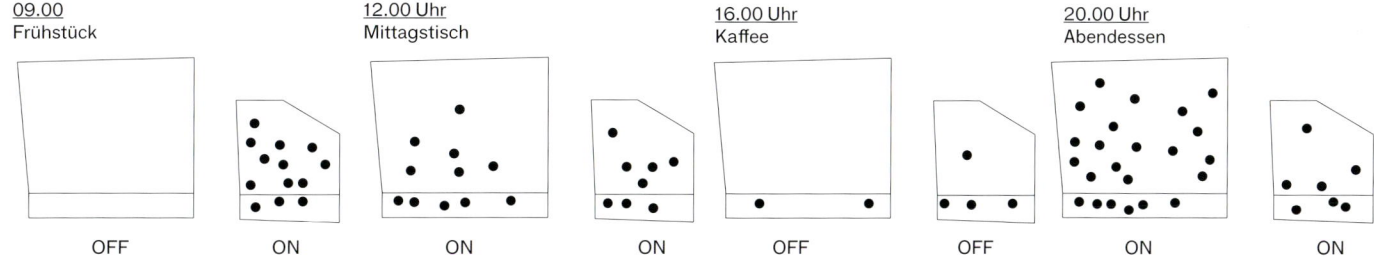

09.00
Frühstück
12.00 Uhr
Mittagstisch
16.00 Uhr
Kaffee
20.00 Uhr
Abendessen
OFF
ON
ON
ON
OFF
OFF
ON
ON

Standbein/Spielbein im Tageszyklus. Bistro Votra (Pohl und Vollmer 2012)

„Die Leute wollen satt werden, wenn sie von der Arbeit kommen [...] viele wohnen in Mehrbettzimmern, jemand macht da noch ein kleines Geschäft nebenbei. Die zahlen für einen Schlafplatz bis zu 200 Euro im Monat."

– Interviewpartner aus Wilhelmsburg

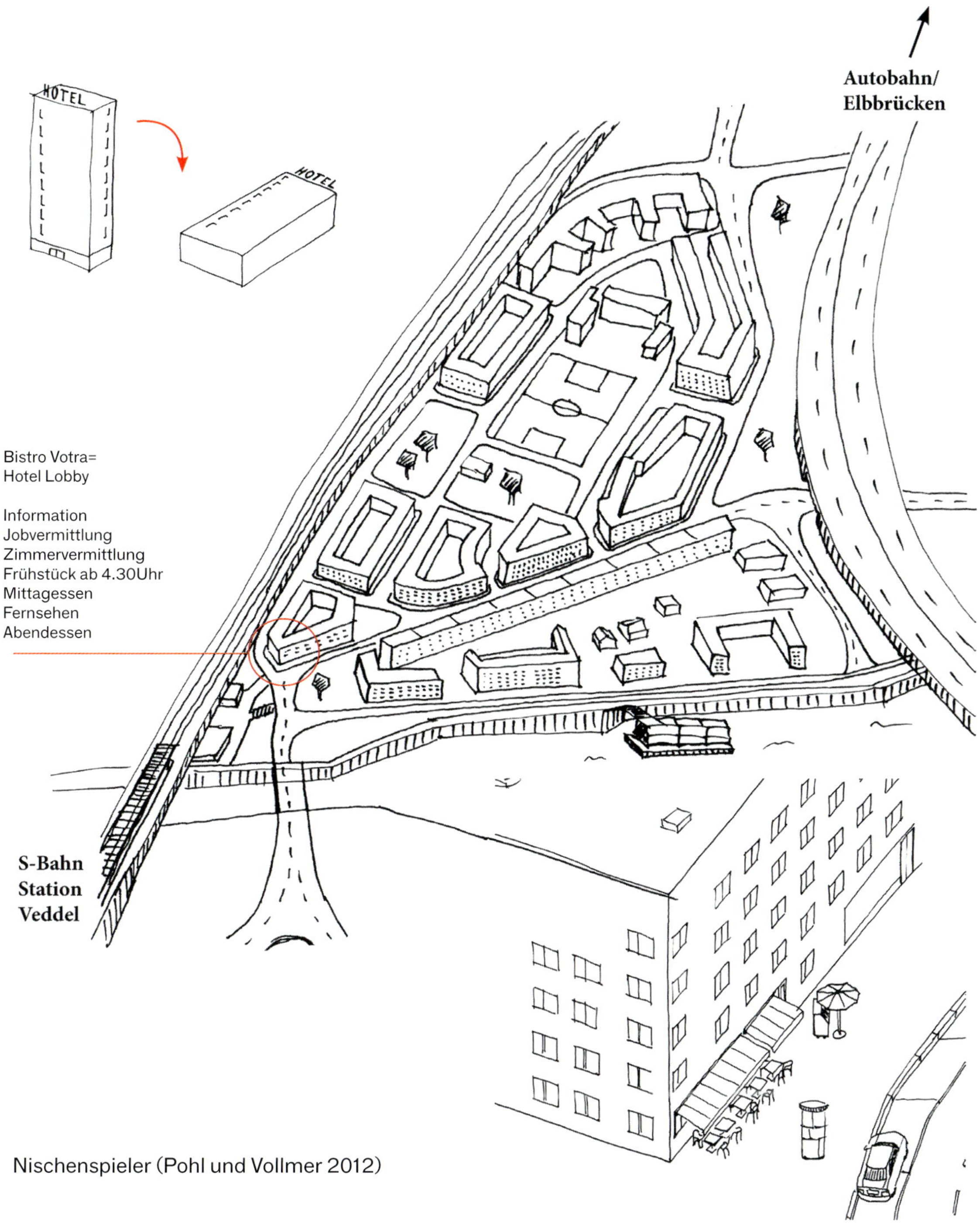

Autobahn/
Elbbrücken
HOTEL
HOTEL
Bistro Votra=
Hotel Lobby
Information
Jobvermittlung
Zimmervermittlung
Frühstück ab 4.30Uhr
Mittagessen
Fernsehen
Abendessen
S-Bahn
Station
Veddel

Nischenspieler (Pohl und Vollmer 2012)

F Mobile Actants. Movers and Transporters (Michaelis 2012)

Insel(n) der Wanderung

Ben Pohl und Hans Vollmer

Überarbeitete und gekürzte Fassung:
Das kommende Mahl: von der Feuerstelle zur Tischnachbarschaft

Urban-Design-Projekt

Die Geschichte der Elbinseln lässt sich als Geschichte von Wanderungen lesen, eine Geschichte des Ankommens und des Durchreisens. Sie ist auch eine Geschichte von (in)stabilen Ordnungen, die nur zeitweilig zur Ruhe kommen. Vielleicht lässt sie sich als Kaskade von „Störgeräuschen" im Sinne von Michel Serres beschreiben, welche die einfache Ordnung aufzulösen sucht und in der jeder Herausforderer ein neues System hervorbringt, „eine Ordnung von höherer Komplexität, als die einfache Kette sie hat. Auf den ersten Blick führt der Eindringling, dieser Parasit, eine Unterbrechung herbei, doch auf den zweiten bringt er eine Konsolidierung" (Serres 1987: 29) – er erfindet sich im „Zwischen".

Auf diese Weise kann man die Geschichte der Inseln als eine Abfolge von Einmischungen in die Gemengelagen dessen, was vorher schon war, betrachten. Als permanenten Prozess des Umgruppierens (Latour 2010: 50) und unzähliger Überlagerungen von Wanderungsströmungen, deren Wellen sich in den Grund der Elbe einschrieben und eine Insel der Migration formten. Denn dort wo sich heute Wilhelmsburg und die Veddel befinden, lag einst ein Marschland unter Herrschaft der Gezeiten in der Elbe. Im 14. Jahrhundert wurde tief im Südosten, dort, wo Norder- und Süderelbe sich heute von einander trennen, mit den ersten Eindeichungen durch Zugewanderte begonnen. Diese Zuwanderungen erst bringen Wilhelmsburg Deich für Deich hervor. Ein soziomaterielles Gefüge, ein Hybrid aus Menschen, Kanälen, Elbe, Deichen, Gesetzen und ökonomischen Interessen. Wenn wir diesen Prozessen nachgehen und die wirkungsgeschichtlichen Ebenen Schicht um Schicht freilegen, lösen sich auch Kategorien wie Migrant und Nicht-Migrant auf. An ihrer Stelle zeigen sich vielmehr (in)stabile Ordnungen des Etablierens und der Herausforderungen. Mit Latour ließe sich sagen, es gibt „keine Gruppen, nur Gruppenbildungen" (Latour 2010: 50). Die Elbinseln sind und bleiben in Bewegung.

1.

Frühe Dokumente aus dem Jahre 1333 belegen die Besiedlung durch Bevölkerung aus dem nordöstlichen Umland und von den Nachbarinseln Billwerder und Ochsenwerder. Die Namen der Siedler verweisen auf einen westfälischen und brandenburgischen Hintergrund. Als Lohn für die mühsamen Eindeichungen erhielten sie Landbesitz. Diese erste Welle der Wanderung dauerte circa bis zur Mitte des 17. Jahrhunderts an. (vgl. Clausen 2008)

2.

Mit dem ausgehenden 17. Jahrhundert setzte die zweite Welle ein. Herzog Georg Wilhelm von Braunschweig-Lüneburg erwarb die Inseln Stillhorn, Georgswerder und Rotehaus und ließ diese samt seiner Besitzungen am sogenannten Reiherstieg zu einer Insel eindeichen. Er nannte sie Wilhelmsburg. Der Herzog trachtete danach, möglichst viele seiner Untertanen aus Braunschweig-Lüneburgischen Landen hierher zu holen und auf der neuen Insel anzusiedeln (vgl. ebd.) – zur damaligen Zeit eine Reiseentfernung von etwa drei Wochen.

3.

Eine dritte Phase der Zuwanderung wird mit dem Beginn der Industrialisierung Hamburgs eingeleitet. Im Hafen ansässige Industrien warben in großem Stile Arbeiter aus den verarmten Ostprovinzen des Deutschen Reiches und Polen an, die unter prekären Wohnbedingungen und zu niedrigsten Löhnen in den Fabriken und Werften Wilhelmsburgs arbeiteten (vgl. ebd.). Der weiträumliche Ausbau des Hamburger Zollhafens und das enorme Anwachsen der Bevölkerung rückte die Insel dann in das Interesse der Hamburger Planung.

4.

Der vierte gravierende Einschnitt in der Geschichte Wilhelmsburgs erfolgte durch die schwere Sturmflut von 1962. Nach der Katastrophe diskutierte der Hamburger Senat, den Westteil der Elbinsel als Wohnstandort in Gänze aufzugeben. Infolge der Flut und der nachfolgenden Planungsunsicherheiten zogen viele Einwohner innerhalb Wilhelmsburgs um, die Mehrheit verließ den Stadtteil komplett. Diese Auswanderbewegung ist nicht allein auf die Folgen der Flut zurückzuführen, denn auch die Industrialisierung hatte die Wohnqualität zuvor schon erheblich gemindert.

5.

Zeitgleich mit der regelrechten Flucht von der Insel setzte auch ein enormer Zuzug ein: Ab den frühen 1960er Jahren bis zum Stop der Anwerbeabkommen im Jahr 1973 ließen sich zahlreiche „Gast"-Arbeiter aus Italien, Spanien, Portugal und der Türkei in Wilhelmsburg nieder (vgl. ebd.). In den Folgejahren gelang es einigen unter ihnen, aus der Rolle der Mittellosen heraus auf kreative Weise gesellschaftliche Barrieren zu umgehen und sich in den Nischen ihrer neuen Heimat eigene Orte städtischen Lebens zu schaffen.

6.

Seit den späten 1980er Jahren strandet eine weitere Welle hier im Hamburger Süden. Sie besteht vor allem aus Menschen, die vor Krieg und Armut geflohen sind. Aktuell wohnen daher in Wilhelmsburg Menschen aus rund 158 verschiedenen Nationen. Die Aushandlungsprozesse zwischen den Bewohner*innen dieser „Parapolis" (vgl. Terkessidis in diesem Buch) führen auch immer wieder zu Konflikten. Fremdenfeindliche Haltungen sind dabei jedoch in allen Zuwanderergenerationen vertreten und die Debatten über „Ausländer" bestimmen auch heute noch den Diskurs im und über den Stadtteil.

7.

Vor wenigen Jahren kam noch eine weitere Zuwanderungsströmung hinzu. Eine Mittelstands- und Bildungsbürgermigration unternimmt, in großen Teilen vom „schönen Hamburg" aus, den Sprung über die Elbe. Steigende Mieten und Bodenpreise in den nördlichen Teilen Hamburgs, die Transformationsprozesse der IBA und IGS 2013 und das Streben danach, eigene Vorstellungen vom „guten Leben" in Wilhelmsburg zu realisieren, bringen diese Zuwanderer auf die Inseln.

Hier im Hamburger Süden zeigt sich in ganz besonderem Maße, dass städtische Ordnungen immer (in)stabil und beweglich sind und Stadt grundsätzlich kein Konsenskonzept sein kann, sondern Konflikte mit sich bringt, die es auszuhalten, zu verhandeln und in neue Formen des Miteinanders zu übersetzen gilt.

Insel der Wanderung
(Pohl & Vollmer 2012)

Literatur

Latour, B. (2010): Eine neue Soziologie für eine neue Gesellschaft: Einführung in die Akteur-Netzwerk-Theorie. Frankfurt a. M.

Serres, M. (1987): Der Parasit. Auflage: 1. ed. Frankfurt a. M.

Clausen, S. (2008): Wer baut ein Haus? Wer verkauft die Milch? Und wem gehört der Deich? Soziale, wirtschaftliche und hierarchische Strukturen einer vorindustriellen Inselgemeinschaft. In: Geschichtswerkstatt Wilhelmsburg (Hrsg.) Wilhelmsburg. Hamburgs große Elbinsel, Hamburg

BEN POHL UND HANS VOLLMER

VON ERWARTESÄLEN, SPIELBEINSTRATEGEN UND QUASI-BANKEN

EINE HERD- UND KIOSKFORSCHUNG
ZU INTERKULTURELLEN PRAKTIKEN
URBANER PRODUKTION

Die UD-Reihe wird herausgegeben von Bernd Kniess
Urban Design, HafenCity Universität Hamburg

HCU | HafenCity Universität
Hamburg

Als zeitweilige Bewohner der Hamburger Elbinsel Wilhelmsburg erkennen sich Ben Pohl und Hans Vollmer selbst als Migranten und gründen ihr forschendes Interesse in der Unvermeidlichkeit des eigenen „Zwischen-Seins" in den Beziehungsgefügen des urbanen Alltags. Sie begeben sich auf die Mikroebene ethnografischer Stadtforschung und stellen dabei die Frage: Auf welchen Bühnen und mit welchen Dynamiken verlaufen die inter- und transkulturellen Kompromisse und Aushandlungen eines Stadtteils mit Menschen aus 158 verschiedenen Nationen?

Auf der Suche nach alltäglichen Orten dieser „Kultur-im-Zwischen" entdecken sie die Kioske der Insel als spezifisch heterogene Bühnen der Konfliktverhandlung, die mit maximaler Differenz und Zentralität auch das große Versprechen des Städtischen im Sinne Henri Lefebvres erahnen lassen. Der Heterogenität dieser symbolischen und materiellen „Wasserstellen", mit all ihren Möglichkeiten und Gefahren, stellen sie die „Feuerstelle" – den Herd – als Ort der Vergemeinschaftung hinzu. Ausgehend von den eigenen Praktiken des kochenden und essenden Alltags untersuchen sie dabei die räumlichen und ökonomischen Lern-, Anpassungs- und Herstellungsprozesse rund um die Versammlungen gastronomischer Lokale Wilhelmsburgs und der Veddel.

Mit Rückgriff auf Michel Serres Figur des Parasiten zeichnen sie oszillierende Formen komplexer Ordnung nach und legen frei, dass städtische Gefüge immer instabil und beweglich sind und Konflikte mit sich bringen, die es auszuhalten, zu verhandeln und in neue Formen des Miteinanders zu übersetzen gilt.

Demnächst erhältlich!

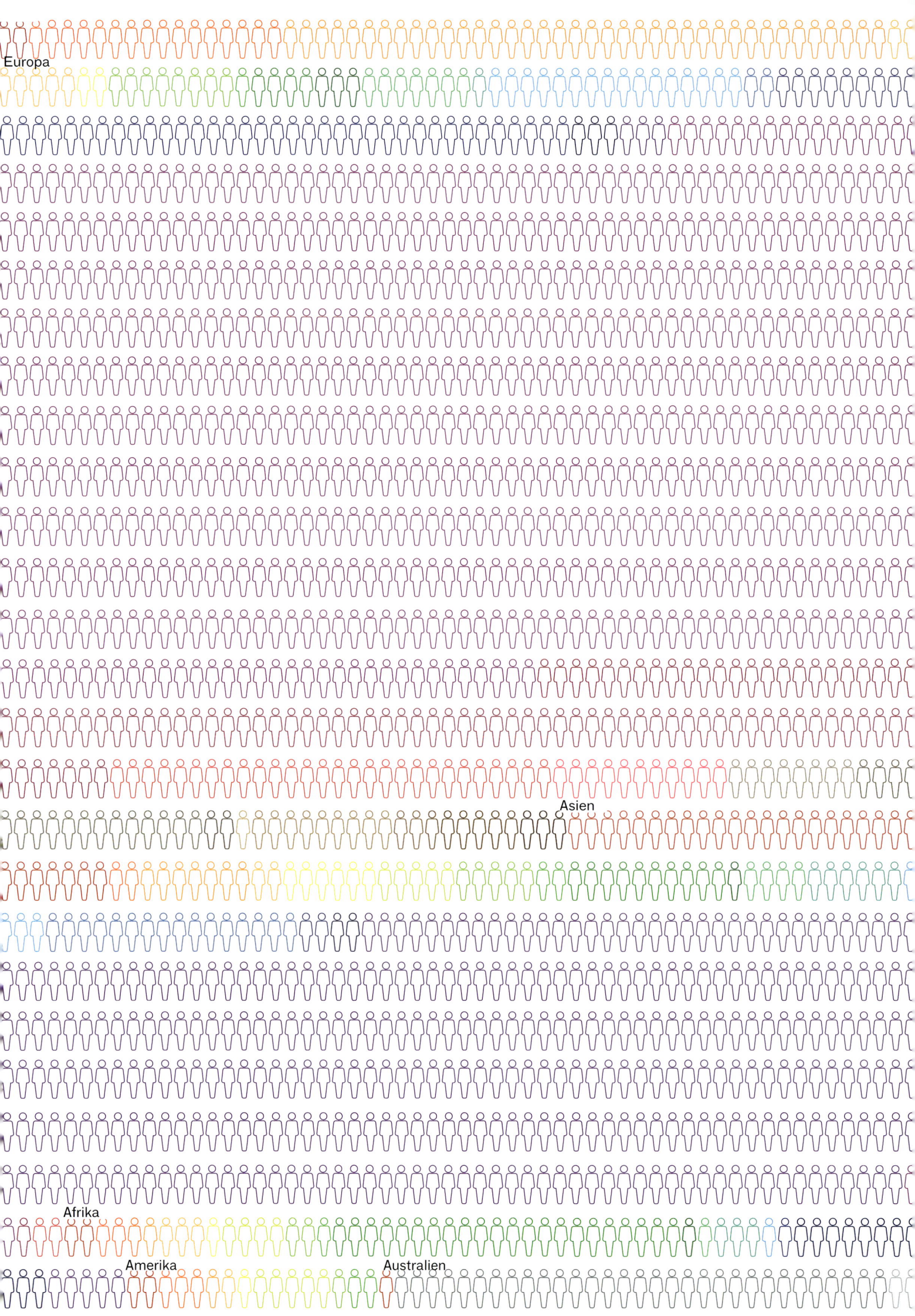

Europa

Asien

Afrika

Amerika

Australien

Einwohner mit Migrationshintergrund nach Bezugsländern in Hamburg Wilhelmsburg am 31.12.2013 (nur Hauptwohnsitze) ergänzt um Schätzungen mit MigraPro durch das Statistische Amt für Hamburg und Schleswig-Holstein

Europa

ALB	Albanien	46	881	5,22%
AUT	Österreich	133	7.490	1,78%
BIH	Bosnien-Herzegowina	422	6.187	6,82%
BUL	Bulgarien	1.335	6.935	19,25%
CRO	Kroatien	245	6.395	3,83%
CZE	Tschechische Rep.	49	2.033	2,41%
DEN	Dänemark	36	2.728	1,32%
ESP	Spanien	261	7.827	3,33%
FIN	Finnland	22	1.416	1,55%
FRA	Frankreich	122	8.106	1,51%
GBR	Großbritannien	86	6.804	1,26%
GRE	Griechenland	229	9.051	2,53%
HUN	Ungarn	26	7.986	0,33%
ITA	Italien	563	10.348	5,44%
LTU	Litauen	43	1.751	2,46%
MKD	Mazedonien	1.581	7.117	22,21%
MNE	Montenegro, Republik	77	883	8,72%
NED	Niederlande	74	4.302	1,72%
OM	Ohne Migrationshintergrund	22.163	530.000	4,03%
POL	Polen	2.371	71.186	3,33%
POR	Portugal	985	11.328	8,70%
RKS	Kosovo	392	2.537	15,45%
ROU	Rumänien	278	7.408	3,75%
SCG	ehem.Serbien/Monten.	736	10.784	6,82%
SER	ehem. Serbien, Rep.	65	569	11,42%
SLO	Slowenien	36	461	7,81%
SRB	Serbien	297	4.270	6,96%
SUI	Schweiz	41	3.110	1,32%
SVK	Slowakei	21	659	3,19%
UKR	Ukraine	167	7.986	2,09%
YUG	ehem. Jugoslawien	83	10.348	0,80%

Asien

AFG	Afghanistan	1.012	30.673	3,30%
AZE	Aserbaidschan	34	893	3,81%
BAN	Bangladesch	25	350	7,14%
CHN	China	237	5.886	4,03%
INA	Indonesien	66	2.091	3,16%
IND	Indien	206	5.774	3,57%
IRN	Iran	163	19.098	0,85%
IRQ	Irak	152	2.134	7,12%
JOR	Jordanien	59	732	8,06%
KAZ	Kasachstan	333	20.210	1,65%
KGZ	Kirgisistan	34	1.106	3,07%
LIB	Libanon	143	2.176	6,57%
PAK	Pakistan	196	3.549	5,52%
PHI	Philippinen	120	2.621	4,58%
RUS	Russische Föderation	570	31.336	1,82%
SYR	Syrien	73	1.887	3,87%
THA	Thailand	56	2.524	2,22%
TUR	Türkei	11.452	92.665	12,36%
URS	ehem. Sowjetunion	62	3.992	1,55%
UZB	Usbekistan	21	1.082	1,94%
VIE	Vietnam	58	5.193	1,12%

Afrika

EGY	Ägypten	121	3.067	3,95%
GAM	Gambia	70	1.025	6,83%
GBS	Guinea-Bissau	33	328	10,06%
GHA	Ghana	755	11.194	6,74%
GUI	Guinea	24	500	4,80%
KEN	Kenia	34	710	4,79%
MAR	Marokko	96	2.569	3,74%
NGR	Nigeria	197	2.766	7,12%
NIG	Niger	24	183	13,11%
SLE	Sierra Leone	35	273	12,82%
TOG	Togo	375	2.693	13,92%
TUN	Tunesien	158	3.701	4,27%

Amerika

BRA	Brasilien	64	3.537	1,81%
CAN	Kanada	21	1.228	1,71%
CHI	Chile	50	1.832	2,73%
COL	Kolumbien	27	1.779	1,52%
CUB	Kuba	20	515	3,88%
DOM	Dominikan.Republik	28	731	3,83%
ECU	Ecuador	150	2.098	7,15%
PAR	Paraguay	36	247	14,57%
USA	USA	64	6.276	1,02%

Australien

AUS	Australien	22	1.056	2,08%

Übrige

Übrg.	Übrige Länder	1.574	12.456	12,64%
Ugkl.	Ungeklärt	44	838	5,25%

Die Grafik zeigt die Einwohner mit Migrationshintergrund nach Bezugsländern in Hamburg Wilhelmsburg am 31.12.2013. Die Tabelle zeigt in Spalte 1 die Rohdaten der Grafik, in Spalte 2 die Einwohner mit Migrationshintergrund nach Bezugsländern in Hamburg und in Spalte 3 den Anteil der in Wilhelmsburg lebenden Menschen mit Migrationshintergrund nach Bezugsland an den in Hamburg lebenden Menschen mit Migrationshintergrund desselben Bezugslandes.

Zur Bevölkerung mit Migrationshintergrund im engeren Sinne gehören alle Zugewanderten und alle in Deutschland geborenen Ausländer*innen. Von den Deutschen mit Migrationshintergrund, die ihre deutsche Staatsangehörigkeit seit Geburt besitzen, haben nur jene einen Migrationshintergrund im engeren Sinne, die mit ihren Eltern oder einem Elternteil im selben Haushalt leben, weil nur dann die für die Zuordnung entscheidende Elterninformation vorliegt.

Zur Bevölkerung mit Migrationshintergrund im weiteren Sinne gehören zusätzlich jene Deutschen mit Migrationshintergrund, die ihre deutsche Staatsangehörigkeit seit Geburt besitzen und nicht (mehr) mit den Eltern im selben Haushalt leben. Sie sind ausschließlich durch die bislang nur 2005 und 2009 gestellten Zusatzfragen zum Migrationsstatus der nicht im Haushalt lebenden Eltern als Menschen mit Migrationshintergrund identifizierbar.

Kollaboration statt Integration

Interkulturelle Herausforderungen an die Stadt der Zukunft

Mark Terkessidis

Original veröffentlicht in: Forum Wohnen und Stadtentwicklung 5 (2013), 226-230

Ist die „Toleranzschwelle" in Sachen Einwanderung überschritten? Gibt es zuviel Vielfalt in „unserer" Gesellschaft? Zu viele „Integrationsunwillige"? Nicht unbeträchtliche Teile der Bevölkerung sagen: Ja. In einem der erfolgreichsten Sachbücher der letzten Jahrzehnte entwirft Thilo Sarrazin düstere Aussichten für die Zukunft: In den Städten hat die deutsche Sprache abgedankt, Schulen und Stadtviertel sind entlang der Muttersprachen der Einwanderer „entmischt", und das einheimische, bürgerliche Kulturerbe verfällt. Obwohl solche Sarrazinschen „Alpträume" nicht mal annähernd etwas mit der Wirklichkeit zu tun haben, zeigt der erhebliche Widerhall seiner Thesen, dass die Veränderungen durch Einwanderung und Internationalisierung oftmals als Niedergang erlebt werden. Tatsächlich stellen diese Thesen auch so etwas dar wie die polemische Zuspitzung einer durchaus verbreiteten Ansicht über die Städte, einer Erzählung über ihre problematische Zukunft (jenseits von politischer Orientierung). Wenn man sich die Debatten der vergangenen Jahrzehnte in den Medien und teilweise auch in der Wissenschaft anschaut, dann ging es zumeist um Niedergang, um „den Verlust der Integrationsfähigkeit", um tatsächliche Desintegration oder das Verschwinden des öffentlichen Raums, wahlweise verursacht von neoliberaler Politik (Privatisierung, „McDonaldisierung", „Gentrifizierung") oder von der Einwanderung („Parallelgesellschaften", „Problembezirke").

Die Einwanderungsgesellschaft spielt sich seit jeher am intensivsten in den Städten ab, und die Ideen über Stadt und „Integration" sind in Deutschland häufig an Normvorstellungen orientiert. Die Stadt erscheint als wohlgeordneter, konfliktfreier und im Grunde familiär organisierter Behälter, in den die Hinzukommenden eingepasst werden. Zwar sind Städte noch nie so gewesen, aber diese Ideen funktionieren als eine Art „nostalgische Utopie". Die reale Stadt, ihre Unruhe und ständige Veränderung wirken stets mangelhaft und angsteinflößend: man muss ihre Beweglichkeit eindämmen. Zweifellos ist die Gesellschaft heute jenem Prozess unterworfen, den man gemeinhin Globalisierung nennt, was bedeutet: weniger ökonomische Sicherheit und Planungskontrolle, mehr Mobilität und Vielfalt. Dabei erweisen sich die Veränderungen jedoch keineswegs durchweg als negativ, sondern als widersprüchlich. Vor allem stellen sie Herausforderungen – statt der routinisierten Klage benötigt es einen an der Zukunft orientierten Willen zur Gestaltung.

Leben in der Parapolis

Was bedeuten nun zunehmende Mobilität und Vielfalt konkret? Zweifellos waren die Städte immer schon Orte des Transits, Knotenpunkte in einem internationalen Gewebe – beunruhigend erscheint die aktuelle Mobilität wohl nur auf dem Hintergrund der Jahrzehnte nach dem Zweiten Weltkrieg, in denen der Akzent stark auf einer berechenbaren Sesshaftigkeit lag. Die aktuelle Situation kennzeichnet, dass es eine zunehmende Anzahl von Personen gibt, deren Status aus unterschiedlichen politisch-ökonomischen Gründen nicht eindeutig festzulegen ist. Heute leben in den Städten „Ausländer" mit einer durchschnittlichen Aufenthaltsdauer von fast 19 Jahren; „Pendler", die im Durchschnitt für ein halbes Jahr bleiben; „Geduldete", deren Aufenthaltsperspektive nach einem Jahrzehnt immer noch bei einem halben Jahr liegt, „Papierlose", die als Touristen eingereist sind und deren Existenz von der offiziellen Statistik ganz geleugnet wird. Man findet zahlreiche Studenten aus anderen Ländern, die eine bestimmte Zeit in der Stadt bleiben, „Expatriates" jeglicher Couleur, die wegen Arbeit, Liebe oder einer neuen Lebensperspektive in die betreffende Stadt gezogen sind, Zweitwohnungsbesitzer, deren Familie in einer anderen Stadt lebt, oder auch Touristen, die mit ihren wiederholten Wochenendtrips und ihrem Szenewissen auf eine noch nie dagewesene Weise ins Gewebe der Stadt eindringen. Diese Personengruppen stellen sämtlich eine „anwesende Abwesenheit" dar – sie sind da, aber gleichzeitig noch an einem anderen Ort. Diese neue Mobilität hat die geografischen Verhältnisse von Nähe und Ferne, aber auch von Nachbarschaft völlig verändert. So existieren in der Stadt Orte, die nur noch lose mit ihrer Umgebung korrespondieren. In den Niederlassungen transnationaler Unternehmen etwa ist die Umgangssprache längst nicht Deutsch, sondern Englisch, und die Mitarbeiter stammen aus vielen verschiedenen Ländern und werden vielleicht schon bald an einen anderen Ort versetzt. Diese Büros haben viel mehr zu tun mit dem globalen Kommunikationsraum des Unternehmens als mit ihrer direkten Nachbarschaft. Zugleich haben die Städte unsichtbare Vororte, die geografisch weit entfernt liegen, tatsächlich aber eher wie eine Nachbarschaft funktionieren. Viele Arbeitsmigranten, die ursprünglich nur für „ein, zwei Jahre" nach Deutschland gehen wollten und sich doch ansiedelten, haben gleichzeitig in ihrem Herkunftsland Häuser gebaut oder Wohneigentum erworben – ohne tatsächlich zurückzukehren. So existieren aktuell vor allem außerhalb von Europa, etwa in Marokko, ganze Stadtviertel, die sich im Sommer mit Auswanderern füllen. Selbst wenn Einwanderer keine Immobilien in ihrem Herkunftsland besitzen, bewohnen sie einen familiären Raum, der Netzwerke über die nationalen Grenzen hinweg spannt. In ähnlicher, aber ganz anderer Weise haben Touristen und „Rentenauswanderer" in großer Zahl an der europäischen Sonnenperipherie, etwa in Spanien, Häuser oder Wohnungen erworben. Sie bewohnen dort Siedlungen, die veritable „Parallelgesellschaften" darstellen und die mit ihrer physischen Nachbarschaft wiederum nur sehr lose Verbindungen aufweisen. Es handelt sich ebenfalls um verkappte Vororte westeuropäischer Städte.

Seitdem die deutsche Statistik auch das Kriterium des Migrationshintergrunds erfasst, ist zudem der dramatische demografische Wandel ins Bewusstsein vorgedrungen – bei den Unter-Sechsjährigen in den deutschen Städten sind die Kinder mit einer Einwanderungsgeschichte in der Mehrheit, für Frankfurt oder Nürnberg ergeben sich Anteile von annähernd 70 Prozent. Diese Vielheit läßt sich nicht mehr auf Einheit und Eindeutigkeit reduzieren. Die traditionelle Polis ist längst auseinandergefallen, sie hat sich zu einer vielgliedrigen Parapolis entwickelt – das Wort bezeichnet die vage, quasi illegitime „para"-Version der Polis. Aber zudem verbirgt sich in dem Wort „para poli", was „sehr viel" heißt: Man könnte also von einem Ort des „sehr viel", eben nicht nur der Vielfalt, sondern der Fülle sprechen. Das Bewegungsschema der urbanen Vielheit erschöpft sich dabei nicht länger in den auf so etwas wie ethnischer Identität beruhenden Vorstellungen des herkömmlichen Multikulturalismus. Die oben geschilderten Personen lassen sich nicht länger einfach auf Traditionen und Gemeinschaften hochrechnen. Sie sind uneindeutig, weil sie in einer komplizierten Gemengelage von Polyglottie und transnationalen Bezügen leben, was im übrigen auch zunehmend für die sogenannten Einheimischen zutrifft.

In diesem Sinne hat auch die Sinus-Studie über die „Lebenswelten von Migranten in Deutschland" (2007) gezeigt, dass

In der Parapolis nun müssen alle Gestaltungsansätze von der Vielheit der Bevölkerung im urbanen Raum ausgehen.

in dieser Bevölkerung zweifellos eine enorme Spreizung von Werten existiert. Allerdings sind die Unterschiede hinsichtlich der Werte innerhalb der jeweiligen ethnischen Gruppen größer als zwischen diesen Gruppen – der ethnische Hintergrund hat also nur begrenzte Aussagekraft. Insofern könnte der Begriff Ethnizität in Bezug auf Gestaltungsfragen in der Einwanderungsgesellschaft durch den Begriff Referenzrahmen ersetzt werden, der Einflüsse durch Herkunft nicht ausschließt, aber gleichzeitig akzeptiert, dass Personen ihre Bezugsräume mit

unterschiedlichen Ressourcen aktiv konstruieren. Das stellt Planung vor erhebliche Herausforderungen. Wenn sie von „farbenblinder" Ignoranz abrücken möchte, dann braucht es mehr als „interkulturelle Kompetenz", die leicht in eine Art Ethno-Rezeptwissen umschlagen kann. Die Planung benötigt ein flexibles Kontextwissen.

Ein Programm Interkultur statt Integration

Mit den alten Vorstellungen von Integration kommt man jedenfalls nicht mehr weiter. Auch wenn der Begriff Integration heute deutlich pragmatischer verstanden wird, transportiert er unausgesprochen normative Ideen aus den 1970er Jahren. So erscheinen Einwanderer weiterhin oft als defizitäre Personen, die durch kompensatorische Sondermaßnahmen an die Norm herangeführt werden müssen. Trotz der oben genannten Veränderungen geht es seit rund vier Jahrzehnten stets um die gleichen Defizite: Sprachprobleme, patriarchale Familienverhältnisse und „Ghettobildung", unterdessen „Parallelgesellschaft" genannt. Die Logik der integrativen Kompensation suggeriert, die gesellschaftlichen Institutionen und Normen seien intakt, bloß die „Hingekommenen" reformbedürftig. Doch funktionieren die herkömmlichen Institutionen tatsächlich, wenn in Stuttgart heute 40 Prozent der Bevölkerung Migrationshintergrund haben? Was sind die allgemeinen Normen, wenn etwa im schweizerischen Zürich unterdessen 60 Prozent der Einwohner einen Migrationshintergrund haben? Der Blick auf die „Anderen" sorgt letztlich für die konsequente Vermeidung von Innovation – nur ein Perspektivwechsel kann die Blockade aufheben.

Anstatt sich unentwegt mit den „Problemkindern" zu befassen, steht vielmehr eine Überprüfung der bestehenden Institutionen, Organisationen und Einrichtungen an: Sind sie „fit" für die Vielheit? Inwiefern berücksichtigt der Regelbetrieb in Sachen Planung, Bildung, Gesundheit, Arbeitsvermittlung oder Kultur die unterschiedlichen Voraussetzungen, Hintergründe und Referenzrahmen der Individuen und unterstützt sie dabei, ihr Potenzial auszuschöpfen? Eine solche Selbstbefragung bedeutet, die Herausforderung der Einwanderungsgesellschaft anzunehmen und den gesellschaftlichen Wandel als Anlaß für Erneuerung zu nehmen. Heute findet sich etwa in den Schulen die „Parallelgesellschaft" keineswegs in den Klassenzimmern oder auf dem Pausenhof, sondern im Lehrerzimmer. Wenn ein Drittel der deutschen Schüler einen Migrationshintergrund besitzen, Tendenz steigend, dann darf unter den Lehrern keine Homogenität herrschen. Institutionen können nicht funktionieren, wenn sie die Vielheit nicht abbilden.

In den USA wird schon seit den 1990er Jahren über „Diversity" mit einem großen D gesprochen – dabei handelt es sich um Programme, mit denen die Unternehmen der vielfältigeren Zusammensetzung der Belegschaft in Bezug auf Geschlecht, Alter, Herkunft und sexuelle Orientierung gerecht werden wollen. Tatsächlich benötigt die Gestaltung der Parapolis ein „Programm Interkultur". Der Leitfaden lautet: Wie müssen sich der Personalbestand und die Organisationskultur verändern, um der Vielheit zu entsprechen? Die Städte werden aktuell verwaltet und geplant von einem Personal, das der Zusammensetzung der Bevölkerung nicht mehr entspricht – es gibt hier wie in anderen Bereichen eine enorme „Krise der Repräsentation". Daher müssen Ausbildungschancen verbessert und Rekrutierungsverfahren gerechter gestaltet werden. Zudem braucht es aktive Strategien, um den Anteil an Personen mit Migrationshintergrund zu erhöhen – etwa nach dem Vorbild der Kampagne „Berlin braucht dich" oder dem Handlungskonzept „Lehrkräfte mit Zuwanderungsgeschichte" in Nordrhein-Westfalen.

Der Wandel des Personalbestandes allein kann aber nicht funktionieren, wenn es keine Veränderung der Organisationskultur gibt. Organisationen bringen immer einen gewissen „Typus" hervor, der als „normal" gilt und selbstverständliche Privilegien genießt. Personen, die mit diesem Typus übereinstimmen, bemerken gewöhnlich nicht, wie „deutsch" und ausgrenzend bestimmte Rede- und Verhaltensweisen oder bestimmte Strukturen eigentlich sind. Wenn aber die impliziten Regeln nicht reflektiert werden, dann scheiden die „Anderen" möglicherweise sehr schnell wieder aus. Ein Beispiel: Der ehemalige mit der Aufklärung der Morde des „Nationalsozialistischen Untergrundes" (NSU) befasste Leiter der Münchener Mordkommission meinte in einem Interview, für die Recherchen im lange verdächtigen „Milieu" der Kleinunternehmer türkischer Herkunft seien auch „türkische Polizeibeamte" eingesetzt worden. Dieser Auffassung nach handelt es sich also nicht um deutsche Beamte, die eine Zusatzqualifikation besitzen (Türkisch sprechen), sondern um „türkische Beamte". Diese kommen offenbar primär dann zum Einsatz, wenn es notwendig erscheint, die Sprache von Delinquenten zu verstehen. Die Wahrnehmungsroutinen bleiben dabei intakt: Es ist klar, welche Personengruppe unter Verdacht steht, und die Beamten nichtdeutscher Herkunft gehören eigentlich zu einem „ausländischen" Kontext und werden entsprechend für einen bestimmten Zweck instrumentalisiert. Auch wenn sich die Polizei aktiv um eine Veränderung der Belegschaft bemüht, drohen solche Auffassungen den Prozess zu konterkarieren und müssen aktiv angegangen werden.

Das Ziel aller Maßnahmen ist nicht bloß die Beseitigung von Diskriminierung, sondern die Herstellung von „Barrierefreiheit". Dieser Begriff wird gewöhnlich verwendet, um die baulichen Anpassungen für Menschen mit Behinderungen zu bezeichnen, doch lässt sich der Begriff auch auf eine Reihe von unsichtbaren Schwellen erweitern. Letztlich geht es um ein Grundpostulat der demokratischen Gesellschaft: Alle Personen sollen sich frei bewegen können, körperlich wie sozial, und gerecht behandelt werden bei der Verteilung von Ressourcen und Dienstleistungen. Dazu wird eine Perspektive benötigt, die Paradoxe aushalten kann, denn sowohl eine „farbenblinde" Haltung als auch eine, die der Differenz stets mit Sonderbehandlung begegnet, können diskriminierende Effekte haben. Insofern geht es immer um eine genaue und reflektierte Abwägung – ohne die Betonung von Migrationshintergrund komme ich nicht aus, solange mit diesem Merkmal Benachteiligung einher geht; gleichzeitig darf der Migrationshintergrund im Alltag einer Demokratie keine Rolle spielen. Dieses Paradox lässt sich nicht auflösen.

Strategien für die vielheitliche Stadt

In der Parapolis nun müssen alle Gestaltungsansätze von der Vielheit der Bevölkerung im urbanen Raum ausgehen. Die Aufgabe kann eben nicht darin bestehen, diese Vielheit wieder auf Einheit und Eindeutigkeit zu reduzieren. Zum einen muss im Rahmen der Globalisierung ein gewisser Kontrollverlust realistisch anerkannt werden. Zum anderen sollte dennoch der Versuch unternommen werden, die Stadt so zu arrangieren, dass sie die unterschiedlichen Voraussetzungen und Hintergründe der Individuen berücksichtigt und diesen ermöglicht, ihr Potenzial auszuschöpfen – als Personen, die sich in ihrem Gemeinwesen engagieren und eben dadurch eine Vorstellung von Gemeinschaft entwickeln.

1.

Die Städte müssen ihre Institutionen daraufhin befragen, ob sie der Mobilität und Vielfalt der städtischen Gesellschaft gerecht werden – die programmatische Verpflichtung auf Interkultur wurde oben bereits erläutert.

Es ist für die Zukunft der Städte höchst relevant, welches Bild sie von sich selbst entwerfen. Eine Stadt, welche die Vielheit als Niedergang begreift, ist für die Zukunft nachweislich schlechter gerüstet als eine, die ihre Vielheit als kreative Ressource begreift. Letztere stärkt bei ihren Bürgern den Optimismus und erhöht die Anziehungskraft für Zuzügler und Touristen. Eine Studie aus den 1990er Jahren hat etwa für das Vereinigte Königreich gezeigt, dass eine Stadt wie Manchester, die mit der inneren Diversität offensiv umgeht, deutlich besser mit dem Strukturwandel zurechtkam als etwa Sheffield, wo die Heterogenität eher im Zusammenhang mit dem Niedergang gesehen wurde. In den deutschen Städten wird die Vielfalt kaum einmal als Vorteil gesehen. Wenn man etwa auf der Homepage der Stadt Duisburg einen Blick auf die Marketing-Videos für Touristen wirft, dann wird die antiseptische Darstellung von ortlosen Architektur-, Kultur- und Sportangeboten ausschließlich mit Personen illustriert, die „weiß" erscheinen, jedenfalls der realen Zusammensetzung der Stadt überhaupt nicht entsprechen. Anstatt dessen wäre es fruchtbarer, die Vielfalt als „Branding"-Merkmal einzusetzen. Tatsächlich sorgt der „Mythos" etwa des Stadtteils Kreuzberg für einen regen Zustrom von Bewohnern und Touristen – diese Personen suchen den Ort zweifellos nicht wegen seiner städtebaulichen Schönheit auf, sondern eben wegen der Attraktion des Vielheitlichen.

2.

Der urbane Raum benötigt aufgrund der Mobilität eine neue Idee eines an den Wohnort gebundenen „Rechts auf einen Ort". Gerade in den Zeiten knapper Finanzmittel sind die Städte auf mehr Beteiligung angewiesen. Die Zeiten autoritärer Planung durch Experten sind vorüber – Regieren bedeutet heute auch Kollaboration mit den Bürgern. Eine ernsthafte Beteiligung der Einwohner an Planungs- und Haushaltsprozessen verstärkt die Legitimität von Entscheidungen in der „Parapolis". Dabei müssen auch für Personen mit uneindeutigem Status Mitbestimmungsmöglichkeiten geschaffen werden – möglicherweise in kleineren sozialräumlichen Einheiten, also Nachbarschaften oder Viertel, ansetzend bei ganz konkreten Problemen. Allerdings müssen die Kollaborationsangebote ernst gemeint sein, was auch bedeutet: Die Bürger müssen tatsächlich Entscheidungsspielraum besitzen. Es ergibt keinen Sinn, sich ohnehin getroffene Entscheidungen durch halbgare Partizipationsverfahren abnicken lassen zu wollen. Kollaboration bedeutet auch die Einbeziehung von Personen, die Jude Broomfield als „intercultural innovators" bezeichnet. Sie entsprechen etwa den „best persons" im Rahmen von Stadterneuerungsprozessen, die Ton van der Pennen vorgestellt hat. Bei diesen Personen handelt es sich um selbstbewusste und aktive Grenzüberschreiter, die sich nicht an die üblichen Problemdefinitionen halten. Durch ihr forsches Auftreten werden sie aber oftmals von den bestehenden Institutionen als Gefahr und Konkurrenz gesehen – ihre Rolle muss dagegen gestärkt werden.

3.

Die Städte sind dazu aufgerufen, sich in ihrer baulichen Gestalt an der Vielheit zu orientieren („Designing for Diversity") und gleichzeitig Orte zu schaffen, an denen sich diese Vielheit verkörpert. Das wird auch in deutschen Kommunen teilweise bereits angegangen. In der Stadtentwicklungsstrategie „Duisburg 2027" etwa, die zum neuen Flächennutzungsplan führen soll, hat der Rat sogenannte Querschnittsbelange festgelegt, zu denen neben der Gleichstellung der Geschlechter und Barrierefreiheit auch ausdrücklich „interkulturelle Urbanität" gehört. Das Kriterium ist wiederum in sechs Leitlinien aufgeteilt, die interkulturelle Urbanität als Grundlage einer innovativen Wirtschaftsstruktur definieren und die Schaffung von „Orten der Begegnung", eine „interkulturelle Kulturarbeit" sowie eine „vielfältige Baukultur" als Orientierungspunkte festlegen.

4.

Bislang handelt es sich noch um „Wording", doch die Richtung stimmt. So sollte bei der Planung öffentlicher Gebäude danach gefragt werden, wen sie eigentlich adressieren, welche Traditionen sie wie selbstverständlich aufgreifen und welche Schwellen sie aufrichten. Zudem wäre auch darüber nachzudenken, wie die interkulturelle Stadt sich symbolisch in sogenannten Leuchttürmen verkörpern könnte. Tatsächlich scheinen die Pläne für das „Humboldt-Forum" in der Mitte Berlins darauf hinzudeuten, dass die Vielfalt in der Mitte der deutschen Hauptstadt verankert werden soll – unter diesem Namen sollen die ethnologischen Sammlungen der staatlichen Museen in das wieder aufgebaute preußische Stadtschloss einziehen. Allerdings lässt die derzeitige Konzeption vermuten, dass es sich eher um eine Einhegung der lebendigen Vielfalt handelt – hinter einer preußischen Fassade, unter dem Namen eines deutschen Forschers sollen die Artefakte einer vergangenen Authentizität neu präsentiert werden. Das wäre denn eher eine Strategie, die im englischsprachigen Bereich als „Containment", als Eindämmung bezeichnet wird.

5.

Geboten wäre – auch gegen solche Art von „Containment" – die Schaffung von Plattformen, von offenen Räumen, die sich eben nicht am Vorbild der repräsentativen Plätze des 19. Jahrhunderts orientieren. Ein alternatives Modell wäre – um bei einem Berliner Beispiel zu bleiben – der Görlitzer Park im Stadtteil Kreuzberg. Im Sommer wird der überfüllte Park zu einer Fläche, auf der alle Formen von „everyday urbanism" zu beobachten sind. In den alltäglichen Praxen der Raumaneignung wird Interkulturalität permanent ausgehandelt. Allerdings geben solche Orte keineswegs Anlass zur Romantisierung – die endemischen Probleme wie Konflikte, Kriminalität oder Abfall

liegen auf der Hand und bedürfen wiederum der Regelung. „Plattform" bedeutet nicht, den Raum mehr oder minder sich selbst zu überlassen (was in Kreuzberg häufig der Fall ist). Aber die Politik sollte bei den zivilen Aushandlungen und auch Auseinandersetzungen ansetzen, die eben kein statisches multikulturelles Nebeneinander definieren, sondern einen neuen interkulturellen Raum. An der Gestaltung dieses Raums sollten so viele Personen wie möglich mitwirken können. Erst wenn sich Bewohner in ihrem Gemeinwesen engagieren, kann sich eine Vorstellung von Gemeinsamkeit entwickeln.

Die so skizzierte Gestaltung setzt einen unvoreingenommenen Blick auf die Städte voraus. Einen Blick, der sich nicht von normativen Vorstellungen, sondern von jenem „in-between-awareness" leiten lässt, das Aldo van Eyck definiert hat als ein Sensorium für Schwellen, Bewegung und Ambivalenzen. Ein Blick, der forscht und „lernt" im gleichen Sinne wie Robert Venturi, Denise Scott-Brown und Steven Izenour vom scheinbaren Abfalleimer der US-Architektur, Las Vegas, gelernt haben.

Die zweite Prämisse wäre ein neues Ethos der Kollaboration. Wenn die Stadt unhintergehbar eine Vielheit ist, dann ist nicht „Integration", sondern Kollaboration der zentrale Wert des Zusammenlebens. Durch Kollaboration lernen sich die „Fremden" kennen, welche die Stadt seit jeher ausmachen. Die traditionellen Ideen von Gemeinschaft haben sich stets auf die Vergangenheit bezogen. In der Parapolis teilen die Bewohner aber nur eine sehr kurze Geschichte. Für heutige Gesellschaften kommt es darauf an, sich auf eine Gemeinschaft der Zukunft hin zu entwerfen.

Mark Terkessidis ist ein deutscher Journalist, Autor und Migrationsforscher. Seine Themenschwerpunkte sind Jugend- und Popkultur, Migration und Rassismus.

1. Hartmut Häußermann und Ingrid Oswald: Zuwanderung und Stadtentwicklung, in: Dies. (Hrsg.): Zuwanderungs- und Stadtentwicklung, Leviathan Sonderheft 17/1997, S. 17
2. 8. Bericht der Beauftragten der Bundesregierung für Migration, Flüchtlinge und Integration über die Lage der Ausländerinnen und Ausländer in Deutschland, Berlin 2010, S. 54
3. Ian A. Taylor et al.: A Tale of Two Cities: Global Change, Local Feeling and Everyday Life in the North of England. A Study in Manchester and Sheffield, London/New York 1996
4. „Visit Duisburg", https://www.duisburg.de/freizeit/tourismus_freizeit.php, letzter Zugriff: 27.09.2013
5. Vgl. Jude Bloomfield: Profile of intercultural innovators, Comedia 2006, http://www.coe.int/t/dg4/cultureheritage/culture/cities/Publication/ProfileInterculturalInnovators.pdf, letzter Zugriff 27.09.2013
6. Vgl. Ton von der Pennen: Best Persons, in: vhw FWS 2 / März/April 2013
7. John Chase, Margaret Crawford und John Kaliski (eds.): Everyday Urbanism, New York 2008
8. Vgl. Aldo van Eyck: „The child, the city, the artist. An essay on architecture. The in-between realm", in: Ders.: Writings. The Child, the City and the Artist. Collected Articles and Other Writings 1947–1998, Amsterdam 2008, S. 53 ff.

De–Zentral

Das Drinnen und Draußen der Stadt

Angelangt in dem Gebiet, das Eutropia zur Hauptstadt hat, sieht der Reisende nicht eine, sondern viele Städte von gleicher Größe und einander nicht unähnlich über eine weite, gewellte Hochebene verstreut. Eutropia ist nicht die eine, sondern alle diese Städte zusammen; bewohnt ist nur eine, die anderen sind leer; und dies geschieht reihum.

— Italo Calvino, Die unsichtbaren Städte

Ein rund 3500 Jahre altes Basrelief aus Mesopotamien zeigt einen Kreisbogen, dessen Inneres von einem gleichschenkliges Kreuz durchteilt wird. Dieser Kreis markiert die Stadtmauer, die Grenze, welche die Stadt vom Land trennt und damit das Drinnen und Draußen unterscheidet. Die gekreuzten Linien stellen Wege dar, die von außerhalb in das Innere der Stadt führen. Sie symbolisieren Mobilität von Menschen und Gütern.

Night on Earth (NASA Earth Observatory)

In der Mitte des Kreises, wo sich die Weglinien schneiden, ist der Marktplatz — der Ort der Begegnung und des Tausches. Die Linien sind aber nicht nur die Korridore der Bewegung, sondern unterteilen die Fläche in verschiedene Bereiche. Hier finden sich Situationen aus dem Alltagsleben der damaligen Zeit, in denen Menschen mit verschiedenen Werkzeugen Tätigkeiten ausüben — das Prinzip der Arbeitsteilung in funktional differenzierten Stadträumen. Dieses Jahrtausende alte Kunstwerk versammelt auf beeindruckende Weise bereits alle wesentlichen Eigenschaften des Städtischen: Grenzen, Mobilität, Konzentration, Produktion, Tausch, Differenz ... bilden den Grundstein für den gesellschaftlichen Übergang von sich selbst versorgenden Minisystemen hin zu urbanen Lebensweisen.

Fragen der Verfügbarkeit und Verteilung von Arbeit, Mobilität und Raum bestimmen von Beginn an die Diskurse der Stadtforschung. Heute befinden sich die europäischen Gesellschaften und ihre Städte in einer Krise, die die Dialektik des sozialen „Oben und Unten" in eine Frage des „Drinnen und Draußen" zu verwandeln droht, wie Hartmut Häußermann anmahnte. „Drinnen" zu sein ist eine Frage struktureller Eingebundenheit, die einen stabilen Arbeitsmarkt und ein System sozialer Sicherung voraussetzt. Darüber hinaus muss eine funktionierende Stadt ihren Bürgern Möglichkeiten zur Entfaltung und Gestaltung ihrer eigenen Lebenswelt bieten. Für die Überlebensfähigkeit einer Demokratie gilt es urbane Räume, Ressourcen und Dienstleistungen zu schaffen und zu erhalten, die der Allgemeinheit zustehen.

Das beginnt mit der Chance, überhaupt in der Stadt sein zu können — Teilhabe am urbanen Alltag beginnt eben mit der Möglichkeit, sich aufhalten zu können und in das städtische Geschehen eingreifen zu dürfen. Nicht nur eine wachsende Zahl dauerhaft Arbeitsloser wird auf dem Wohnungsmarkt ausgegrenzt. Zunehmend sehen sich auch Stadtbewohner in Lohn und Brot damit konfrontiert, einen immer erheblicheren Teil ihres Einkommens für das Wohnen ausgeben und, sofern der ökonomische Druck überhandnimmt, gar unfreiwillig umziehen zu müssen. Eine Dynamik, die tiefe Gräben durch die Stadtgesellschaft zieht, weil sie den Zugang zu öffentlichen Räumen ökonomisiert und einkommensschwache Haushalte an die Ränder der Städte drängt. Dies wird kritisch, wenn sozial segregierte Wohnlagen beginnen, sich benachteiligend auf die Lebenschancen ihrer Bewohner auszuwirken.

„Wir bleiben alle!" und „Recht auf Stadt" lauten Parolen von Protestinitiativen in zahlreichen Städten. So unterschiedlich die Städte und die Aktivisten darin sind, stellt sich die Frage, was genau denn eigentlich eingefordert wird? Grundsätzlich geht es ihnen um das Mitspracherecht in der zukünftigen Gestaltung des urbanen Zusammenlebens. Doch wer sind überhaupt „alle" und wollen alle die gleiche Stadt?

Ein Städtebau des freien Marktes bringt eine starke und feinkörnige soziale Trennung auf dem Wohnungsmarkt hervor. Dass dem Städtischen durch den räumlichen Ausschluss weiter Teile der Bevölkerung seine grundlegende Fähigkeit, produktiv mit Differenz umzugehen, nicht abhanden gerät, ist eine der zentralen Aufgabenstellungen für die künftige Entwicklung der europäischen Stadt. Doch Leitbilder „sozialer Durchmischung" lassen oftmals Erkenntnisse der Segregationsforschung außer Acht, die die Frage nach Mischung oder Segregation mit einem klaren „Sowohl-als-auch" beantworten. Denn die räumliche Konzentration ähnlicher Interessen birgt auch klare Vorteile. Es braucht folglich nicht eine Stadt für alle, sondern eine, die Räume für Verschiedene möglich macht.

Im Zuge der Auseinandersetzungen um „bezahlbaren" Wohnraum für alle muss es darum gehen, konkrete Ideen zu entwickeln, wo und wie dieser realisiert werden kann. „Innere Peripherien", „Zwischenzonen", „Ränder der Stadt", „Restflächen" oder „Großsiedlungen" werden als potenzielle Entwicklungsräume benannt — was eine Reihe von Fragen aufwirft: Bis zu welchem Maße sind Nachverdichtungen möglich und erträglich? Wie viel Freiräume benötigt es dabei als Ausgleich? Wäre es eine denkbare Alternative, wieder höher und dichter zu bauen? Worauf muss dabei geachtet werden, um nicht den Fehler der Moderne, die strikte Funktionstrennung, zu wiederholen? Was braucht es, damit neue „lebenswerte" Quartiere entstehen? In welcher Dichte müssen Stadträume dazu mit welchen Qualitäten ausgestattet sein? Und was bedeutet es, ökologisch und sozial „nachhaltig" mit bestehenden Strukturen umzugehen? In diesem Zusammenhang wird man nicht umhin kommen, Begriffe wie „Mischung", „Urbanität" und „Dichte" akademisch auszuleuchten und sie auf ihre aktuelle Brauchbarkeit hin abzuklopfen.

Diese außerordentliche Komplexität unserer urbanen Welt lässt sich kaum in einen Plan fassen. Ferner wird es schwer möglich sein, umfassende Problemlösungsstrategien für die Fragen der kommenden Zeit zu entwerfen. Es wird darum gehen, mit dem, was da ist, bewusst umzugehen und auch den Faktor Zeit in die planerische Praxis einzubeziehen — denn Zwischennutzungen, Umnutzungen und Transformationen werden notwendigerweise die künftige Entwicklung der europäischen Stadt rahmen.

Wo ist anzusetzen in diesem undurchsichtigen Durcheinander des Urbanen? Um die Veränderungen zu verstehen, die alle Bereiche des Lebens durchdringen, müssen deren Prozesse analysiert werden. Eine Annäherung in kleinen Schritten an das Zusammenwirken vielfältiger Eingriffe auf unterschiedlichen Maßstabsebenen. Dadurch wird sichtbar, dass es im Spannungsfeld von „Drinnen" und „Draußen" ganz viel Dazwischen gibt.

Sebastian Bührig und Bernd Kniess

Inside and Outside the City

Once in the field, the Eutropia has the capital, the traveler sees not one but many cities of the same size and not scattered dissimilar over a wide, undulating plateau. Eutropia is not one, but all these cities together; inhabited is only one, the others are empty; and this in turn is done.

— Italo Calvino, Invisible Cities

A bas-relief from Mesopotamia, approximately 3,500 years old, shows a circular arc divided by an isosceles cross in the center. This circle marks the city walls, the boundary that separates the city from the countryside and hence draws a line between inside and outside. The crossed lines represent the pathways that leads from the outside to the inside of the city. They symbolize the

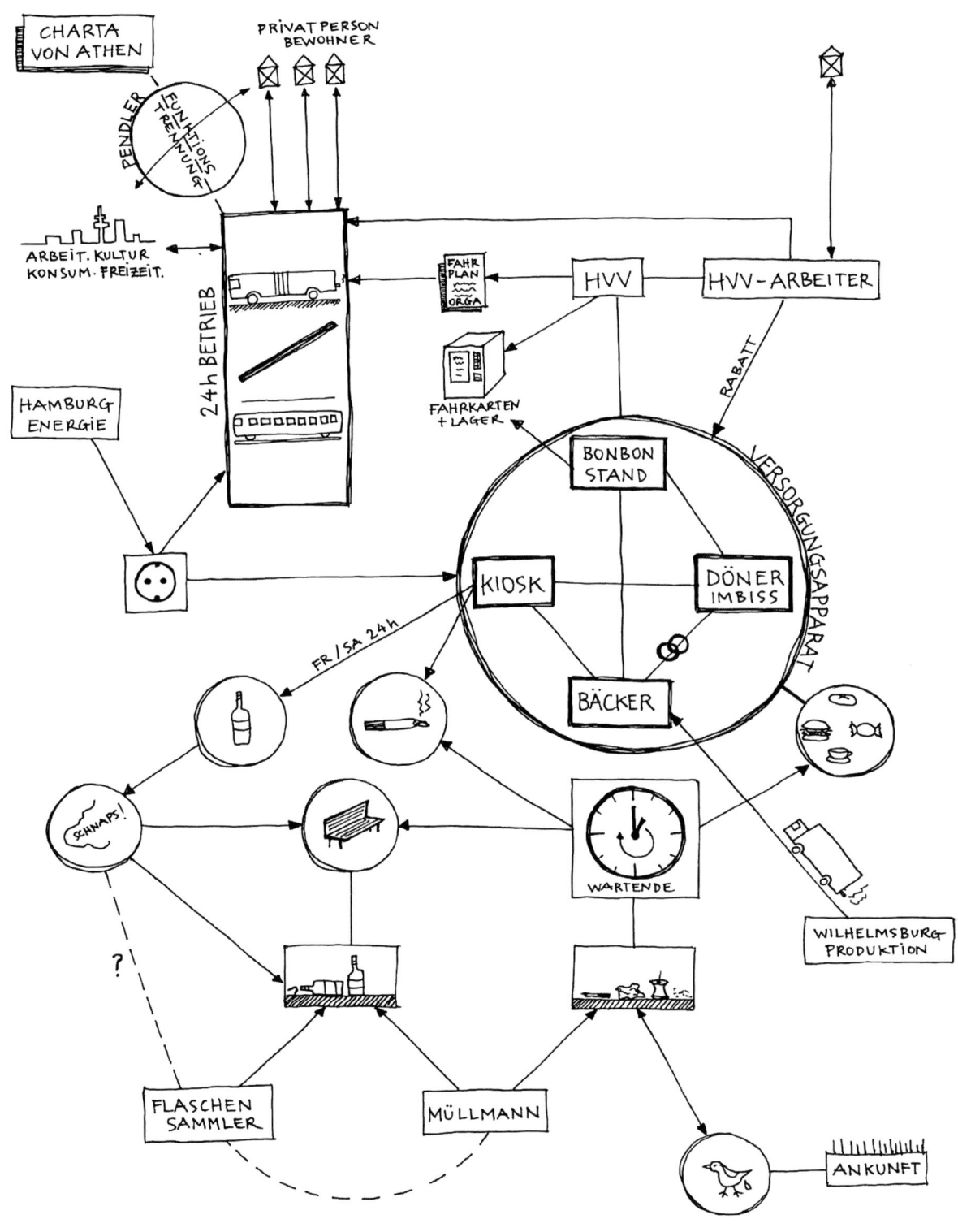

Wandsbek Markt (UD Atlas De-Zentral)

mobility of people and goods. In the middle of the circle, where the pathways intersect, is the marketplace—the place of encounter and exchange. But the lines are not only corridors of mobility; they also divide the space into different areas in which diverse everyday life situations transpired and where people did their specific work using various tools. It is the basic principle of the division of labor in functionally differentiated urban spaces. This millennia-old artwork impressively brings together all of the essential characteristics of the city: borders, mobility, concentration, production, exchange, difference—together they lay the foundations for the social transition from self-sustaining mini-systems to urban lifestyles.

The discourse surrounding urban research is defined from the outset by issues of the availability and distribution of work, mobility, and space. Today, European societies and their cities find themselves confronted by a crisis that threatens to transform the dialectic of social "up and down" into a matter of "inside and outside" as Hartmut Haeusserman suggests. To be "inside" is a question of structural embeddedness which presupposes a stable labor market and a social security system. In addition, a functioning city needs to offer its citizens opportunities to develop and design their own living environment. It is essential for the survival of a democracy that it creates and maintains urban spaces, resources, and services that the general public should have at their disposal.

This begins with the chance to be in the city in the first place—participation in daily urban life begins with the possibility to spend time within the city's borders and to intervene in its urban affairs. The growing number of permanently unemployed citizens is not the only factor creating a marginalized housing market. Even employed city dwellers themselves are being faced with having to spend an ever-larger proportion of their income on housing and, provided this economic pressure remains unchecked, even having to reluctantly seek out less expensive accommodation, usually further removed from the center. This dynamic is drawing deep trenches around urban society because it commercializes access to public spaces and pushes low-income households to the outer edges of the cities. This is especially critical when socially segregated residential areas begin to negatively impact the ambitions of their residents.

"We won't leave!" and "a right to the city" are the slogans of protest initiatives in numerous cities. But considering how different these cities and activists are, what does this exactly mean? Basically, they want to be involved in shaping the future of urban coexistence. But who are "they" and do they want the same city? Urban development based on the free market priniples produces a strict and finely grained social segregation in the housing market. One of the central tasks for the future development of European cities is to ensure that the spatial exclusion of certain segments of its society does not cause the city to loose its intrinsic ability to productively deal with difference. Yet, mission statements about "social mixing" often ignore knowledge, gained through research on segregation, that responds to the mixing or segregation discussion with a clear "both are included" standpoint that clearly finds that the spatial concentration of similar interests also has very clear advantages. This means that we do not need a city for all, but one where there is room for difference. As part of the debate about "affordable" housing for "all," concrete ideas need to be developed regarding where and how these can be realized. "Inner peripheries," "intermediate zones," "edges of the city," "rest areas," or "large estates" are named as potential development areas—which raises a number of questions: To what extent is the development of vacant lots possible and tolerable? How much open space is needed to compensate for this? Is building higher and denser a conceivable alternative? What has to be considered so as not to repeat Modernism's error of the strict segregation of functions? What will it take to create new "livable" neighborhoods? In what density do urban spaces have to be equipped and with what qualities? And what does it mean to ecologically and socially deal with existing structures in a "sustainable" way? In this context, it is difficult not to illuminate terms such as "mixture," "urban," and "density" and gauge their current usage. The extraordinary complexity of our urban world can barely be stuffed into one plan. It will continue to be hardly possible to design comprehensive problem-solving strategies for the future. It will be necessary to consciously deal with what we already have and to include the time factor in the planning practice—because necessity dictates that temporary use, conversions, and transformations will define the future development of the European city. How to become involved in this jumble of urbanity? In order to tackle the changes affecting all areas of life, their processes need to be analyzed. We need to make small steps when considering the co-existence of more diverse interventions on different scales. This will reveal the many "in-betweens" that connect "inside" and "outside."

Sebastian Bührig and Bernd Kniess

SHOWTIME WILHELMSBURG

A Randonnée
of Possibilities   Tabea Michaelis

Something hangs in the air,
in the evening, at dusk,
the mood high-spirited.
Loud, squealing, and screeching.

The landscape expresses the page of pages quite precisely,
by doubling or exponentially increasing the pagi. A book
can be shut, completed, a labyrinth, well or prison; the landscape page of pages, always open, displayed, free, readable,
stretched out, unfolded, uncovered, manifest and obvious,
never hides one page with another. This fragile book is the
one we should pursue.   Michel Serres

Engaging in a virtual dialogue with French sociologist Bruno
Latour and philosopher Michel Serres, Tabea Michaelis sets
off on a "randonnée" around the Wilhelmsburg Elbe Islands
and observes the everyday interactions of umpteen human
and non-human actors from the perspective of Actor-Network
Theory (ANT). In texts, photographs, open-ended stories, and
drawings, she records tattooed sports cars in the port area,
empty sunflower seed kernels under park benches and individual balcony usages in large housing estates. Using the
iterative coding method of Grounded Theory, Tabea Michaelis
ultimately devises thirty-two conceptual terms that form an
analytical/poetic reflection of the program of a space of
possibilities. Moving beyond simply bringing together countless episodes of a "randonnée" as a diagrammatical catalog,
thanks to its methodology this book opens up a new perspective on the city.

Spector Books
ISBN 978-3-95905-060-9

UD   HCU   HafenCity Universität Hamburg   European Union   The Interreg IVB North Sea Region Programme   SEEDS

»Der Weg, der durch die Landschaft führt, heißt

Randonnée,

die Wanderung.«

Randonnée (Michaelis 2012)

Meine Wanderung beginnt. Jetzt. Ich schlage mich seitwärts. Verlasse augenblicklich die mir vertrauten oder vernünftigen Wege. „Débrouillez-vouz!". Meine stetige und verlässliche Begleiterin ist meine japanische Fotokamera. Wir betrachten aus der ANT-Perspektive die ausgehenden Botschaften von Fenstern, lesen die wechselnden Gebrauchsanweisungen von Balkonen, folgen den tätowiert-frisierten Sportwagen bei Einbruch der Dämmerung, halten die flüchtigen Dialoge zwischen Sonnenblumenkern-Esser*innen unter den Bänken fest, lesen das textile Vokabular auf den Straßen und Hinterhöfen. Oder klingeln hier und da an fremden Türklingeln, um für einen Augenblick in unbekannte Leben einzutreten. Ich drücke: „Wir ziehen da nicht wieder ein! Am Montag trafen sich etwa 30 Mieter aus den Häusern am Ernst-August-Deich im Wilhelmsburger Ortsamt. Es handelte sich um Personen, die in den Erdgeschosswohnungen leben und denen die diesjährige Flut am übelsten mitspielte: Sie können ihre Wohnung derzeit nicht benutzen ..." und drücke. Wir sitzen im Garten auf zwei weißen Plastikgartenstühlen mit rosa Sitzkissen. Es riecht nach frischgemähtem Gras. Meine neue Bekanntschaft – eine „echte Wilhelmsburgerin", wie sie sagt – reicht mir ein Glas Mineralwasser. Sie war gerade bei der Gartenarbeit, als es klingelte. Einen Schluck Wasser nehmend höre ich ihr zu. Gestern war sie im Bunker. Wirklich? Eine lange Schlange wartete davor. Im Bunker war es düster, auch staubig. Obwohl seit kurzem Tageslicht durch die große Öffnung in das Innere fällt. Bewegt erzählt sie, dass sie ihn noch nie zuvor betreten hatte. An den Bau kann sie sich sehr gut erinnern. Ja, das schon. Allerdings war sie dann als Betreuerin in einem bayrischen Kinderheim stationiert. Ihre Mutter, Schwester und andere Familienangehörige kamen oft zum Bunker, um dort Schutz zu suchen. Wir schauen uns an, hören dem voranschreitenden Wandel des Flakbunkers zum Energiebunker zu ... und ich drücke wieder, bis ein nächster Impuls meiner Randonnée eine unerwartete Richtung gibt. Aus östlicher Richtung bemerke ich den Geruch von gerösteten Kakaobohnen. „Radfahrer bitte absteigen." Der Rhythmus und die Richtungen meiner Bewegungen werden durch klare Anweisungen beeinflusst. „Betreten auf eigene Gefahr." Gezielt gehe ich dieser nach. Achte auf die darauf folgenden (Re-) Aktionen. „Videoüberwachung." Dann höre ich auch schon das laute Hupen eines auf mich zufahrenden Kleintransporters in einem stillgelegten Industriekomplex. Eine unmissverständliche Ansage, dass ich die Fotos sofort wieder löschen soll. „No

picture, sie ist meine Schwester!" Jetzt erkenne ich den Fahrer wieder. „Betreten der Ausstellung verboten." Der Eisverkäufer. Bin ich nicht willkommen? Die Zeichen sind klar und eindeutig. „Kein Zutritt." Es ist ein wiederkehrendes Gefühl, dass einige Stellen im alltäglichen Programm unsichtbar bleiben wollen, vielmehr müssen, um ihre fragile Existenz aufrechterhalten zu können. „Nur zum Aussteigen." Diese und ähnliche Situationen ergeben sich insbesondere an den ausgefransten Rändern der Insel. Hunde bellen. Die Straßen sind stark befahren, die Gehwege weitgehend menschenleer. „Fluchtweg geradeaus." Ich aber – bleibe. Nehme die Unterschiede, die zahlreichen Stimmungen und subtilen Schwankungen der Elbinseln wahr, differenziere ihre lokalspezifischen Sprachen. Die Randonnée zwischen den „Seiten der Seiten" – ein Abenteuer.

– Pause –

Zwischendurch komme ich immer wieder zurück zur Forschungsstation „Universität der Nachbarschaften." Als Teilnehmende Beobachterin habe ich meinen Alltag vollständig in das Forschungsfeld situiert, sodass er Teil des UdN-Curriculums wird. Hier studiere ich die deskriptiven Felddaten. Es ist ein sprunghaftes Zusammenfügen, Verbinden und Verschalten unterschiedlicher Räume und Momente. Durch das Vor- und Zurückblättern zwischen den Zeiten und Seiten entwickelt sich meine Lesart. Zoomen, schärfen, individualisieren. Meine Wahrnehmung wird subtiler, auch schärfer. Die Perspektive verändert sich mit und durch die Vielstimmigkeit des Materials.

Verweiltribünen

Sammler und Sortiererinnen

Textarbeit

Das Seminar Urban Territories vermittelt qualitative Methoden empirischer Sozialforschung und theoretisch-methodische Grundlagen der Stadtforschung. Inputs bieten anwendungsorientierte Einführungen; Übungen dienen der Erprobung theoretisch-praktischer Verfahren und Methoden. Die Studierenden entwickeln individuelle Fragestellungen, lernen und erproben verschiedene Formen der Datengenerierung, der Wahrnehmung, Vermittlung und Interpretation und bringen das im Laufe des Semesters erhobene Datenmaterial in eine schlüssige Form. Dabei geht es um das Wahrnehmen, Aufzeichnen, Auswerten und Interpretieren von Räumen und Praktiken aus inter- und transdisziplinären Perspektiven und aufgrund unterschiedlicher theoretischer Zugänge. Die einzelnen Sitzungen kombinieren Textarbeit und Feldforschung und führen in Methodik und Praxis von Ethnografie, Kartografie und Mental Maps, Teilnehmender Beobachtung, Interviews sowie Grounded Theory ein. Dieser Beitrag ist ein Abriss der Methoden und theoretisch-methodischen Grundlagen.

 verlassenen Panzerübungsplatz?

Man sieht, was man sehen lernte
Landschaft wahrzunehmen muß gelernt sein. historisch wie individuell. Unser Kulturkreis

Die Lehren des Umherschweifens machen es möglich, die psychogeographischen Gliederungen einer modernen Stadt zum ersten Mal aufzuzeichnen. Über das Erkunden von Umgebungseinheiten, deren Hauptbestandteile und räumliche Lokalisierung hinaus nimmt man deren hauptsächliche Durchgangsachsen, ihre Ausgänge und Schutzmittel wahr. Man wird zur Haupthypothese geführt, daß es psychogeographische Drehscheiben gibt. Man mißt die tatsächlichen Entfernungen zwischen zwei Gegenden in einer Stadt, die nichts mit dem gemeinsam haben, was man nach ungefährem

(Burckhardt 1988; Debord 1990, orig. 1958)

CULTURE

When ethnographers study other cultures, they must deal with three fundamental aspects of human experience: what people do, what people know, and the things people make and use. When each of these are learned and shared by members of some group, we speak of them as *cultural behavior, cultural knowledge,* and *cultural artifacts.* Whenever you do ethnographic fieldwork, you will want to distinguish among these three,

ASKING ETHNOGRAPHIC QUESTIONS

Ethnographic fieldwork begins when you start asking ethnographic questions. That seems evident enough when conducting interviews, but even the simplest observations and fieldnote entries involve asking questions. As-

COLLECTING ETHNOGRAPHIC DATA

The second major task in the ethnographic research cycle (Figure 4) is collecting ethnographic data. By means of participant observation, you will observe the activities of people, the physical characteristics of the social situation, and what it feels like to be part of the scene. During the course of fieldwork, whether one studies a tribal village for a year or airline steward-

MAKING AN ETHNOGRAPHIC RECORD

The next step in the research cycle, following fast on the heels of each observation period, is making an ethnographic record. This includes taking fieldnotes, taking photographs, making maps, and using any other means to record your observations. This ethnographic record builds a bridge between observation and analysis. Indeed, most of your analysis will rely heavily on

ANALYZING ETHNOGRAPHIC DATA

The next step in the cycle cannot wait until you have collected a large amount of data. In ethnographic inquiry, analysis is a process of question-discovery. Instead of coming into the field with specific questions, the ethnographer analyzes the field data compiled from participant observation to discover questions. You need to analyze your fieldnotes after each period

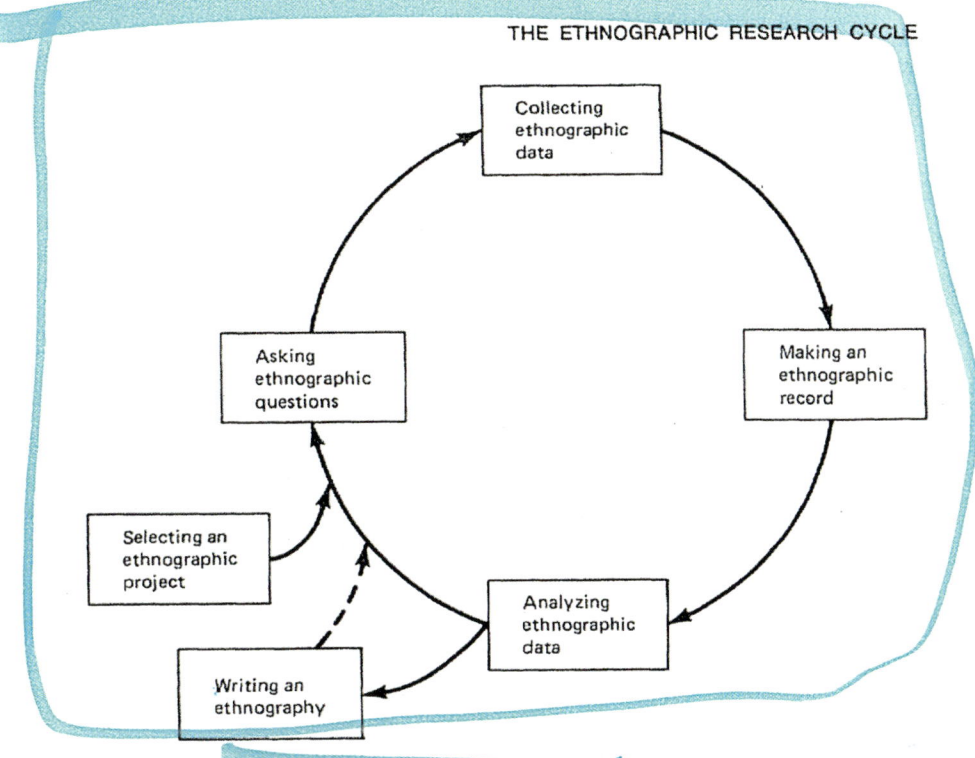

FIGURE 4. The Ethnographic Research Cycle

(Spradley 1980)

sites. Thus, in multi-sited ethnography, comparison emerges from putting questions to an emergent object of study whose contours, sites, and relationships are not known beforehand, but are themselves a contribution of making an account that has different, complexly connected real-world sites of investigation. The object of study is ultimately mobile and multiply situated, so any

Multi-sited research is designed around chains, paths, threads, conjunctions, or juxtapositions of locations in which the ethnographer establishes some form of literal, physical presence, with an explicit, posited logic of association or connection among sites that in fact defines the argument of the ethnography. Indeed, such multi-sited ethnography is a revival of a sophisti-

Follow the People

and pilgrimages may be rationales for such ethnography, but the procedure is to follow and stay with the movements of a particular group of initial subjects.

Follow the Thing

This mode of constructing the multi-sited space of research involves tracing the circulation through different contexts of a manifestly material object of study (at least as initially conceived), such as commodities, gifts, money,

Follow the Metaphor

When the thing traced is within the realm of discourse and modes of thought, then the circulation of signs, symbols, and metaphors guides the design of ethnography. This mode involves trying to trace the social correlates and groundings of associations that are most clearly alive in language use and print

Follow the Plot, Story, or Allegory

There are stories or narratives told in the frame of single-site fieldwork that

Follow the Conflict

Finally, following the parties to conflicts defines another mode for generating a multi-sited terrain in ethnographic research. In small-scale societies, this has been an established technique ("the extended case method") in the anthropology of law. In the more complex public spheres of contemporary societies, this

(Marcus 1995)

FOTODOKUMENTATION VON STRASSEN. Die Erstellung eines "fotografischen Rasters" als erster Schritt zu einer Feststellung von Veränderungen der gebauten Umwelt, die im Durchschreiten des Raums offenbar werden, ist u.a. bekannt aus der von Kevin Lynch betreuten kulturvergleichenden UNESCO-Studie zu den Umweltbedingungen städtischer Jugendlicher[120]. In regelmäßigen Abständen entlang einer Straße werden Fotos gemacht: in Bushwick wurden im Verlauf einer Avenue und sowie im Verlauf einer Wohnstraße sämtliche Straßenkreuzungen dokumentiert, indem jeweils alle vier Ecken fotographiert wurden und so auch jeweils ein Einblick in den sich anschließenden Straßenzug einbezogen werden konnte. Als explorativer Schritt vermittelte die Fotodokumentation einen Querschnitt durch das Spektrum von Haustypen, Gebäudenutzungsformen, Straßenbildern und dem Grad des Verfalls der Bausubstanz in Bushwick.

ORTSBEGEHUNG MIT SYSTEMATISCHER KARTIERUNG. Kevin Lynch hat eine Theorie der Wahrnehmung städtischer Umwelt durch ihre Bewohner und Nutzer entwickelt, auf der auch andere, neuere Methoden zur Analyse und Bewertung der Wahrnehmungsqualitäten von Stadtbildern aufbauen[121]. Die Studien, die Lynch in amerikanischen Großstädten durchgeführt hat, gehen davon aus, daß Menschen sich in der Umwelt orientieren können müssen, um einen für das Überleben notwendigen Grad an Verhaltenssicherheit zu erreichen. Eine städtische Umwelt bietet dann optimale Orientierungsbedingungen, wenn sie als "zusammenhängendes, aus erkennbaren Symbolen bestehendes Muster"[122] wahrzunehmen ist. Das ist dann gegeben, wenn die Umwelt einerseits einfach genug strukturiert ist, um eine ordnende Systematisierung zu ermöglichen, gleichzeitig aber nicht so gleichförmig und monoton erscheint, daß sie die Wahrnehmungsbereitschaft nicht mehr stimuliert und die Unterscheidungsfähigkeit des Wahrnehmenden überfordert. Lynch bezeichnet diese Qualität der Umwelt als ihre "Ablesbarkeit" und schreibt: *Damit ist die Leichtigkeit gemeint, mit der die einzelnen Teile erkannt und zu einem zusammenhängenden Muster aneinandergefügt werden können*[123]. Der Grad der Ablesbarkeit einer städtischen Umwelt läßt sich unabhängig vom tatsächlichen Umwelterleben ihrer Nutzer von der Art ihrer Merkmale und Strukturen ableiten: Eine gut ablesbare städtische Umwelt gliedert sich in "Bereiche", also flächenhafte Gebiete, die in sich homogen gestaltet sind, so daß sie von anderen Bereichen zu unterscheiden sind. Der Übergang von einem Bereich in den nächsten ist dabei klar gekennzeichnet durch eine "Grenzlinie", die die Andersartigkeit des sich anschließenden Bereichs hervorhebt. Die Bereiche werden erschlossen durch "Wege", die die Fortbewegung kanalisieren. Wo mehrere Wege zusammenlaufen, entsteht ein "Brennpunkt". Ein solcher Brennpunkt wird dann als Zentrum eines Bereichs erkennbar, wenn er zusätzlich durch ein oder mehrere "Merkzeichen", wie besonders hervorstechende und unverwechselbare Gebäude oder andere Raumdetails, gekennzeichnet ist.

NOTIERUNG VON VERHALTENSPUREN. Verhaltensspuren bzw. "behavior traces", wie der von einem Mitarbeiter Kevin Lynchs, Donald Appleyard, geprägte Begriff im Original lautet, sind die vorübergehenden oder festen Spuren, die die Nutzung städtischer Räume hinterläßt[125]. Verhaltensspuren sind das, was die Bewohner der Grundstruktur von Hausfassaden, Eingängen, Vorbereichen, Bürgersteigen und Fahrbahn hinzufügen. Indem Bewohner und Nutzer verändernd und ergänzend in die gegebene gebaute Umwelt eingreifen, betätigen sie sich als "zweite Architekten", die die ursprüngliche architektonische Gestaltung überformen und sich kreativ-adaptiv aneignen[126]. Alle Verhaltensspuren im Bereich mehrerer Straßen aufzunehmen, erwies sich als zu aufwendig im Verhältnis zur Aussagekraft dieser Informationen. Stattdessen wurden - um Vergleichsmöglichkeiten zu erhalten - für jeden Straßenabschnitt in einem Gebiet von 40 sog. "blocks" Intensität und typische Ausformungen von Verhaltensspuren notiert.

DETAILLIERTE KARTIERUNG EINES BLOCKS. Den "block", in dem ich für die Dauer der dreimonatigen Untersuchung wohnte, habe ich allerdings detailliert kartiert. Ein "block" ist in der Sprache amerikanischer Stadtbewohner und -planer ein Straßenabschnitt zwischen zwei Querstraßen. Der so entstandene Grundriß des öffentlichen Straßenraums und der halböffentlichen Übergangsbereiche zwischen Bürgersteigen und Haustüren konnte der systematischen Erfassung von Aktivitäten auf der Straße zugrundegelegt werden.

Die systematische Erfassung von Verhalten auf der Straße

Ziel war die explorative Erfassung all dessen, was sich auf der Straße abspielte, um ein möglichst umfassendes, statistisch auswertbares Bild des Street Life zu gewinnen. Verhaltenskartierungen, wie sie in der amerikanischen Umweltpsychologie eingesetzt werden, versuchen, bereits im Moment des Notierens das beobachtete Verhalten wertend einzuordnen und auf handhabbare Kategorien zu reduzieren[127]. Demgegenüber ist die raumbezogene Tätigkeitkartierung, die von dem Soziologen Roland Günter und einer interdisziplinäre Gruppe mit ihm zusammenarbeitender Wissenschaftler entwickelt worden ist, ein offenes Erhebungsinstrument.

RAUMBEZOGENE TÄTIGKEITENKARTIERUNG. Diese Methode fixiert menschliche Aktivitäten und die Menschen, die sie ausführen, in ihrem räumlichen Bezug und ihrem zeitlichen Zusammenhang. In ihrer einfachsten Form besteht sie darin, auf einem vorbereiteten, möglichst detaillierten Grundriß eines Raumes die Positionen der sich dort aufhaltenden Menschen aufzutragen und ihre Merkmale und Handlungen im Moment der Beobachtung schriftlich zu registrieren. Dabei sollte der Grad der Verschlüsselung möglichst gering gehalten werden, um spätere Auswertungen nach vielfältigen Gesichtspunkten zu erlauben. Je nach Interesse und Möglichkeiten kann die Häufigkeit und Dauer der Beobachtung variabel gehandhabt werden: erst die vergleichende Auswertung einer Serie von Kartierungen kann Aufschluß über Regelhaftigkeiten des Verhaltens geben. In Bushwick beschränkte sich die raumbezogene Tätigkeitenkartierung auf den Straßenabschnitt zwischen zwei kreuzenden Avenues, der von meinem Fenster einsehbar war. Die Kartierungen bestanden in Momentaufnahmen, die im Abstand von 30 Minuten über den Tag verteilt wurden. Die Beobachtungsperiode reichte von 9:20 Uhr am Morgen bis 22:20 Uhr am Abend, wobei allerdings pro Tag höchstens sechs Kartierungen durchgeführt wurden. Um die besonderen Rahmenbedingungen von Werktagen, Samstagen und Sonntagen in ihrem Einfluß auf das Street Life vergleichen zu können, wurden für jede dieser Tageskategorien pro Zeitpunkt mindestens zwei Momentaufnahmen angefertigt. Dabei wurde versucht, möglichst auf eine Systematisierung der Daten nach vorher formulierten Gesichtspunkten zu verzichten, d.h. alle Tätigkeiten wurden beschreibend erfaßt. Zur einer auswertbaren Aufnahme der Personen, die das Street Life prägen und tragen, war allerdings eine gewisse Kodierung notwendig, d.h. geschlechtsspezifische Differenzierung, Einordnung in vier Gruppen geschätzten Alters (Kinder bis ca. 12 Jahre, Jugendliche/junge Erwachsene bis ca. 22 Jahre, Erwachsene, ältere Erwachsene ab ca. 60 Jahren) und die Unterscheidung zwischen Hispanics und Afro-Amerikanern[128].

Die vergleichende Analyse von solchen raumbezogenen Tätigkeitenkartierungen gibt Aufschluß über das Spektrum der Tätigkeiten auf der Straße, ihre räumliche Verortung im Straßenraum und einige soziale Merkmale der Menschen, die an ihnen partizipieren. Die zeitliche Verteilung und Häufigkeit von bestimmten Nutzungen kann ebenso ermittelt werden wie die Abhängigkeit der Nutzungsintensität der Straße von Tageszeit und Wochentag. Beschränkt man sich aber auf die Kartierung als Zugang, so bleiben einem die Gesprächsthemen der Straßennutzer ebenso verschlossen wie alle diejenigen sozialen Merkmale, die nicht einfach von außen erkennbar sind. Und die Momentaufnahme sagt nichts aus über die Dauer der Aktivitäten oder über Konstanz bzw. Fluktuation der Gruppenzusammenhänge auf der Straße. Schlußendlich ermöglicht die Tätigkeitenkartierung dem Forscher keinen Einblick in die Intentionalität des beobachteten sozialen Handelns. Hätte sich die Untersuchungsmethode auf diesen distanzierten Blick von außen beschränkt, würde sie eine weitere Illustration für Devereux' Analyse angstvoller Kontaktvermeidungsstrategien in der Feldforschung abgegeben[129]. Devereux geht davon aus, daß der Ethnologe "im Feld" mit Erfahrungen und Inhalten konfrontiert wird, die er bisher in seinem Leben verdrängt hat und die jetzt bei ihm Angst auslösen. Distanzierter und distanzierende Forschungsmethoden, die die potentielle Reziprozität zwischen Beobachter und Beobachteten von vornherein leugnen bzw. ausschließen wollen, gehören seinen Erkenntnissen zufolge zu den typischen "abwehrstrategischen" Maßnahmen in der Feldforschung.

Fragen und Zuhören: Offene Interviews zum Selbst- und Fremdbild der Bewohner Bushwicks

Die Ethnologie war lange Zeit von der "visuellen Perspektive" beherrscht; es ging darum, eine Kultur zu "sehen" und dem Leser einer ethnographischen Monographie ein umfassendes, sachliches und objektives "Bild" der fremdkulturellen Lebensweise zu vermitteln. In jüngster Zeit unterziehen amerikanische Anthropologen die Gleichsetzung von Verstehen mit dem distanzierten Blick des Ethnologen als "pure observer standing on the edge of the scene"[130] einer vehementen Kritik. Ein Forschungsansatz, der den gemeinten Sinn des Street Life und seine Konstruktion als kollektive Alltagswelt von Slumbewohnern erschließen möchte, kann sich also keineswegs auf die Position des "pure observer standing on the edge of the scene" beschränken. Vielmehr muß die Forscherin mit den Menschen auf der Straße ins Gespräch kommen, ihnen zuhören und Fragen stellen, und zulassen, daß ihr Fragen gestellt werden, auf die sie wiederum auch bereitwillig antwortet, um den subjektiv gemeinten Sinn ihres Handelns zu vermitteln.

Im Unterschied zu Interviewtechniken, die mit standardisierten Fragebögen operieren, erweitert das offene Interview den Antwortspielraum der Befragten beträchtlich[131]. Indem der Interviewer sein Frageinteresse in einen flexibel handhabbaren Leitfaden einbringt, der das Gespräch nur locker strukturiert, ist ein Austausch zwischen beiden Gesprächspartnern möglich. Beide stellen Fragen und geben Antworten. Der Befragte kann dabei Aspekte einbringen, die der Forscher in seinen Überlegungen nicht berücksichtigt hatte und nach denen er demzufolge aus eigenem Antrieb nicht gefragt hätte. Um die Vergleichbarkeit der Gespräche zu gewährleisten, müssen die für die Forschungsintention entscheidenden Fragekomplexe aber in allen Interviews gleichermaßen angesprochen werden[132].

Bewohnerinterviews

Ziel der Interviews mit Bewohnern des Untersuchungsgebiets war nicht die direkte Erfragung des Selbst- und Fremdbilds der "street people" im Unterschied zu den nicht am Straßenleben partizipierenden Menschen. Die Gespräche sollten vielmehr Aufschluß darüber geben, wie die Teilnahme am Street Life - oder auch deren Verweigerung - die Umweltaneignung von Individuen und Gruppen bestimmen. Besondere Erhebungsinstrumente waren in den Frageleitfaden, der die Interviews locker strukturierte und vergleichbar machte, eingebunden.

BILDERTEST ZU WOHNZUFRIEDENHEIT UND WOHNPRÄFERENZ. In Gemeindeuntersuchungen, die speziell die Zusammenhänge zwischen dem Bedürfnisdeckungspotential der Wohnumwelt und der Identifikation der Bewohner mit dem Ort oder Stadtteil ermittelten, sind Bildertests entwickelt und eingesetzt worden, die die Bewertung der eigenen Wohnsituation in Beziehung setzen zu anderen - herbeigewünschten oder abgelehnten - Typen möglicher Wohnumgebungen[133]. Meinen Gesprächspartnern in Bushwick legte ich sieben Fotos vor, von denen eines der eigenen Wohnsituation der meisten Befragten entsprach: mehrstöckige Mietshäuser, deren Fassaden ebenso wie der von Street Life überlagerte Straßenraum davor die typischen Kennzeichen der vernachlässigten Slum-Umwelt tragen. Andere Bilder, die mit möglichen Wohnsituationen in der Großstadt New York und ihrer Region korrespondierten, zeigten ein Stadtrandgebiet mit Industrie und Gewerbe, eine Straße mit bescheidenen Einfamilienhäusern in einem Arbeiterviertel, eine Vorstadt des gehobenen Mittelstands, eine Geschäftsstraße in einem multi-ethnischen Slum, Hochhäuser des sozialen Wohnungsbaus aus den sechziger Jahren sowie (als einzige Aufnahme aus Bushwick) gerade fertiggestellte 12-Familien-Häuser mit Sozialwohnungen. Waren in den Untersuchungssituationen in hessischen und sizilianischen Dörfern, in denen der Bildertest mit Erfolg eingesetzt worden war, statistisch auswertbare Benotungen der Bilder von Haus- und Siedlungstypen im Hinblick auf einen langen Kriterienkatalog erfragt worden, erwies sich dies in meinem "Feld" als nicht durchführbar. Konzentrationsfähigkeit und Interesse der Respondenten waren deutlich überfordert, sobald es um die vielfache Einordnung der vermuteten Qualitäten der Wohnsituationen in eine der Schulnotenskala entsprechenden Rangfolge ging. Ich habe auf diese Situation flexibel reagiert und es meinen Gesprächspartnern überlassen, ob sie lediglich die Polarität einer besonders gewünschten und besonders gefürchteten Wohnsituation auswählen oder die Bilder entsprechend der Wohnpräferenz in eine Reihenfolge bringen wollten. Andere Qualitäten waren nicht in dieser Form abfragbar. Unerwartet reiche Ergebnisse brachte aber der Versuch, die Bilder als Stimulus für freie Assoziationen ins Gespräch einzubringen; die Fotos regten dazu an, Wohnerfahrungen und -wünsche, Antizipationen und Befürchtungen zum Ausdruck zu bringen, die mit gezielten "wohnbiographischen" Fragen[134] zum Erfahrungshintergrund und dem damit im Zusammenhang stehenden Bewertungsmaßstab der Wohnzufriedenheit ergänzt werden konnten.

"MENTAL MAPS" ZUR ERMITTLUNG SOZIAL KONSTRUIERTER TERRITORIEN. Kevin Lynch schreibt: "Eine gute Vorstel-

lung von der Umgebung verleiht dem, der darüber verfügt, ein ausgeprägtes Bewußtsein gefühlsmäßiger Sicherheit. Er ist in der Lage, eine harmonische Verbindung zwischen sich selbst und der Außenwelt herzustellen. Die gegenteilige Empfindung ist die der Angst, die einen überfällt, wenn man sich verirrt."[135] Auf Lynch geht auch die Methode zurück, die die Respondenten dazu auffordert, Kartenskizzen ihrer Umwelt anzufertigen, die dem Forscher dann Aufschluß geben über die kognitiven Systematisierungen der Umwelt, die die Menschen in ihrem Raumverhalten entwickeln und umsetzen. Fähigkeiten und Bereitschaft, Vorstellungen zeichnerisch zum Ausdruck zu bringen, sind wohl in keiner Kultur in gleicher Weise ausgeprägt wie die der verbalen Artikulation. Wen überrascht es, wenn nur die Hälfte meiner Gesprächspartner eine solche "Mental Map" zeichneten. Florence Ladd, die Mental Maps von männlichen Jugendlichen in einem afroamerikanischen Slum Bostons erhob, erreichte eine hohe Rücklaufquote allein dadurch, daß sie das Kartenzeichnen als verpflichtende Aufgabe in den Schulunterricht einbinden konnte[136]. Aus ihrer Studie geht deutlich hervor, daß wegen der großen Variationsbreite zeichnerischer Darstellungsmöglichkeiten solche Karten überhaupt nur dann ausssagekräftig sind, wenn sie vertieft und ergänzt werden durch verbale Äußerungen kognitiver Definitionen. Solche Äußerungen wiederum lassen sich erfragen, indem Respondenten Ausdehnung und Grenzlinien von Stadtteilen oder kleineren Raumeinheiten, deren spezielle Merkmale und Namensgebung angeben sollen[137]. Alle Bewohner, mit denen ich Interviews in Bushwick durchführte, haben diese Fragen beantwortet - die dahinterstehenden Systematisierungen und Definitionen von Räumen konnten in einem weiteren Schritt geordnet und auf Karten übertragen werden (auch dies ein Ansatz, den Lynch entwickelt hat), die die "Mental Maps" - soweit vorhanden - ergänzen oder aber ersetzen.

einzugehen, die sich lediglich an diejenigen richten würden, die selbst in der Forschung tätig sind. Montaigne hat einmal gesagt: »Wir tun nichts anderes, als uns ständig gegenseitig zu kommentieren«. Aber selbst wenn es nur hierum gehen sollte, wenn auch auf ganz andere Weise, so möchte

Auch wenn sich die Befragungssituation von der Mehrzahl der Austauschbeziehungen des alltäglichen Lebens insofern unterscheidet, als sie sich die reine Erkenntnis zum Ziel setzt, bleibt sie doch unausweichlich eine *soziale Beziehung,* die ihre (entsprechend der verschiedenen Parameter, die wirksam werden können, variablen) Effekte auf die Ergebnisse ausübt, die man erhält[2]. Natür-

Eine »gewaltfreie« Kommunikation

Wenn man versucht zu verstehen, was man tut, wenn man eine Interviewbeziehung eingeht, bedeutet dies zunächst einmal den Versuch, die Effekte zu erkennen, die man unwillkürlich durch dieses *Eindringen und Sicheinmischen* ausübt, welches immer ein wenig beliebig ist und den Ausgangspunkt jeden Austausches bildet (besonders durch die Art und Weise, sich und die Umfrage zu präsentieren, durch zugestandene oder verweigerte Ermutigungen usw.). Das bedeutet, man versucht herauszufinden, wie sich die Situation für den Befragten darstellt – die Umfrage im allgemeinen, die besondere Beziehung, in der sie sich etabliert, die Ziele, die sie verfolgt – und die Gründe zu benennen, die ihn dazu bewegen, in diese Austauschbeziehung einzuwilligen. Der In-

Man sollte nicht dem Glauben erliegen, allein durch die Tugend der Reflexivität könne der Soziologe die stets höchst komplexen und vielfältigen Effekte der Interviewbeziehung jemals vollständig kontrollieren. Dies ist umso weniger der Fall,

Transkribieren heißt also immer auch schreiben im Sinne von neu schreiben[16]: Gleich dem Übergang vom Geschriebenen zum Gesprochenen, der im Theater vollzogen wird, erzwingt auch der Übergang vom Gesprochenen zum Geschriebenen durch diesen Wechsel des Mediums Ungenauigkeiten, die zweifellos die Voraussetzung für wahre Genauigkeit sind. Die wohlbekannten Widersprüche der populären Literatur machen uns deutlich, daß diejenigen, die für gewöhnlich nicht die Chance dazu haben, nur dann wirklich zu Wort kommen, wenn man ihre Worte auch so be-

Die Exemplifizierung, Konkretisierung und Symbolisierung, die die transkribierten Interviews vollziehen, verleiht ihnen mitunter eine dramatische Intensität und emotionale Kraft, die der von literarischen Texten nahe kommt. Dadurch sind sie in der Lage, wie eine Offenbarung zu wirken, besonders für diejenigen, die mit dem Befragten diese oder jene persönliche Eigenschaft teilen. Ähnlich den Gleichnissen im prophetischen Diskurs liefern sie ein Äquivalent, das konzeptuellen und abstrakten Analysen zugänglicher ist: sogar über die scheinbar noch so besonderen Züge einer Aussage (die Betonung, die Aussprache usw.) veranschaulichen sie objektive Strukturen, die herauszuarbeiten sich die wissenschaftliche Arbeit bemüht[17]. Sie können berühren und bewegen, Gefühle ansprechen, ohne Sensationslust zu schüren, sie können den Blick und die Art, über etwas zu denken, verwandeln, was häufig die Voraussetzung für Verstehen ist.

Die Kehrseite jedoch der emotionalen Kraft kann in der Ambiguität, ja sogar der Verwirrung durch symbolische Effekte liegen. Kann man von rassistischen Äußerungen auf eine solche Weise berichten, daß derjenige, der sie macht, verständlich wird, ohne daß man jedoch Rassismus legiti-

Aber am größten sind die Gefahren zweifellos dann, wenn der öffentliche Autor des Textes die Botschaften, die ihm anvertraut wurden, umrahmen muß. Er ist gezwungen, sich ohne Unterlaß darum zu bemühen, die Beziehung zwischen dem Subjekt und dem Objekt des Schreibens, oder besser die Distanz, die zwischen ihnen liegt, zu kontrollieren. Er muß sich um die Objektivität ei-

Ziel der Methodik der Grounded Theory (GT) ist es, zu „grounded", also im Gegenstand verankerten, aus den Daten entwickelten Theorien zu kommen. Ohne das Vorgehen im Einzelnen vorzuschreiben, bietet GT insbesondere für die Auswertung nichtstandardisiert erhobener Daten erstens ein Gerüst an, das diesen im Kern verstehenden (hermeneutischen) und schöpferischen (theoriebildenden) Prozess leichter handhabbar macht, das die Daten effizienter erheben und ihren Informationsgehalt besser ausschöpfen lässt sowie dabei hilft, intersubjektiv nachvollziehbare Analyseergebnisse zu produzieren. Zweitens liefert GT systematische Anregungen für den auswertenden Schritt der Datenanalyse, auf dem der Schwerpunkt der folgenden Ausführungen liegen soll. In der GT werden, anders als bei vielen anderen Methodiken, die Forschungsphasen miteinander „verwoben", es wird also iterierend vorgegangen (vgl. Abbildung 1): Je nach Forschungsziel und bereits erreichtem Kenntnisstand kann etwa auf eine Phase der Datenauswertung oder der Theoriebildung eine erneute Datenerhebung folgen und damit verbunden eine Veränderung des Samples etc. So soll sukzessive abstrahiert und eine empirisch reichhaltige Theorie geringer oder mittlerer Reichweite gebildet werden. GT arbeitet vorwiegend mit nichtstandardisierten Daten, die qualitativ und kategorienbildend analysiert werden sollen, und eignet sich insbesondere zu einer ersten Orientierung im Forschungsfeld, wenn also wenig oder sehr wenig Wissen über den Untersuchungsgegenstand vorhanden ist oder wenn vorhandenes Wissen grundlegend überprüft werden soll.

Glossar wichtiger Begriffe

Bis jetzt ist eine Reihe wichtiger Begriffe, die in den Bereich der qualitativen Analyse gehören, genannt worden. Diese werden im nächsten Kapitel ausführlicher diskutiert und dann durchgängig verwendet. Wir werden die Begriffe nun aber kurz definieren, damit sich der Leser eine feste Vorstellung davon machen kann.

Datenerhebung. Materialien ausfindig machen und zusammentragen – oder generieren; diese werden dann analysiert.

Kontextwissen. Daten, die der Forscher „im Kopf" hat und die aus seinem persönlichen Erleben, seiner Forschungserfahrung und seiner Kenntnis der Fachliteratur stammen.

Kodieren. Allgemeiner Begriff für das Konzeptualisieren von Daten; folglich bedeutet Kodieren, daß man über Kategorien und deren Zusammenhänge Fragen stellt und vorläufige Antworten (Hypothesen) darauf gibt. Ein Kode ist ein Ergebnis dieser Analyse (ob nun Kategorie oder eine Beziehung zwischen zwei oder mehreren Kategorien).

Dimensionalisieren. Ein grundlegendes Verfahren, um Unterscheidungen zu treffen, dessen Ergebnisse *Dimensionen und Subdimensionen* heißen.

Kategorie. Da sich jede Unterscheidung aus dem Dimensionalisieren ergibt, werden solche Unterscheidungen zu Kategorien führen. (In dem Sinn ist *Apparat-Körper-Anschluß* eine Kategorie.)

Eigenschaft. Das prägnanteste Merkmal von etwas (Gedanke, Ding, Person, Ereignis, Handlung, Beziehung), das konzeptualisiert werden kann, wodurch die Ordnung von Spezifizität, die der Forscher für seine Arbeit braucht, ermöglicht wird.

Hypothesen. (In dem Sinn verwendet, wie in wissenschaftlichen Handbüchern definiert.) Eine vorläufige Antwort auf eine Frage zu konzeptuellen Bezügen.

Schlüsselkategorie. Eine Kategorie, die für die Integration der Theorie von zentraler Bedeutung ist.

Theoretical Sampling. Das Heranziehen von Beispielen von Vorkommnissen, Ereignissen, Handlungen, Populationen usw., das von der sich entwickelnden Theorie geleitet wird. Es wird eingesetzt zur Herstellung von *Vergleichen* zwischen diesen und innerhalb dieser Beispiele von Aktivitäten, Populationen usw.

Sättigung der Theorie. Wenn eine zusätzliche Analyse nicht mehr dazu beiträgt, daß noch etwas Neues an einer Kategorie entdeckt wird.

Konzeptuelle Dichte. Die Menge von Kategorien und Eigenschaften *und* deren Zusammenhänge.

Integration. Die ständig komplexer werdende Organisation (oder Formulierung) der Bestandteile der Theorie.

(von Oertzen 2006; Strauss 1994)

Fachliteratur kann auf verschiedene Art und Weise Anreiz zur Forschung sein. Manchmal erhält man Hinweise auf einen relativ unerforschten Gegenstandsbereich oder auf ein Thema, das noch weiterer Ausarbeitung bedarf. Oder man entdeckt Widersprüche oder Ungereimtheiten in diversen Untersuchungen, Artikeln und Texten. Diese Diskrepanzen verweisen auf die Notwendigkeit einer klärenden Untersuchung, die solche Ungereimtheiten zu entscheiden hilft. Oder die Literaturstudien des Forschers zu einem Thema kommen zu dem Ergebnis, daß ein neuer Ansatz gebraucht wird, um ein altes, auch schon in der Vergangenheit gut beforschtes Problem zu lösen. Etwas über diesen Gegenstandsbereich und die damit verbundenen Phänomene bleibt vielleicht unerfaßt, und eine neue Studie könnte zur Rekonstruktion der Phänomene beitragen. D. h. man kann während des Literaturstudiums auf etwas stoßen, das der eigenen Erfahrung widerspricht und das anschließend zu einer Untersuchung führen kann, um diesen Widerspruch aufzuheben. Letztendlich kann Lesen auch einfach Neugierde an einem bestimmten Thema wecken. In dem Augenblick, in dem jemand fragt „aber was ist, wenn ...« und keine Antwort darauf findet, hat er ein Forschungsthema gefunden. (Vgl. Kapitel 3 zur weiteren Diskussion des Literaturgebrauchs).

In seiner kanonisierten Form beruht der Symbolische Interaktionismus auf folgenden Grundannahmen (vgl. Blumer 1981):

1. «dass Menschen gegenüber ‹Dingen› auf der Grundlage der Bedeutungen handeln, die diese Dinge für sie besitzen» (Blumer 1969, S. 2; dt. 1973, S. 81).

2. Die Bedeutung der Dinge entsteht in der sozialen Interaktion.

3. Bedeutungen werden «durch einen Prozess der Interpretation verändert, in dem selbstreflexive Individuen symbolisch vermittelt interagieren» (Blumer 1969, S. 2; dt. 1973, S. 81).

4. Menschen erschaffen die Erfahrungswelt, in der sie leben.

5. Die Bedeutungen dieser Welten sind das Ergebnis von Interaktionen und werden durch die von den Personen jeweils situativ eingebrachten selbstreflexiven Momente mitgestaltet.

6. Die Interaktion der Personen mit sich selbst ist «mit der sozialen Interaktion verwoben und beeinflusst sie ihrerseits» (Blumer 1981, S. 153).

7. Formierung und Auflösung, Konflikte und Verschmelzungen gemeinsamer Handlungen konstituieren das «soziale Leben der menschlichen Gesellschaft», wie Blumer sagt. Gesellschaft besteht aus den gemeinsamen oder sozialen Handlungen, «die von [ihren] Mitgliedern geformt und vollzogen werden» (Blumer 1981, S. 153).

8. Ein komplexer Interpretationsprozess erzeugt und prägt die Bedeutungen der Dinge für die Menschen. Dieser Vorgang gründet im kulturellen Bereich, «im Kreislauf der Kultur» (du Gay, Hall, Janes, Mackay & Negus 1997, S. 3), in dem Bedeutungen durch die Massenmedien definiert und Identitäten, auch in der Werbung, im Kino und im Fernsehen, in geläufigen kulturellen Schemata repräsentiert werden.

Die Fragestellung

Das Entwickeln und Formulieren der Fragestellung ist außerordentlich wichtig, denn dadurch wird die anzuwendende Forschungsmethode zu einem großen Teil festgelegt. Hier liegt das Dilemma: Wählt

beginnen, was wir erklären wollen. Es ist z.B. eine gute Idee, nicht als selbstverständlich anzunehmen, dass es einerseits ein makro-soziales System gibt, andererseits davon abgeleitete mikro-soziale Details existieren. Wenn wir diese nämlich annehmen, schließen wir die meisten interessanten Fragen nach dem Ursprung von Macht und Organisation schon von Anfang an aus. Stattdessen sollte man ganz von vorn – z.B. mit der Interaktion – beginnen und annehmen, Interaktion sei alles, was zur Verfügung stehe. Dann könnte man fragen, weshalb einige Arten der Interaktion sich mehr oder weniger erfolgreich stabilisieren und reproduzieren, wie sie Widerstände überwinden und einen ›makro-sozialen‹ Charakter anzunehmen scheinen, wie sie solche bekannten Effekte wie Macht, Ruhm, Größe, Breitenwirkung und Organisation erzeugen. Darin besteht nun eine der Hauptannahmen der Akteur-Netzwerk-Theorie: dass weder die Napoleons

bildung, sozialer Orchestrierung, von Ordnung und Widerstand bestehen. Es geht also um die Erforschung des oftmals mit »Übersetzen« beschriebenen Prozesses, der Ordnungseffekte wie Vorrichtungen, Akteure, Institutionen oder Organisationen erzeugt. »Übersetzen« bezeichnet somit ein Verb, das Transformation und die Möglichkeit von Äquivalenz – die Möglichkeit, dass ein Element (z.B. ein Akteur) für ein anderes (z.B. ein Netzwerk) stehen kann – umfasst.

Hierin besteht nun das Kernanliegen des Akteur-Netzwerk-Ansatzes: Wie mobilisieren Akteure und Organisationen die Einzelelemente, aus denen sie sich zusammensetzen, wie stellen sie sie nebeneinander, wie gewährleisten sie ihren Zusammenhalt, d.h. auf welche Weise halten sie diese Einzelelemente davon ab, ihren eigenen Neigungen zu folgen und sich zu verselbstständigen? Und schließlich: Wie bringen sie es zuwege, den Prozess der Übersetzung eine Zeit lang zu verbergen und ein Netzwerk von einem heterogenen Satz von Einzelelementen – von denen jedes seine eigenen Neigungen mitbringt – in einen punktualisierten Akteur zu verwandeln?

Methods, Tools and Theory

Sebastian Bührig und Bernd Kniess

Interdisziplinäre Zusammenarbeit

Die Zusammenhänge, durch die „Stadt" hervorgebracht wird, sind komplex und vielfältig. Einen Umgang mit dieser Unübersichtlichkeit zu entwickeln ist der Ausgangspunkt unserer Arbeit in Urban Design. Den Zugang finden wir in den Wissensbeständen und Methoden der Disziplinen, die sich forschend und gestaltend mit der Stadt befassen. In disziplinübergreifenden Arbeitskonstellationen üben wir, die eigene fachliche Kompetenz mit den ihr zugrundeliegenden Wissenschaftstraditionen und Begrifflichkeiten mit der der anderen Disziplinen ins Verhältnis zu setzen. Die Bereitschaft zu kontinuierlicher Übersetzungsleistung, zum konstruktiven Umgang mit Übersetzungsfehlern oder Missverständnissen ist dabei die Grundlage gemeinsamen Arbeitens.

Welches Motiv?

Es gilt komplexe Handlungsfelder methodisch und analytisch zu durchdringen. In iterativen Arbeitsschritten geht es darum, sich dem eigentlichen Motiv und Forschungsinteresse anzunähern: Warum befasse ich mich mit diesem Thema? Auf der Grundlage einer davon abgeleiteten Fragestellung erfolgt die Auswahl geeigneter Methoden und Instrumente für die Datenerhebung und Analyse.

Auf die Erhebung und Auswertung der Daten folgen Konzeptualisierung, Modellbildung oder Entwürfe, deren Reflexion und abschließende Bewertungen. Die entscheidenden Vorteile interdisziplinären Arbeitens entstehen durch die Verbindung von forschendem und gestaltendem Erkenntnisinteresse. Unterschiedliche Wissensbestände werden dadurch neu versammelt und deren spezifische (quantitative wie qualitative) Forschungsverfahren in immer neuen Kombinationen angewendet. Das Ziel ist es dabei, nicht nur neue Erkenntnisse hervorzubringen, sondern diese Gestaltungsprozessen zugrunde zu legen.

Woher kommen die Fragen?

Forschungsfragen bilden die Grundlage, um ein Erkenntnisinteresse zu formulieren und Wege dorthin vorstellbar zu machen. Wie aber beginnen? Woher rührt ein Interesse, wie und wo entsteht ein Motiv? Um dies zu klären, gilt es sich einem Gegenstand möglichst vorbehaltlos anzunähern. Dazu greifen wir gerne auf die „situationistische" Praxis des Dérive zurück. Darunter verstehen wir ein sowohl räumliches als auch gedankliches Umherschweifen. Hierbei geht es darum, die Wahrnehmung zu schulen – um Orten, Situationen und Atmosphären, samt der Menschen und Dinge, die sie hervorbringen, gewahr zu werden; es gilt diese beschreiben und darstellen zu lernen. Der Austausch über die unterschiedlichen Zugänge ermöglicht es, gemeinsam neue Zusammenhänge zu erkennen.

Takes

Um das Untersuchte einzukreisen, bedienen wir uns der Vorgehensweise sogenannter Takes. In der Musik oder im Film bezeichnen sie Aufnahmesequenzen für vorläufige Teilstücke beziehungsweise schrittweise erfolgende Aufnahmen, die weiterhin in andere Reihenfolgen gebracht und verändert werden können. Wir verstehen den Take als Variation eines Ansatzes, als Iteration, als experimentelles Setup für vorläufige Forschungsfragen, die durch Regulierungen der Parameter von Werkzeugen, Methoden, Umständen weiterentwickelt werden. Dieses Vorgehen kann es durchaus auch rechtfertigen, konventionelle Wege zu verlassen und neue Formate zu entwickeln. Es ist ein Prinzip, das nicht die gerade Verbindung zwischen zwei Punkten zu finden oder Argumente zu bestätigen sucht, sondern situativ physische und soziale Anordnungen im Urbanen erkundet.

Dabei-Sein

Um Zugang zum Forschungsfeld zu erlangen ist es unerlässlich, sich selbst hineinzubegeben. Hierbei geht es darum, Erfahrungen zu sammeln und sich mit den jeweiligen Situationen und deren Parametern vertraut zu machen. Will man die Zusammenhänge von Normen, Eigenheiten, Gemeinsamkeiten, Grenzen, Atmosphären in der Interaktion von Lebewesen und Dingen erfassen, so gilt es zu beobachten, zu befragen, zu beschreiben. Situationsbedingt kann es auch erforderlich sein, sich aktiv zu beteiligen, mitzumachen. Denn manchmal lassen sich erst durch eigene Teilhabe oder durch eigenes Ausprobieren bestimmte Sachverhalte verstehen. Deshalb ist es wichtig, vor Ort zu sein. Jeder Eintritt ins Feld ist eine Intervention (lat. intervenire: in ein Geschehen eingreifen, dazwischenkommen).

den Forschungs- oder Gestaltungsgegenstand zu vermitteln helfen. Auf diese Weise können wissenschaftliche und gestalterische Konzeptualisierungen lesbar und möglicherweise auch für die Anwendung in der Praxis zugänglich gemacht werden.

Relationalität

Als Forscher*in sollte man sich stets fragen, welche Rolle man selbst in der beforschten Situation einnimmt, wie sich die Situation für die Beforschten darstellt, welche Beziehungen in den untersuchten Akteurnetzwerken wirken und welche Motive die Akteure womöglich bewegen, in die Austauschbeziehung der Forschung einzuwilligen oder auch nicht. Forschende sind immer Teil der Situation, die durch die Bewegung im Feld kreiert wird. Es besteht direkt oder indirekt eine Beziehung zum Forschungsgegenstand und zu den beteiligten Akteuren. Diese Wechselwirkungen sind als Teil der Forschung offenzulegen und zu reflektieren.

Abstraktion und Konzeption

So bedeutsam es ist, die Vielheit von Akteuren und Dingen in ihren individuellen Zusammenhängen zu analysieren, so braucht es für das wissenschaftliche Arbeiten immer auch Denkprozesse des Zusammenfassens von Gemeinsamkeiten und Differenzen, des Neuordnens und Versammelns, um so Aussagen über übergeordnete Zusammenhänge treffen zu können. Erkenntnisse, die in der Praxis gewonnen wurden, werden in Konzepte überführt.

Vermittlung

Um Forschungs- und Designkonzepte diskutieren zu können, müssen permanent Übersetzungsleistungen zwischen Studierenden, Lehrenden, Disziplinen, den Dingen, Menschen und anderen Lebewesen stattfinden. Die Forschenden setzen sich in Urban-Design-Projekten auch mit den Möglichkeiten der Kommunikation ihrer Erkenntnisse auseinander. Es geht neben der Ausbildung analytischer Kompetenzen auch darum, verschiedene Erzählebenen und Darstellungsweisen zu entwickeln, die

Themenbezogene vergleichende Analysen

Urbanitäten (Meichelböck und Sommer 2011)

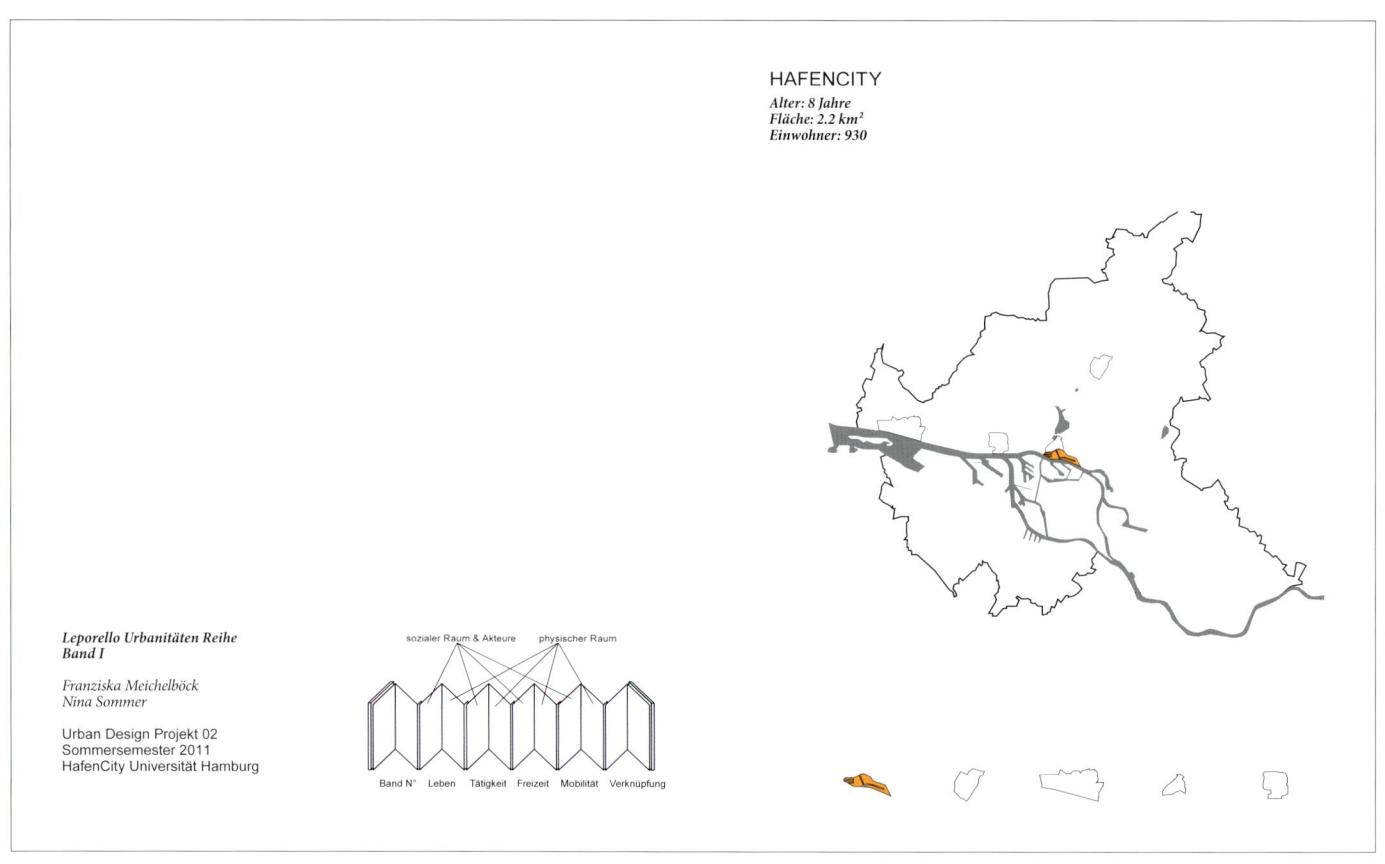

HAFENCITY

Alter: 8 Jahre
Fläche: 2.2 km²
Einwohner: 930

Leporello Urbanitäten Reihe
Band I

Franziska Meichelböck
Nina Sommer

Urban Design Projekt 02
Sommersemester 2011
HafenCity Universität Hamburg

sozialer Raum & Akteure   physischer Raum

Band N°   Leben   Tätigkeit   Freizeit   Mobilität   Verknüpfung

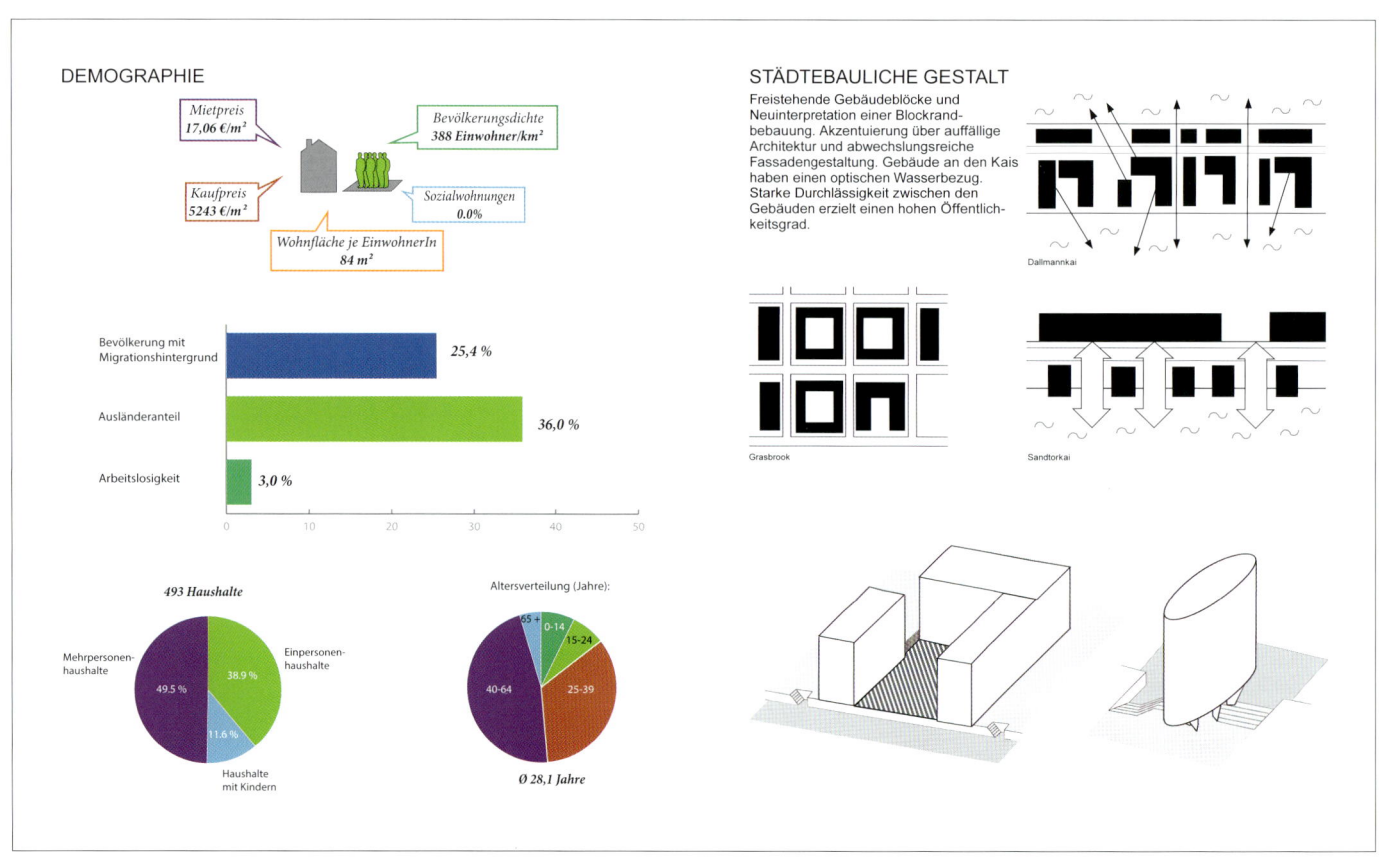

DEMOGRAPHIE

Mietpreis
17,06 €/m²

Bevölkerungsdichte
388 Einwohner/km²

Kaufpreis
5243 €/m²

Sozialwohnungen
0.0%

Wohnfläche je EinwohnerIn
84 m²

Bevölkerung mit Migrationshintergrund — 25,4 %
Ausländeranteil — 36,0 %
Arbeitslosigkeit — 3,0 %

493 Haushalte

Mehrpersonen-haushalte 49,5 %
Einpersonen-haushalte 38,9 %
Haushalte mit Kindern 11,6 %

Altersverteilung (Jahre):
65 +
0-14
15-24
40-64
25-39

Ø 28,1 Jahre

STÄDTEBAULICHE GESTALT

Freistehende Gebäudeblöcke und Neuinterpretation einer Blockrand-bebauung. Akzentuierung über auffällige Architektur und abwechslungsreiche Fassadengestaltung. Gebäude an den Kais haben einen optischen Wasserbezug. Starke Durchlässigkeit zwischen den Gebäuden erzielt einen hohen Öffentlich-keitsgrad.

Dallmannkai

Grasbrook

Sandtorkai

VERSORGUNG

Viele Bürogebäude, jedoch wenig
Handwerksbetriebe und alltägliche
Dienstleistungen wie Textilreinigung. Der
Hauptanteil an Shoppingmöglichkeiten
befindet sich bisher am Kaiserkai, eine
umfassendere Einkaufsstrasse entsteht im
Überseequartier.
Das Angebot ist auf einen gehobenen
Standard ausgerichtet. Der erste Supermarkt
wurde erst 2011 eröffnet. Auffällig sind die
diversen Filialen und Franchisegewerbe,
die bei Verlust über das Unternehmen
abgesichert sind. Desweiteren findet man
eine Vielzahl an Restaurants, jedoch keine
Schnellimbisse.

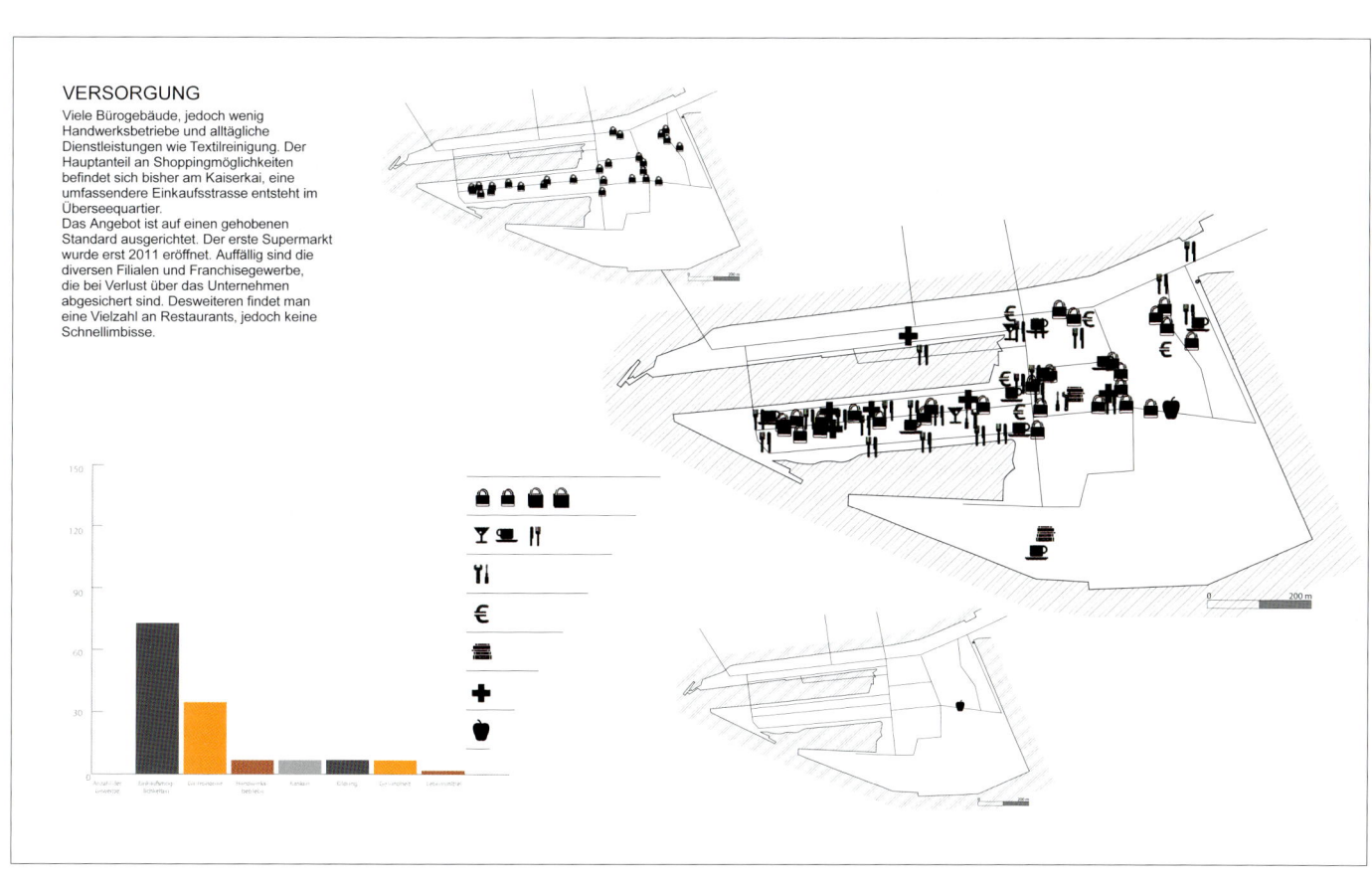

FREIZEIT UND TOURISMUS

Das große Angebot an Kultur und Unter-
haltung mit bis zu 120 Events im Jahr soll
stadtteilübergreifend sein.
Die HafenCity GmbH ist sich dessen
durchaus bewusst und hat auch vor,
die stattfindenden Events in Zukunft zu
reduzieren, aber erst, wenn der Stadtteil als
selbstverständlich angenommen wird.
Aufgrund der Medienpräsenz und Popula-
rität besuchen täglich tausende Touristen
die HafenCity, nach Fertigstellung sollen
bis zu 40.000 Menschen pro Tag das
Gelände besuchen. Schwerpunkte sind
hauptsächlich die Elbphilharmonie sowie
die Architektur- und Freiraumgestaltung.

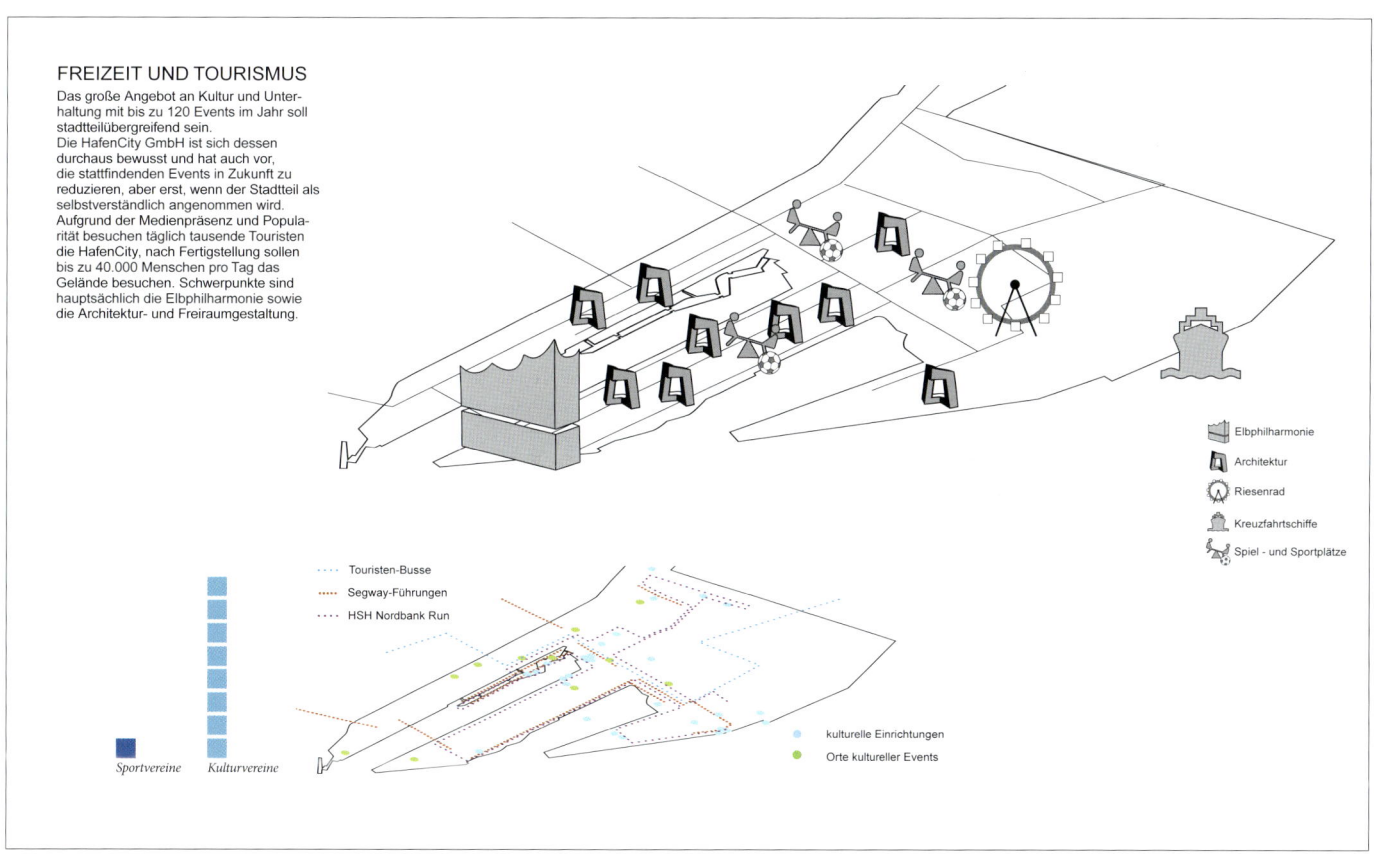

- Elbphilharmonie
- Architektur
- Riesenrad
- Kreuzfahrtschiffe
- Spiel - und Sportplätze

Touristen-Busse
Segway-Führungen
HSH Nordbank Run

Sportvereine *Kulturvereine*

- kulturelle Einrichtungen
- Orte kultureller Events

MOBILITÄT

Das Gebiet ist aufgrund seiner zentralen Lage sehr gut zu erreichen. Aufgrund der Wasserbarriere und der Buslinienführung ist die HafenCity kein Durchgangsstadtteil, sondern muss bewusst als Ziel gewählt werden. Das hat zur Folge, dass das Gebiet Züge einer Insel annimmt. In der HafenCity befinden sich zwei Stadtradstationen, jedoch sind keine Fahrradwege vorhanden. Ab 2012 eröffnet die U-Bahnlinie U4 einen neuen Zugang zum Stadtteil.
Es ist prinzipiell fraglich, ob die Straßenführung auch nach Fertigstellung der Elbphilharmonie dem Verkehrsaufkommen standhält.

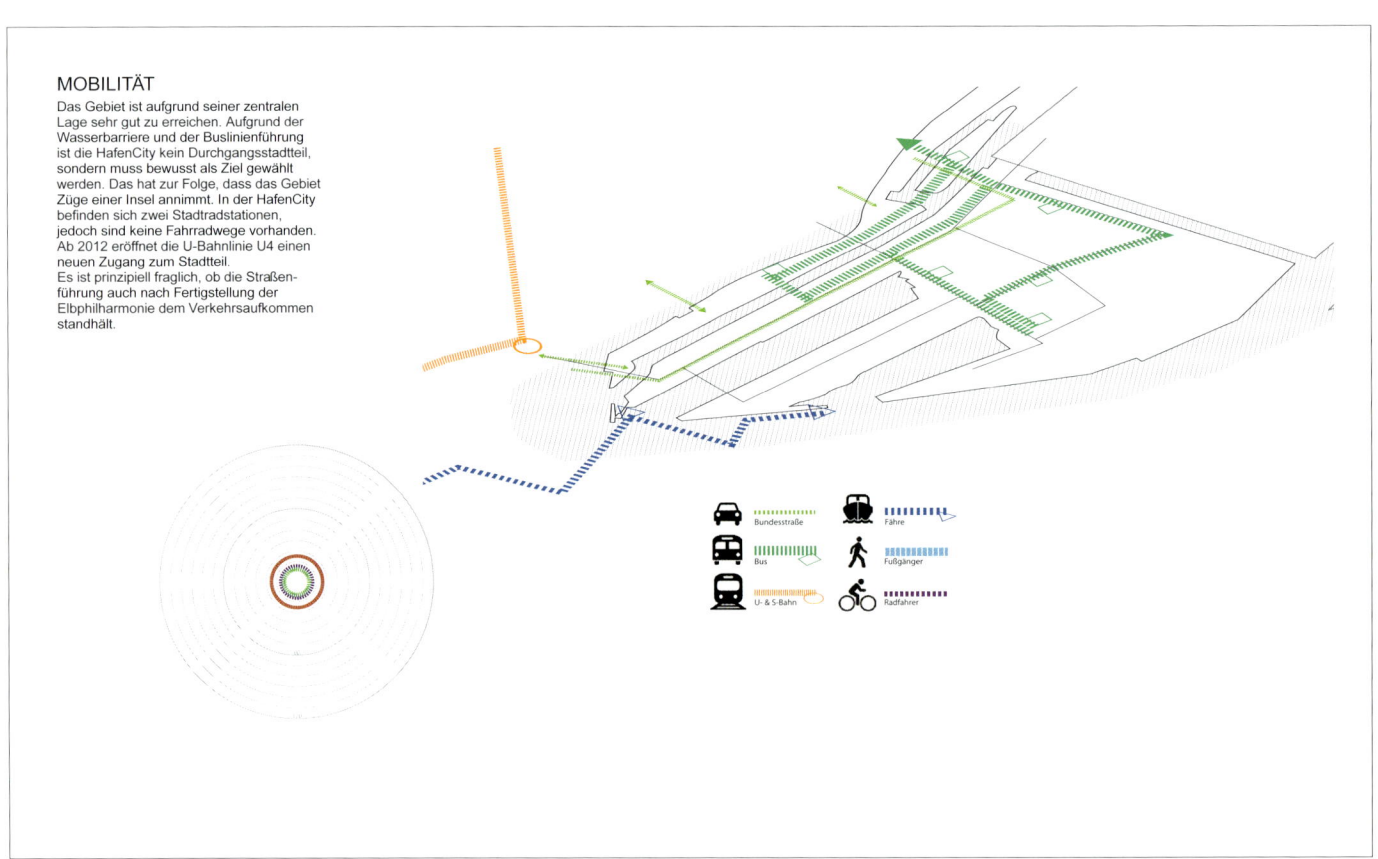

Steilshoop

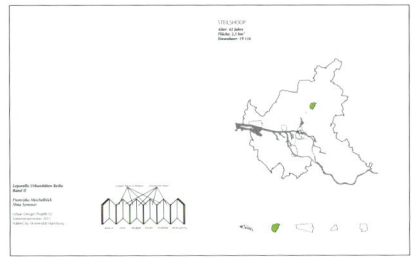

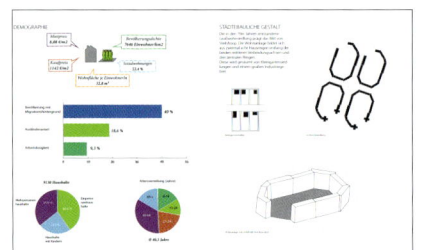

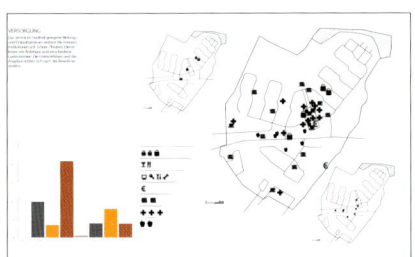

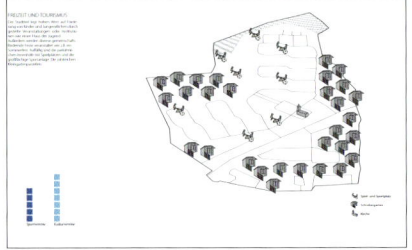

Blankenese

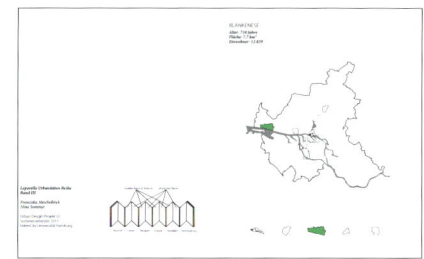 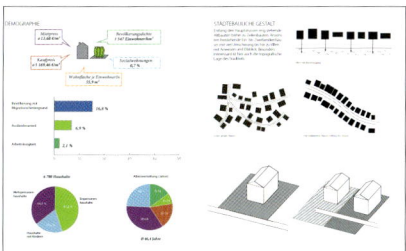 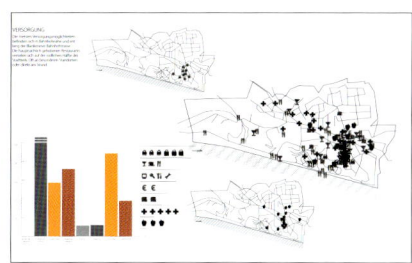

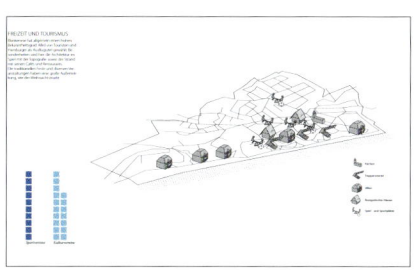 

Altstadt

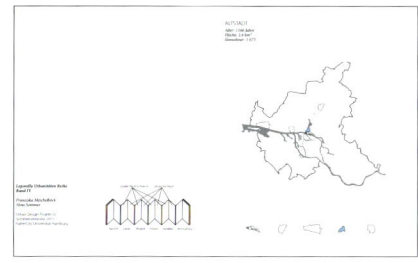 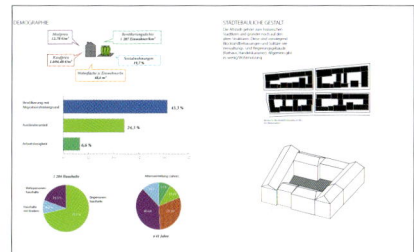 

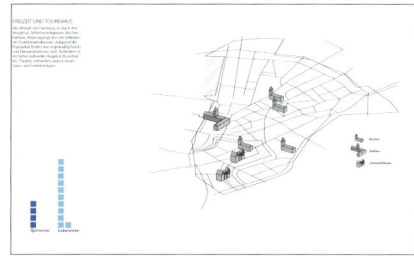 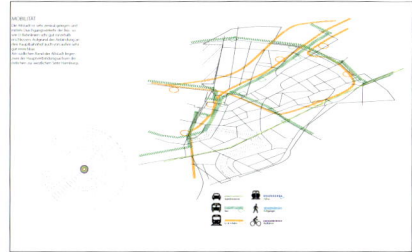

Ottensen

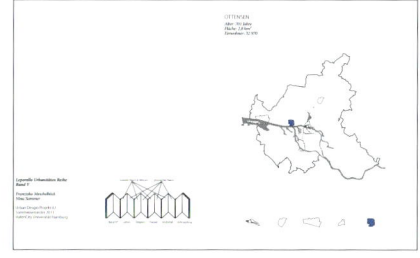 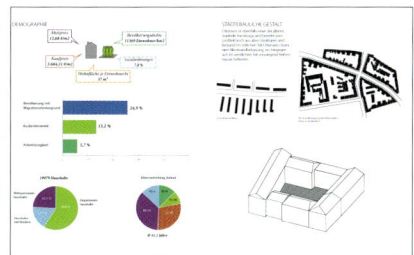 

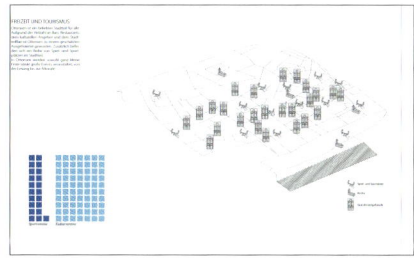 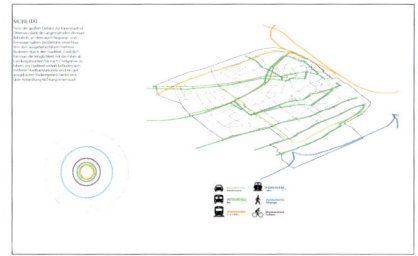

One-minute-gallery (Behne, Honkomp und Mattheis 2012)

Experimentelle situative Verfahren

We walk the line (UD Atlas De-Zentral)

Schlaf (Behne, Honkomp, Mattheis und Peck)
Stadt-Schnitt „Ost-West-Straße"

Blickbeziehungen (Giza, Judt, Krüger und Schimmer)
Stadt-Schnitt „Ost-West-Straße"

Sauna (Burckhardt, Geyer, Schubert und Wenzel).
Stadt-Schnitt „Ost-West-Straße"

Zusammenhänge
sichtbar
machen

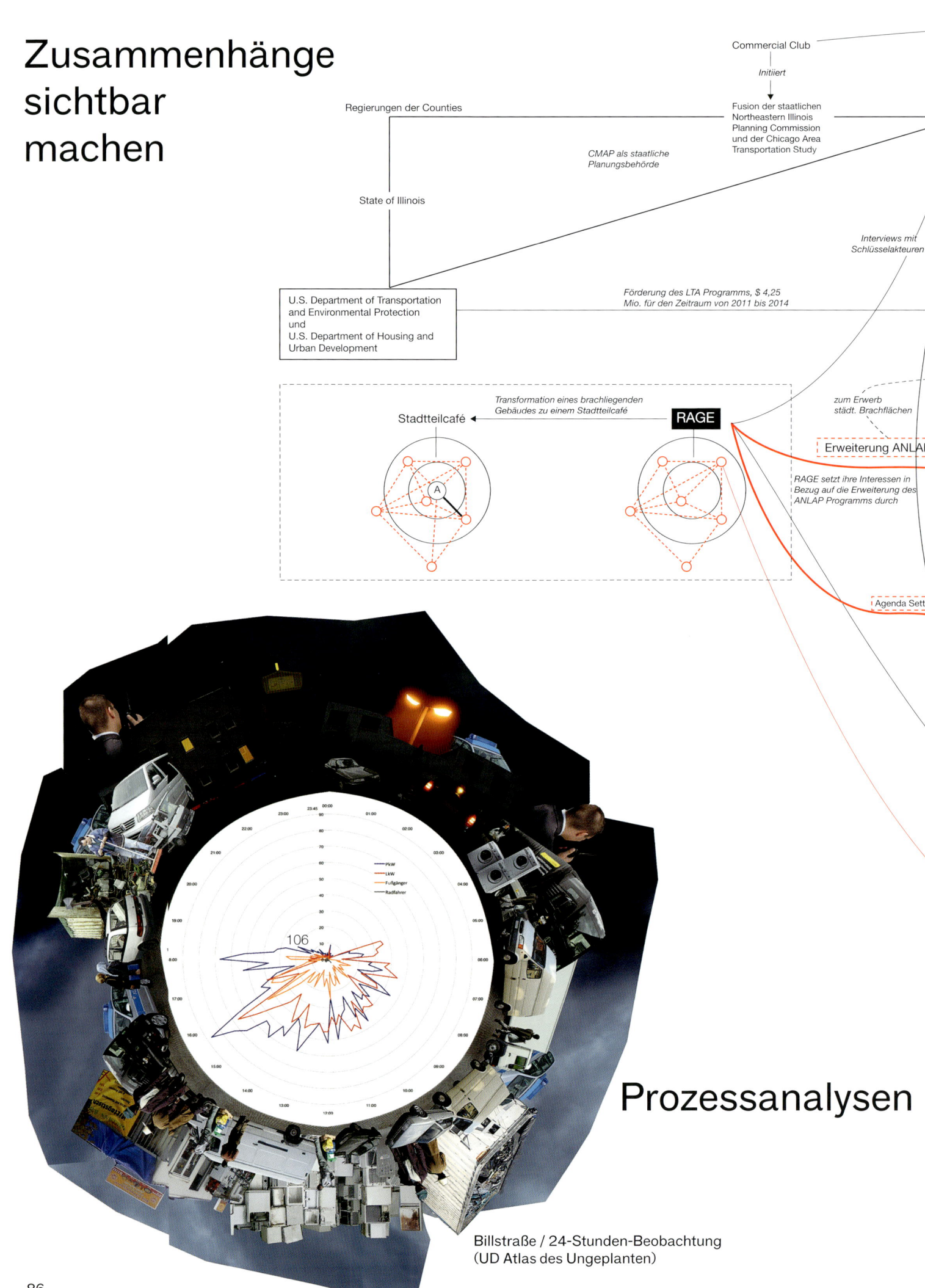

Commercial Club

Initiiert

Fusion der staatlichen
Northeastern Illinois
Planning Commission
und der Chicago Area
Transportation Study

Regierungen der Counties

*CMAP als staatliche
Planungsbehörde*

State of Illinois

*Interviews mit
Schlüsselakteuren*

U.S. Department of Transportation
and Environmental Protection
und
U.S. Department of Housing and
Urban Development

*Förderung des LTA Programms, $ 4,25
Mio. für den Zeitraum von 2011 bis 2014*

*Transformation eines brachliegenden
Gebäudes zu einem Stadtteilcafé*

Stadtteilcafé

RAGE

*zum Erwerb
städt. Brachflächen*

Erweiterung ANLAP

*RAGE setzt ihre Interessen in
Bezug auf die Erweiterung des
ANLAP Programms durch*

Agenda Settin

106

PkW
LkW
Fußgänger
Radfahrer

Prozessanalysen

Billstraße / 24-Stunden-Beobachtung
(UD Atlas des Ungeplanten)

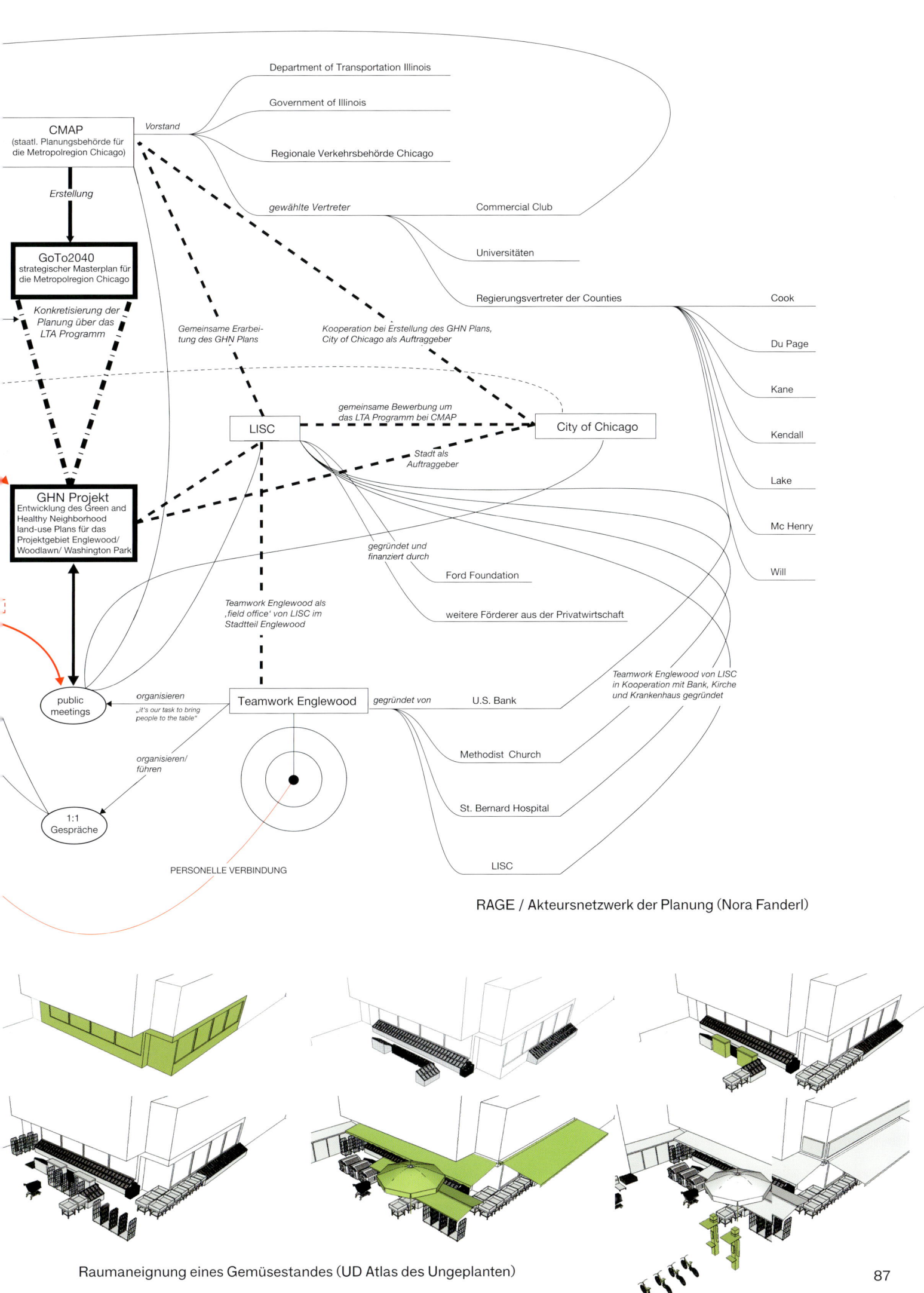

Department of Transportation Illinois

Government of Illinois

Regionale Verkehrsbehörde Chicago

CMAP
(staatl. Planungsbehörde für
die Metropolregion Chicago)

Vorstand

gewählte Vertreter

Commercial Club

Universitäten

Regierungsvertreter der Counties

Cook

Erstellung

GoTo2040
strategischer Masterplan für
die Metropolregion Chicago

Du Page

Kane

*Konkretisierung der
Planung über das
LTA Programm*

*Gemeinsame Erarbei-
tung des GHN Plans*

*Kooperation bei Erstellung des GHN Plans,
City of Chicago als Auftraggeber*

Kendall

LISC

*gemeinsame Bewerbung um
das LTA Programm bei CMAP*

City of Chicago

Lake

*Stadt als
Auftraggeber*

Mc Henry

GHN Projekt
Entwicklung des Green and
Healthy Neighborhood
land-use Plans für das
Projektgebiet Englewood/
Woodlawn/ Washington Park

Will

*gegründet und
finanziert durch*

Ford Foundation

*Teamwork Englewood als
,field office' von LISC im
Stadtteil Englewood*

weitere Förderer aus der Privatwirtschaft

*Teamwork Englewood von LISC
in Kooperation mit Bank, Kirche
und Krankenhaus gegründet*

public
meetings

organisieren

"it's our task to bring
people to the table"

Teamwork Englewood

gegründet von

U.S. Bank

*organisieren/
führen*

Methodist Church

1:1
Gespräche

St. Bernard Hospital

PERSONELLE VERBINDUNG

LISC

RAGE / Akteursnetzwerk der Planung (Nora Fanderl)

Raumaneignung eines Gemüsestandes (UD Atlas des Ungeplanten)

Wem gehört das Wohnen?

Der überwiegende Teil des gesellschaftlichen Vermögens liegt in Immobilienwerten und sollte für zukünftige Generationen gesichert werden.
(Baukulturbericht 2014/15, S.43)

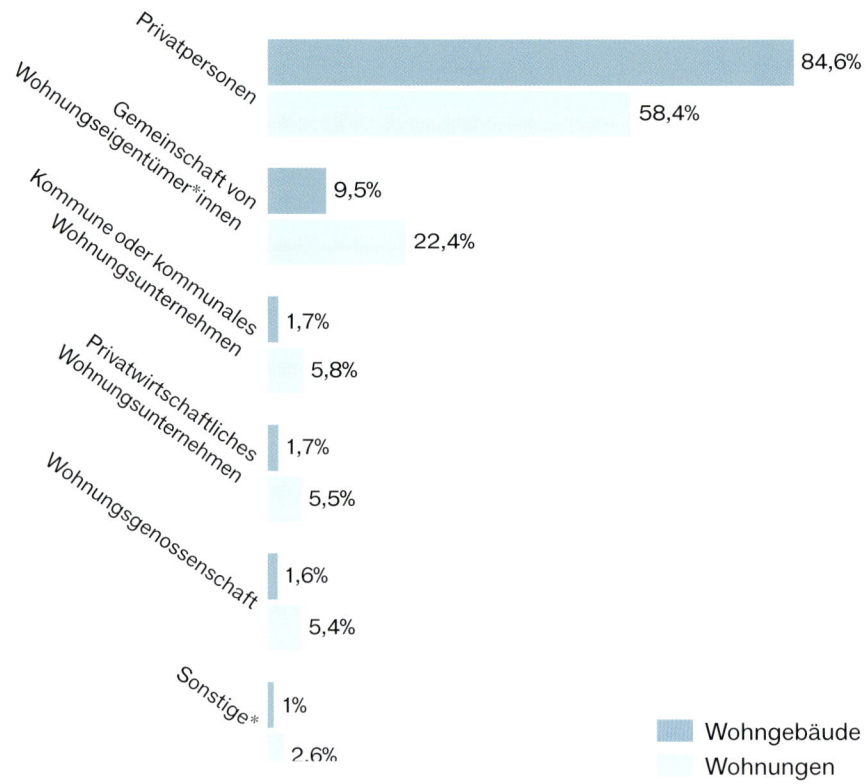

Privatpersonen — 84,6%
— 58,4%

Gemeinschaft von Wohnungseigentümer*innen — 9,5%
— 22,4%

Kommune oder kommunales Wohnungsunternehmen — 1,7%
— 5,8%

Privatwirtschaftliches Wohnungsunternehmen — 1,7%
— 5,5%

Wohnungsgenossenschaft — 1,6%
— 5,4%

Sonstige* — 1%
— 2,6%

Wohngebäude
Wohnungen

Wohngebäude und Wohnungen in Deutschland nach Eigentümer 2011 (Statistische Ämter des Bundes und der Länder)

83 Prozent des Bruttoanlagevermögens in Deutschland entfallen auf Bauen.
(Baukulturbericht 2014/15, S.22)

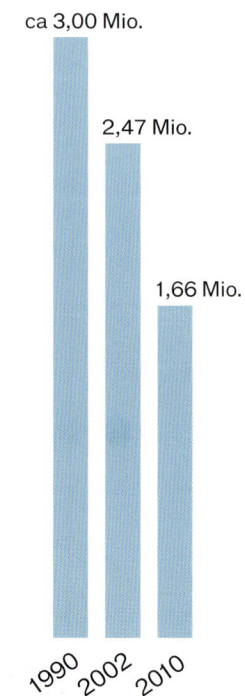

ca 3,00 Mio.

2,47 Mio.

1,66 Mio.

1990 2002 2010

Abschmelzen der Sozialwohnungen. Zahl der geförderten Mietwohnungen in Deutschland, die einer Mietpreis- und/oder Belegungsbindung nach dem Zweiten Wohnungsbaugesetz/WoFG unterliegen (Deutscher Bundestag 2012)

Was kostet
Wohnen?

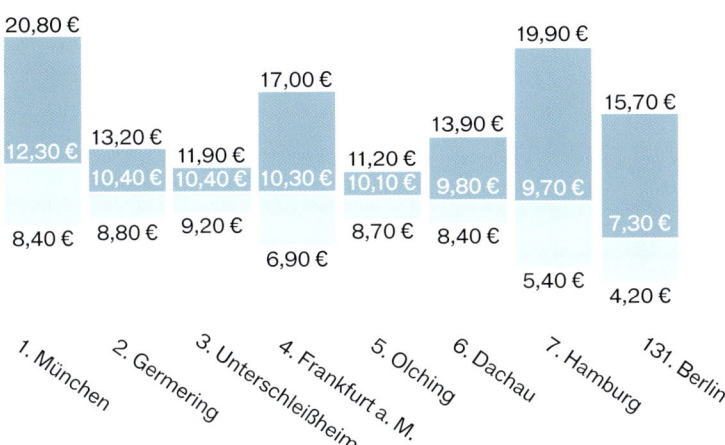

Neuvertragsmieten für Wohnungen in den Top-7-Städten und Berlin. Marktmiete einer 75-m²-Wohnung, Baualter zehn Jahre, Ausstattung und Zustand normal
Spanne: Mieten in teuerstem und günstigstem Straßenabschnitt der Stadt (F+B Wohn-Index Deutschland 2014)

Einwohnerzahl ausgewählter Städte und verdichteter Umlandkreise in Millionen (Institut der Deutschen Wirtschaft Köln 2014 für Die Welt)

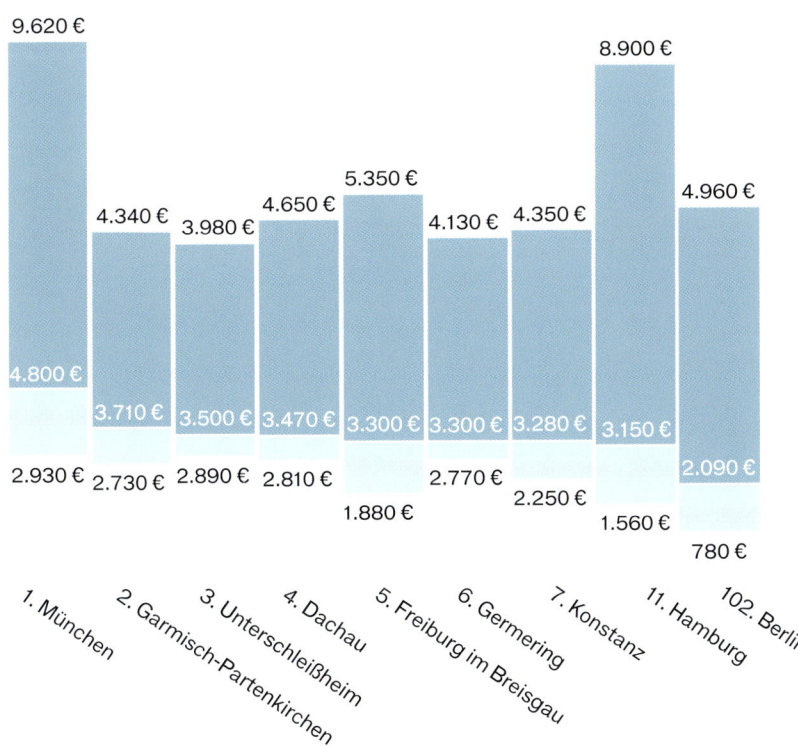

Preise für Eigentumswohnungen in den Top-7-Städten und Hamburg und Berlin. Preis einer 75-m²-Wohnung, Baualter zehn Jahre, Ausstattung und Zustand normal
Spanne: Preise in teuerstem und günstigstem Straßenabschnitt der Stadt (F+B Wohn-Index Deutschland 2014)

> Es muss dabei damit gerechnet werden, dass immer mehr Haushalte von Erwerbstätigen nach Abzug der Miete über ein Einkommen verfügen, dass unter den entsprechenden Sätzen des Arbeitslosengelds II liegt. Der Anreiz, einer regulären Beschäftigung nachzugehen, wird dadurch erheblich vermindert.
>
> (Sachverständigenrat Jahresgutachten 2014)

Es gibt
284.000
Wohnungslose
in Deutschland.
Um 15 Prozent
mehr als noch
2010.

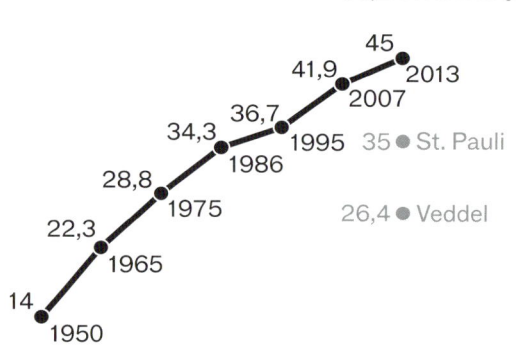

Entwicklung der Wohnfläche pro Person (INSM 2009, Destatis 2012)

Wie wird gewohnt?

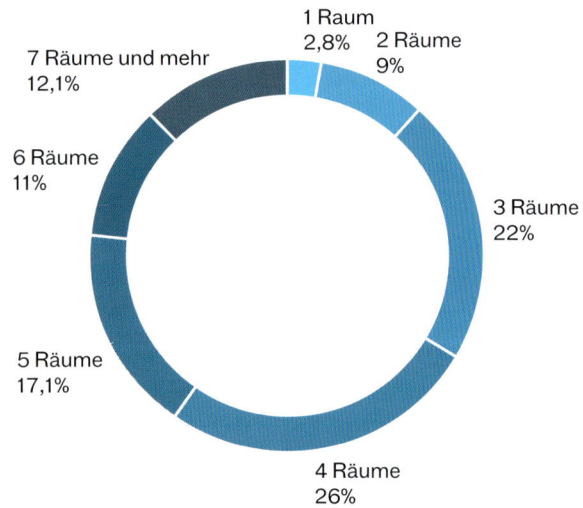

Wohnungen am 9. Mai 2011 nach Raumzahl (einschließlich Küche) (Zensus 2011)

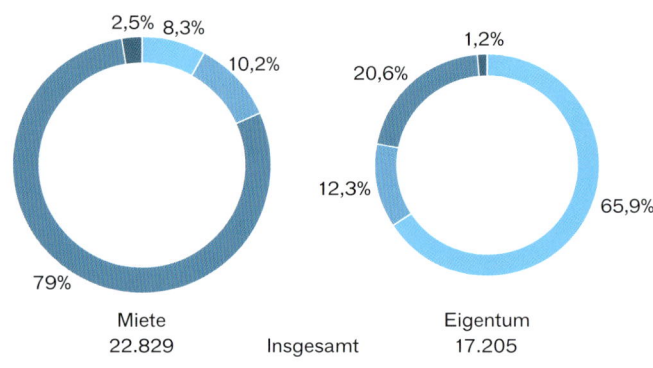

Wohnsituation privater Haushalte nach Haushaltstyp (Ergebnisse der Einkommens- und Verbrauchsstichprobe (EVS). – Die Ergebnisse der EVS 2013 basieren auf dem Mikrozensus 2012, dem noch nicht die aktuellen Fortschreibungsergebnisse des mit Stichtag 9.5.2011 durchgeführten Zensus zugrunde liegen.

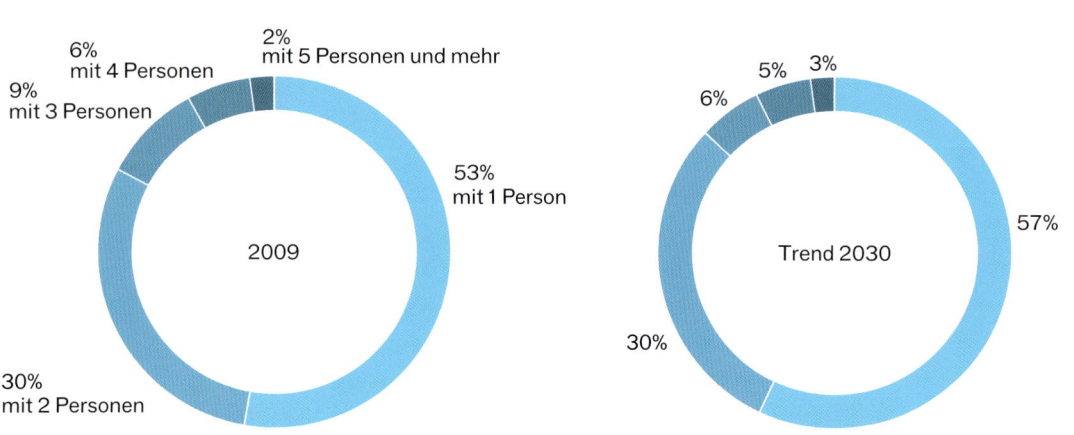

Entwicklung der Privathaushalte bis 2030 (2009 Ergebnisse des Mikrozensus, 2030 Ergebnisse der Haushaltsvorausberechnung-2010)

2014 hatten 20,3 Prozent der Gesamtbevölkerung Migrationshintergrund. 56 Prozent davon hatten einen deutschen Pass.

(destatis.de)

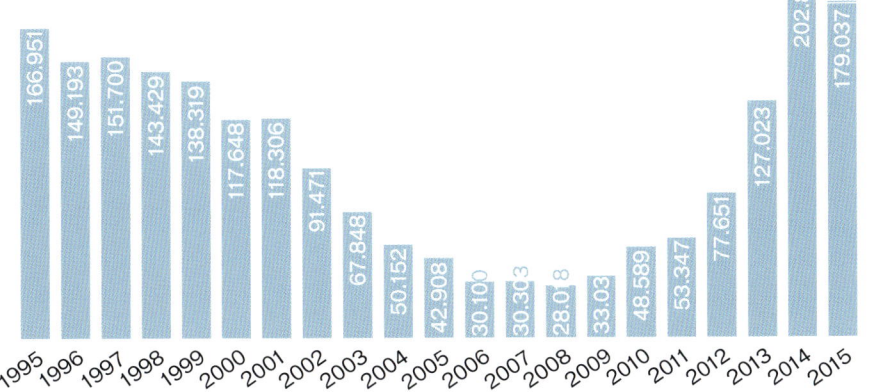

Anzahl der gestellten Asylanträge in Deutschland im Zeitraum von 1995 bis 2015*. Im Jahr 2015 (Stand bis Juni) wurden in Deutschland insgesamt 179.037 Asylanträge gestellt. (Bundesamt für Migration und Flüchtlinge)

Wer wird wohnen?

Es wird in Deutschland weniger Menschen geben. Bereits im Jahr 2012 war die Anzahl der Neugeborenen mit 673.544 gegenüber 869.582 Sterbefällen viel zu gering, um diese Entwicklung aufzuhalten. Auch optimistische Prognosen über internationale Zuwanderung können diesen Saldo nur in Teilen kompensieren.

(Baukulturbericht 2014/15, S.43)

Einwohner (in Tausend)

90.000

81.545

mittlere Bevölkerung Obergrenze

mittlere Bevölkerung Untergrenze

70.000

70.120

64.651

2010   2020   2030   2040   2050   2060

Vorausberechneter Bevölkerungsstand Deutschlands in Tausend (Destatis 2009, BMI 2012)

Nur 1 Prozent des deutschen Wohnungsbestandes ist derzeit barrierefrei.

(Baukulturbericht 2014/15 S. 43)

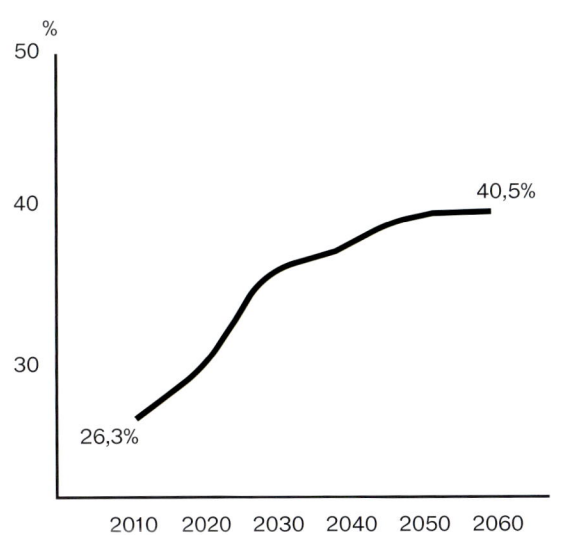

%

50

40

40,5%

30

26,3%

2010   2020   2030   2040   2050   2060

Anteil der Personen ab 60 Jahre und älter an der Gesamtbevölkerung (Destatis 2009, BMI 2012)

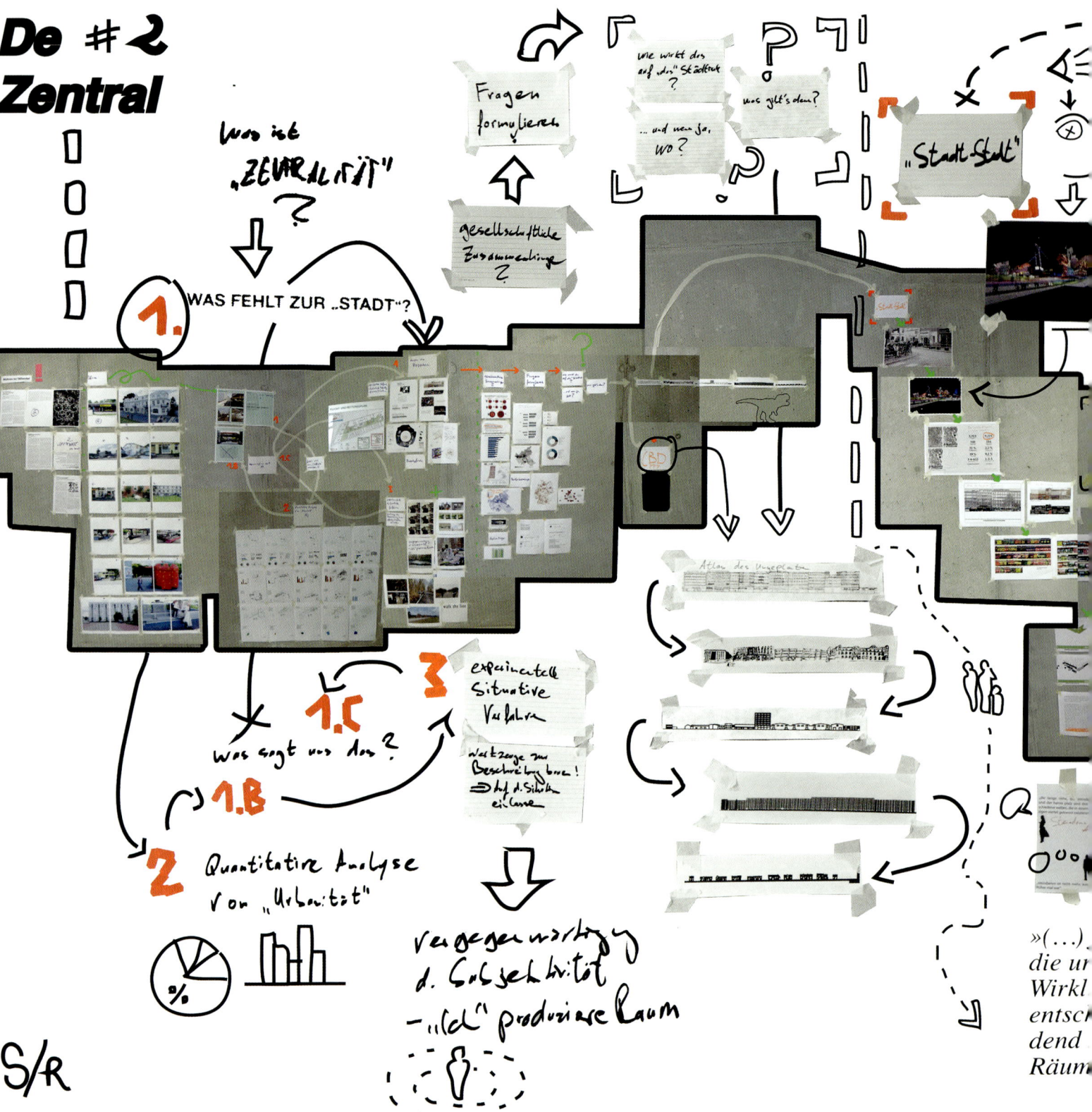

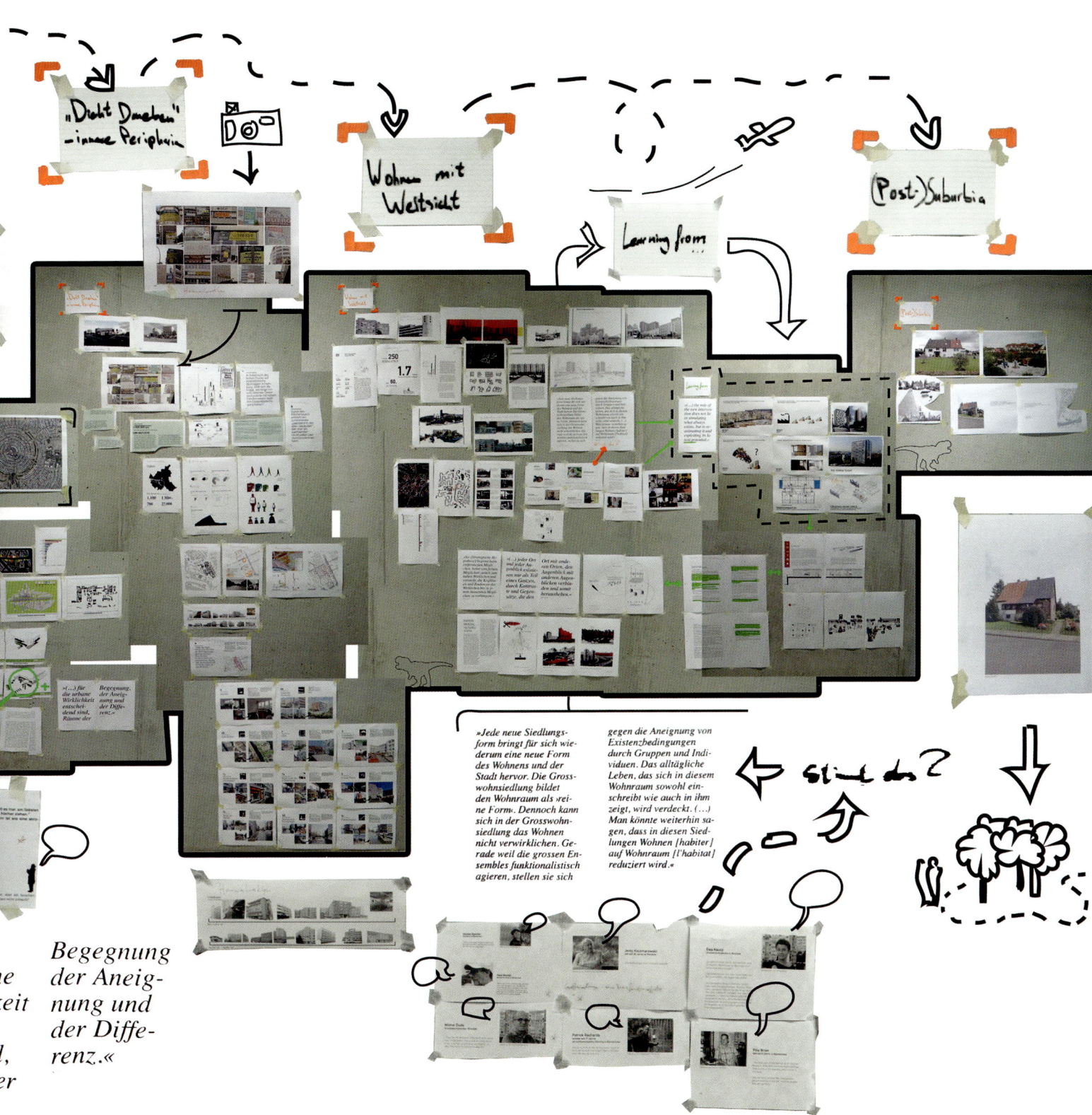

»Jede neue Siedlungs-
form bringt für sich wie-
derum eine neue Form
des Wohnens und der
Stadt hervor. Die Gross-
wohnsiedlung bildet
den Wohnraum als ›rei-
ne Form‹. Dennoch kann
sich in der Grosswohn-
siedlung das Wohnen
nicht verwirklichen. Ge-
rade weil die grossen En-
sembles funktionalistisch
agieren, stellen sie sich

gegen die Aneignung von
Existenzbedingungen
durch Gruppen und Indi-
viduen. Das alltägliche
Leben, das sich in diesem
Wohnraum sowohl ein-
schreibt wie auch in ihm
zeigt, wird verdeckt. (…)
Man könnte weiterhin sa-
gen, dass in diesen Sied-
lungen Wohnen [habiter]
auf Wohnraum [l'habitat]
reduziert wird.«

*Begegnung
der Aneig-
nung und
der Diffe-
renz.«*

Redaktionsarbeit; Versammlung und Anordnung von Materialien an der Wand; Erarbeitung von Kapitelstrukturen
(Sebastian Bührig und Rodrigo Martinez)

93

Gentrifizierung im 21. Jahrhundert

Ingrid Breckner

Überarbeitete und gekürzte Fassung: Original veröffentlicht in: Aus Politik und Zeitgeschichte 17 (2010), 29–32

In der sozialwissenschaftlichen Fachwelt versteht man unter Gentrifizierung eine allmählich, durch Erneuerungsmaßnahmen und/oder Eigentümerwechsel entstehende Dominanz einkommensstarker Haushalte in attraktiven urbanen Wohnlagen zulasten von weniger verdienenden Bevölkerungsgruppen. Solche Prozesse verlaufen in ihrer Anfangsphase wie im Stadium ihrer Vollendung selten konfliktfrei. Sie lösen bis heute europaweit unterschiedliche stadtpolitische Protestaktionen – wie zum Beispiel Hausbesetzungen, organisierte Mietminderung, politische Demonstrationen oder Vandalismus gegen Symbole des durchsetzungsstarken Reichtums – aus.

Wissenschaftliche Erklärungen von Gentrifizierung basieren auf unterschiedlichen theoretischen Annahmen. Die sozialökologische Deutung verfolgte längere Zeit die Perspektive eines „doppelten Invasions-Sukzessions-Zyklus" mit der Annahme eines sukzessiven Zuzugs besserverdienender Haushalte[1], die bislang empirisch jedoch nicht belegt werden konnte. Als plausibel, wenn auch um kulturelle Aspekte ergänzungsbedürftig, hat sich in kapitalistischen Gesellschaftssystemen die ökonomische Erklärung von Gentrifizierung durchgesetzt. Sie geht von Renditedifferenzen von Gebäude- und Grundstückswerten aus. Ein durch Erneuerungsmaßnahmen steigender Gebäudewert („value-gap") zieht demzufolge später eine Erhöhung des Grundstückswertes nach sich („rent-gap")[2]. Solche Prozesse können durch eine Veränderung der Nachfrage nach Wohnraum sowie durch Interventionen im Wohnraumangebot sowie im Umfeld von Wohngebieten ausgelöst werden, die ihrerseits eine zahlungskräftige Nachfrage generieren. Unklar bleibt dabei, welche gesellschaftlichen Strukturen und Akteure die Wertentwicklung von Boden und Wohnraum beeinflussen[3] und wie sie Wertsteigerungen bewirken, die den Beginn von Gentrifizierung markieren. Diese Aspekte bleiben im Einzelfall genau zu untersuchen. Dafür eignen sich national und international vergleichende Längsschnittstudien unter Berücksichtigung von stadtpolitischen, wirtschaftlichen und sozialkulturellen Einflussfaktoren.[4] Sie stellen jedoch bis heute eine empirische Forschungslücke dar. Risiken von Gentrifizierung – unter anderem nach abgeschlossenen Sanierungsverfahren[5] – werden in mehreren deutschen Städten mit dem Instrument der Erhaltungs- oder Milieuschutzsatzung zu regulieren versucht.[6] Erfahrungen zeigen jedoch, dass die Wirksamkeit solcher öffentlichen Interventionen vergleichsweise begrenzt ist.

Gentrifizierung in Deutschland zu Beginn des 21. Jahrhunderts

Vor dem Hintergrund der noch lückenhaften und zum Teil nicht bekannten wissenschaftlichen Befunde über verallgemeinerbare Ursachen und Mechanismen der Gentrifizierung ist es nicht erstaunlich, dass dieses Thema zu Beginn des 21. Jahrhunderts mit viel emotionaler Empörung und normativ kontrovers diskutiert wird. Betroffene von Gentrifizierung fühlen sich existenziell bedroht und Profiteure solcher Prozesse verteidigen ihre damit verbundenen Gewinnerwartungen.

Ein Blick in aktuelle Analysen des deutschen Wohnungsmarktes zeigt dessen immer stärkere räumliche und soziale Differenzierung. Viele altindustrielle Regionen in Ost und West verlieren immer noch Einwohner und damit Nachfrager auf den dortigen Wohnungsmärkten. Bevölkerungswachstum wird im Zeitraum 2005 bis 2025 für die Teilräume um die Metropolen München, Berlin, Hamburg, in den Regionen Rhein-Main und Neckar, im nördlichen Niedersachsen sowie am Bodensee und im südwestdeutschen Grenzgebiet zu Frankreich prognostiziert.[7] Die Intensität und soziale Struktur des Zuzugs von Menschen führt zusammen mit der jeweils vorliegenden Struktur der Wohnungsteilmärkte zu mehr oder weniger Verdrängungsdruck gegenüber einkommensschwachen Haushalten und damit zu einem Risiko für Gentrifizierung. Die Entwicklung des Wohnungsneubaus in der Bundesrepublik zeigt einen kontinuierlichen Rückgang von knapp 600.000 fertiggestellten Wohneinheiten im Jahr 1997 auf etwa 200.000 Wohneinheiten im Jahr 2007.[8] Insbesondere Mehrfamilienhäuser wurden deutlich weniger gebaut. Im Jahr 2006 waren von den insgesamt knapp 40 Millionen Wohnungen in Deutschland 26 Millionen (= 65 Prozent) Mietwohnungen: Davon befanden sich „61 Prozent in der Hand privater Kleinanbieter (…) und 39 Prozent (…) im Eigentum professioneller Anbieter. (…) Der Wohnungsbestand in Deutschland ist damit im Unterschied zu anderen Ländern durch eine kleinteilige Struktur mit einem hohen Anteil von Privateigentümern gekennzeichnet. Die Mehrheit der Privateigentümer besitzt nur wenige Mietwohnungen."[9] Im Zeitraum 1999 bis 2008 haben Kommunen, Bund und Länder 553.000

Wohneinheiten aus ihrem Bestand und damit auch entsprechende Verfügungsrechte verloren, während private Eigentümer, darunter viele ausländische Finanzinvestoren, einen Zugewinn von 627.000 Wohneinheiten verzeichneten.[10] Der von Finanzinvestoren auf dem Wohnungsmarkt praktizierte „Strategie-Mix aus Bestandserhaltung und Einzelprivatisierung" hat ihre hohen Renditeerwartungen auf entspannten Märkten kaum erfüllt.[11] Relevanter Zuzug einkommensstärkerer Haushalte erhöht die Wahrscheinlichkeit von Gentrifizierung in privatem Wohneigentum in attraktiven Lagen bei Steuerungsverlust der öffentlichen Hand infolge von Verkäufen eigener Bestände.

Geht Gentrifizierung mit der Verdrängung einkommensschwacher Haushalte einher, weil sie sich ihre alten Wohnungen aufgrund von Mietpreissteigerungen[12] nicht mehr leisten können, steigen häufig die Ausgaben der öffentlichen Hand für die Absicherung des Wohnens. Denn Neuanmietung an anderem Ort erzeugt oft höhere Wohnkosten und zwingt betroffene Haushalte zum Bezug von Wohngeld. Dabei lassen sich die für dessen Gewährung geltenden Kriterien (Wohnungsgröße pro Person und Miethöchstgrenze) insbesondere in wachsenden Metropolen häufig nicht erfüllen, wodurch das Risiko von Obdachlosigkeit steigt.[13]

Die Gesetze zur Regelung der Unterstützung in Wohnungsnotfällen entstehen auf Bundesebene mit geringen Mitsprachemöglichkeiten der zur Zahlung verpflichteten Kommunen.

Vor diesem Hintergrund ist es nicht verwunderlich, dass sich im Wohngeldbezug ein deutliches Nord-Süd-Gefälle abzeichnet: Reine Wohngeldhaushalte (das sind solche, deren Wohnkosten gänzlich von der öffentlichen Hand bezahlt werden) konzentrierten sich im Jahr 2007 vor allem in Mecklenburg-Vorpommern, Sachsen und Thüringen, im westlichen Niedersachsen sowie in Schleswig-Holstein.[14] Die schwierige Lage auf diesen regionalen Arbeitsmärkten verschärft die Folgen des Rückgangs öffentlich geförderten Wohnraums. Viele bundesdeutsche Großstädte geben für die Absicherung des Wohnens schon mehr als die Hälfte des jeweiligen Haushaltsbudgets für soziale Aufgaben aus. Da es sich hierbei um eine kommunale Pflichtaufgabe handelt, die weder zu vermeiden noch zu verschieben ist, müssen bei knappen Kassen zunehmend freiwillige kommunale Leistungen wie für Kultur, Sport und Bildung gestrichen werden.

Die Gesetze zur Regelung der Unterstützung in Wohnungsnotfällen entstehen auf Bundesebene mit geringen Mitsprachemöglichkeiten der zur Zahlung verpflichteten Kommunen. Dadurch bleibt die Debatte um den Finanzausgleich zwischen Bund, Ländern und Gemeinden lebendig. Die Folgen tragen Menschen vor Ort, die sich über unzureichende

Kinderbetreuung, geschlossene Schwimmbäder und reduzierte Frequenzen im öffentlichen Nahverkehr beschweren, oftmals ohne deren strukturelle Ursachen zu kennen.

Die vorliegenden Daten zur Entwicklung des bundesdeutschen Wohnungsmarktes verweisen auf einen Aspekt von Gentrifizierung, der bis zur Jahrtausendwende zumindest noch nicht in dem Ausmaß ins Gewicht fiel: Der massenhafte und weit verbreitete Auftritt internationaler Finanzinvestoren auf dem Wohnungsmarkt ist ein Symbol gesellschaftlicher Globalisierung. Sie prägt zunehmend auch die Arbeitsmärkte, die Wohnende zu nationaler und internationaler Mobilität zwingen. Beschleunigte Verkehrsverbindungen in der Luft sowie auf Schienen und Straßen ermöglichen Multilokalität des Wohnens und Arbeitens zu den zeitlichen und wirtschaftlichen Lasten der Betroffenen. Viele Menschen leisten sich außerdem für Freizeitzwecke einen oder mehrere Wohnorte.[15] Diese Praktiken verschärfen zusammen mit höherem Wohnflächenverbrauch und einer steigenden Anzahl von kleinen Haushalten den Nachfragedruck auf das gesunkene Angebot an Neubauwohnungen.

Die durch globale Vernetzung induzierte höhere Wohnungsnachfrage trifft in regional unterschiedlicher Weise auf eine weitgehend misslungene Integration von Migranten. Diese Bevölkerungsgruppen, die seit den 1960er Jahren als „Gastarbeiter" das westdeutsche Wirtschaftswunder ermöglicht haben, weisen vielfach auch in der zweiten und dritten Generation einen unterdurchschnittlichen Bildungsgrad und gering qualifizierte Berufstätigkeiten auf. Sie können sich als Nachfrager auf dem Wohnungsmarkt oft nur durch Bündelung mehrerer kleiner Einkommen von Familienmitgliedern behaupten. Zudem sind sie häufig von Diskriminierung betroffen und ziehen sich zum Schutz davor in kleinräumige Enklaven zurück.[16] Vor Verdrängung infolge von Gentrifizierung können sich einkommensschwache Zuwanderer aus dem Ausland nur durch den Erwerb von Wohneigentum oder durch den freiwilligen Umzug in günstigere Wohngebiete schützen. Diese Art von Segregation stößt immer wieder auf Akzeptanzprobleme und trägt zur Verfestigung von Diskriminierung bei. Übersehen wird dabei, dass einkommensstärkere Bevölkerungsgruppen ganz selbstverständlich das Recht ihrer Segregation in einkommenshomogenen Wohngebieten in Anspruch nehmen.

Die durch globale Vernetzung induzierte höhere Wohnungsnachfrage trifft in regional unterschiedlicher Weise auf eine weitgehend misslungene Integration von Migranten.

Die beschleunigte Dynamik städtischer Veränderungen infolge der Globalisierung von Arbeits-, Wohnungs- und Finanzmärkten weist keine einheitliche Richtung auf. Wachstum und Schrumpfung von Bevölkerung differenzieren sich regional und kleinräumig aus. Sie stellen die an standardisierte Maßnahmen „für alle" gewohnte Stadtpolitik vor die ungewohnte Herausforderung des Umgangs mit wachsenden sozialen, wirtschaftlichen, politischen und kulturellen Differenzen.[17] Darauf kann nur adäquat reagiert werden, wenn das notwendige Wissen über die jeweils vor Ort wirkmächtigen Strukturen und Prozesse vorliegt. Da das vorhandene Wissen über Strukturen und Prozesse der Stadtentwicklung noch zu wenig präzise und in der Politik wie in der Bevölkerung nicht ausreichend verbreitet ist, stößt eine demokratische Regulation dieser komplexen Prozesse auf große Schwierigkeiten.

Sie stellen die an standardisierte Maßnahmen „für alle" gewohnte Stadtpolitik vor die ungewohnte Herausforderung des Umgangs mit steigenden sozialen, wirtschaftlichen, politischen und kulturellen Differenzen.[17] Darauf kann nur adäquat reagiert werden, wenn das notwendige Wissen über die jeweils vor Ort wirkmächtigen Strukturen und Prozesse vorliegt.

Am Beispiel Hamburg lässt sich zeigen, wie leicht sich Konflikte auf das Thema Gentrifizierung fokussieren, in Wirklichkeit aber den gesamten Prozess der Stadtentwicklung meinen. Im Dezember des Jahres 2009 ging in Hamburg die im August des Jahres begonnene Besetzung eines Geländes, an dessen profitabler Erneuerung schon mehrere private Investoren gescheitert waren, erfolgreich zu Ende: „Sieg der Freibeuter – Richtungswechsel in der Stadtentwicklung: Hamburg kauft das Gängeviertel zurück" titelte Till Briegleb in der Süddeutschen Zeitung vom 17.12.2009. Der holländische Immobilienentwickler Hanzevast wollte im ehemaligen städtischen Arbeiterviertel attraktive innerstädtische Wohnungen und moderne Büros errichten, konnte dies aber über längere Zeit nicht verwirklichen. Der Senat der Freien und Hansestadt Hamburg entschied sich – im Unterschied zur 20-jährigen Konfliktstrategie gegenüber den Besetzern der Hafenstraße[18] – angesichts der breiten Solidarität von Bürgern mit den besetzenden Künstlern, Architekten und Stadtplanern zum Rückkauf des Geländes. Unter dem Motto „Komm in die Gänge" mobilisieren die Aktivisten seither mit unterschiedlichen Veranstaltungen unter anderem gegen Gentrifizierung. In Wirklichkeit geht es ihnen jedoch um eine Veränderung der Stadt nach den Bedürfnissen aller Bewohner im Verbund mit anderen Initiativen in der Stadt. Was das bedeutet, muss nun mit Vertretern des zurückgekehrten städtischen Eigentümers verhandelt werden. Dieser Prozess beflügelt offenbar den Willen zu politischen Neuorientierungen: Künftig will die Stadt Hamburg Grundstücke nicht mehr wie bisher denjenigen überlassen, die dafür am meisten bieten, sondern aufgrund des besten Konzeptes entscheiden.

Belastbare Kriterien hierfür wären noch zu erarbeiten, wenn es nicht bei einem reinen Lippenbekenntnis bleiben soll. Auch in anderen Gebieten von Hamburg (zum Beispiel in St. Pauli oder Altona) regt sich der Widerstand gegen den meistbietenden Ausverkauf der Stadt.

Solche Aktivitäten zeigen, dass Bürger wieder ihr Interesse an Stadtentwicklung bekunden und nicht mehr bereit sind, ihre Lebensräume ungefragt Gentrifizierungsrisiken auszusetzen. Wirtschaft und Politik wären klug beraten, diese konstruktive Energie aufzugreifen und für eine originelle eigenlogische[19] Entwicklung aller Stadtsegmente zu nutzen, die eine qualitative Profilierung im internationalen Wettbewerb der Städte um Gäste und Investitionen unterstützt. Eine verzweifelte und teure Werbung um ‚kreative Potenziale'[20] würde sich erübrigen, denn ihre unterschiedlichen Varianten werden von interessanten Stadtqualitäten angelockt oder bleiben da und engagieren sich mit ihren jeweiligen Ressourcen für deren Fortbestand und Weiterentwicklung.

Perspektiven einer Stadtpolitik jenseits von Gentrifizierung

Wie bereits angemerkt, erfordert eine für die Vermeidung von Gentrifizierung sensible Stadtpolitik umfangreiches Detailwissen über die unterschiedlichen Entwicklungen in verschiedenen städtischen Gebietstypen. Reine Prozessbeschreibungen und moralische Skandalisierungen reichen hierfür keineswegs aus. Erforderlich ist vielmehr eine gründliche interdisziplinäre, strukturelle wie prozessuale Stadtforschung, die auf verallgemeinerbare Ergebnisse oder zumindest auf Erklärungen der Ursachen von spezifischen räumlichen Entwicklungen ausgerichtet ist.

Erforderlich ist vielmehr eine gründliche interdisziplinäre, strukturelle wie prozessuale Stadtforschung, die auf verallgemeinerbare Ergebnisse oder zumindest auf Erklärungen der Ursachen von spezifischen räumlichen Entwicklungen ausgerichtet ist.

Gentrifier lassen sich aus wirtschaftlich prosperierenden Städten kaum ausschließen, weil sie dort auch gebraucht werden. Auch eine Zwangsverlagerung dieser Bevölkerungsgruppen in Regionen mit Bevölkerungs- und Innovationsbedarf erscheint kaum realistisch. Viel wichtiger wäre es, mit Mitteln von Forschung und Praxis herauszufinden, wie die unterschiedlichen Potenziale von Gentrifiern und der von ihnen „bedrohten" Bevölkerungsgruppen sinnvoll verknüpft und für eine demokratische Entwicklung von Städten und Regionen genutzt werden können. In Leipzig und anderswo haben solche Prozesse längst eingesetzt. Sie leben unter anderem von der Erfahrung, dass einkommenshomogene Siedlungsstrukturen, seien sie durch Armut, mittlere Einkommen oder Reichtum geprägt, längerfristig langweilig werden.[21] Dabei erlahmen kreative Energien und individualisierte Konflikte mit Partnern, Nachbarn oder Freunden nehmen zu.

Zu bekämpfen sind nicht die Gentrifier, sondern die Strukturen und Prozesse, die zur sozialen Spaltung urbaner Lebenswelten und zur Zerstörung der Ressourcen aller Bewohner einer Stadt beitragen.

Aktivitäten gegen Gentrifizierung können sich nicht allein auf politische, wirtschaftliche, soziale oder kulturelle Eingriffe im Bereich des Wohnens beschränken. Dort tritt Gentrifizierung zwar in Erscheinung, ihre Ursachen liegen jedoch in einem komplexen Feld von Wechselwirkungen, das es jeweils vor Ort zu entschlüsseln gilt, bevor zu kurz greifende populistische Maßnahmen ergriffen werden. Angemessene Interventionen können in den Bereichen Bildung, Arbeit, Kultur oder in der Gestaltung von Mobilitätsmöglichkeiten liegen und müssen in der Regel angemessen aufeinander bezogen werden.
Für die Lösung „hartnäckiger" sozialräumlicher Probleme ist eine Implantierung von Gentrifizierung durch Großprojekte wie (Bau-)Ausstellungen oder Olympiaden erfahrungsgemäß wenig geeignet. Hierfür bedarf es experimenteller Spielräume zur Entwicklung geeigneter Handlungskonzepte unter Beteiligung derjenigen, deren Probleme zu lösen sind. Dabei kann sich die ökonomisch abgesicherte „kulturelle Klasse" durch Patenschaften, Stiftungen, Projektförderung nützlich machen und selbst Kreativität sowie Zufriedenheit ernten.

Ingrid Breckner ist Professorin für Stadt- und Regionalsoziologie an der HafenCity Universität Hamburg. Ihre aktuelle Forschung konzentriert sich auf die Themenfelder Suburbanisierung, Soziale Stadt, Unsicherheit in europäischen Städten, Mobilität und Strategien integrierter Stadtentwicklung.

1. Jürgen Friedrichs, Gentrification, in: Hartmut Häußermann (Hrsg.), Großstadt - Soziologische Stichworte, Opladen 1998, S. 63; vgl. Jens S. Dangschat, Gentrification: Der Wandel innenstadtnaher Wohnviertel, in: Jürgen Friedrichs (Hrsg.), Soziologische Stadtforschung (Sonderheft 29 der Kölner Zeitschrift für Soziologie und Sozialpsychologie), Opladen 1988, S. 272 f.
2. Vgl. J. Friedrich (Anm. 1), S. 64 ff.
3. Vgl. Helmut Brede/Barbara Dietrich/Bernhard Kohaupt, Politische Ökonomie des Bodens und der Wohnungsfrage, Frankfurt/M. 1976
4. Vgl. Hartmut Häußermann/Andreas Kapphan, Berlin: von der geteilten zur gespaltenen Stadt? Sozialräumlicher Wandel seit 1990, Opladen 2000, S. 191–201
5. Vgl. Heidede Becker, Sanierungsfolgen: eine Wirkungsanalyse von Sanierungsmaßnahmen in Berlin, Stuttgart 1982
6. Vgl. Iris Behr, Erhaltungssatzung, Milieuschutzsatzung nach §172 Abs. 1 Satz 1 Nr. 2 BauGB: (Rechtsgutachten), Darmstadt 1989
7. Vgl. Bundesministerium für Verkehr, Bau- und Stadtentwicklung (BMVBS) (Hrsg.), Bericht über die Wohnungs- und Immobilienwirtschaft in Deutschland, Berlin 2009, S. 37
8. Vgl. ebd., S. 45
9. Vgl. ebd., S. 48ff.
10. Vgl. ebd., S. 49f.
11. Vgl. ebd., S. 51
12. Mietpreissteigerungen entstehen auf dynamischen Wohnungsmärkten mit einem ausgeprägten zahlungskräftigen Nachfragedruck aufgrund von Modernisierung und Neubau, durch regelmäßige Anpassungen des Mietspiegels an die höheren Neuvermietungsmieten, spekulative Investitionen sowie durch Strukturen des Wohnungsangebots, das der jeweils existierenden Nachfrage aus quantitativen und qualitativen Gründen nicht mehr entspricht. Letztgenannter Zusammenhang zeigt sich zum Beispiel in Hamburg in der Tatsache, dass Ende der 1990er Jahre 75 Prozent aller Wohnungen auf dem Markt kleiner als 70 Quadratmeter waren. Früher wohnten in solchen Einheiten noch vier oder mehr Personen, während heute der durchschnittliche Wohnflächenverbrauch auf mehr als 40 Quadratmeter pro Person gestiegen ist. Die Mehrzahl der Hamburger Wohnungen ist somit nach heutigen Maßstäben oft schon für zwei Personen zu klein, wodurch der Nachfragedruck auf größere Wohnungen steigt und insbesondere in attraktiven Lagen zu überdurchschnittlichen Preissteigerungen führt. vgl. Ingrid Breckner, Wohnungsnot, Obdachlosigkeit, in: H. Häußermann (Anm. 4), S. 279–288
13. Vgl. BMVBS (Anm. 16), S. 65
14. Vgl. Bundesamt für Bauwesen, Stadtentwicklung und Raumordnung (BBSR) (Hrsg.), Multilokales Wohnen, in: Informationen zur Raumentwicklung, (2009) 1/2, Bonn 2009.
15. Vgl. Wolf-Dietrich Bukow/Claudia Nikodem/Erika Schulze/Erol Yildiz (Hrsg.), Was heißt hier Parallelgesellschaften? Zum Umgang mit Differenzen, Wiesbaden 2007; Wolf-Dietrich Bukow, Urbanes Zusammenleben: Zum Umgang mit Migration und Mobilität in europäischen Stadtgesellschaften, Wiesbaden 2010, S. 81ff.
16. Vgl. Hartmut Häußermann/Dieter Läpple/Walter Siebel, Stadtpolitik, Frankfurt a. M. 2008
17. Der politische Kampf um die alten Häuser in der Hamburger Hafenstraße ist heute ein Denkmal der gescheiterten Konfrontationspolitik gegenüber Hausbesetzungen. Der langjährige Prozess hat durch die vielen Polizeieinsätze viel Geld und Verletzungen gekostet, Lernprozesse erschwert sowie Motivationen für konstruktive Konfliktlösungen aufgezehrt. Schlussendlich mussten die politischen Entscheidungsträger das Handlungskonzept akzeptieren, das bereits zu Beginn von der zivilgesellschaftlichen „Patriotischen Gesellschaft von 1789" vorgeschlagen war: eine Modernisierung der Gebäude unter Beteiligung der Nutzer auf genossenschaftlicher Basis.
18. Vgl. Helmuth Berking/Martina Löw, Die Eigenlogik der Städte – Neue Wege für die Stadtforschung, Frankfurt a. M./New York 2008
19. Vgl. z.B. das Gutachten von Klaus Overmeyer „Kreative Milieus und offene Räume in Hamburg" im Auftrag der Hamburger Behörde für Stadtentwicklung und Umwelt
20. Vgl. Marcus Menzl, Leben in Suburbia – Raumstrukturen und Alltagspraktiken am Rand von Hamburg, Frankfurt a. M./New York 2007

Henri Lefebvre und das Recht auf Stadt

Christian Schmid

Überarbeitete und gekürzte Fassung: Original veröffentlicht in: Holm, Andrej / Gebhardt, Dirk (Hrsg.): Initiativen für ein Recht auf Stadt. Theorie und Praxis städtischer Aneignungen. Hamburg (2011), 25–51

Der Slogan „Das Recht auf Stadt" ist in den letzten Jahren erneut zu hören. An verschiedensten Orten, in den Städten des Nordens wie des Südens, wird er von urbanen Bewegungen, politischen Allianzen, internationalen Organisationen und auch wissenschaftlichen Konferenzen eingesetzt. Ein genauerer Blick zeigt indessen, dass er in unterschiedlicher Weise verwendet wird. Oft dient er als eine Art Sammelbegriff für alle Arten von politischen und sozialen Forderungen, die generell Probleme ansprechen, die heute in städtischen Gebieten auftreten.

Die Renaissance dieses Slogans ist erstaunlich, geht er doch in die späten 1960er-Jahre zurück und damit auf einen spezifischen historischen Moment der Urbanisierung. Damals hatte ihn der französische Philosoph Henri Lefebvre geprägt, als eine Antwort auf die urbane Krise jener Jahre. Die Situation war allerdings sehr verschieden von heute. Das Wiederauftauchen dieses Slogans wirft deshalb einige wichtige Fragen auf: Gibt es heute eine neue urbane Krise? Was sind ihre Eigenschaften und Besonderheiten? Was sind die Unterschiede zu früheren Phasen der Urbanisierung? Zur Klärung dieser Fragen ist es hilfreich, auf die ursprüngliche Konzeption dieses Begriffs zurückzukommen und seine (möglichen) Bedeutungen für die heutige Urbanisierung auszuloten.

Die Krise der Stadt

Lefebvres Konzept des „Rechts auf die Stadt" beruht auf einer spezifischen urbanen Erfahrung, die er im Frankreich der 1960er Jahre untersucht hat (vgl. hierzu Stanek 2011). Wie die meisten westlichen Industrieländer war auch Frankreich damals vom Aufstieg des Fordismus und vom Ausbau des keynesianischen Wohlfahrtsstaates geprägt. Diese Entwicklung war mit einer massiven Migration von ländlichen zu städtischen Gebieten und einer grundlegenden urbanen Transformation verbunden: Der funktionalistische Städtebau führte zu einer tiefgreifenden Restrukturierung der Innenstädte, und an den Rändern der Agglomerationen dominierten einerseits der Massenwohnungsbau und andererseits die großflächige Erstellung von Einfamilienhäusern.

Diese urbanen Transformationen brachten auch eine grundlegende Modernisierung der Alltagswelt mit sich. Die zeitgenössische Kritik fasste dieses spezifische Moment der Urbanisierung als „Krise der Stadt". Worin bestand diese Krise? Darauf gab es damals unterschiedliche Antworten. Für Lefebvre bestand sie vor allem in der Tendenz zur Homogenisierung der Lebensbedingungen und in der Konditionierung und Kolonisierung des Alltagslebens (Lefebvre 1968: 111). Ob in den Vorstadtsiedlungen der Mittelklassen oder im Massenwohnungsbau der Arbeiterfamilien, in beiden Fällen herrschten die Enge und die normierenden Zwänge der fordistischen Kleinfamilie, die durch die dominante Form des funktionalen Städtebaus noch verstärkt wurden. Lefebvre konstatierte, dass die Monotonie des Arbeitsprozesses und die Ordnung der funktionalisierten und bürokratisierten Städte die neue Plage der modernen Welt hervorbrächten: die Langeweile. „Der Kampf gegen die Langeweile beginnt. Wir wissen noch nicht, ob dieser öffentliche Feind besiegt werden wird. Doch dieser Kampf und diese Aufgabe bestimmen dennoch – bis zu einem gewissen Punkt – den Sinn und das Schicksal der ‚Modernität'." (Lefebvre 1970b: 128)

Das Recht auf die Stadt

Die „Krise der Stadt" bildete auch einen wichtigen Ausgangspunkt der vielfältigen Bewegungen der späten 1960er Jahre. Sie richteten sich nicht nur gegen den westlichen Imperialismus und den Krieg in Vietnam oder gegen verschiedenste Formen von Diskriminierung und Ausgrenzung. Sie richteten sich auch gegen eine fremdbestimmte Alltagswelt, gegen die Modernisierung der Städte, gegen die Vertreibung aus den Innenstädten und den Ausschluss vom städtischen Leben, gegen den Verlust der städtischen Qualitäten. Es waren auch Kämpfe für eine andere Stadt.

Lefebvre sah in diesen Ereignissen und im Speziellen im Pariser Mai 68 Parallelen zur Commune von 1871. Programmatisch forderte er ein „Recht auf die Stadt": das Recht, nicht in einen Raum abgedrängt zu werden, der bloß zum Zweck der Diskriminierung produziert wurde. Er stellt dieses Recht den anderen Rechten gleich, welche die urbane Zivilisation definieren: das Recht auf Arbeit, Ausbildung, Gesundheit, Wohnung, Freizeit, auf das Leben. Das Recht auf die Stadt bezieht sich dabei nicht einfach auf die Wiederherstellung der alten Stadtzentren, sondern auf Teilhabe am urbanen Leben, auf eine erneuerte Zentralität, auf Orte des Zusammentreffens und des Austausches, auf Lebensrhythmen und eine Verwendung der Zeit, die einen vollen und ganzen Gebrauch dieser Orte erlauben. Es lässt sich nur als das Recht auf ein transformiertes, erneuertes urbanes Leben formulieren (Lefebvre 1968: 146). Es ging Lefebvre also nicht darum, das Recht auf die bekannten Grundbedürfnisse einzufordern und dafür einen übergeordneten konzeptionellen und begrifflichen Rahmen zu schaffen. Er forderte vielmehr eine Erweiterung dieser Rechte um einen Aspekt, der bislang in der öffentlichen Debatte vernachlässigt blieb: die spezifisch städtischen Qualitäten, der Zugang zu den Ressourcen der Stadt für alle Teile der Bevölkerung, die Möglichkeit, alternative Lebensentwürfe ausprobieren und realisieren zu können.

Kämpfe um die Stadt

Forderungen nach einem neuen und erneuerten urbanen Leben wurden in den folgenden Jahren an den verschiedensten Orten und in vielfältigen Formen immer wieder erhoben. Viele dieser urbanen Aktionen, urbanen Bewegungen und auch urbanen Revolten sind nur wenig dokumentiert; ihre Geschichte muss noch geschrieben werden. Dabei zeichneten sich jeweils verschiedene Problemlagen und Konfliktlinien ab.

Trotz der großen Unterschiede lassen alle diese städtischen Kämpfe klare Gemeinsamkeiten erkennen: Sie wenden sich im weitesten Sinne gegen soziale Ausgrenzung und Ausschluss, sie beinhalten eine Thematisierung der räumlichen Dialektik von Zentrum und Peripherie und von Aneignung und Domination. Es sind Kämpfe um die Zentralität, um den Zugang zu den materiellen und immateriellen Ressourcen einer Stadt.

An vielen Orten protestierten vor allem junge Leute immer wieder gegen den Mangel an urbanem Leben und forderten das „urbane Versprechen" ein, das die Städte laufend abgaben und laufend brachen: das Versprechen nach Freiheiten,

Begegnungsmöglichkeiten, städtischer Kultur und Aneignung des öffentlichen Raumes. Dazu gehörten Bemühungen um die Schaffung von Räumen für alternative Kultur ebenso wie Hausbesetzungen oder Kämpfe gegen Großprojekte und Gentrifizierung, die sich in vielfältigen Formen und an vielen Orten abspielten. In den späten 1970er und frühen 1980er Jahren kam es in vielen westeuropäischen Städten zu eigentlichen urbanen Revolten, zunächst in verschiedenen italienischen Städten, dann auch in Berlin, in Amsterdam, in Frankfurt, aber auch an Orten, wo man sie überhaupt nicht erwartet hätte, so zum Beispiel in Zürich, Freiburg im Breisgau oder Lausanne. Sie drückten einen eklatanten Mangel an städtischen Lebensformen aus, und auch hier stand die Frage der alternativen Kultur im Zentrum, aber auch ein Kampf um das öffentliche Leben, um Freiräume. Es ließen sich viele andere urbane Momente aufzählen, wie beispielsweise die Kämpfe gegen Gentrifizierung in Manhattans Lower East Side Mitte der 1980er Jahre, der „metroplitan strike" in Toronto von 1996 oder auch die 2008 aufflammenden Kämpfe in Athen. In den letzten Jahren kam es auch vermehrt zu urbanen Bewegungen in den aufstrebenden Städten Asiens, so zum Beispiel in Hongkong, Beijing oder auch Seoul.

Eine etwas andere Form nahmen Kämpfe um die Teilhabe von wenig privilegierten und sozial benachteiligten Gruppen an: Vor allem in den vernachlässigten Innenstadtquartieren und Vorstädten des Westens, die sich teilweise zu „territorialen Fallen" entwickelten, brachen immer wieder Kämpfe gegen den sozialen Ausschluss aus. Lang ist die Geschichte der Aufstände und Kämpfe in den französischen Banlieues, insbesondere in und um Paris. Aber auch in anderen Ländern kam es zu Aufständen in vernachlässigten Quartieren, so beispielsweise 1981 in London im Stadtteil Brixton oder 1992 in South Central L. A., um hier nur zwei Beispiele zu nennen.

Noch viel länger ist die Liste der urbanen Kämpfe in den explodierenden Megacities des globalen Südens. Dazu gehören insbesondere die Bewegungen in den informellen Siedlungen und Selbstbauquartieren, die gegen Vertreibung und die Zerstörung ihrer Quartiere kämpften, aber auch – und oft erfolgreich – für eine Verbesserung der Lebensbedingungen und den Ausbau der Infrastruktur. In Lateinamerika haben sich in den 1980er und 1990er Jahren eigentliche städtische Bewegungen formiert, die teilweise auch national zu einem gewichtigen politischen Faktor geworden sind. Zu erwähnen sind hier beispielsweise die sozialen Bewegungen, die sich in Mexiko-Stadt nach den verheerenden Folgen des Erdbebens von 1985 formiert haben, oder auch die starken Mobilisierungen in São Paulo zur gleichen Zeit.

Trotz der großen Unterschiede lassen alle diese städtischen Kämpfe klare Gemeinsamkeiten erkennen: Sie wenden sich im weitesten Sinne gegen soziale Ausgrenzung und Ausschluss, sie beinhalten eine Thematisierung der räumlichen Dialektik von Zentrum und Peripherie und von Aneignung und Domination. Es sind Kämpfe um die Zentralität, um den Zugang zu den materiellen und immateriellen Ressourcen einer Stadt.

Die vollständige Urbanisierung

Vor dem Hintergrund dieser vielfältigen Auseinandersetzungen um die Stadt stellt sich die Frage, wie sich die städtische

Dialektik theoretisch fassen lässt. Die wissenschaftliche Debatte um die urbanen Kämpfe setzte bald ein. In Paris entwickelte Manuel Castells mit seinen Kollegen in den frühen 1970er Jahren das Konzept der „urbanen sozialen Bewegungen" (Castells 1975). Dieses Konzept umfasst allerdings nur einen sehr engen Ausschnitt der städtischen Wirklichkeit, und es berücksichtigt im Wesentlichen nur solche Bewegungen, die sich mit der „kollektiven Konsumtion" befassen. Dahinter steht einerseits eine sehr enge Konzeption der Stadt als Einheit der alltäglichen Reproduktion der Arbeitskraft, andererseits auch ein enges politisches Verständnis, das vor allem organisierte Formen des Protests betrachtet und viele spontane Aktionen und Revolten unberücksichtigt lässt.

Demgegenüber ging Lefebvre von einer sehr viel offeneren und radikaleren Konzeption aus. Er entwarf jedoch keine definitive Version, keine in sich abgeschlossene Theorie des Städtischen, sondern begab sich auf einen Suchprozess, der immer wieder neue Annäherungen an das urbane Phänomen hervorbrachte. Deshalb vermitteln einzelne Passagen seines Werks oft nur eine verkürzte Sicht, entfalten sie ihre volle Bedeutung doch erst im Zusammenhang des Gesamtwerks.

Die ersten Ideen und Konzepte präsentierte Lefebvre unter dem Titel „Le droit à la ville" bezeichnenderweise im „mythischen" Jahr 1968. Bereits zwei Jahre später entwickelte er diese erste Annäherung mit „La révolution urbaine" weiter und unterzog sie zugleich einer fundamentalen Kritik (Deutsche Übersetzung: Die Revolution der Städte, 1972). Sie bezog sich in erster Linie auf den Begriff der „Stadt" selbst: Lefebvre erkannte, dass das Urbane nicht mehr länger als Form zu begreifen, sondern als Prozess zu analysieren ist. Damit verschob sich der Fokus der Analyse von der „Stadt" auf die „Urbanisierung".

Der Ausgangspunkt dieser Neukonzeption findet sich in der berühmten These der vollständigen Urbanisierung der Gesellschaft, die Lefebvre an den Anfang seines Buches zur urbanen Revolution stellt. Sie besagt, dass sich die heutige soziale Wirklichkeit nicht mehr mit den Kategorien von „Stadt" und „Land" erfassen lässt, sondern dass sie mit Begriffen der entstehenden urbanen Gesellschaft analysiert werden muss. Der epistemologische Wechsel, der damit verbunden ist, kann gar nicht groß genug eingeschätzt werden: Lefebvres Theorie bedeutet einen radikalen Bruch mit dem traditionellen westlichen Verständnis der Stadt. Denn die klassischen Definitionen von Urbanität gingen immer von der Stadt als klar identifizierbarer Einheit aus, die eine distinkte urbane Lebensweise begründet. So fasste beispielsweise Georg Simmel (1995) die Stadt als eine kulturelle Form auf und postulierte einen Zusammenhang von städtischer Morphologie und sozialer Organisation des Zusammenlebens. In ähnlicher Weise definierte Louis Wirth (1938) die Stadt als eine „Lebensweise", die auf bestimmten materiellen Faktoren des Zusammenlebens basiert: der Größe, der Dichte und der Heterogenität.

Demgegenüber verweist Lefebvres These der vollständigen Urbanisierung auf eine langfristige Konzeption urbaner Transformation: Wie bereits Friedrich Engels erkannt hatte, begann mit der industriellen Revolution eine massive Migration von den ländlichen Gebieten in die Städte – ein Resultat der durch die industrielle Logik bewirkten Konzentration von Produktionsmitteln und Arbeitskräften (vgl. Engels 1971). Lefebvre fasst nun den Prozess der Industrialisierung in einem allgemeinen Sinne, als Ausdehnung der industriellen Rationalität auf die gesamte Gesellschaft. Industrialisierung und Urbanisierung bilden demnach eine hoch komplexe und konfliktgeladene Einheit: Die Industrialisierung liefert die Bedingungen und die Mittel zur Urbanisierung und die Urbanisierung ist die Konsequenz der sich über den ganzen Globus ausbreitenden industriellen Produktion. Ausgehend von dieser Bestimmung versteht Lefebvre Urbanisierung als Überformung und Kolonisierung der ländlichen Gebiete durch ein urbanes Gewebe und zugleich als grundlegende Transformation der historischen Städte (Lefebvre 1972a: 9f.).

Eine wichtige Konsequenz dieser Transformation liegt darin, dass sich die Stadt auflöst. Sie lässt sich nicht mehr als Objekt, als abgrenzbare Einheit erfassen. Sie ist vielmehr eine historische Kategorie, die mit dem Urbanisierungsprozess verschwindet. Damit wird aber auch der Begriff der „Stadt" selbst problematisch: „Der Begriff Stadt entspricht keinem gesellschaftlichen Objekt mehr. (...) Dennoch besitzt die Stadt eine historische Existenz, die nicht ignoriert werden kann. Noch gibt es kleine und mittelgroße Städte, und es wird sie noch lange geben. Das Bild oder die Darstellung der Stadt können weiterbestehen und unter eigenen Voraussetzungen überleben, eine urbanistische Ideologie und urbanistische Projekte ins Leben rufen. In anderen Worten: das ‚wirkliche' soziologische Objekt ist in diesem Falle Bild und – vor allem – Ideologie!" (Lefebvre 1972a: 65)

Die Stadt ist ein Zentrum. Sie schafft eine Situation, in der unterschiedliche Dinge nicht länger getrennt voneinander existieren.

Damit stellt sich das Problem, wie sich das Städtische in einer urbanisierten Gesellschaft noch theoretisch erfassen lässt. Lefebvres Suche förderte drei zentrale Begriffe zutage: Mediation, Zentralität, Differenz (vgl. im Folgenden Schmid 2005 und Kipfer et al. 2008).

Die urbane Ebene: Mediation

In einer ersten Annäherung identifiziert Lefebvre das Städtische als eine spezifische Ebene oder Ordnung der gesellschaftlichen Wirklichkeit. Sie ist eine mittlere und vermittelnde Ebene, die sich zwischen zwei anderen situiert: der privaten Ebene, der nahen Ordnung, dem Alltagsleben, dem Wohnen einerseits; der globalen Ebene, der fernen Ordnung, dem Weltmarkt, dem Staat, dem Wissen, den Institutionen und den Ideologien andererseits. Dieser Zwischenebene kommt eine entscheidende Bedeutung zu: Sie dient als Relais, als Mediation, als Vermittlung zwischen der globalen und der privaten Ebene.

Die spezifische Qualität des urbanen Raumes entsteht erst durch die gleichzeitige Präsenz von ganz unterschiedlichen Welten und Wertvorstellungen, von ethnischen, kulturellen und sozialen Gruppen, Aktivitäten und Kenntnissen.

In der urbanisierten Gesellschaft droht die urbane Ebene jedoch zwischen der globalen und der privaten zerrieben zu werden. Auf der einen Seite bringen die Industrialisierung und die Logik des Weltmarktes eine universelle, durch die Technik bestimmte Rationalität hervor und damit eine homogenisierende Tendenz – die Eigenheiten des Ortes und der Lage scheinen zu verschwinden. Auf der anderen Seite wird der Raum parzelliert und einer privatwirtschaftlichen, individuellen Logik unterworfen. In diesem doppelten Angriff von „oben" und von „unten" droht die Stadt zerrieben zu werden: Es kommt zur Auflösung der städtischen Einheiten, sie zerfallen in zahllose zusammenhangslose Fragmente. Es entstehen ausufernde Stadtlandschaften, die sich kaum mehr zu unterscheiden scheinen. Mit der vollständigen Urbanisierung der Gesellschaft geht somit gerade die Ebene der Mediation verloren (Lefebvre 1970a: 103f).

In der extremsten These des Verschwindens der Stadt wird jedoch für Lefebvre erst die Bedeutung des Städtischen sichtbar: Die Stadt ist als gesellschaftliche Ressource zu begreifen. Sie bildet ein wesentliches Dispositiv für die Organisation der Gesellschaft, sie führt unterschiedlichste Elemente der Gesellschaft zusammen und wird so produktiv.

Die urbane Form: Zentralität

Ausgehend von diesen Überlegungen findet Lefebvre eine neue Definition der Stadt: Die Stadt ist ein Zentrum. Sie schafft eine Situation, in der unterschiedliche Dinge nicht länger getrennt voneinander existieren. Als Ort der Begegnung, der Kommunikation und der Information ist sie auch ein Ort, an dem sich Zwänge und Normalitäten auflösen und das spielerische Moment und das Unvorhersehbare hinzutreten: „Das Städtische definiert sich als der Ort, an dem die Menschen sich gegenseitig auf die Füße treten, sich vor und inmitten einer Anhäufung von Objekten befinden, bis sie den Faden der eigenen Tätigkeit verloren haben, Situationen derart miteinander verwirren, dass unvorhergesehene Situationen entstehen" (Lefebvre 1972a: 46).

Für Lefebvre strebt der Raum-Zeit-Vektor im urbanen Raum gegen null; jeder Punkt kann zum Brennpunkt werden, der alles auf sich zieht, zum privilegierten Ort, an dem alles konvergiert. Die Stadt ist die virtuelle Annullierung, die Negation der Entfernungen in Raum und Zeit: „(...) die Bewohner des städtischen Raumes sind besessen davon, die Entfernung zu annullieren. Das ist ihr Traum, ihr Symbol des Imaginären, das auf vielerlei Weise Gestalt annimmt" (ebd.).

Zentralität beschreibt hier also nicht eine konkrete geografische Situation, sondern eine reine Form. Ihre Logik steht für die Gleichzeitigkeit der Dinge und Menschen, die sich um einen Punkt zusammenbringen lassen. Was kommt zusammen im urbanen Raum? Die Zentralität als Form sagt nichts aus über den Inhalt, sie definiert lediglich die Möglichkeit eines Zusammentreffens. Sie konstituiert sich sowohl als Akt des Denkens wie auch als sozialer Akt. Mental ist sie die Gleichzeitigkeit der Ereignisse, der Wahrnehmungen, der Elemente eines Ganzen. Sozial bedeutet sie das Zusammentreffen und die Vereinigung von Gütern und Tätigkeiten. Die Zentralität lässt sich somit auch als eine Gesamtheit von Differenzen verstehen (Lefebvre 1968: 89).

Die urbane Raum-Zeit: Differenz

Damit ergibt sich die dritte Bestimmung des Städtischen: Die Stadt ist ein Ort der Differenz. Differenzen sind klar von Eigenheiten zu unterscheiden: Sie sind aktive Bezugselemente, während Eigenheiten gegeneinander isoliert bleiben. Die Eigenheiten kommen von der Natur, der Lage, den natürlichen Ressourcen. Sie sind an lokale Bedingungen gebunden und beziehen sich entsprechend noch auf die rurale Gesellschaft. Sie sind isoliert, äußerlich und können leicht in Antagonismus gegenüber anderen Eigenheiten umschlagen. Im Verlaufe der Geschichte treten sie aber miteinander in Kontakt. Aus ihrer Konfrontation entsteht ein „Verständnis" füreinander und damit die Differenz. Der Moment der Konfrontation ist immer konflikthaft. Transformiert durch die Auseinandersetzung behaupten sich die Elemente nicht mehr getrennt voneinander. Stattdessen können sie sich nur in ihren gegenseitigen Verhältnissen präsentieren und re-präsentieren. So taucht das Konzept der Differenz auf: Nicht nur durch das logische Denken, sondern auf verschiedenen Wegen, demjenigen der Geschichte und denjenigen der vielfältigen Dramen des Alltags erhält das Konzept einen Inhalt. Auf diese Weise und unter diesen Umständen können schließlich Differenzen entstehen (Lefebvre 1970a: 64f).

Entscheidend ist deshalb, wie diese Differenzen im konkreten Alltag erlebt und gelebt werden. Die spezifische Qualität des urbanen Raumes entsteht erst durch die gleichzeitige Präsenz von ganz unterschiedlichen Welten und Wertvorstellungen, von ethnischen, kulturellen und sozialen Gruppen, Aktivitäten und Kenntnissen. Der urbane Raum schafft die Möglichkeit, all diese unterschiedlichen Elemente zusammenzubringen und fruchtbar werden zu lassen. Zugleich besteht jedoch immer auch die Tendenz, dass sie sich gegeneinander abschotten und voneinander separieren.

Wie Kipfer (2008) betont, gibt es deshalb eine wichtige Unterscheidung zwischen minimaler und maximaler Differenz. Die minimale oder induzierte Differenz tendiert zur formalen Identität, sie bringt eine vermeintliche Vielfalt und Individualität hervor, die aber nur Variationen des Gleichen darstellen, wie die unterschiedlichen Formen von Einfamilienhäuschen in einer ansonsten monotonen suburbanen Siedlung oder die inszenierten Formen von Heterogenität in vielen gentrifizierten Gebieten. Solche minimalen Differenzen verstärken aber letztlich nur die Fragmentierungen des Alltagslebens und die Tendenzen zur sozialen Segregation. Maximale oder produzierte

Differenz beinhaltet demgegenüber Konfrontationen und Auseinandersetzungen, und sie führt zu einer grundlegenden sozialen Transformation. Damit ist der von Lefebvre definierte Begriff der Differenz auch klar von anderen, postmodernen Definitionen zu unterscheiden. Für Lefebvre ist Differenz ein multidimensionales Konzept, das aus Zwischenräumen des Alltagslebens und aus politischen Kämpfen auftaucht. Es muss als aktives Element verstanden werden.

Das Städtische als konkrete Utopie

In der heutigen Gesellschaft bleibt das Städtische immer doppeldeutig, denn es wird durch eine doppelte dialektische Bewegung bestimmt: einerseits zwischen Zentralisierung und Peripherisierung, andererseits zwischen Aneignung und Domination.

Diese theoretische Bestimmung ist zu konkretisieren: Theorie ist eine Konstruktion und sollte nicht mit der Wirklichkeit verwechselt werden. Während die Theorie logischen Gesetzen folgt, wird die Praxis durch die soziale Bewegung des Alltags bestimmt. Das Verhältnis von Theorie zu Praxis ist deshalb immer komplex und konfliktgeladen. Lefebvre verwendete die schöne Formulierung, die Theorie müsse in die Praxis eingetaucht werden, um wirksam zu werden. Konkret bedeutet dies, die theoretische Analyse mit der Praxis zu konfrontieren. Dies ist immer ein sozialer Akt, eine Intervention in die gesellschaftliche Wirklichkeit und damit auch eine Konfrontation, ein Austausch, eine Begegnung, bei der sich die Theorie selbst wieder verändert.

Wie uns Lefebvre anleitet, sollte dabei der Ausgangspunkt immer der Alltag sein, das Banale, das Gewöhnliche. Den Alltag verändern: Das ist eine Revolution! (Lefebvre 1972b: 51). Dieser Alltag ist heute durch die vollständige Urbanisierung geprägt, mit der das Städtische virtuell allgegenwärtig geworden ist. Potenziell kann jeder Punkt zentral werden, zu einem Ort der Auseinandersetzung, der Differenz, der Kreativität. Das bedeutet, Urbanisierung mit anderen Augen zu betrachten: Die Urbanisierung bringt die Möglichkeit zu einer urbanen Gesellschaft hervor. Aber diese Möglichkeit muss realisiert werden, es gibt keinen Automatismus. Gerade darin liegt die historische Lektion, die uns Lefebvre übermittelt.

Das Recht auf die Stadt heute

Vor vierzig Jahren beobachtete Lefebvre das Auftauchen einer neuen Problematik und lancierte den Slogan „Recht auf die Stadt". Offensichtlich herrscht heute nicht mehr die gleiche Situation, wir leben in einer völlig anderen urbanen Welt. Dennoch kehrt gerade in dieser Situation dieser Ruf zurück, er ertönt in den Städten Süd- und Nordamerikas und er erschallt auch wieder in Europa, in London, Hamburg, Berlin. In diesem Kontext gewinnt er zugleich eine neue Bedeutung und einen neuen Inhalt. Dabei springen vor allem drei Tendenzen ins Auge: Erstens stehen heute wieder verstärkt grundlegende Lebensbedürfnisse im Vordergrund, wie Zugang zu sauberem Wasser, Wohnung, Gesundheit, Bildung. Dies hat wesentlich mit der massiven Urbanisierung im globalen Süden zu tun, aber auch mit der zunehmenden sozioökonomischen Polarisierung in weiten Teilen der Welt. Wie das Beispiel der Zerstörung von New Orleans dramatisch vor Augen geführt hat, gibt es Situationen, in denen selbst die Befriedigung elementarster Bedürfnisse nicht mehr garantiert ist. Hier nimmt der Begriff „Recht auf die Stadt" eine ganz neue Bedeutung an.

Zweitens bedeutet dies auch eine Reaktion auf den Rückzug des (nationalen) Staates aus vielen Bereichen des sozialen Lebens. Wesentliche Aufgaben werden heute an die regionale bzw. lokale Ebene delegiert. Dies hat nicht nur zu einer neuen Bedeutung des Lokalen, sondern auch zu verstärkter Fragmentierung, Segregation und Ungleichheit geführt. Die verschiedenen Allianzen, die sich unter dem Slogan „Recht auf die Stadt" formiert haben, fordern und konstituieren durch ihre Praxis heute eine neue Einheit in den zersplitterten und fragmentierten urbanen Regionen.

Drittens ermöglichen solche Allianzen auch neue kollektive Momente. Auch wenn viele Allianzen zunächst eine eher pragmatische Linie verfolgen (vgl. Mayer 2011), haben sie das Potenzial, einen neuen Blick auf die urbane Frage zu werfen und in den ausufernden Stadtlandschaften neue, selbstbestimmte Definitionen des Urbanen zu finden, Freiräume zu schaffen, um andere Entwürfe des Urbanen zu denken und zu leben.

Wie uns Lefebvre anleitet, sollte dabei der Ausgangspunkt immer der Alltag sein, das Banale, das Gewöhnliche. Den Alltag verändern: Das ist eine Revolution!

Bereits vor über einem Jahrzehnt hat John Friedmann in seinem Text „The right to the city" konstatiert: „a city can truly be called a city only when its streets belong to the people" (Friedmann 1993: 139). Und David Harvey (2008: 40) definierte in seinem weit rezipierten Text mit dem gleichen Titel das Recht auf die Stadt als Recht, den Urbanisierungsprozess zu kontrollieren und neue Formen der Urbanisierung einzuführen. Lefebvre ging sogar noch einen Schritt weiter und forderte die allgemeine Selbstverwaltung (Lefebvre 1972a: 160). Letztlich wird damit unter neuen Vorzeichen ein altes Selbstbestimmungsrecht eingefordert, das erst eine andere Gesellschaft ermöglichen kann.

Mögliche urbane Welten

Heute stehen neue Fragen auf der Agenda, eine ökonomische Krise erschüttert die Welt. Damit treten viele Aspekte, die Lefebvre aufgeworfen hatte, scheinbar wieder in den Hintergrund. Dennoch sollte klar sein, dass das Recht auf die Stadt mehr bedeuten muss als das klassische Existenzrecht und die Befriedigung der Grundbedürfnisse. Es ist gerade dieses Mehr, dieses Andere, das letztlich eine urbane Gesellschaft kennzeichnet. Das Urbane ist immer wieder eine Neuerfindung und kann sehr verschiedene Formen annehmen. Deshalb kann es nicht darum gehen, hier erneut normative Modelle vorzugeben. Das heißt aber auch, die heutige urbane Krise als Chance zu sehen, Alternativen zu denken und neue mögliche urbane Welten zu kreieren (vgl. INURA 1998).

Damit stehen die alten Fragen unter neuen Vorzeichen erneut zur Diskussion: Was ist eine Stadt und was bedeutet urbanes Leben? Wer soll über die urbane Zukunft entscheiden? Lefebvre hat einen neuen Weg zum Verständnis der Urbanisierung eröffnet: Er analysierte die urbane Gesellschaft nicht als bereits erfüllte Wirklichkeit, sondern als Möglichkeit, als offenen Horizont. Die besondere Qualität dieser Analyse liegt gerade darin, dass sie nicht bei einer Kritik der Urbanisierung stehenbleibt, sondern die in ihr enthaltenen Möglichkeiten und Potenziale auslotet. Sie können aber nur durch einen grundlegenden sozialen Wandel realisiert werden – eine urbane Revolution.

Was ist eine Stadt und was bedeutet urbanes Leben? Wer soll über die urbane Zukunft entscheiden?

Das große theoretische und praktische Projekt, das Lefebvre vorschwebte, besteht darin, einen möglichen Weg zu dieser urbanen Welt zu erkunden, in der sich die Einheit nicht mehr gegen die Verschiedenheit stellt, wo das Homogene das Heterogene nicht mehr bekämpft und Versammlung, Begegnung, Vereinigung – nicht ohne Konflikte – an die Stelle des Kampfes der durch die Trennungen zu Antinomien gewordenen einzelnen urbanen Elemente treten: Dieser urbaner Raum würde die soziale Basis eines verwandelten Alltagslebens bilden, das für die verschiedensten Möglichkeiten offen ist – für eine radikal andere Welt.

Christian Schmid ist Geograph, Soziologe und Stadtforscher. Er ist Titularprofessor für Soziologie am Departement Architektur der ETH Zürich und Forscher am ETH Studio Basel / Institut Stadt der Gegenwart.

Castells, Manuel (1975): Kampf in den Städten. Gesellschaftliche Widersprüche und politische Macht. Berlin

Engels, Friedrich (1971): Die Lage der arbeitenden Klasse in England. Dietz, Berlin

Friedmann, John (1993): The right to the city. In: M. Morse and J. Hardoy (Hrsg.): Rethinking the Latin American City. Johns Hopkins University Press, Baltimore, S. 135–151

Harvey, David (2008): The right to the city. In: New Left Review 53 (September/October), S. 23–40

INURA (Hrsg.) (1998): Possible urban worlds. Urban strategies at the end of the 20th century. Basel

Kipfer, Stefan (2008): How Lefebvre urbanized Gramsci: hegemony, everyday life, and difference. In: K. Goonewardena et al. (Hrsg.): Space, Difference, Everyday Life: Reading Henri Lefebvre. Routledge, New York, S. 193–211

Kipfer, Stefan / Schmid, Christian / Goonewardena, Kanishka / Milgrom, Richard (2008): Globalizing Lefebvre? In: K. Goonewardena et al. (Hrsg.): Space, Difference, Everyday Life: Reading Henri Lefebvre. Routledge, New York, S. 285–305

Lefebvre, Henri (1968): Le droit à la ville. Anthropos, Paris

Lefebvre, Henri (1970a): Le manifeste différentialiste. Gallimard, Paris

Lefebvre, Henri (1970b): Du rural à l'urbain. Anthropos, Paris

Lefebvre, Henri (1972a): Die Revolution der Städte. List, München

Lefebvre, Henri (1972b): Das Alltagsleben in der modernen Welt. Suhrkamp, Frankfurt am Main

Mayer, Margit (2011): Recht auf die Stadt-Bewegungen in historisch und räumlich vergleichender Perspektive. In: A. Holm und D. Gebhardt (Hrsg.): Initiativen für ein Recht auf die Stadt. Theorie und Praxis städtischer Aneignungen. Hamburg, S. 53–78

Schmid, Christian. 2005. Theory. In Switzerland – An Urban Portrait, R. Diener et al.,163–223. Basel: Birkhäuser

Simmel, Georg (1995): Die Grossstädte und das Geistesleben. Georg Simmel, Gesamtausgabe Bd.7, Aufsätze und Abhandlungen 1901–1908, Bd.1. Suhrkamp, Frankfurt am Main, S. 116–131

Stanek, Lukasz (2011): Henri Lefebvre On Space: Architecture, Urban Research, and the Production of Theory: University of Minnesota Press, Minneapolis

Wirth, Louis (1938): Urbanism as a way of life. In: The American Journal of Sociology, 44/1, S. 1–24

Die Stadt politisieren

Fragmentierung, Kohärenz und soziale Bewegungen in der »Sozialen Stadt«

Andrej Holm und Henrik Lebuhn

Überarbeitete und gekürzte Fassung: Original veröffentlicht in: Martin Kronauer und Walter Siebel (Hrsg.): Polarisierte Städte. Soziale Ungleichheit als Herausforderung für die Stadtpolitik. Frankfurt am Main und New York (2013), 194–215

Einer der zentralen Befunde der stadtsoziologischen Analysen von Hartmut Häußermann ist die zunehmende Fragmentierung und soziale Polarisierung in den Städten. In zahlreichen seiner Bücher und Artikel beschreibt er – zusammen mit Autoren wie Dieter Läpple, Andreas Kapphan, Martin Kronauer und Walter Siebel – die Prozesse der sozialen Exklusion und der sozialräumlichen Spaltung, die sich seit den 1980er Jahren beschleunigt in Großstädten und großstädtischen Quartieren vollzogen haben (Häußermann 1983; 1997; 2003; Häußermann/Gornig 1999; Häußermann u.a. 2004; Häußermann u.a. 2008).

In den 1990er Jahren fanden diese stadtsoziologischen Erkenntnisse sehr direkten Eingang in stadtpolitische Diskurse und die Förderpolitik der Europäischen Union und einer Reihe von europäischen Ländern, zum Beispiel in England in das Programm New Deal for Communities, in den Niederlanden in das Stedelijk Beheer und in Frankreich in die Contrats de Ville und das Développement Social des Quartiers. Auch die bundesdeutsche Stadtpolitik setzte auf integrative und gebietsbezogene Förderprogramme und stellte mit dem Bund-Länder-Programm Soziale Stadt seit 1998 Fördermittel für quartiersbezogene Interventionen in benachteiligten Nachbarschaften zur Verfügung. Dem Programm liegt die Diagnose des „Integrationsverlustes der europäischen Stadt" zugrunde, wie sie explizit von Häußermann, Oswald, Siebel und anderen vertreten wurde (Häußermann/Oswald 1997; Häußermann 2001; Siebel 2004, Oswald 2007). Um auf diese Diagnose zu reagieren, interveniert das Bundesprogramm – pointiert gesagt – mit vermittelnden und aktivierenden Politiken und versucht auf diesem Wege, die endogenen Potenziale auf Quartiersebene zu mobilisieren. So soll die verlorengegangene soziale Kohäsion in der Stadt wiederhergestellt werden.

Soziale Stadt und *postpolitical urbanism*

Quartiersbezogene Programme wie die Soziale Stadt stehen paradigmatisch für einen Trend der Stadtpolitik, auf eine Vertiefung von sozialen Problemen mit kommunikativen Strategien und Beteiligungsinstrumenten zu reagieren. Dieser Ansatz zielt auf die Stärkung der lokalen Netzwerke, des Selbstbewusstseins der Bewohner*innen und auf eine Verbesserung von negativen Images in den Nachbarschaften. Durch den auch räumlich begrenzten Interventionsrahmen nehmen Strategien zur Herausbildung von Nachbarschaftsstrukturen und eines gebietsbezogenen Wir-Gefühls einen zentralen Stellenwert bei vielen Aktivitäten ein.

Dem Charme solcher Initiativen können sich nur wenige entziehen. Die Kritik an solchen Quartierspolitiken wird entsprechend nur selten an konkreten Projekten, sondern eher im Kontext allgemeiner Trends der Stadtpolitik, der Reichweite der Instrumente und der ungleichen Beteiligungszugänge formuliert. Die Hinwendung zu quartiersbezogenen Interventionsprogrammen ging in den meisten Städten mit substantiellen Einschnitten und Kürzungen einer gesamtstädtischen Wohnungs- und Arbeitsmarktpolitik einher und wird vor allem als Kompensation des neoliberalen Umbaus der Stadtpolitik wahrgenommen. Doch gerade diese stadtpolitisch brisanten Fragen sind in den neu entstandenen Quartiersforen nicht diskutierbar, weil sie den Handlungsrahmen der Programme übersteigen. Auch konzeptionell stehen die neuen Quartiersansätze für die Abkehr von Wohlfahrtspolitiken und den Umverteilungsinstrumenten der früheren Stadtpolitik und beschränken sich auf das Abarbeiten an den Symptomen von Armut und Ausgrenzung (Mayer 2003). Strukturelle Ursachen der sozialen Ungleichheit können auf der Nachbarschaftsebene weder aufgehoben noch sinnvoll diskutiert werden. Die Aktivierung der Bewohner*innen muss also notwendigerweise auf andere, machbare Bereiche fokussieren und erhält so den Charakter einer depolitisierten Sphäre, in denen grundlegende Interessenkonflikte in der Stadt und Gesellschaft kaum einen angemessenen Platz finden können. Ein weiterer Kritikpunkt bezieht sich auf die soziale Selektivität von Beteiligung. Etliche Studien, auch aus anderen Ländern, haben gezeigt, dass man viele der tatsächlich Ausgegrenzten mit Beteiligungsangeboten nur sehr schwer erreichen kann (López-Morales 2013; Portney/Berry 1997). Oft nutzen vor allem gebildete Mittelschichten die Gremien und Partizipationsinstrumente.

Strukturelle Ursachen der sozialen Ungleichheit können auf der Nachbarschaftsebene weder aufgehoben noch sinnvoll diskutiert werden.

In der internationalen Stadtforschung werden Regierungsformen, in denen die Herstellung eines gesellschaftlichen Konsensus die Politik als Forum der Auseinandersetzung verschiedener Interessen ersetzt, als *postpolitical urbanism* (Swyngedouw 2009) beschrieben. Eine Reihe von Arbeiten der kritischen Stadtforschung geht davon aus, dass der Abschied von der Wohlfahrtsorientierung und die Durchsetzung unternehmerischer Strategien in der Stadtpolitik mit neuen *modes of governance* verbunden sind (Peck/Tickell 2002; Hackworth 2007; Künkel/Mayer 2011). Mit den Begriffen der *post-political city* und des *post-democratic urbanism* beschreiben sie den *retreat of the political* (Lacoue-Labarthe/Nancy 1997) zugunsten eines *policymaking* und eines *managerial consensual governing* (Swyngedouw 2009: 605). Im Anschluss an Jacques Rancière (1994) wird Post-Politik dabei als eine städtische Regierungsform verstanden, in der die Herstellung eines Konsens die Austragung von Dissens und Konflikten ersetzt, in der ein technokratisches Management an die Stelle von demokratischen Verfahren tritt und ein depolitisierter städtischer Populismus die öffentliche Auseinandersetzung um die Fragen der Macht und struktureller Widersprüche in den Städten verhindert (Dikec 2005; McLeod 2011). Politische Entscheidungen sind in postpolitischen Regimen nicht mehr das Ergebnis des Streits verschiedener Interessen in einer politischen Arena, der Polis, sondern folgen einer vorgeblichen Sachzwanglogik, werden durch Expert*innenmeinungen legitimiert und als Konsens im (vorgeblichen) Interesse „der Allgemeinheit" vermittelt.

Fast zeitgleich mit der Etablierung der stadtteilbezogenen Programme wurde in vielen europäischen Städten ein verstärkter Nachbarschaftsbezug von sozialen Protestmobilisierungen beobachtet (Mayer 2009; Katiya/Reid 2012). Mit Kampagnen gegen eine Verdrängung aus den Stadtvierteln, ordnungspolitische Kontrollen auf öffentlichen Plätzen oder geplante Großprojekte wurden stadtpolitischen Themen (wieder) auf die Agenda der sozialen Bewegungen gesetzt (siehe Gebhardt/Holm 2011: Bader/Scharenberg 2009). Die Stadtforscherin Margit Mayer schätzt sogar ein, dass der aktuelle Bewegungszyklus erstmals seit den 1960er Jahren eine Konvergenz verschiedener Protestströmungen städtischer Basisbewegungen hervorgebracht hat (Mayer 2011: 61). Die

Ursachen der neuerlich erstarkten städtischen Protestmobilisierungen werden – wie auch die stadtpolitischen Förderprogramme – auf die zunehmende Fragmentierung und soziale Spaltung in den Städten zurückgeführt. Insbesondere die unternehmerische Ausrichtung von wettbewerbsorientierten Stadtpolitiken und die damit einhergehende Aushöhlung bisheriger Wohlfahrtsstandards werden dabei als Auslöser und Verstärker städtischer Konflikte angesehen (Lebuhn 2008; Heeg/Rosol 2007; Schipper 2010). Vor diesem Hintergrund nimmt eine Reihe von Diskussionsbeiträgen die optimistische Position einer möglichen Repolitisierung der Stadtpolitik ein (Harvey 2012; Marcuse 2009). Noch ungeklärt ist jedoch die Frage, ob und vor allem wie eine Repolitisierung durch Protestmobilisierungen und soziale Bewegungen in postpolitischen Kontexten möglich ist.

Im Folgenden wollen wir dem komplizierten Verhältnis von Programm und Bewegung in den Zielgebieten der Sozialen Stadt auf den Grund gehen und sie mit internationalen Beispielen kontrastieren, die stärker auf die Politisierung städtischer Fragen setzen. Dabei fokussieren wir auf zwei zentrale Felder der aktuellen Stadtentwicklungspolitik: die Mieten- und die Migrationspolitik.

Steigende Mieten und Verdrängungsdruck in der Sozialen Stadt

In Berlin haben die Mietsteigerungen seit 2006 fast alle Bestandsgruppen und Segmente des Wohnungsmarktes erfasst. In den bisherigen Niedrigpreisgebieten der Westberliner Innenstadtbezirke sind die höchsten Mietsteigerungsraten zu beobachten (JLL 2008; 2009; 2010; 2011; GEWOS 2012). Insbesondere in den Altbauvierteln von Kreuzberg und dem nördlichen Neukölln werden von den Wohnungsunternehmen und Eigentümer*innen überdurchschnittlich hohe Neuvermietungsmieten aufgerufen und auch die Bestandsmieten steigen (IBB 2011: 73). Vor dem Hintergrund einer verstärkten Zuzugsmobilität werden die Spannen zwischen potenziellen Mietpreisen und bisher preiswerten Mieten vielfach als Ertragslücke angesehen. Für Haushalte mit geringen Einkommen und oft schon hohen Mietbelastungsquoten (Topos 2011) wird eine drohende Mietsteigerung zurecht als Verdrängungsdruck wahrgenommen. Vor diesem Hintergrund haben sich allein in Kreuzberg und Neukölln in den letzten zwei, drei Jahren über 20 Stadtteil- und Mieterinitiativen gegründet, die sich auf unterschiedlichen Ebenen einer Verdrängung aus den Kiezen entgegenstellen. Die Themen der Mieter*innen- und Stadtteilinitiativen sind relativ vielfältig und die Mobilisierungen beziehen sich auf unmittelbare Auseinandersetzungen um Modernisierungspläne von Hauseigentümer*innen, die Umwandlung in Eigentumswohnungen und die Ausbreitung von Ferienwohnungsangeboten in Wohngebäuden ebenso wie auch auf wohnungspolitische Auseinandersetzungen um die Folgen des Ausstiegs aus der Anschlussförderung im Sozialen Wohnungsbau, die Privatisierungsfolgen oder die Umsetzungspraxis der Wohnkostenübernahme im Rahmen sozialer Transferleistungen. Neben sehr konkreten und oftmals fallspezifischen Konflikten mit Eigentümer*innen und Hausverwaltungen stehen also wohnungspolitische Forderungen auf der Agenda der Bewegungen.

Doch die Arbeit der Quartiersmanagements in den Aufwertungsgebieten kann die neu entstehenden Initiativen weder adäquat unterstützen noch eine andere Wohnungspolitik durchsetzen. Ressourcenbezogene Beschränkungen, institutionelle Eigenlogiken und eine konzeptionelle Aufwertungsorientierung können als Ursachen für das problematische Verhältnis zwischen Protestmobilisierungen und Soziale-Stadt-Programmen angesehen werden. Den Beschränkungen der nachbarschaftsbezogenen Interventionsprogramme stehen oft sehr grundsätzliche Forderungen der Protestbewegungen gegenüber, die nicht nur nach konkreten Lösungen in Einzelfällen unmittelbarer Betroffenheit suchen, sondern auch die strukturellen Ursachen der neuen Wohnungsfrage thematisieren. Viele Initiativen orientieren sich in ihren Mobilisierungen an internationalen Bewegungen für ein Recht auf die Stadt. Dabei wird von den Aktivist*innen das Recht auf die Stadt nicht nur als griffige Parole aufgegriffen, vielmehr ist eine vielschichtige Bezugnahme auf das Konzept und die damit verbundenen Bewegungsansätze sichtbar. Das „Recht auf die Stadt" ist eine spezifische Perspektive auf städtische Verhältnisse, bietet eine strategische Orientierung auf eine andere und gerechtere Gesellschaft, wird als reformpolitischer Forderungskatalog und schließlich als horizontaler Organisierungsansatz genutzt (Holm 2011).

Die Bezugnahme der Stadtteil- und Mieter*innenmobilisierungen auf ein Recht auf die Stadt ist dabei nicht zufällig, denn dieses – auf die Arbeiten von Henri Lefebvre (1968) zurückgehende – Konzept sieht die Stadt nicht nur als umkämpften Raum an, sondern leitet aus den allgemeinen Urbanitätsvorstellungen auch eine Praxis der städtischen Aneignung ab, die insbesondere die Umverteilungs- und Teilhabeforderungen von Ausgegrenzten in den Städten legitimiert. Die Stadt wird dabei als eine allgemeine und gesellschaftliche Ressource angesehen, zu deren Infrastrukturen, Einrichtungen und Qualitäten alle gesellschaftlichen Gruppen einen uneingeschränkten Zugang haben sollten. In den theoretischen Arbeiten von Lefebvre (1968), Harvey (2008; 2012) und Christian Schmid (2011) zum Recht auf die Stadt wird letzten Endes die Durchsetzung von gebrauchswertorientierten Aneignungspraktiken gegen tauschwertorientierte Verwertungsstrategien gefordert. Insbesondere im Zusammenhang mit der Wohnungsversorgung werden die Tauschwert-Gebrauchswert-Widersprüche des Städtischen besonders deutlich, weil sich hier die Wünsche für eine angemessene Wohnungsversorgung und die Verwertungsinteressen von Haus- und Grundstückseigentümer*innen in einem direkten Verhältnis gegenüberstehen. Für die Protestbewegungen haben solche Recht-auf-Stadt-Konzepte eine so große Attraktivität, weil sie ihnen nicht nur eine aktive Rolle einräumen, sondern zugleich die strukturellen Ursachen von Ungleichheiten im Bereich der Wohnungsversorgung ins Zentrum der Analyse stellen (Holm 2011).

Im Kontext von Experten*innendiskursen werden solche Ansätze und Forderungen gerne mit dem Prädikat des Radikalismus oder der unrealistischen Träumerei versehen. Doch Beispiele in anderen Ländern zeigen, dass eine Höherbewertung von sozialen Funktionen des Städtischen gegenüber den privaten Gewinninteressen durchaus in eine Stadtpolitik aufgenommen und institutionalisiert werden kann. So wurden in den letzten Jahren beispielsweise in Brasilien in einem Dreieck

Das „Recht auf die Stadt" ist eine spezifische Perspektive auf städtische Verhältnisse, bietet eine strategische Orientierung auf eine andere und gerechtere Gesellschaft, wird als reformpolitischer Forderungskatalog und schließlich als horizontaler Organisierungsansatz genutzt.

von neuer Verfassung, sogenannten Stadtstatuten und stadtteilbezogenen Masterplänen die Voraussetzungen dafür geschaffen, privates Eigentum einer politisch definierten sozialen Nutzung zu unterwerfen (Fernandes 2007). In von den Stadtverwaltungen festgelegten Zonas Especiais de Interesse Social – also „besonderen Stadtgebieten von sozialem Interesse" – kann per Gesetz eine soziale Wohnraumversorgung festgelegt und mit den entsprechenden Zwangsmitteln bis hin zur Enteignung auch durchgesetzt werden (Mengay/Pricelius 2011: 251). Die progressive Praxis der brasilianischen Stadtverwaltungen ist kein Produkt des politisch-administrativen Apparates, sondern das Ergebnis einer seit Jahren gewachsenen sozialen Bewegung, die mit klassischen Protestkampagnen, großen Besetzungsbewegungen und zum Teil militanten Stadtteilorganisierungen soziale Funktionen der Stadt einforderte und partiell durchsetzte (Zibechi 2012). Der Anthropologe James Holston spricht in diesem Zusammenhang von *insurgent citizenship* (Holston 2007), also von neuen, durch Protestbewegungen und Alltagspraxen formierten Standards der kollektiven Konsumption. Reformen der Stadtpolitik und eine Beschränkung marktwirtschaftlicher Prinzipien zugunsten eines Ausbaus von sozialen Infrastrukturen werden hier nicht als Programme progressiver Regierungsmehrheiten verstanden, sondern vor allem als die Einbeziehung von politischen Forderungen und sozialen Bewegungen in den Prozess politischer Entscheidungsfindung.

Das brasilianische Beispiel zeigt, dass städtische Politiken und Programme nicht auf die Moderation und Kosmetik sozialer Ungleichheiten beschränkt bleiben müssen, sondern auch im 21. Jahrhundert Fragen des Eigentums, seiner sozialen Zweckbindung und Umverteilung in die Agenda der Stadtpolitik eingeschrieben werden können. Anders als in den nachbarschaftsbezogenen Kohäsionsprogrammen der meisten europäischen Städte zeigen Beispiele in Lateinamerika, dass staatliche Programme und soziale Bewegungen im Zusammenspiel städtische Verhältnisse durchaus auch grundlegend verändern können. Eine einfache Übertragung solcher Modelle auf den europäischen Kontext ist sicher nicht sinnvoll, aber ein Blick auf die Umverteilungsperspektiven und eine gezielte politische Stärkung der Ausgegrenzten (siehe unter anderem Bernt/Holm 2007) durch die Stadtpolitik und neue Beteiligungskulturen könnten auch hier neue Perspektiven auf den Umgang mit den sozialen Spaltungen in den Städten bieten.

Migrant*innen in der Stadt
Problemgruppe oder Akteure „auf Augenhöhe"?

In der Debatte um die „Fragmentierung der Städte" spielen Prozesse der Migration eine besondere Rolle. Denn Zuwanderung ist „in modernen westlichen Gesellschaften immer primär auf die großen Städte gerichtet", so Hartmut Häußermann und Walter Siebel in ihrer Einführung in die Stadtsoziologie (Häußermann/Siebel 2004: 174). Migration stellt also einen konstitutiven Bestandteil von Stadtentwicklung dar (Häußermann/Oswald 1997: 9). Jedoch scheint „die Beziehung zwischen Zuwanderern und Stadt [...] am Ende des 20. Jahrhunderts in eine tiefe Krise geraten zu sein", so Hartmut Häußermann und Ingrid Oswald (ebd.: 9; vgl. auch Häußermann/Kapphan 2004: 213). Denn die schwindende Integrationskraft der europäischen Stadt treffe in besonderem Maße Menschen mit Migrationshintergrund. In der Folge wird eine Verschärfung der sozialen und sozialräumlichen Ungleichheit diagnostiziert sowie die Zunahme von Diskriminierung und Rassismus gegenüber Migrant*innen in der Stadt (ebd.).

Die „soziale Entmischung" — und damit ist ausdrücklich auch die Entmischung entlang der Kategorien migrantisch versus einheimisch gemeint — wird als wesentlicher Faktor für eine sogenannte Abwärtsspirale in den betroffenen Stadtteilen interpretiert.

Sowohl auf dem Arbeitsmarkt als auch, was die Versorgung mit Wohnraum und die Bildungsabschlüsse angeht, schneiden Migrant*innen statistisch gesehen deutlich schlechter ab als ihre deutschen Mitbürger*innen (empirische Befunde zur Exklusion von Migrant*innen in deutschen Städten finden sich zum Beispiel bei Bremer/Gestring 2004; für eine Darstellung aktueller Daten siehe etwa Destatis/WZB 2011: 188ff.). Doch anstatt dies als strukturelle Benachteiligung anzuerkennen, wird die stadträumliche Konzentration von Migrant*innen selbst als benachteiligender Faktor für alle Bewohner*innen eines Stadtviertels identifiziert: Die „soziale Entmischung" – und damit ist ausdrücklich auch die Entmischung entlang der Kategorien migrantisch versus einheimisch gemeint – wird als wesentlicher Faktor für eine sogenannte Abwärtsspirale in den betroffenen Stadtteilen interpretiert. In der ersten Zwischenevaluation des Programms Soziale Stadt durch das Deutsche Institut für Urbanistik heißt es dazu:

„Alternativen auf dem sich in vielen Städten entspannenden freien Wohnungsmarkt sowie die eher geringe Attraktivität der verbliebenen Sozialwohnungen veranlassen Bewohnerinnen und Bewohner mit vergleichsweise höheren Einkommen zum Fortzug aus benachteiligten Gebieten – dies gilt für die unterschiedlichsten Bevölkerungsgruppen. In die frei werdenden Wohnungen ziehen sodann vor allem Haushalte mit Migrationshintergrund – dies gilt überwiegend für die alten Bundesländer – sowie einkommensschwache deutsche Haushalte. Durch die fortschreitende soziale Entmischung und die dadurch entstehende Konzentration benachteiligter Haushalte wachsen und verstärken sich in vielen Quartieren soziale Konfliktpotentiale." (DIFU 2002: 15-16.)

In der wissenschaftlichen Debatte sind diese Diagnose und die ihr zugrundeliegenden theoretischen Annahmen, wie auch die darauf aufbauenden politischen Strategien, ausführlich und kritisch diskutiert worden (siehe etwa Lanz 2007: 86-96, 163-177). Dies betrifft unter anderem die Auswahl des Quartiers als Referenzgröße für eine sozialräumliche Analyse, die ethnische Kolonie als sozialwissenschaftliches Konstrukt sowie die oben bereits angesprochene Kritik aus gouvernementalitätstheoretischer Perspektive. Klar wird vor dem Hintergrund des DIFU-Zitats außerdem, dass es in der Konzeption des Bundesprogramms nur wenig inhaltliche Anknüpfungspunkte für Gruppen und Initiativen gibt, die das Thema „Migration und Integration" aus einer Bewegungs- oder Bürgerrechtsperspektive angehen. Denn Migrant*innen werden hier nicht als stadtpolitische Akteure auf Augenhöhe, sondern (zusammen mit einkommensschwachen deutschen Haushalten) als besondere Problemgruppe betrachtet. In der Tat ist diese Perspektive bereits in der stadtsoziologischen Debatte über die Fragmentierung der Städte angelegt. Denn auch hier werden Prozesse der Migration vor allem im Hinblick auf ethnische Segregation, die Herausbildung migrantischer Ökonomien (Stichwort: *ethnic business*) und Diskriminierung in den Bereichen Wohnen, Arbeit, Bildung untersucht. Migrationspolitischen Kämpfen und Initiativen in der Stadt wird dagegen weitaus weniger Aufmerksamkeit geschenkt, wie überhaupt die Frage nach der Rolle urbaner sozialer Bewegungen und ihrer Bedeutung in der Stadtpolitik in dieser Debatte bislang wenig Beachtung gefunden hat.

Die internationalen Debatten zeigen diesbezüglich jedoch auch ganz andere Perspektiven auf. Exemplarisch dafür soll hier das 2005 erschienene Buch The Next Los Angeles: The Struggle for a Livable City von Robert Gottlieb, Mark Vallianatos, Regina Freer und Peter Dreier herangezogen werden (Gottlieb u.a. 2005). Die Autor*innen erzählen die Geschichte der Stadt explizit aus einer *bottom-up*-Perspektive. Dabei interessiert sie zum einen, welche sozialen Bewegungen die Stadt im 20. Jahrhundert geprägt haben und weiterhin prägen: zum Beispiel gewerkschaftliche Mobilisierungen für einen lokalen Mindestlohn, Bürgerrechtsbewegungen der Afro-Americans, Latinos und anderer Minderheiten, oder auch Nachbarschaftskampagnen für *affordable housing*, für besseren öffentlichen Nahverkehr und für höhere Umweltstandards in der Stadt. Zum anderen geht es den Autor*innen dabei immer auch um die Frage, wie die betreffenden Forderungen für eine *livable city* – für eine lebenswerte Stadt – Eingang in die lokalen *policies* gefunden haben, wie die städtischen sozialen Bewegungen ihre Anliegen also in die Sphäre der formalisierten Stadtpolitik einspeisen. Die Kämpfe und Forderungen von Migrant*innen und „ethnischen Minderheiten" spielen dabei eine zentrale Rolle, vor allem auch im Hinblick auf die semi-institutionalisierten Verfahren der Kommunikation und Koordination und des Austauschs von Ressourcen zwischen den höchst heterogenen stadtpolitischen Initiativen selbst (siehe etwa Nicholls 2003; Lebuhn 2008: 109ff.).

Wir plädieren daher dafür, Stadtpolitik stärker als einen Prozess zu denken, in dem die sozialen und politischen Konflikte zwischen unterschiedlichen Gruppen und Akteuren immer schon angelegt sind.

Was die Perspektive von The Next Los Angeles und ähnlicher [zukunftsweisender] Arbeiten im migrationspolitischen Kontext auszeichnet, ist, dass Minderheiten und Migrant*innen eben nicht als „Problemgruppen" konstruiert, sondern als wichtige stadtpolitische Akteure beschrieben werden. So wird zum Beispiel die starke Benachteiligung der Latinos am Arbeits- und Wohnungsmarkt in L. A. als zentrales stadtpolitisches Problem erkannt, dieses wird aber weniger aus einer sozialräumlichen oder gar systemtheoretisch inspirierten Perspektive analysiert, sondern als Gegenstand politischer Konflikte und kollektiver Aushandlungsprozesse untersucht, in denen die Betroffenen selbst eine zentrale Rolle spielen. Schärft man den stadtsoziologischen Blick daran, so rücken migrantische Selbstorganisationsprozesse und migrationspolitische Basisgruppen viel stärker in den analytischen Fokus. Das wiederum ist überhaupt erst die Vorausetzung für die Konzeption stadtpolitischer Programme, in denen die agency von Migrant*innen (wie auch aller anderen Stadtbewohner*innen) ernst genommen wird, anstatt Migrant*innen als Problem oder als zu integrierende Sondergruppe zu betrachten.

Konturen einer bewegungsorientierten Stadtpolitik

Wie wir an den Berliner Beispielen und deren Kontrastierung mit internationalen Debatten zu zeigen versucht haben, kommen soziale Bewegungen und städtische Proteste im Programm und der Praxis der Sozialen Stadt kaum oder gar nicht vor. Dies scheint uns eine Leerstelle zu sein, die sich nicht durch fehlende Bewegungsansätze erklären lässt. Denn gerade städtische Mobilisierungen haben in den vergangenen Jahren selbst im „protestarmen Deutschland" an Relevanz gewonnen. Uns scheint, dass es aber kein Zufall ist, dass solche politischen grassroots-Dynamiken in dem Bundesprogramm nicht weiter bearbeitet werden. Vielmehr denken wir, dass es dafür systematische Gründe gibt. Nämlich: Das dem Programm zugrundeliegende

Konzept der Integrationsmaschine Stadt (bzw. deren Krise) betont – wie der Begriff schon sagt – die prinzipielle Integrationskraft der Stadtgesellschaft. Fragmentierungsprozesse werden eher als Abweichung von der historischen Norm beurteilt und am gesellschaftlichen Strukturwandel der letzten zwei Jahrzehnte festgemacht: Deindustrialisierung, Wandel der Arbeitswelt, neue Migrationsbewegungen etc. Das ist nicht falsch, doch werden dabei Interessengegensätze zwischen unterschiedlichen Gruppen, Akteuren und Konflikte um Ressourcen tendenziell vernachlässigt, anstatt diese zu betonen, sichtbar und damit auch verhandelbar zu machen. In diesem Sinne wäre auch zu diskutieren, ob hier nicht auch im historischen Rückblick die Integrationskraft der Europäischen Stadt überschätzt wird und weitreichende Exklusionsprozesse zum Beispiel gegenüber Armen, Migrant*innen oder auch Bewohner*innen mit „sozial abweichendem Verhalten", aber auch Polarisierungsprozesse zwischen „arm und reich" unterbewertet werden. Zweitens wird Stadtpolitik eher als *top-down*- Prozess konzeptionalisiert, indem die Herstellung von Kohäsion und Integration betont wird. Überspitzt könnte man daher sagen: Das Verhältnis zu den Anwohner*innen – vor allem an den „sozialen Brennpunkten" – bleibt instrumentell, weil „endogene Potenziale" zu einem „höheren Zweck", nämlich der Produktion von Integration und Kohäsion mobilisiert werden sollen. Das eigentliche Problem ist dann nicht die Armut, der Ausschluss oder die problematische Lebenslage der Betroffenen, sondern der Unmut, der sich daran entzündet.
Wir plädieren daher dafür, Stadtpolitik stärker als einen Prozess zu denken, in dem die sozialen und politischen Konflikte zwischen unterschiedlichen Gruppen und Akteuren immer schon angelegt sind. Im Programm Soziale Stadt und der Praxis des Berliner Quartiersmanagements wird die Herstellung von „Kohäsion und Integration" überwiegend als Konsensorientierung und als Schaffung gemeinsamer Stadtteilidentitäten verstanden. Aus unserer Perspektive sollten stattdessen die sozialen und politischen Widersprüche in der Stadt stärker hervorgehoben werden. Dementsprechend sollten die Selbstorganisationsprozesse, Proteste und Mobilisierungen von Anwohner*innen innerhalb und außerhalb formalpolitischer Strukturen analytisch und politisch als konstitutiver Bestandteil von Stadtpolitik anerkannt werden – denn nur in der „politisierten Stadt" werden sich Perspektiven auf eine „soziale Stadt", die ihren Namen verdient, entwickeln lassen.

Andrej Holm ist Sozialwissenschaftler und wissenschaftlicher Mitarbeiter an der Humboldt-Universität zu Berlin. Er forscht zu Themen der Stadterneuerung, Gentrifizierung und Wohnungspolitik im internationalen Vergleich.

Henrik Lebuhn ist Politologe und lebt in Berlin und San Francisco. Er forscht uner anderem zu den Themen Stadtpolitik im internationalen Vergleich, Migration, Grenzen und Citizenship und urbane soziale Bewegungen

Bader, Ingo/Scharenberg, Albert (2009): Berlin's Waterfront Site Struggle, in: CITY (special issue: Cities for People, not for Profit) 13/2–3, S. 325–335

Bernt, Matthias/Holm, Andrej (2007): Protagonismus der Ausgeschlossenen: Ansätze partizipativer Stadtentwicklung in den Barrios von Caracas, in: Holm, Andrej (Hg.): Revolution als Prozess. Selbstorganisierung und Partizipation in Venezuela. Hamburg, S. 20–36

Bremer, Peter/Gestring, Norbert (2004): Migranten – ausgegrenzt?, in: Häußermann, Hartmut/Kronauer, Martin/Siebel, Walter (Hg.): An den Rändern der Städte, Frankfurt am Main, S. 258–285

Destatis/WZB (2011): Datenreport 2011. Ein Sozialbericht für die Bundesrepublik Deutschland, Bonn

DIFU (2002): Die Soziale Stadt. Eine erste Bilanz des Bund-Länder-Programms „Stadtteile mit besonderem Erneuerungsbedarf – die Soziale Stadt", Berlin.

Dikeç, Mustafa (2005): Space, Politics and the Political, in: Environment and Planning D: Society and Space, 23, 171–188

Fernandes, Edésio (2007): Constructing the „Right to the City" in Brazil, in: Social Legal Studies 16/2, S. 201–219

Gebhardt, Dirk/Holm, Andrej (2011): Initiativen für ein Recht auf Stadt, in: Holm, Andrej/Gebhardt, Dirk (Hg.): Initiativen für ein Recht auf Stadt. Theorie und Praxis städtischer Aneignungen, Hamburg, S. 7–23

GEWOS (2012): Indikatorensystem zur kleinräumigen Wohnungsmarktanalyse für Berlin. Im Auftrag der Berliner Senatsverwaltung für Stadtentwicklung, Berlin

Gottlieb, Robert/Vallianatos, Mark/ Freer, Regina M./ Dreier, Peter (2005): The Next Los Angeles. The Struggle for a Livable City, Berkeley, Los Angeles, London

Hackworth, Jason (2007): The Neoliberal City: Governance, Ideology, and Development in American Urbanism, Ithaca, N.Y.

Harvey, David (2012): Rebel Cities. From the Right to the City to the Urban Revolution. London, New York

Häußermann, Hartmut (1983): Amerikanisierung der deutschen Städte? Bedingungen der Stadtentwicklung in den USA im Vergleich zur Bundesrepublik im Bezug auf das Wohnen, in: V. Roscher (Hg.): Wohnen. Beiträge zur Planung, Politik und Ökonomie eines alltäglichen Lebensbereiches, Hamburg, S. 137–159

Häußermann, Hartmut (1997): Armut in den Städten – eine neue städtische Unterklasse?, in: Leviathan, 25. Jg., Heft 1, S. 12–27

Häußermann, Hartmut (2001): Die europäische Stadt, in: Leviathan, 29. Jg., S. 237–255

Häußermann, Hartmut (2003): Armut in der Großstadt. Die Stadtstruktur verstärkt soziale Ungleichheit, in: Informationen zur Raumentwicklung, Heft 3/4.2003 (Themenheft: Soziale Benachteiligung und Stadtentwicklung), S. 147–159

Häußermann, Hartmut/ Siebel, Walter (2004): Stadtsoziologie. Eine Einführung, Frankfurt, New York

Häußermann, Hartmut/Gornig, Martin (1999): Der steinige Weg zur Dienstleistungsmetropole, in: Architektenkammer Berlin (Hg.): Berlin: Offene Stadt. Die Erneuerung seit 1989, Berlin, S. 76–89

Häußermann, Hartmut/Kapphan, Andreas (2004): Berlin: Ausgrenzungsprozesse in einer europäischen Stadt, in: Häußermann, Hartmut/Kronauer, Martin/Siebel, Walter (Hg.): An den Rändern der Städte, Frankfurt am Main, S. 203–234

Häußermann, Hartmut/Kronauer, Martin/Siebel, Walter (Hg.) (2004): An den Rändern der Städte. Armut und Ausgrenzung, Frankfurt am Main

Häußermann, Hartmut/Läpple, Dieter/Siebel, Walter (2008): Stadtpolitik, Frankfurt am Main

Häußermann, Hartmut/Oswald, Ingrid (1997): Zuwanderung und Stadtentwicklung, in: Zuwanderung und Stadtentwicklung. Leviathan Sonderheft, S. 9–29

Heeg, Susanne/Marit Rosol (2007): Neoliberale Stadtpolitik im globalen Kontext. Ein Überblick, in: PROKLA. Zeitschrift für kritische Sozialwissenschaft, 37(4), S. 491–510

Holm, Andrej (2011): Gentrification in Berlin. Neue Investitionsstrategien und lokale Konflikte, in: Hermann, Heike u.a. (Hg.): Die Besonderheit des Städtischen. Entwicklungslinien der Stadt(soziologie), Wiesbaden, S. 213–232

Holston, James (2007): Insurgent Citizenship, Princeton

IBB-Investitionsbank Berlin (2011): Wohnungsmarktbericht Berlin 2010, Berlin

John Long LaSalle/JLL (2008): Residential City Profil Berlin 2008, Berlin

John Long LaSalle/JLL (2009): Residential City Profil Berlin 2009, Berlin

John Long LaSalle/JLL (2010): Residential City Profil Berlin 2010, Berlin

John Long LaSalle/JLL (2011): Residential City Profil Berlin 2011, Berlin

Katiya, Yuseph/Reid, Christopher (2012): Urban Neoliberalism and the Right to the City Alliance, in: Choudry, Aziz/Hanley, Jill/ Shragge, Eric (Hg.): Organize! Building from the Local for Global Justice, S. 291–305

Lacoue-Labarthe, Philippe/Nancy, Jean- Luc (1997): Retreating the Political, London

Lanz, Stephan (2007): Berlin aufgemischt. abendländisch – multikulturell – kosmopolitisch? Die politische Konstruktion einer Einwanderungsstadt, Bielefeld

Lebuhn, Henrik (2008): Stadt in Bewegung. Mikrokonflikte um den öffentlichen Raum in Berlin und Los Angeles, Münster

Lefebvre, Henri (1968): Le droit á la ville suivi de Espace et politique, Paris

López-Morales, Ernesto (2013): Insurgency and institutionazed social participation in local-level urban planning, in: Samara, Tony Roshan/He, Shenjing/Chen, Guo (Hg.): Locating Right to the City in the Global South, New York, London, S. 221–246

MacLeod, Gordon (2011): Urban Politics Reconsidered: Growth Machine to Post-democratic City? In: Urban Studies 48/12, 2629–2660

Marcuse, Peter (2009): From Critical Urban Theory to the Right to the City, in: City 13/2, 185–197

Mayer, Margit (2003): The Onward Sweep of Social Capital: Causes and Consequences for Understanding Cities, Communities and Urban Movements, in: International Journal of Urban and Regional Research, 27/1: S. 110–132

Mayer, Margit (2009): The „Right to the City" in the Context of Shifting Mottos of Urban Social Movements, in: CITY (special issue: Cities for People, not for Profit), 13/2–3, S. 362–374

Mayer, Margit; Künkel, Jenny (Hg.) (2011): Neoliberal Urbanism and its Contestations. Crossing Theoretical Boundaries, London

Mengay, Adrian/Pricelius, Maike (2011): Das umkämpfte Recht auf Stadt in Brasilien. Die institutionalisierte Form der „Stadt Statute" und die Praxis der urbanen Wohnungslosenbewegung des MST, in: Holm, Andrej/Gebhardt, Dirk (Hg.) (2011): Initiativen für ein Recht auf Stadt. Theorie und Praxis städtischer Aneignungen, Hamburg, S. 245–270

Nicholls, Walter Julio (2003): Forging a „New" Organizational Infrastructure for Los Angeles' Progressive Community, in: International Journal of Urban and Regional Research, 27. Jg, Nr. 4, S. S. 881–896

Oswald, Ingrid (2007): Migrationssoziologie, Konstanz

Peck Jamie/; Tickell, Adam (2002): Neoliberalizing space, in: Antipode 34/3, 380–404

Portney, Kent E./Berry, Jeffrey M. (1997): Mobilizing Minority Communities: Social Capital and Participation in Urban Neighborhoods, in: American Behavioral Scientist, 40/5, S. 632–644

Rancière, Jacques (1994): Post-democracy, Politics and Philosophy: An Interview with Jacques Rancière, in: Angelaki, 1, 171–178

Schipper, Sebastian (2010): Krise und Hegemonie. Zur gegenwärtigen Kontinuität neoliberaler Rationalität am Beispiel der „unternehmerischen Stadt" in Frankfurt am Main, in: Geographische Zeitschrift, 98(1), S. 22–41

Schmid, Christian (2011): Henri Lefebvre und das Recht auf die Stadt, in: Holm, Andrej/Gebhardt, Dirk (Hg.) (2011): Initiativen für ein Recht auf Stadt. Theorie und Praxis städtischer Aneignungen, Hamburg, S. 25–51

Swyngedouw, Erik (2009): The Antinomies of the Postpolitical City: In Search of a Democratic Politics of Environmental Production. in: International Journal of Urban and Regional Research, 33/3, 601–620

TOPOS Stadtforschung (2011): Sozialstruktur-entwicklung in Nord-Neukölln. Unter Mitarbeit von Sigmar Gude. Auftraggeber: Senatsverwaltung für Stadtentwicklung, Berlin

Zibechi, Raúl (2012): Territorien des Widerstands. Eine politische Kartografie der urbanen Peripherien Lateinamerikas, Berlin

X-Berg Trash (Schadi Weiss 2013)

Stadt-Stadt

MITTENMANG
Sebastian Bührig

Überarbeitete und gekürzte Fassung: Wohnen an der Kotti D'Azur. Über die raumbildende Praxis zeichenhafter Ein-, Über- und Neuschreibungen. Wissenschaftsroman. Urban-Design-Master-Thesis

Der Hof des Zentrum Kreuzberg war dafür ein perfektes Beispiel: Manch Fehde musste ausgefochten werden, um diesen Hort des Kinderlachens wieder der Bestimmung zuzuführen, die ihm in die Wiege gelegt worden war. Nachbarn wie Horst Wiessner hatten vor Jahren begonnen, noch vor dem Morgengrauen aufzustehen, um den Sandkasten von Bierdosen, Scherben und Spritzen zu befreien, bevor die ersten Kinderhände anfingen, darin Tunnel zu graben und Türme zu bauen. Anderen Mietern waren diese „Aufräumarbeiten" längst nicht gründlich genug und mancher Aktivismus radikalisierte sich besorgniserregend. Ein Bündnis aus Familienvätern bildete eine Bürgerwehr, die auf eigene Faust die Beseitigung der Missstände in Angriff nahm, mit denen sie sich vom Staat alleine gelassen fühlten. Nicht selten mussten sie dabei aber ohnmächtig feststellen, dass die Gesichter der Feinde vertraute Züge trugen.

Mittlerweile regieren diese Seite des Hofs zumindest tagsüber nun wieder Kinder, die große Abenteuer auf den Klettergerüsten erleben und Fußball spielen, während türkische Mütter derweil wenige Meter weiter auf den Bänken picknicken. Am anderen Ende des Hofes wird gegessen und schwarzer Tee getrunken, Geschäftsmänner gebaren sich geschäftig, Einkäufe werden nach Hause getragen, Eltern sammeln ihre Kinder ein, Jugendliche hängen ab, Touristengruppen lauschen Geschichten über das authentische, bunt-alternative Kreuzberg und staunen mit etwas Glück über bekannte Gesichter aus dem Fernsehen, während Galeristinnen und Künstler auf den Stufen sitzen und selbstgedrehte Zigaretten rauchen. Ein alter Herr sitzt vor seinem Kiosk am Eck und hat hier alles im Blick. Wer hier dazugehört, der grüßt sich.

Nachts, wenn die Kinder schlafen und der alte Herr vom Kiosk nicht vor seinem

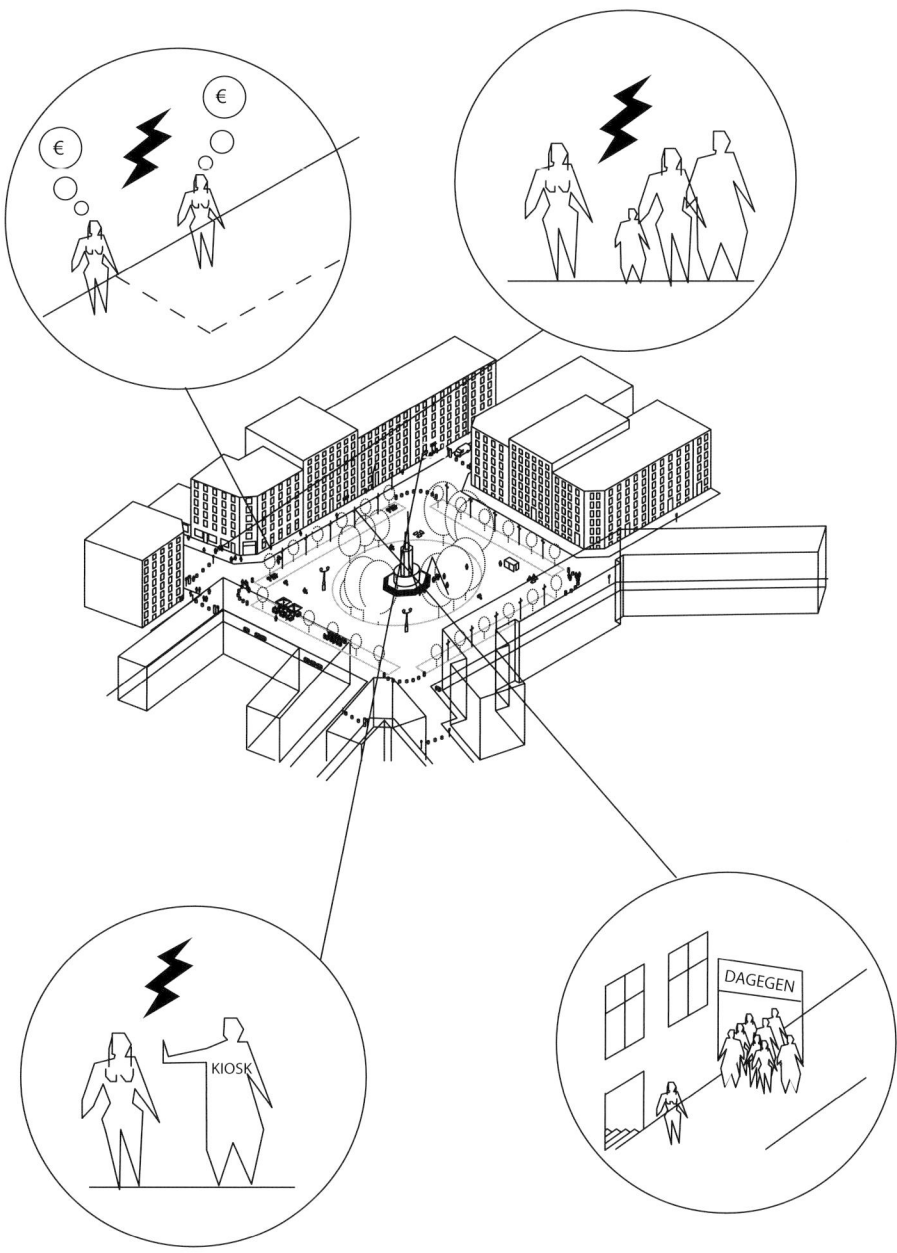

Konfliktsituation Hansaplatz (Benz et al. 2011)

Laden sitzt, wendet sich das Blatt: Jugendliche erleben auf den Klettergerüsten große Abenteuer oder belagern Bänke und Tischtennisplatte, Dealer und ihre Kunden tauchen kurz auf, um sogleich wieder in verschiedene Richtungen zu entfliehen und Betrunkene missbrauchen den Spielplatz als Urinal. Die Touristen sind um diese Zeit jünger und tummeln sich nervös lärmend von Hauseingang zu Hauseingang auf der verzweifelten Suche nach versteckten Clubtüren und einer bewusstseinserweiternden Berlin-Erfahrung. Mit etwas Glück können sie dabei über bekannte Gesichter aus dem Fernsehen staunen, während Galeristinnen und Künstler auf den Stufen sitzen und selbstgedrehte Zigaretten rauchen. Wer hier dazugehört, der grüßt sich.

Die Soziologin und Pascal traten zu uns vor die Tür und sahen gerade noch zwei Beamte in Kampfanzügen an uns vorüber stürmen. „Wenn es am Kotti knallt – dann entlädt sich soziale Spannung", meinte unsere Gesellschaftswissenschaftlerin dazu. Hinter der Fassade nachbarschaftlichen Zusammenlebens war es geradezu stürmisch ruhig. Kein Wunder – denn ein solches Nebeneinander wie heute hatte es hier in dem Maße wohl noch nie gegeben: Der Handyshop neben der Champagnerbar neben der Kiezkneipe neben dem Projektraum neben dem Dönerimbiss neben der Dinnerparty neben der Fleischerei neben dem Szeneclub neben dem Protestcamp neben dem Fashion-Showroom neben der Buchhandlung neben dem türkischen Kulturverein neben dem Café mit

All-Gender-Toilette neben dem Hostel und neben dem Design- das Wettbüro. Eine maximale Dichte und eine maximale Intensität des Aufeinandertreffens von Deutschen, Türken und Menschen aus dem Rest der Welt, Kindern und Alten, Wohlhabenden und Armen, Gebildeten, Um-Gebildeten und weniger Gebildeten, Touristen, Neu-Berlinern, Karrieristen und Arbeitssuchenden, Drogenabhängigen, Anarchisten, Demokraten, Linken, Konservativen und Un-Politischen, Traditionalisten und Non-Konformisten, Hetero- und Trans-, Pans- und Omnisexuellen in allen denkbaren und undenkbaren Gefühls- und Lebenslagen. Jeder Schritt ein Rendezvous mit dem Zufall. Blickt man dem Kotti in sein inhaltsvolles Gesicht, so wirkt es, als ob darin verschiedene Teile nicht zusammengehören wollen: Den dicken Schädel ziert ein grobes Kinn mit Narben, die Nase gerümpft über dem nach links verzogenen, rissigen Mundwinkel, das eine Auge stechend im Blick mit zitterndem Lid, das andere voller Liebe und umrundet von Lachfalten, überdacht durch geradlinige Brauen und eine Stirn voller Sorgen. Ein Anblick, der abstoßend und gleichzeitig sehr sympathisch zu wirken vermag. Ohne Zweifel ein Charakterdarsteller im Kassenschlager Berlin und eindeutig ein Ort, an dem sich nicht alle wohlfühlen.

Das brauchten sie auch nicht. Denn die Stadt für alle, von der man sich so gerne erzählte in unserer Zeit – sie hat es so nie gegeben. Immer mit einem Bein auf dem Sprung ins Unmögliche, ist sie zu keiner Zeit viel mehr als ein Luftschloss gewesen. Ganz im Gegenteil: Immer schon war die Stadt notwendigerweise der Ort verschiedener Meinungen und Meinungsverschiedenheiten.

Wie es bloß eine einzige falsch gespielte Note vermag, die Harmonie eines ganzen dörflichen Gefüges zu stören, so ist das Kotti wie kaum ein anderer Ort in der Lage, mit der unermesslichen Unordnung des Urbanen umzugehen und in einem Orchester des Durcheinanders Unterschiede zum Klingen zu bringen. Eine Verstädterung, die ins Innere dringt und durch den Verlust von Verbindlichkeiten unvergleichliche Freiheiten des Zusammenspiels einräumt. Mit jedem Tag, den unsere Soziologin hier wohnte, war sie ein wenig mehr begeistert von der selbstverständlichen Unmöglichkeit dieses Ortes. In Anbetracht all des Neben-, Unter-, Über-, Nach-, Hinter-, Für- und Gegeneinanders, das sie tagtäglich bestaunen durfte, wunderte sie sich vielmehr, dass die Menschen sich hier nicht viel häufiger gegenseitig die Köpfe einschlugen. Die wundervolle Vielfalt des Menschseins lässt sich nur in der Gesellschaft von Fremden ertragen.

Nach Tanzen war uns nicht mehr zumute. Pascal schlug vor, eine Runde ums Kotti zu spazieren. Nach wenigen Metern bemerkte der Architekt, dass die Absperrungen der Bauarbeiten schon wieder weitschweifend gewandert waren. Land und Bezirk hatten viel Geld in die Hand genommen und umfangreiche Umbaumaßnahmen beschlossen, um rasende Radfahrer und wild abbiegende Autos voneinander fernzuhalten und darüber hinaus für ein wenig mehr Ordnung zu sorgen.

Die Vielfalt an Menschen, die wir auf unserem spätabendlichen Rundgang streiften, spottete jeder Beschreibung: Große Gruppen junger, betrunkener Touristen, schwarze Limousinen mit getönten Scheiben, aus denen Männer in dunklen Anzügen stiegen, die aussahen wie ihre Autos, kichernde Mädchen auf hohen Absätzen, ein vielleicht verrückter Afrikaner, der sein altes Kofferradio ansang, Künstler in bunten Trainingsanzügen, die mit Kreide Gehwegplatten bemalten, ein Obdachlosenzeitschriftenverkäufer, der mit geschlossenen Augen Kleingeld zählte, ein altes Paar in Abendgarderobe, arabische Männer in Djellaba, die lautstark diskutierten, ein Gitarre spielender Junge im Schottenrock, türkische Obsthändler, die laute Technomusik an ihrem Stand laufen ließen, bettelnde Romafrauen, Polizeibeamte, müde Kinder, die schon lange im Bett hätten sein sollen, ein alter Mann, der mit einem Messer Mottenlarven hinter der Rinde eines Baumes hervorpulte, türkische Jugendliche, die vorbeifahrende Fahrradfahrer anschrien, Pfandflaschensammler, halbschlafende Junkies, gut gekleidete türkische Frauen, die rauchten und Bier tranken neben knutschenden Mädchen mit tätowierten Armen und einem jungen Mann, der schweigsam Notizen in ein Büchlein schrieb. Der absolute Wahnsinn einer normalen Nacht am Kotti.

Was mehr Sicherheit und Ordnung in Kreuzberg bedeuten konnte, hatten Pascal und ich erst wenige Tage zuvor erlebt: Auf dem Heimweg nach einem Essen bei Freunden hatten wir kurz auf unserer Lieblingsbrücke innegehalten, um den Abend mit einer gemeinsamen Zigarette enden zu lassen. Nur das Abbrennen eines Streichholzes später zwang uns ein äußerst schlecht gelaunter Polizist, die Brücke umgehend zu verlassen. Zwar wussten wir um die Festivalstimmung lauer Sommernächte, die Anwohner nicht schlafen ließ – auf welcher Rechtsgrundlage wir nun an diesem schönen Ort nicht einmal mehr schweigend rauchen durften, war uns trotzdem ein Rätsel.

„Mehr Ordnung" und „Mediation" am Kotti waren unserer Einschätzung nach beschönigende Umschreibungen für einen leisen Platzverweis für „Störenfriede".

In diesem dichten Treiben Platz zu beanspruchen, bedeutet immer, ihn anderen wegzunehmen, vielleicht auch ohne es zu bemerken …

Das spontane Demonstrationslager, mit dem Berliner Türken wochenlang auf die politischen Unruhen in der Türkei aufmerksam machten, hatte zum Beispiel die Drogenkranken von ihrem Stammplatz vertrieben.

Im Kreise ihrer Freunde wurde die Soziologin immer häufiger mit der Haltung konfrontiert, dass Verdrängungen nun mal unumgänglich zum Wesen der Stadt gehörten und dies, solange die Menschen (zum Glück!) nicht alle gleich waren, auch so bleiben würde. Städte sind immer Landkarten der Macht, sagte sie. Das „Recht des Stärkeren" im Stadtraum aber als eine natürliche Gesetzmäßigkeit zu begründen, das wollte sie so nicht stehen lassen. Wenn in unseren Gesprächen heute Abend eines klargeworden sein sollte, dann, dass in der Geschichte der Menschheit noch nie ein Satz ganz durchgestrichen oder ganz zu Ende geschrieben worden ist. Wir müssen uns fragen, wie wir in Zukunft miteinander umgehen wollen, wenn die Ressourcen knapp werden, aber niemand den Verzicht lernen will.

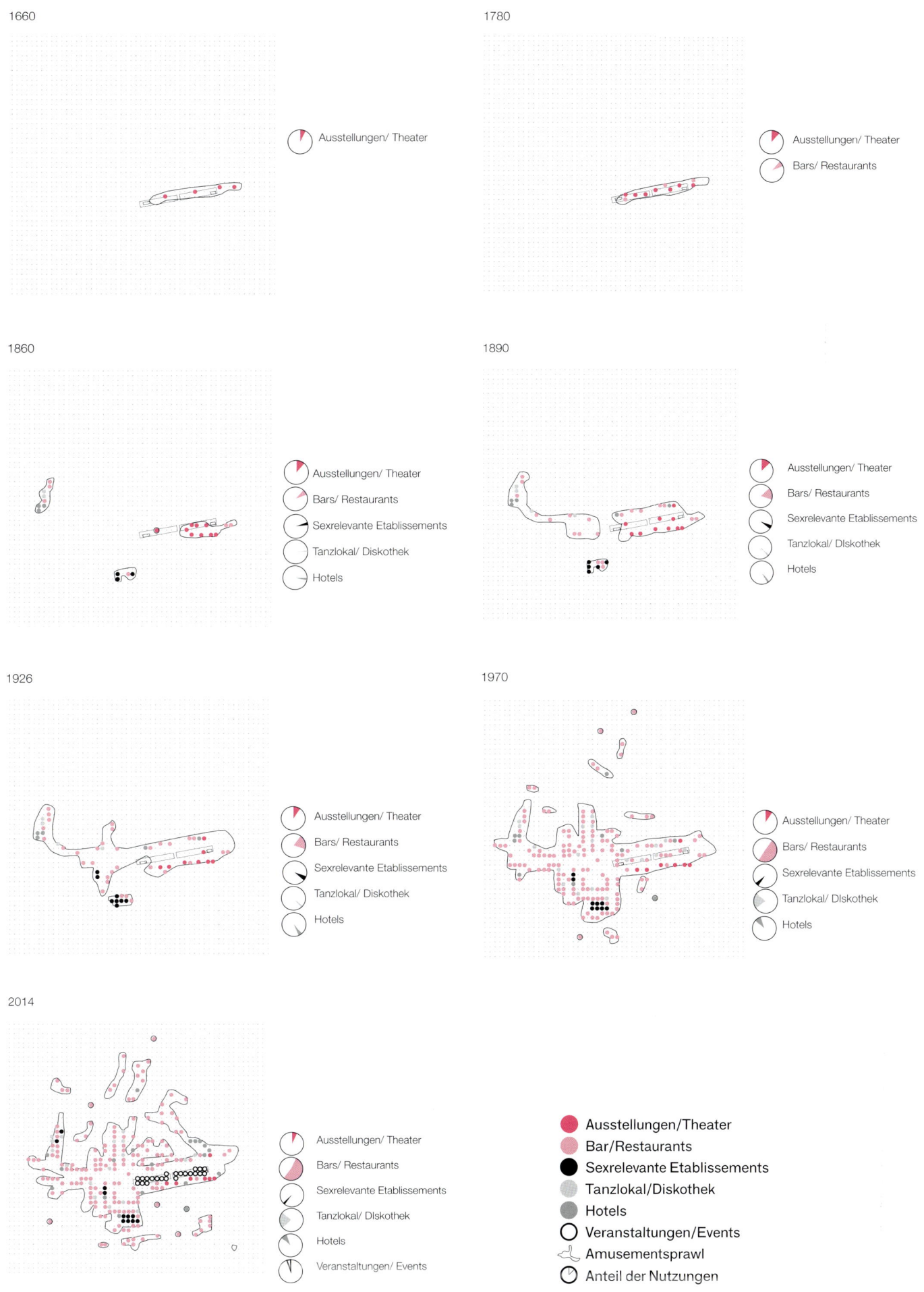

Amusementsprawl, St. Pauli (Homann 2014)

Werbebanner für Büroflächen in Hammerbrook (Müller, Scheler und Vollmer 2012)

Dicht daneben

Büroimmobilienleerstände in Hamburg sind beträchtlich, sie werden in Zukunft auch weiter steigen und sie befinden sich vornehmlich in innerstädtischen Lagen. Warum wird der Raum eigentlich nicht einfach genutzt?

UMNUTZEN!
Maximilian Müller

Überarbeitete und gekürzte Fassung: Umnutzen! Strategische Ansätze zur Umnutzung von Büroimmobilienleerständen.
Urban-Design-Master-Thesis

Der Hamburger Wohnungsmarkt gilt seit Jahren als angespannt. Besonders in den innerstädtischen Gebieten ist es fast aussichtslos, eine Wohnung zu finden. Die Wohnungsproblematik in Hamburg ist heute ein ressortübergreifendes Politikum.

Bis tief in die Mittelschicht hinein ist der Mangel an innerstädtischen Wohnungen gegenwärtig. Jahrelanger Zurückhaltung im Bau kostengünstiger Wohnungen stehen zehntausende Sozialwohnungen gegenüber, die aus der Bindungsfrist herausgefallen sind. Der Druck auf den Wohnungsmarkt geht einher mit einer sich weiter öffnenden Einkommensschere. Es stellt sich die Frage, wie und wo kostengünstige innerstädtische Wohnungen entstehen können.

Dazu äußert eine Hamburger Initiative im Aufruf zu einer Demonstration: „Die Mieten in Hamburg steigen kontinuierlich. Gleichzeitig stehen rund 1,2 Mio. Quadratmeter Büroraum leer. Aber wie wäre es denn, wenn dieser Raum einfach genutzt wird?" Warum eigentlich nicht? Tatsächlich sind die Büroimmobilienleerstände in Hamburg beträchtlich, sie werden in Zukunft auch weiter steigen. Und sie befinden sich vornehmlich in innerstädtischen Lagen. Diese Arbeit untersucht die Wirkkräfte, welche die Leerstände in Büroimmobilien produzieren und auch geradezu provozieren. Sowohl ökonomische als auch strukturelle Ebenen haben Einfluss auf die Akzeptanz von Leerständen und die priorisierte Entwicklung von Büroflächen. Es wird das Verhältnis von Boden und Gebäude dargestellt und erklärt, wie dieses die spätere Nutzung beeinflusst und welche Akteure daran beteiligt sind.

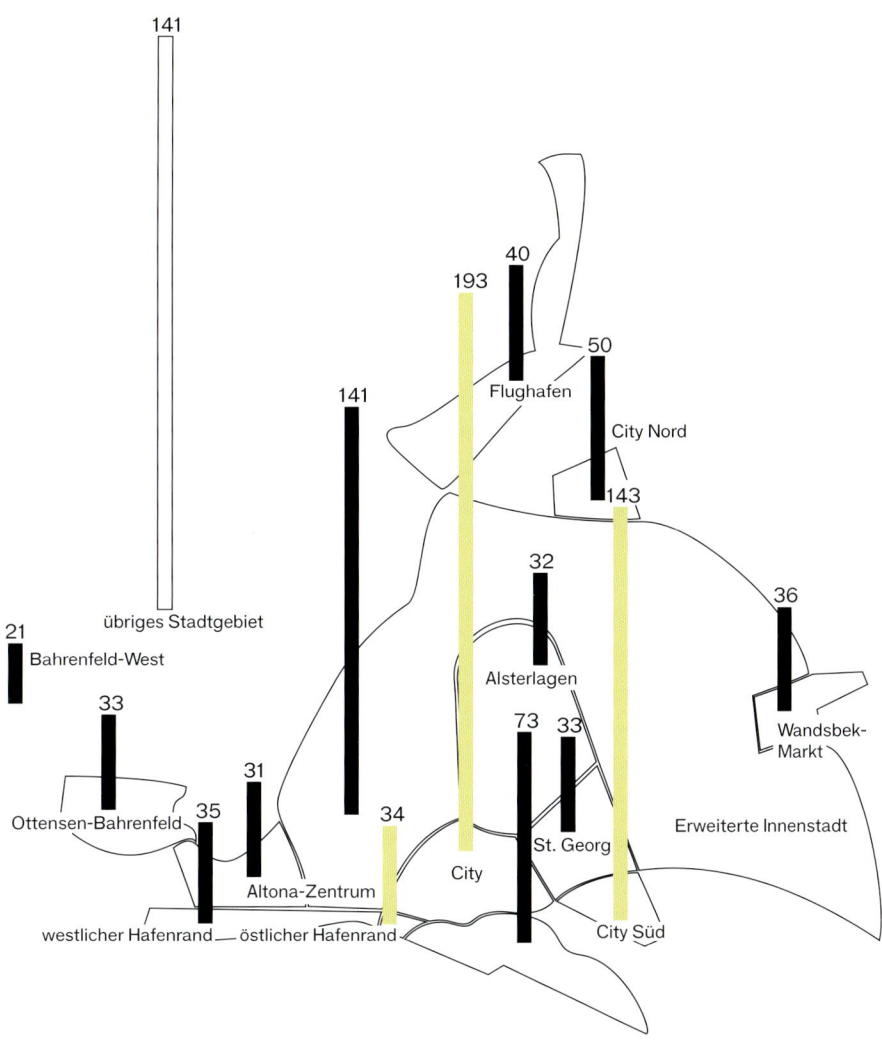

141

193   40

141   Flughafen

50

City Nord

143

übriges Stadtgebiet

21

Bahrenfeld-West

33

31

32

Alsterlagen

36

Wandsbek-Markt

35   34

Ottensen-Bahrenfeld

73   33

Altona-Zentrum

St. Georg

Erweiterte Innenstadt

westlicher Hafenrand — östlicher Hafenrand

City

City Süd

Absolute Büroleerstände (Müller 2012; Quelle BNP Paribas 2011)

TRANSFORMATION BÜROBAUTEN KEY FACTS

Geringe Opportunitätskosten
Die Möglichkeit der Steuerersparnis durch Abschreibungen. Der Grundsteuersatz und die Bilanzierung der institutionellen Investoren stellen eine Sperrwirkung für Umnutzungen dar.

Niedrige Transaktionskosten
Fördern die Möglichkeit zur Umnutzung. Eine übersichtliche Anzahl an Akteuren, klare Funktionszuweisungen und ein einfaches Konzept können Schneeballeffekte ermöglichen.

Rendite und Bodenpreis
Die Renditeerwartungen bei innerstädtischen Büronutzungen sind höher als bei Wohnnutzungen. Die Fallbeispiele zeigen, dass Umwandlungen von Büroimmobilien insbesondere dann zustande kommen

können, wenn es sich um private Investitionen handelt, die Objekte abgeschrieben sind, Zins und Tilgung keine Rolle mehr spielen und die Liegenschaft sich bereits im Besitz des Investors befindet. Private Investoren spielen aber im Investmentbereich eine untergeordnete Rolle. Auch sind Bürogebäude in Wohngebieten eher die Ausnahme.

Planungsrecht
Die Ausweisung von Kerngebieten erlaubt zwar Wohnnutzungen, sie ist aber unter den derzeitigen Rahmenbedingungen ungeeignet für die Realisierung von Wohnnutzungen. Die Flächenausnutzungspotenziale stehen im Konflikt zu den Anforderungen an Wohnnutzungen. Kerngebiete können sehr dicht, tief und hoch bebaut werden. Die Anforderungen an vermarktungsfähige Wohngebäude setzen aber besondere Standards von Grundrissen und Gebäudetiefen voraus,

welche für Büronutzungen nicht notwendig sind. Damit ist die Flächenausnutzung in Kerngebieten für Bürogebäude deutlich wirtschaftlicher zu gestalten als für Wohngebäude.

Surplus Bestand
Ein Wohnungsneubau kostet in etwa soviel wie die Umwandlung einer Büroimmobilie. Besonders interessant werden Umwandlungen von Bürogebäuden zu Wohnnutzungen dann, wenn der Bestand ein „Surplus" bietet. Im Fokus steht hierbei das Baurecht: Eine Umwandlung des Bestandsgebäudes kann dann rentabel sein, wenn das aktuelle Baurecht weniger Flächenausnutzungspotenzial bietet als der Bestand aufweist.

Büronutzungen existieren vermehrt dort, wo sich planungsrechtlich die beste Flächenausnutzung realisieren lässt und die Bodenpreise besonders hoch sind. Die quantitative Analyse zeigt, dass in Wohngebieten die Bodenpreise deutlich geringer sind. Zudem führt die Bebauungsmöglichkeit in Wohngebieten zu einer geringeren Flächenausnutzung des Grundstücks. Da der Bodenpreis je Quadratmeter Nutzfläche angegeben wird, ist die geringere Flächenausnutzung des Grundstücks im Vergleich zu Bürogebieten besonders gravierend. Dieser geringere Bodenpreis in Korrelation mit der geringeren Flächenausnutzung des Grundstücks führt dazu, dass dieses Verhältnis sich je Stockwerk addiert. In dieser Hinsicht ist die Wohnnutzung in keiner Wiese konkurrenzfähig gegenüber Büronutzungen.

Umwidmungen von Kerngebieten zu Wohngebieten halbieren den Grundstückswert, wie die qualitative Analyse für die Hamburger Innenstadt aufzeigt. Eine Umwidmung ist für den Eigentümer von Büroimmobilien auf Kerngebietsausweisungen demnach teuer. In der Hamburger Innenstadt sind bis heute insbesondere an den begehrtesten Orten keine Bebauungspläne nach BauGB ausgewiesen. Die planungsrechtliche Grundlage der Baustufenpläne kommt Büronutzungen nicht nur in den Flächenausnutzungsmöglichkeiten entgegen, sondern verbietet Wohnnutzungen gar explizit.

Urbanität
Die Fallbeispiele und Projektentwickler zeigen auf, dass Umnutzungen von Büroimmobilien am ehesten in Gebieten

wirkungsgefüge

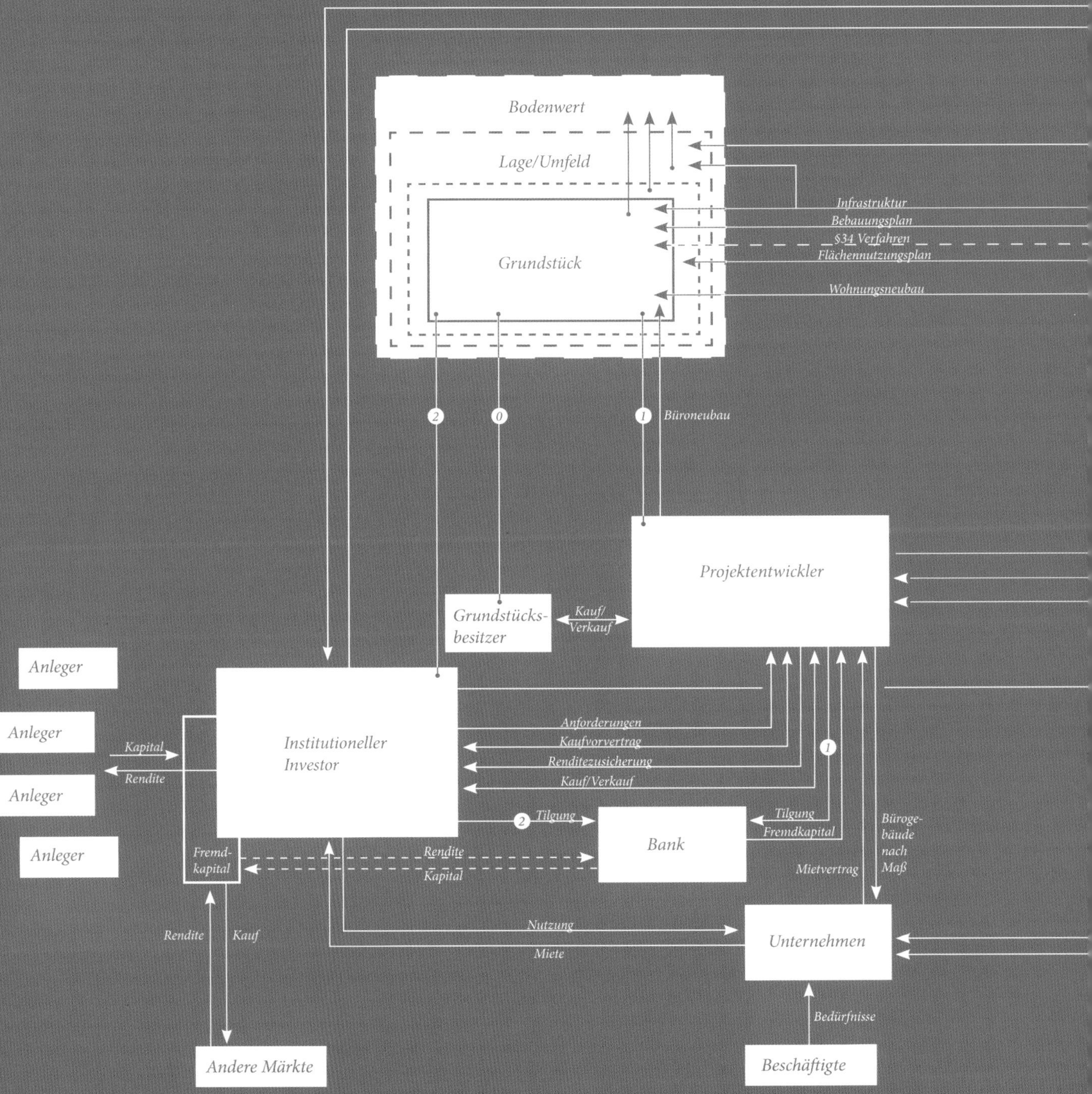

Bodenwert

Lage/Umfeld

Infrastruktur
Bebauungsplan
§34 Verfahren
Flächennutzungsplan

Grundstück

Wohnungsneubau

② ⓪ ① Büroneubau

Projektentwickler

Grundstücks-besitzer

Kauf/Verkauf

Anleger

Anleger

Kapital

Institutioneller Investor

Anforderungen
Kaufvorvertrag
Renditezusicherung
Kauf/Verkauf

Rendite

Anleger

①

Anleger

② Tilgung

Bank

Tilgung
Fremdkapital

Büroge-bäude nach Maß

Fremd-kapital

Rendite
Kapital

Mietvertrag

Nutzung

Unternehmen

Miete

Rendite

Kauf

Bedürfnisse

Andere Märkte

Beschäftigte

Auf den Büroimmobilien-, Wohnungs- und Bodenmärkten
sind vom Investor bis zur Stadtteilinitiative unzählige Akteure
beteiligt. Ein Wirkungsgefüge, welches aus Akteuren mit
unterschiedlichen Interessen besteht.
In dieser Studie wird das Wirkungsgefüge der Akteure
illustriert, die an der Entwicklung einer Büroimmobilie
beteiligt sind.

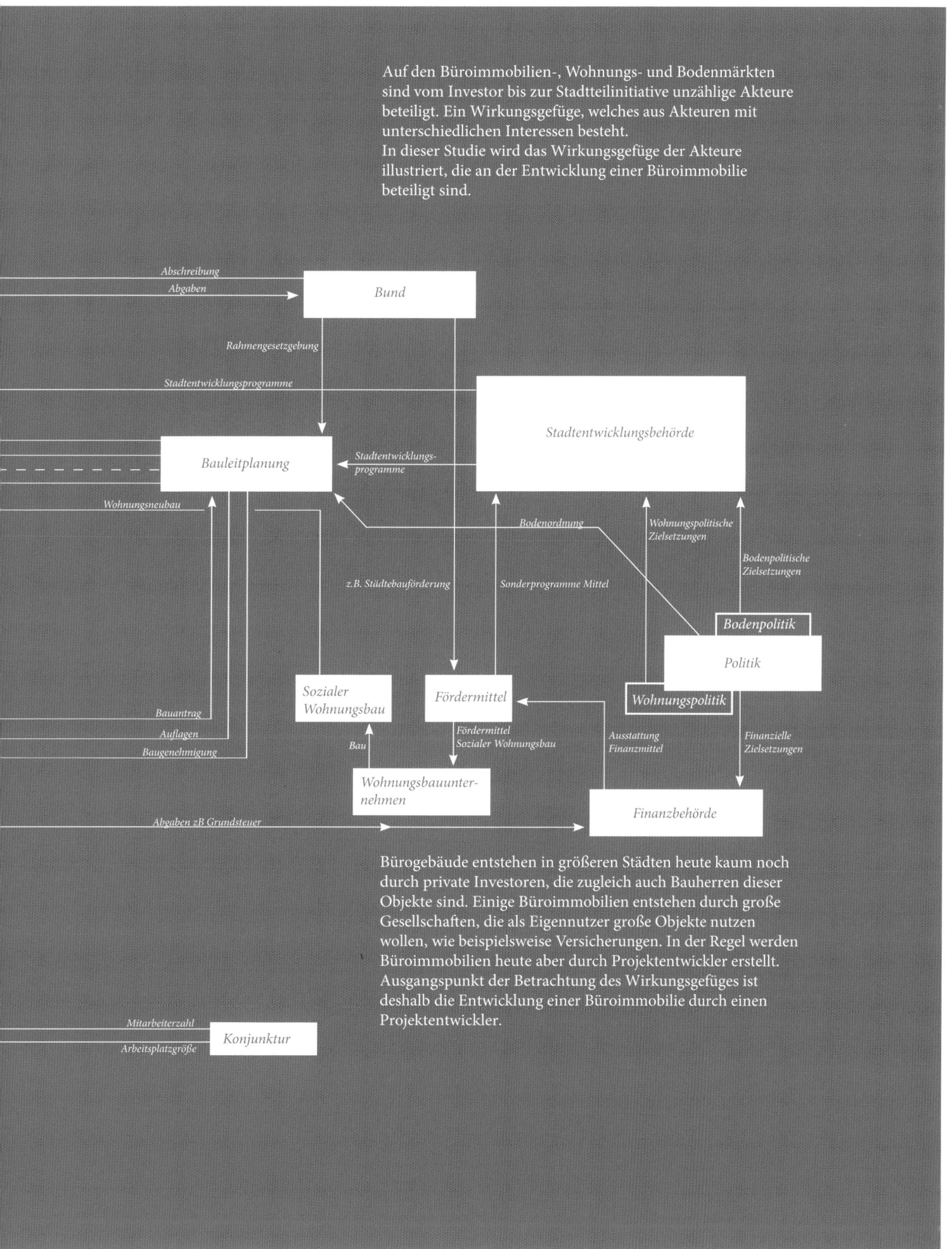

Bürogebäude entstehen in größeren Städten heute kaum noch
durch private Investoren, die zugleich auch Bauherren dieser
Objekte sind. Einige Büroimmobilien entstehen durch große
Gesellschaften, die als Eigennutzer große Objekte nutzen
wollen, wie beispielsweise Versicherungen. In der Regel werden
Büroimmobilien heute aber durch Projektentwickler erstellt.
Ausgangspunkt der Betrachtung des Wirkungsgefüges ist
deshalb die Entwicklung einer Büroimmobilie durch einen
Projektentwickler.

Wirkungsgefüge Umnutzung Büroimmobilien (Müller 2012)

Ein Spaziergang (Müller, Scheler und Vollmer 2013)

funktionieren, die von Wohnnutzungen geprägt sind. Neben den vorhandenen Infrastrukturen sind es auch urbane Qualitäten, die solche Standorte für Umnutzungen interessant machen.

Förderung
Die Umnutzung von Büroimmobilien kann durch staatliche Förderungen für die Eigentümer oder Projektentwickler interessant werden. Zumindest stellt die Wohnnutzung bei einer Forderung der Baubehörde nach einem Wohnanteil dann keine übermäßige Belastung mehr dar. Die vorhandenen Förderbedingungen, besonders die der Wohnungsbaukreditanstalt, sind allerdings stark auf familiäre Wohnformen ausgerichtet. Wie der Projektentwickler Sauer betont, ist die Familienwohnung an reinen Bürostandorten nicht konkurrenzfähig.

Technische Voraussetzungen
Die Grundrisse in Bürogebäuden bilden meist 400-Quadratmeter-Einheiten. Neue Erschließungen und Infrastrukturen müssen implementiert werden.

Fremdkapital
Die Nachfragesituation von Büroimmobilien hat inzwischen dazu geführt, dass Banken Wohnnutzungen als deutlich risikoärmer beurteilen. Trotz geringerer Renditen ist ihnen das Mietausfallrisiko inzwischen zu hoch. Deshalb stellen Banken derzeit nur noch Fremdkapital für Bürogebäude zur Verfügung, wenn sich ein Großmieter bereits vertraglich gebunden hat. Projektentwickler orientieren sich vermehrt auf die Erstellung von Wohnnutzungen, denn hierfür können sie bei Banken Fremdkapital akquirieren.

Verwaltungsaufwand
Der Verwaltungsaufwand ist im Fall von Wohnungen höher als bei Büroimmobilien mit meist nur einem Großmieter.

Politische Bekenntnisse
Im Hinblick auf Strategien zur Umnutzung von Büroimmobilienleerständen fällt den städtischen Behörden eine besondere Rolle zu. Die Boden- und Wohnungspolitik gibt Entwicklungsrichtungen vor. Im Falle Hamburgs gibt der Senat aktuell die Stoßrichtung vor, günstigen Wohnungsbau in innerstädtischen Lagen zu forcieren. Eine Schlüsselrolle spielt hierbei die Bauleitplanung. Sie verfügt über Anreiz- und Zwangsinstrumente, um diese politischen Vorgaben umsetzen zu können. Ihre Kernaufgabe ist es, die Bodenordnung zu rahmen, zu regeln und gegebenenfalls zu korrigieren.

Die strategischen Elemente, auf welche die Bauleitplanung zurückgreifen kann, sind: Gestattung, Ausweisung von Bebauungsplänen, städtebauliche Entwicklungsmaßnahmen, Wohnanteilpflicht und Ausnahmen für temporäres Wohnen. Städtische Akteure haben kaum Einfluss auf die Renditeerwartung von institutionellen Investoren und deren Anlagedruck. Im Handlungsfeld städtischer Akteure und insbesondere der Bauleitplanung befinden sich aber Instrumente, um die Ausweisungen von Kerngebiet und Geschäftsgebieten zu verändern.

60.

jeder **60.** in den alten
Bundesländern wohnt in einer Großsiedlung

250

mehr als **250**
Großsiedlungen mit mindestens 2.500
Wohnungen befinden sich in Deutschland

jeder **4.** in den neuen
Bundesländern wohnt in einer Großsiedlung

1,7 Millionen Wohnungen
in Deutschland liegen in Großsiedlungen

Großsiedlungen in Zahlen (Schlapkohl 2012)

Wohnen mit Weitsicht

DAS BILD DER GROSSSIEDLUNGEN
Maren Harnack

Großsiedlungen geben in der Öffentlichkeit kein gutes Bild ab. So weit, so einfach. Sie werden mit allen erdenklichen negativen Attributen belegt – von Planern, Architekten und Laien gleichermaßen: unmenschlich, unsozial, unästhetisch und was es darüber hinaus an Un-Wörtern gibt. Nun ist es aber so, dass gerade in den großen Agglomerationen ein guter Teil der erschwinglichen und dennoch halbwegs gut erschlossenen Wohnungen in ebensolchen Großsiedlungen liegt. Damit entlasten sie die dort meist angespannten Wohnungsmärkte wenigstens ein bisschen. Also müsste es die Gesellschaft doch eigentlich begrüßen, dass es diese Siedlungen gibt. Es gäbe noch weitere Gründe, über den Bau der Großsiedlungen froh zu sein: Zum Beispiel trugen sie erheblich dazu bei, die in den 1960er Jahren noch immer grassierende Wohnungsnot zu beseitigen. Sie entlasteten die Innenstädte und Gründerzeitquartiere, die erst daraufhin saniert werden

konnten und heute beliebte Wohngebiete sind. Und zumindest die Bewohner von Großsiedlungen sind häufig gar nicht so unglücklich mit ihrem Quartier, wie Außenstehende es gerne vermuten. Denn die Wohnungen sind meist gut geschnitten und der Alltag lässt sich in ihnen leicht organisieren. Angemahnt wird allerdings regelmäßig der Wunsch nach mehr Pflege durch die Eigentümer. Der schlechte Ruf der Siedlungen macht vielen Bewohnern zu schaffen. Warum aber ist das Ansehen der Groß-siedlungen so negativ? Hierzu möchte ich vier Gedanken skizzieren.

1.

Großsiedlungen werden von vielen Kritikern noch immer als Gegenmodell zur sogenannten europäischen Stadt verstanden. Sie stehen für einen Staat, der seine Bürger bevormundet und ihnen vorschreibt, wie sie zu leben haben: kaserniert in trostlosen Betonklötzen; in Wohnungen, die schon für die Aufstellung der Möbel keinen Spielraum lassen, geschweige denn für die Gestaltung des eigenen Lebens. In diesem Verständnis dienen die Großsiedlungen der bloßen Reproduktion

der Gesellschaft, der Haushaltsführung und dem Aufziehen der Kinder und folgen damit veralteten Familienbildern.

Vor allem wird häufig angeführt, dass Großsiedlungen einen Mangel an „Urbanität" aufweisen. Kontrastiert werden sie in diesem Zusammenhang all zu oft mit der Idee der „europäischen Stadt". Dabei wird diese freilich nicht auf die unvorteilhafte Weise verstanden, wie Werner Hegemann schon 1930 die Mietskasernenstadt beschrieben hat: Eine Stadt, in der geldgierige Spekulanten aus verrotteten Häusern das Maximum herauszuschlagen versuchten, auch auf Kosten der Gesundheit ihrer Mieter. Das Leitbild der europäischen Stadt wirkt hier normativ. Es idealisiert die Form einer funktional und sozial durchmischten gründerzeitlichen Stadt als ein Katalysator für soziale Integration. Gerade vor diesem Hintergrund können Großsiedlungen auch als emanzipatorische Leistung gelesen werden. So galt die Neubauwohnung nach dem Krieg nämlich zunächst als modern, progressiv, komfortabel – und die Gründerzeit rückständig und von ausbeuterischen Beziehungen zu den Grundbesitzern geprägt. Viele, die in die Großsiedlungen zogen, verfügten zum

Le Corbusiers „Ville Contemporaine" (Schlapkohl 2012)

ersten Mal über fließend Warmwasser, Zentralheizung, Isolierverglasung, Balkon – und empfanden das durchaus als Gewinn.

Die nicht zu unterschätzende staatliche Anstrengung des massiven Wohnungsneubaus der Großsiedlungen und die damit einhergehende Entspannung auf dem Wohnungsmarkt machten den Blick dann frei für die erhaltenswerten Altbauquartiere. Zweifelsohne haben Städtebauförderung und Denkmalschutz viel Gutes bewirkt. Viele der Gründerzeitquartiere sind heute wahrscheinlich sauberer und schöner, als sie es in der Vergangenheit je waren. Dass nicht jeder Hinterhof eine Oase ist, fällt nicht auf, weil die meisten nicht für die Allgemeinheit zugänglich sind.

In Großsiedlungen ist das anders, weil alle Freiflächen für alle immer sichtbar sind und es besonders auffällt, wenn irgendwo etwas nicht in Ordnung ist. Wenn Freiflächen als gemeinschaftliche Grünanlagen konzipiert werden, brauchen sie eine ähnliche Pflege wie ein Park und sind mit privaten Gärten nicht zu vergleichen. In Großsiedlungen bekommen sie diese Pflege oft nicht, weil die Eigentümer sie sich nicht leisten können, sie sich nicht leisten wollen oder auch, weil sie die beauftragten Firmen unzureichend kontrollieren. Wenn Hecken über Jahre nicht geschnitten, Gras nicht gemäht und kaputte

Bodenbeläge nicht erneuert werden, entsteht schnell der Eindruck von Verwahrlosung, der heute allzu gerne der Großsiedlung angehängt wird.

In Frankfurt am Main gibt es zum Beispiel eine Hochhaussiedlung, in der zwei Drittel der Gebäude Sozialwohnungen enthalten und als problematisch gelten, während das letzte Drittel mit Eigentumswohnungen keine Probleme macht. Das entspricht der verbreiteten Annahme, dass Eigentümer einen guten Einfluss auf das soziale Umfeld haben, sich engagierter darum kümmern. Bei näherem Hinsehen zeigt sich aber, dass es in den Eigentumshäusern je einen fest angestellten Hausmeister gibt. Die Sozialmieter hingegen müssen in einer Zentrale anrufen, die ihr Anliegen aufnimmt und dann an einen Pool von Mitarbeitern weiterleitet. Und aus Gründen effizienter Arbeitsorganisation müssen erst mehrere Aufträge zusammenkommen, ehe ein Mitarbeiter die Siedlung aufsucht. Das kann auch mal dauern.

2.

Wenn es um das schlechte Bild der Großsiedlungen geht, kann die Wohnungspolitik nicht unerwähnt bleiben. Dass diese heute als Brennpunkte gelten, liegt an dem häufig überdurchschnittlichen Anteil von Hartz-IV-Empfängern und dem

ebenso überdurchschnittlichen Anteil von Menschen mit Migrationshintergrund. Unauffällige Kriminalitätsstatistiken werden dabei entweder bewusst nicht wahrgenommen oder sie sind gar nicht mehr das entscheidende Kennzeichen von Brennpunkten – sondern eben das relativ konzentrierte Auftreten von Menschen, die nicht den bürgerlichen Normvorstellungen entsprechen.

Nun ist es möglicherweise wirklich nicht ideal, dass diese Menschen konzentriert zusammenwohnen, doch ist dieser Umstand ja nicht von ihnen selbst zu beeinflussen. In der Anfangszeit der Großsiedlungen wohnten hier oft „breite Schichten der Bevölkerung", doch dank Eigenheimförderung und Entfernungspauschale konnten die besser gestellten Haushalte bald darauf in die suburbanen Einfamilienhaussiedlungen abwandern oder zogen in eine nunmehr komfortabel sanierte Altbauwohnung.

Bekannt ist, dass der Bestand an Sozialwohnungen seit den 1980er-Jahren kontinuierlich schrumpft. Die logische Konsequenz daraus ist, dass im Sozialen Wohnungsbau heute eben nicht mehr „breite Schichten der Bevölkerung" leben, sondern vor allem Menschen, die sich anders nicht angemessen mit Wohnraum versorgen können. Bevor sie in eine der Wohnungen ziehen dürfen, müssen sie

Collage Wroclaw-Poludnie (Schlapkohl 2012)

Dringlichkeitspunkte sammeln, um endlich als Notfall berücksichtigt zu werden. Daraus nun den Schluss zu ziehen, Teile der verbleibenden günstigen Wohnungen müssten privatisiert werden, um diese Quartiere besser zu durchmischen, ist in zweierlei Hinsicht fatal: Einerseits vermindert sich das Angebot an Sozialwohnungen weiter und die Konzentration von sogenannten Problemfällen steigt. Andererseits werden damit die Lasten der völlig unzureichenden Wohnungspolitik bei denen abgeladen, die sowieso schon darunter zu leiden haben.

3.

Im Programm Soziale Stadt werden Großsiedlungen wie folgt beschrieben:
Viele Quartiere sind als „Schlafstädte" konzipiert. [...] Die Architektur ist häufig einfallslos, bei der gegebenen Höhe und Dichte der Bebauung vermisst man besonders die individuelle Ausprägung der Erdgeschosszonen, Eingangsbereiche und Vorgärten. Die Qualität der öffentlichen Bauten und des öffentlichen Raums ist vernachlässigt worden. Austauschbare, erlebnisarme Wohnsituationen machen es den Bewohnern schwer, sich mit ihrem Quartier zu identifizieren.
Neben viel hervorragender Quartiersarbeit, die in den Großsiedlungen geleistet wurde und wird, findet man einige sehr gut

funktionierende neue Gemeinschaftsbauten, aber leider nur selten Beispiele für architektonisch hochwertige Umbauten von Wohngebäuden. Die wenigen, die es gibt, werden in einer Endlosschleife immer wieder gezeigt (etwa Leinefelde oder der Tour Bois-le-Pretre). Meistens beschränken sich die Eingriffe an den Gebäuden auf Farbkonzepte, die die „einfallslose Architektur" abmildern sollen, aber eigentlich nur noch deutlicher machen, dass das Geld oder der Wille fehlten, den Bestand wirklich weiterzuentwickeln. Auch Entwürfe wie der Christoph Mäcklers für die Gropiusstadt arbeiten eher gegen den Bestand als mit ihm, wenn sie versuchen, die offenen Raumstrukturen durch Eck-Umleimer auf Blockrandbebauung zu trimmen. All diese Verbesserungsversuche sind Ausdruck der geringen Wertschätzung, die den Großsiedlungen entgegengebracht wird und sie wirken bisweilen wie ein stummer Vorwurf an ungezogene Kinder, die leider zu widerspenstig sind, um sich zu artigen Blockrandfluchten umerziehen zu lassen.
Nicht zuletzt offenbart der Umgang mit Großsiedlungen so auch die normativen Vorstellungen der Stadtplaner und der bürgerlichen Mittelschicht davon, was „die Stadt" ist und wie „man" darin leben solle. In der Praxis konzentriert sich der Aufwand, der für eine angenehme Umwelt

und gut gestalteten öffentlichen Raum betrieben wird, stark auf die Teile unserer Städte, die dem städtebaulichen Ideal des 19. Jahrhunderts entsprechen. Die Gründerzeitquartiere gelten heute als ideale städtische Wohnorte: dicht, gemischt, kleinteilig parzelliert mit flexibel nutzbaren Wohnungen mit hohem Identifikationspotenzial. Schon zur Zeit, als sich Heerscharen von Spontis ebenso wie bürgerliche Schichten in den 1960er und 1970er Jahren für deren Erhalt einsetzten, wurde den Großsiedlungen hingegen unterstellt, dass es hier für die Bewohner keine Möglichkeiten gäbe, sich mit ihren Wohnquartieren zu identifizieren. Das setzt nicht nur unzulässigerweise voraus, dass Identifikation sich ausschließlich auf konkrete baulich-räumliche Objekte beziehen muss (und nicht etwa auf Prozesse, Erfahrungen, biografische Verflechtungen), sondern auch, dass diese baulich-räumlichen Objekte eine bestimmte ästhetische Qualität oder einen bestimmtem Stil haben müssen.

4.

Dass derartige Geschmacksurteile sich immer wieder als relativ erweisen, hat sich bereits in der Vergangenheit gezeigt. Ein Beispiel für sich verändernde ästhetische Präferenzen ist der Brutalismus, der in den letzten Jahren wachsende

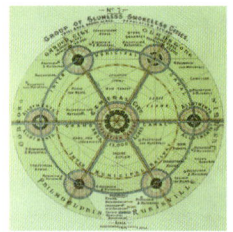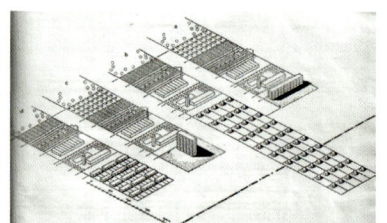

Die Gartenstadtbewegung gilt als die bislang bekannteste und erfolgreichste Reformbestrebung im Städtebau. Sie geht zurück auf Ebenezer Howard, der in seinem 1898 veröffentlichten Buch „A Peaceful Path to a Real Reform" eine sanfte Umschichtung der Gesellschaftsform propagiert. Wesentlicher Bestandteil ist die teilweise Überantwortung der Eigentums- und Kontrollrechte von Grund und Boden an die öffentliche Hand. Howard bezieht klar Position gegen die unbegrenzte Erweiterung der Großstadt und bekennt sich zu dem Konzept der Zentralstadt mit mehreren, stark autonomen Satellitenstädten.

Le Corbusier versucht durch sein Konzept der modernen Stadt allgemeingültige städtebauliche Prinzipien vorzulegen, die die Probleme der Stadt der Vergangenheit lösen werden. Er entwickelt Typen von Menschen, deren Lebensentwürfe eine jeweils spezifische räumliche Ausformung finden:

„Population: (a) Citizens of the city: those who work and live in it. (b) Suburban dwellers are those who do not come in the city: they live in garden cities. (c) the mixed sort are those who work in the business parts of the city but bring up their families in garden cities"
- Le Corbusier

Die gegliederte und aufgelockerte Stadt von Johannes Göderitz, Roland Kaiser und Hubert Hoffmann, 1957 war das Zukunftsbild einer in einzelne Siedlungs- und Naturbereiche gegliederten, baulich und durch Grünzüge aufgelockerten Stadt. Sie war die Antwort auf die Frage nach der günstigsten Bebauungsweise im Hinblick auf einen hohen Grad an „Verstädterung" zur Zeit des globalen Wirtschaftswunders nach dem Zweiten Weltkrieg. Der Titel wurde zum Inbegriff für ein neues städtebauliches Leitbild.

„Die Nachbarschaften (wie die ihnen entsprechenden Kleinstädte) bieten alle Voraussetzungen für Gesundheit, Wirtschaftlichkeit, gute Gestaltung und reibungslosen, auf ein Mindestmaß gebrachten Verkehr."
- Göderitz

Der Ökonom Edgar Salin brachte auf dem Deutschen Städtetag 1960 das in den Fokus, was eigentlich alle wussten: Urbanität ist kein Zielkriterium, das sich mit den Mitteln des Städtebaus erreichen lässt.

„Die in diesen Siedlungen so häufig anzutreffende Auftürmung gewaltiger Baumassen, der völlige Verlust von Maßstäblichkeit, die strikte Funktionstrennung und die so schwer nachzubessernde kalte Monotonie und Sterilität des Wohnumfeldes konfrontieren den Betrachter sehr spürbar mit einem auf Technik gegründeten Fortschrittsoptimismus, einem Planungsglauben und einer Ideologie der Machbarkeit, die später kaum mehr nachvollziehbar waren"
- Salin

Aus der Zeit gefallen? (Kempe 2015)

Aufmerksamkeit erfahren hat. Während in der Architekturtheorie die Debatte darüber, was Brutalismus sei, noch in vollem Gange ist, widmen sich Liebhaber in Online-Foren ganz unakademisch dem Vergnügen an Bauten, deren Ästhetik im weitesten Sinne als brutalistisch verstanden werden könnte. Doch auch jenseits von Social-Media-Phänomenen ändern sich die Vorstellungen davon, mit welcher Art von Architektur man sich identifizieren kann und möchte. Der Trellick Tower, ein von Ernö Goldfinger entworfenes Wohnhochhaus, galt manchen Presseberichten zufolge schon Ende der 1990er Jahre als „eine der angesagtesten Adressen in London". Das Ensemble ist als sozialer Wohnungsbau entstanden und wird heute als weitgehend „gentrifiziert" wahrgenommen, obwohl noch immer über 80 Prozent der Wohnungen von Sozialmietern bewohnt werden und sich dies in absehbarer Zeit auch nicht ändern wird. Die privatisierten Wohnungen im Gebäude, die auf dem freien Markt gehandelt werden, erzielen dennoch hohe Preise. Der Trellick Tower eignet sich sogar so sehr als Identifikationsobjekt, dass man ihn

heute auf Designergeschirr findet – das Fassadenmuster ziert Röcke und Sofakissen, die Silhouette gibt es als Buchstütze. Die Qualität des Trellick Tower wird heute nicht mehr infrage gestellt: Das Gebäude ist in der Kategorie II* denkmalgeschützt und kann damit auch das offizielle Siegel für besonders hochwertige Architektur vorweisen.

In der populären Rezeption der Architektur der 1960er und 1970er Jahre werden zunehmend auch weniger prominente Bauten von weniger prominenten Architekten goutiert. Auch in der Werbung und in der Popmusik taucht Alltagsarchitektur der 1960er und 1970er Jahre vermehrt auf – nicht aber mit einem sozialkritischen Anspruch, sondern als Kulissen hippen, urbanen Lebens. Auch wenn all das nicht bedeutet, dass die Menschen nun scharenweise in die Großsiedlungen ziehen, zeigt es doch, dass diese Art der Architektur in vielen Fällen neben dem unbestreitbaren Vorteil, praktischen und erschwinglichen Wohnraum zu bieten, ein ästhetisches Potenzial hat, das dem anderer Baustile nicht nachstehen muss.

Maren Harnack ist eine deutsche Architektin, Stadtplanerin und Hochschullehrerin für Städtebau und Städtebauliches Entwerfen an der Fachhochschule Frankfurt am Main

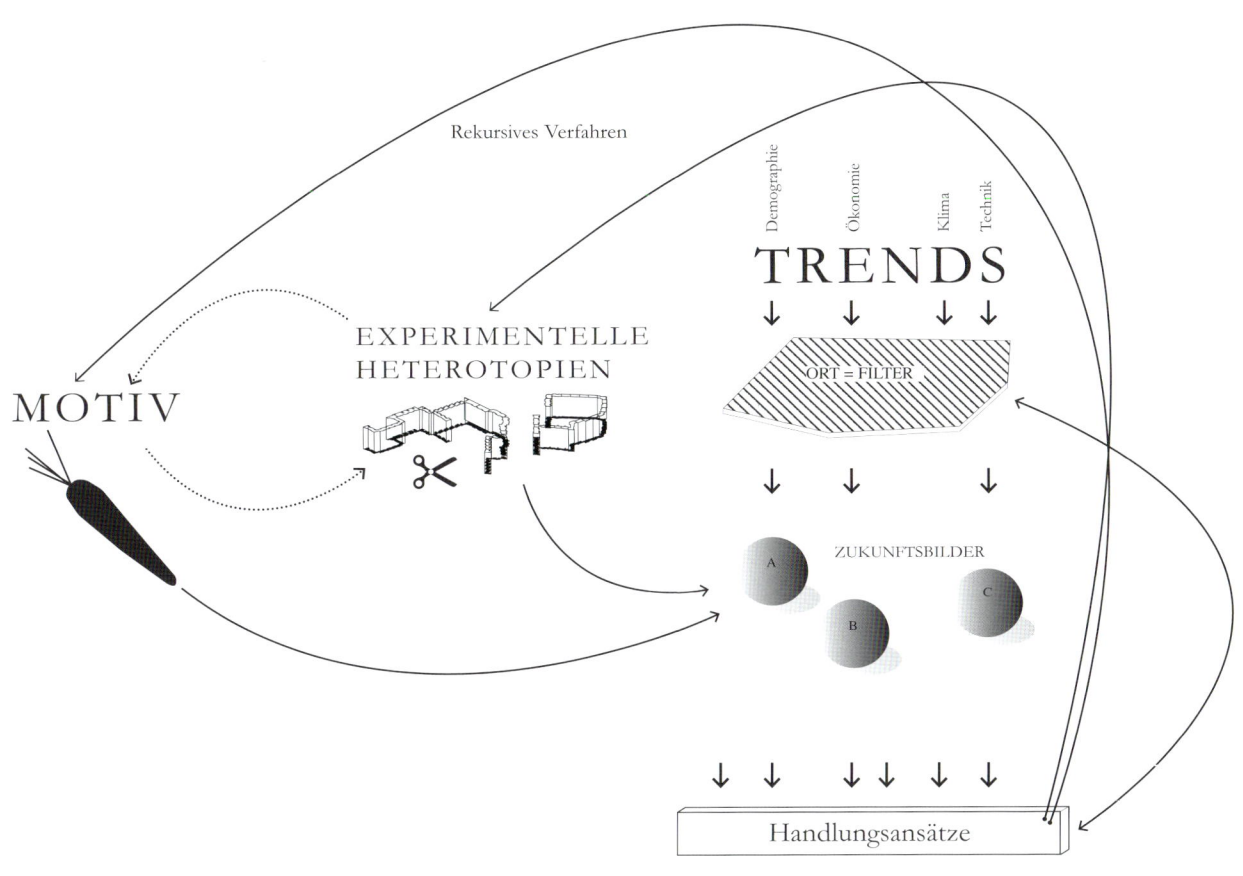

Diagrammatics of an open recursive procedure (Michaelis, Pohl und Schülke 2010)

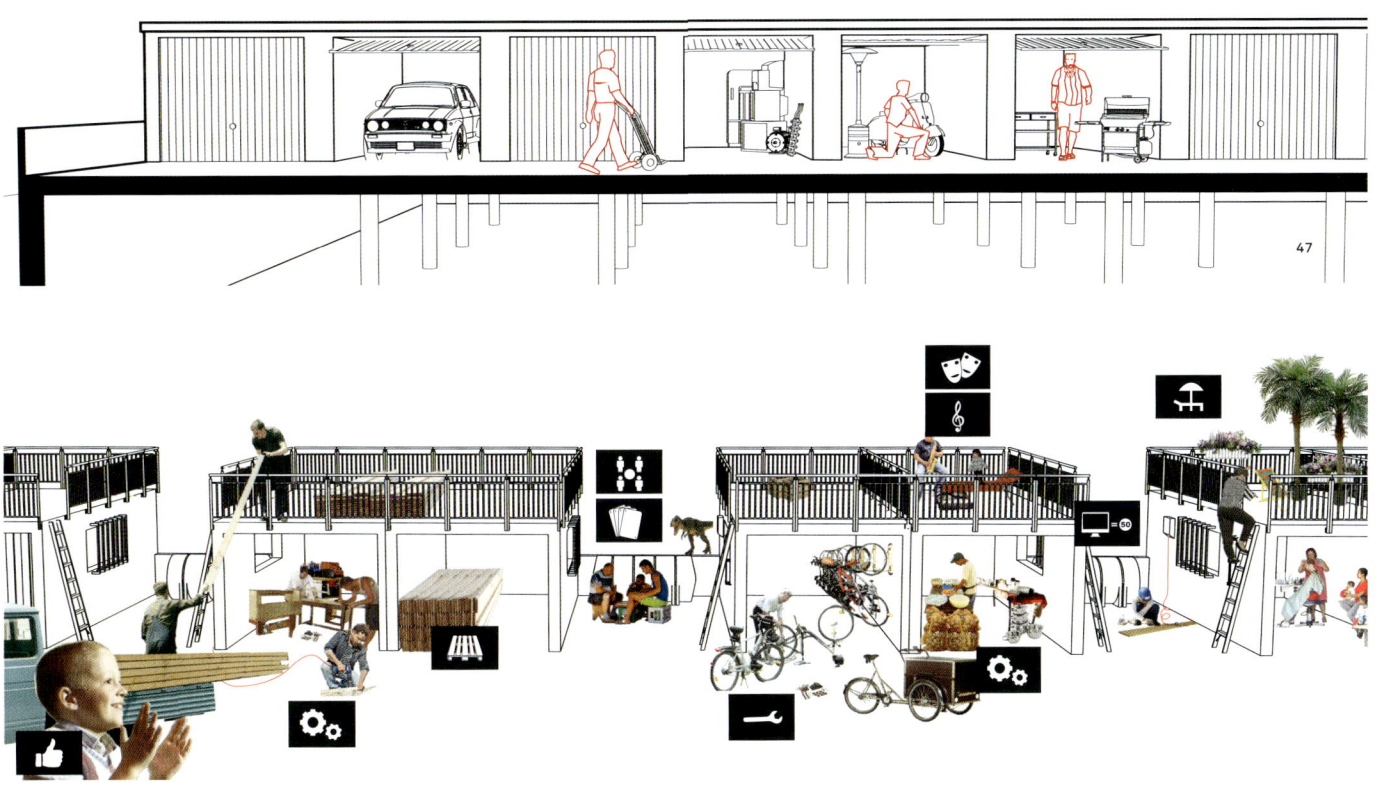

Garagenhof Transformation (Bührig und Dietrich 2010)

Collage Kirchdorf Süd (Bührig und Dietrich 2010)

Post-Suburbia

WACHSTUMSSCHMERZEN
Bernd Kniess und Hans Vollmer

Überarbeitete und gekürzte Fassung. Praktiken und Materialitäten urbanen Selbstbaus und der Sparsamkeit. In: Hengartner, Thomas und Schindler, Anna (Hrsg.): Wachstumsschmerzen. Gesellschaftliche Herausforderungen der Stadtentwicklung und ihre Bedeutung für Zürich. Zürich (2014), 87–109

Der Selbstbau wird hier als spezifische Form des Selbermachens begriffen und beschreibt die Praktiken und Formen des nicht-professionellen Um- und Ausbaus urbanen Wohnraums. Diese Form des Bauens geht vom Benutzer aus, ohne Architekt oder Handwerker. Die Selbstbauaktivitäten können, müssen aber nicht nur vom Benutzer selbst ausgeführt, sondern können auch durch die Mithilfe von Freunden, kleinen Firmen oder gekauften Fertigprodukten aus dem Baumarkt realisiert werden. In den meisten Fällen kommen Selbstbaupraktiken bei Erweiterungen oder Umbauten bestehender baulicher Strukturen zur Anwendung.

Gründe hierfür sind Renovierungs- und Erneuerungsarbeiten oder eine Anpassung an veränderte Nutzungsbedürfnisse. In der Verknüpfung von DIY mit der verstädterten Gesellschaft wird deutlich, dass urbaner Selbstbau nicht nur ein Selbsthilfeprogramm in Krisenregionen und -zeiten ist, sondern als Praxis und Logik der Verstädterung immanent ist. Richtet eine planungs- und architekturhistorische Perspektive bisher ihren Blick vornehmlich auf die Planungs-, Entstehungs- und Bauphasen von Wohn- und Siedlungsbauten und deren Veränderungen durch Kriegszerstörung und programmatische Phasen der Modernisierung und Sanierung, so geht es uns hier um die baulichen Veränderungen und Aneignungen durch die Bewohner, zu denen bislang kaum systematische Untersuchungen vorliegen (vgl. Schubert 2004: 14). Vor dem Hintergrund eines Stadtumbaus im Wachstum und Nicht-Wachstum greift das Teilprojekt dieses Forschungsdesiderat auf und untersucht die Beschaffenheit von kostensparendem und kostengünstigem Bauen und Wohnen anhand

der Veränderungen und des Gebrauchs des baulich Vorhandenen durch die Nutzer (vgl. Burckhardt 1981; Schubert 2004: 14). Dies leistet gleichzeitig einen Beitrag zur „Gebrauchsforschung", die Fragen nach der Bedeutung und Bestimmung von Architekturbenutzung nachgeht.

Im empirischen Zentrum stehen dabei die Selbstbaupraktiken von Bewohnern im post-suburbanen Einfamilienhaus im städtischen Wohnungs- und Siedlungsbau. Leitend ist dabei die These, dass der urbane Selbstbau in Relation zu den verfügbaren materiellen und ökonomischen Möglichkeiten und Bedingungen einen situativen Nutzungsbedarf realisiert. Im Unterschied zu programmatischen Gebäudemodernisierungen und -sanierungen beeinflusst der urbane Selbstbau sukzessive und nachhaltig zugleich die „Lebenszyklen" von Gebäuden.

Forschungsdesign
Den Auftakt unserer Studie bilden Reihen- und Einfamilienhausgebiete der Metropolregion Hamburgs. Wohnformen beziehungsweise Typologien materialisieren

Siedlungsstruktur

Die Hafenarbeitersiedlung im vollen Ausmaß. Diese wurde in insgesamt drei Bauabschnitten gebaut, ein vierter war geplant, wurde aber nie fertig gestellt.
Man sieht stark die monotone Siedlungsstruktur und die großen Grundstücke. Die Gebäude waren als Doppelhäuser gebaut. Im Garten gibt es einen Stall. Die Freiflächen wurden für den Nahrungsmittelanbau genutzt.
Die ganze Siedlung wurde in etwa sechs Jahren in Eigenleistung der dortigen Bewohner errichtet.

Siedlungsstruktur (Bohmann, Herbst und Hovy 2012)

bauliche Veränderungsprozesse nach außen und hinterlassen damit lesbare Spuren. Um die individuellen Bau- und Transformationsgeschichte(n) einstiger Typenhäuser vergleichend untersuchen zu können, wählten wir Siedlungen aus, die in randstädtischen Lagen seit den 1930er-Jahren entstanden sind.

Eine erste Annäherung und Auswahl erfolgt über Luftbilder, anhand derer wir erhebliche bauliche Veränderungen im Vergleich zur ursprünglichen Typologie identifizieren, von denen wir annehmen, dass sie zu großen Teilen Resultate von Selbstbaupraktiken sind (dazu und zum Folgenden siehe S. 127). Im zweiten Schritt stellen wir zeichnerisch die Gebäudevolumina von den restlichen Informationen im Bild frei, um in einem dritten Schritt deren Materialität zu analysieren. Bauformen, Verbindungen, Brüche und die Art und Weise der Materialverwendung legen nahe, dass es sich um nicht-professionelle Baupraktiken handelt. In der Überlagerung heutiger Bestandsgebäude mit dem ursprünglichen Typenhaus wird deutlich, in welchem Maße Gebäudekörper

hinzugebaut wurden und der Bestand verändert wurde. Formensprache und verwendete Materialien geben einen Hinweis auf eine etappenweise Entwicklung. Uns interessiert, wie diese unterschiedlichen Gebäudeansammlungen entstanden sind, wer sie aus welchen Motiven und auf welchen Grundlagen gebaut hat. Was sind die Nutzungsmöglichkeiten der in diesem Prozess gebauten Räume und wie verhalten sich diese zu den Bedürfnissen der heutigen Nutzer?

[...]

Vor dem Hintergrund einer streng regulatorischen Planungspolitik interessiert vor allem der Gestaltwandel der einheitlichen Hafenarbeitersiedlung von 1936 hin zu einer wilden Ansammlung individueller Gebrauchsarchitekturen. Welche planrechtlichen Grundlagen ermöglichen diesen scheinbar situativen und improvisierten Transformationsprozess, in dem die Bewohner mit ihren auf „losen Verträgen" basierenden Handlungen die Hauptrolle spielen?

Die Transformationsdynamik der Siedlung ist ein (Muster-)Beispiel dafür, wie

verhandelbar und beweglich gesetzliche Richtlinien und Vorgaben sind. Der Hafenarbeitersiedlung liegt mit dem Baustufenplan von 1936, der Baupolizeiverordnung von 1938 und dem gemeingültigen Hamburger Baugesetz ein ausführliches Planrecht zugrunde. Dieses schließt jedoch kreativen Umgang und situative Auslegungen nicht aus. Im Gegenteil scheint der Ursprung und stringente Grundgedanke der Siedlung (Gleichschaltung, Repetition, Steuerung, Kontrolle, Regulierung) sogar ein Auslöser dafür zu sein, dass immer wieder Teile des Konzeptes infrage gestellt wurden und verschwunden sind. Das „Infrage-Stellen" wird zum Synonym sowohl für eine aktive informelle Baupraxis als auch für die stille Veränderung der Strukturen auf unterschiedlichsten Ebenen. Kleine Häuser, Parteizugehörigkeit, Reichsheimstättengesetz, Siedlerideologie und die Vorschriften über den Gartenbau und die Kleintierhaltung sind nur einige Beispiele, die über die Zeit verhandelt wurden. Die Auswirkungen von Krisenmomenten spielen dabei keine unbeachtliche Rolle. Sowohl der Zweite

125

Weltkrieg als auch die Flutkatastrophe 1962 haben Ausnahmesituationen erzeugt, in denen aufgrund akuter Not und mangelnden Wohnraums die Bewohner selbst unmittelbar „pragmatische" Lösungen realisierten.

Damit einher geht die spezifische Insellage, in der sich die Hafenarbeitersiedlung befindet und die vor allem nach der Flut nicht nur zur weniger beachteten „Peripherie" zählte, sondern völlig sich selbst überlassen wurde, wenn es um Entwicklungen jenseits der Hafenindustrie (zum Beispiel Wohnungsbau) ging. Somit wird nachvollziehbar, dass der Beginn der (Selbst-)Bauaktivitäten in der Siedlung mit dem Definitionsvakuum (1962 bis Ende der 1970er) zeitlich zusammenfällt. Nicht zuletzt wirkten sich auch die Eingemeindung Wilhelmsburgs in Hamburg-Mitte und der damit verbundene Wechsel der Baubehörde auf die Baupraxis in der Siedlung aus und zeigen Verbindungen zwischen Selbstbaupraktiken und Stadtentwicklung auf.

Die Wege der Selbstbauer zu einer „Baugenehmigung" sind vielfältig und lassen sich nicht in die analytischen Kategorien „informell" oder „formell" einordnen, sondern verorten sich von Fall zu Fall dazwischen. So wird die gelegentliche Selbsterteilung der Genehmigung mit der Weigerung begründet, sich mit der „Sprache" und der Komplexität des Baurechts auseinanderzusetzen. Diese Aufgabe sollte nach dem klassischen Rollenverständnis der Architekt übernehmen. Dieser würde wiederum den formgerechten Bauantrag bedingen, weshalb einige der Selbstbauer bewusst ohne amtliche Baugenehmigung bauen.

Bauen ohne Baugenehmigung ist ein Spiel mit Sichtbarkeit. Weil der Selbstbauer physische Baukörper verändert und herstellt, kann er dieser nur schwer entkommen. Trotzdem lassen sich in der Siedlung Versuche der Unsichtbarkeit ablesen. Weil die größte „öffentliche" Aufmerksamkeit von der Straße ausgeht, werden genehmigte Gebäude entlang der Straße errichtet, bevor in der Tiefe des Grundstücks weitere Gebäude ohne Genehmigung hinzukommen. Die wichtigsten Verbündeten sind immer die Nachbarn. Sie können alles sehen, sind unmittelbar vom Bauprozess (Lärm, Staub etc.) und seinen Ergebnissen (Verschattung, Fassadenfarbe etc.) betroffen. Bei den immer geringeren Kontrollen der Bauprüfabteilung, welche diese auf Personalmangel zurückführt, werden damit die Nachbarn zum wichtigsten Verhandlungspartner in Sachen „Baugenehmigung". [...]

Die Intelligenz einer wohnenden und gebäudenutzenden Bevölkerung

Wo eine wohnungs- und stadtentwicklungspolitische Debatte, überwiegend den Zielen des urbanen Zeitalters folgend, sich im wesentlichen auf die Kernstädte der Metropolen stürzt, wird die Relevanz und der Beitrag von bislang so genannten suburbanen (Wohn-)Gebieten geringerer Dichte unterschätzt. Wir betrachten die 83 Prozent Ein- und Zweifamilienhäuser, die 44 Prozent aller Wohneinheiten in Deutschland ausmachen, als ein deutliches Signal und eine Aufforderung, diese Typologien und Gebiete vor dem Hintergrund des gesellschaftlichen und demografischen Wandels mitzudenken.

Die Entdeckungen in der Hafenarbeitersiedlung zeigen Entwicklungstendenzen und mögliche Anknüpfungspunkte auf und lassen in den Handlungen der Selbstbauer erkennen, wie sehr diese bereits mit den städtischen Strukturen (Materialinfrastrukturen, Genehmigungen, Bauausstellung etc.) verwoben sind. Es wird dort „prototypisch" ein anpassungsfähiges Modell einer „Architektur in Bewegung" (Latour/Yaneva 2008) „getestet", in welchem die Bewohner, ihren jeweiligen Lebensumständen und -stilen entsprechend, Bedarfe situativ selbst herstellen. Die gelebte Verhandlung gegenwärtiger wie auch zukünftiger Wohnmodelle (etwa im Hinblick auf die Überwindung von Funktionstrennung) integriert nicht nur die Architektur, sondern auch die Institutionen (Bauprüfabteilung), die lokale und globale Ökonomie (Handwerker, Baumärkte) und unterschiedliche Wissensbestände (vom Nachbarn bis zum Online-Forum).

Zwar kann der Selbstbau als eine Form der kreativ gestalterischen Praxis zur Selbstverwirklichung verstanden werden, aber mit Lucius Burckhardt „interessiert uns das Selberbauen nicht als die Möglichkeit des Einzelgängers, sich irgendwo hinter einem Bauernhof ein Hüttchen aufzustellen, sondern als eine kollektive Erhaltung des Sachwissens in Bezug auf die Bauerei und den Umgang mit Häusern" und damit den verstädterten Raum insgesamt. Es geht dabei nicht um die „Abschaffung der Bauberufe, sondern um eine Wiedergewinnung von Intelligenz und Urteilskraft in der gesamten wohnenden und gebäudenutzenden Bevölkerung" (Burckhardt 1981: 11).

Doch wie lassen sich solche „prototypischen" Orte herstellen, an denen Wohnen, Bauen und (Zusammen-)Leben einer urbanen Gesellschaft aktiv erprobt werden können? Von welchen existierenden Modellen (Baugruppen? Genossenschaften?) können wir dabei lernen? Für dieses Vorhaben müssten vermutlich nicht nur die Gebäude, sondern auch die Institutionen und Professionen in Bewegung geraten. Auf der Seite der Stadtplanung müssten Strukturen dahingehend verändert werden, dass Definitions- und Funktionslücken eine Aneignung und Anpassung der Planungsregeln ermöglichen und somit dem gesellschaftlichen Wandel über die Zeit gerecht werden können. Die Rolle des Architekten läge dann gleichberechtigt im Feld der vielfältig an den Prozessen beteiligten Akteure. Seine Leistung wäre die der Vermittlung durch Übersetzung. Diese Agentenrolle erfordert jedoch ein Wiedergewinnen des durch die Spezialisierung und Professionalisierung abhanden gekommenen (Alltags-)Wissens über Architektur und das ausführende Bauhandwerk, die Nähe zu und das Wissen von gebäudenutzenden Akteuren und nicht zuletzt das Vermögen, gegenüber allen beteiligen Akteuren den komplexen Prozess eines (Mit-)Gestaltens zusammenzuhalten.

Burckhardt, Lucius (1981): Für eine andere Architektur. Frankfurt am Main
Schubert, Dirk (2004): Baugemeinschaften, Wohnprojekte und neue Gruppenbaukulturen in Hamburg. In: Hamburgische Architektenkammer (Hg.): Architektur in Hamburg. Jahrbuch 2004, 174–179

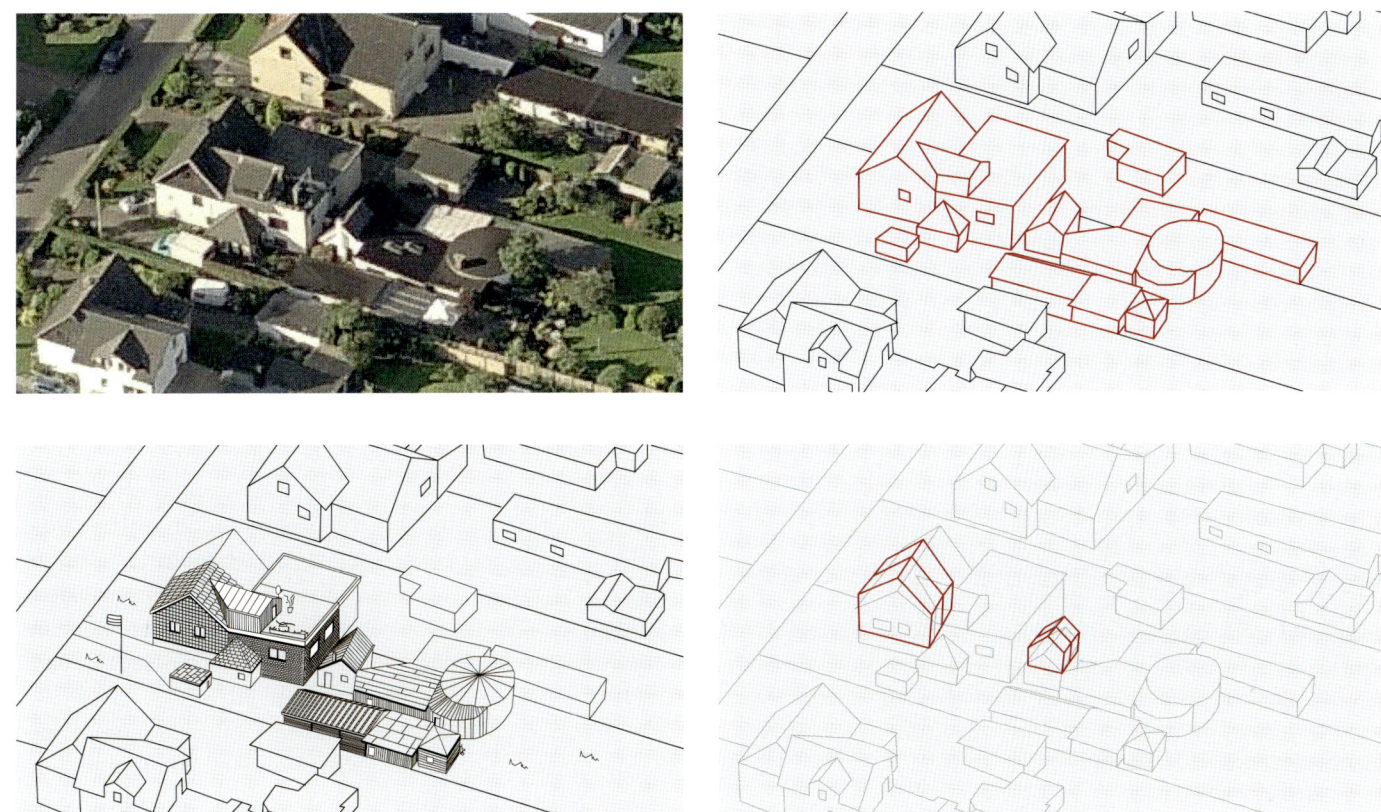

Identifizierung von Selbstbau in Hamburg anhand von Luftbildern (Kniess und Vollmer 2014)
Freistellen von Gebäudevolumina (Kniess und Vollmer 2014)
Analyse der Materialität und Bauweise (Kniess und Vollmer 2014)
Überlagerung heutiger Gebäude mit ursprünglichem Typenhaus (Kniess und Vollmer 2014)

Selbstversorgung und Fremdbestimmung

① Blumen   ⑤ Frühkartoffeln
② Erdbeeren   ⑥ Stall
③ Wurzelgemüse   ⑦ Auslauf
④ Kohle, Salate, Tomaten, Gurken, Sellerie   ⑧ Rasen

Im Garten war klar vorgegeben was angebaut werden sollte und wo. Neben den einzelnen Beeten wurde auch definiert welche Büsche und Bäume zu pflanzen seien. Neben der Verortung der Pflanzen bekamen die Bewohner Anleitungen wie die Pflanzen zu handhaben sind. Dies wurde getan, weil die Bewohner Arbeiter waren und entsprechend wenig agraischen Hintergrund besaßen.

Selbstversorgung und Fremdbestimmung (Bohmann, Herbst und Hovy 2012)

Lang lebe der Bestand

Schätzen was da ist, die Stadt ist gebaut

Sebastian Bührig und Bernd Kniess

Versuchen wir die Stadt einmal ohne fremde Ressourcen zu denken. Ein Szenario: Zur Verfügung stünde uns nur noch, was wir als Reserven zurückgelegt hätten oder was wir mit eigenen Ressourcen selbst zu produzieren imstande wären. Wann würde der (motorisierte) Verkehr erlahmen, es in den Wohnungen dunkel bleiben, der Supermarkt schließen? Alleine der drohende Verlust der ständigen Verfügbarkeit von Energie, Nahrung und Gütern würde uns vermutlich veranlassen, alle Hebel in Bewegung zu setzen, um unseren Lebensstandard zu erhalten, bevor wir auf selbstverständlich gewordene Gewohnheiten zu verzichten begännen. Unweigerlich würde es dennoch sehr bald um unsere Existenz gehen; Boden, Nahrung, Energie, Reserven und auch (praktisches) Wissen – die Ressourcen der Stadt würden stärker denn je zur Verhandlungssache. Neue Strategien und Taktiken des täglichen Überlebens würden sich binnen Kurzem herausbilden.

Die Gesellschaften der westlichen Welt/Stadt leben in extremem Maße über ihre Verhältnisse. Sie haben sich hochgradig abhängig gemacht von Ressourcen, die ihnen ursprünglich nicht gehören. Energie, Nahrung, Güter, Informationen werden über hochkomplexe Systeme erschlossen und durch weltumspannende Versorgungsströme bereitgestellt. Die Herstellung der Waren und die Aufrechterhaltung ihrer Distribution verbrauchen enorme Flächen und Energien. London benötigt beispielsweise rund das 125-fache seiner Stadtgebietsfläche, um seine Einwohner zu versorgen; Transport basiert heute weltweit zu 97 Prozent auf fossilen Energien.

Sich in der Sicherheit zu wiegen, der erreichte Stand der Technologie würde den Wohlstand unserer Gesellschaft dauerhaft gewährleisten, ist ein fataler Fehler. Unser urbaner Stoffwechsel ist damit überfordert, den „Organismus" Stadt effizient zu versorgen. Das Resultat ist ein außerordentlicher Verschleiß an Ressourcen bei gleichzeitig hoher Absonderung ungenutzter Stoffe an die Umgebung. Weniger entwickelte Länder werden mit Abfällen der höher entwickelten Länder konfrontiert, die sie sowohl logistisch als auch ökologisch komplett überfordern. Diese „Stoffwechselstörung" ist das Resultat eines Wirtschaftssystems, das einzig auf Verbrauch und Wachstum ausgelegt ist. Um die Stoffwechselströme aufrecht zu erhalten, müssen immer mehr Güter verkauft werden, was auch dadurch erreicht wird, Produktlebenszeiten künstlich zu verkürzen – der Müllberg ist damit bereits vorprogrammiert. Angesichts der Endlichkeit von Ressourcen stellt sich wieder und wieder die Frage nach den Grenzen des Wachstums.

Erneuerbare Ressourcen nachhaltig nutzen und die Verwendung nicht-erneuerbarer Ressourcen minimieren – so lautet das Versprechen von Smart-City-Visionen. Weniger verschwenderisch hauszuhalten ist ein Anspruch, gegen den mit gesundem Menschenverstand nichts einzuwenden sein kann. Zweifelsohne können moderne Methoden der Datenerhebung dazu dienen, Probleme sichtbar zu machen, sie werden aber auch weiterhin kaum alleine auf technischem Wege zu bewältigen sein.

Was für eine Stadt aber wird das sein, in der nichts mehr dem Zufall überlassen wird und mittels strikter Kontrolle Verbrauch und Gebrauch durch und durch optimiert werden? Ist nicht genau das Gegenteil, das ungeplante Aufeinandertreffen von Differenzen, Kennzeichen und Qualität des Städtischen, durch das neue Formen des (Zusammen-)Lebens entstehen können? Welcher Art sollen die Freiräume für unvorhergesehene und unbestimmte Handlungen sein? Wer definiert die Maßstäbe für die „smarte" Stadt? Und was wird aus denjenigen, die diesen Maßgaben nicht genügen – wo werden sie leben?

Die Stadt ist niemals „fertig", sie wird produziert und reproduziert. So muss auch die Gestaltung ihrer fortwährenden Veränderung als ein andauernder Prozess verstanden werden, der immer wieder aufs Neue zu hinterfragen ist. Dabei sollte es darum gehen, Bedingungen zu schaffen, um in ihr angelegte Potenziale zur Entfaltung zu bringen. Was das im Einzelnen heißen kann, lässt sich eben nicht immer vorhersagen. Deshalb braucht es Lücken für Aneignungen, Spiel- und

Verhandlungsräume für Deutungen und Umdeutungen. Unter Berücksichtigung der komplexen Zusammenhänge unserer Städte bedeutet das zu akzeptieren, dass Unsicherheit und Unbestimmtheit keine zu vermeidenden Störfälle sind, sondern, als Bedingungen des Urbanen erkannt, Transformationen voranbringen können. Das beinhaltet notwendigerweise auch Fehlentwicklungen zuzulassen und konstruktiv mit ihnen umzugehen!

In der Natur dieser Prozesshaftigkeit liegt es, dass die Selbstverständlichkeit, mit der wir von der „Stadt", dem „Urbanen" sprechen, zunehmend ins Wanken gerät. Während vornehmlich in den Städten der südlichen Hemisphäre ein ungebändigtes Wachstum um sich greift, dessen Ergebnis gigantische städtische Agglomerationen sind, die mit dem Begriff der Stadt kaum mehr zu fassen sind, so sind auf der anderen Hemisphäre Stagnation und teilweise sogar rückläufige Entwicklungen zu verzeichnen.

Das europäisch-nordamerikanische Metropolenmodell urbaner Entwicklung, welches die zentralisierte urbane Form einer dezentralisierten suburbanen gegenüberstellt, wirkt überkommen. Vielmehr haben wir es heute mit einer Ansammlung heterogener Raumeinheiten zu tun. Diese sind nicht einfach entstanden oder gar „natürlich" gewachsen – sondern sie sind hervorgegangen aus der Lebensweise ihrer Bewohner und den alltäglichen Rhythmen ihres Gebrauchs. Gesteuert von ihren Interessen spannen sie in unzähligen Interpunktionen unterschiedlicher „Planungen" ein nie enden wollendes urbanes Netzwerk der Beziehungen auf. Dazwischen" entsteht die Stadt der Restflächen, der Unter-, der Falschnutzungen, der Brachen, der Brüche, die Stadt der Einfalt und der Vielfalt, der Überschneidungen, der Unbestimmtheiten, der Freiräume, des Ungeplanten, Unsortierten, des Überraschenden, ja auch des Abstoßenden und des Anziehenden, der Ordnung und der Unordnung.

Die Stadt ist „komplex" und „unfertig" – das sagt sich leicht dahin. Doch was heißt das für eine Forschungs- und Gestaltungspraxis? Wie gehen wir damit um?

Um mit diesen Unschärfen arbeiten zu können, „zoomen" wir zunächst weit heraus, sodass wir einen Überblick gewinnen und uns dem Untersuchungsgegenstand „Stadt" von neuem annähern können, indem wir ihre Zusammenhänge aus neuen und ungeahnten Perspektiven nachverfolgen. Welches sind ihre Bestandteile, wie sind sie entstanden? Welche Kräfte wirken in ihr und wer sind die Akteure? In Anbetracht immer verschiedenerer Ausprägungen urbaner Realität, sind Detailbetrachtung notwendig, um im Einzelnen exemplarisch zu erforschen, wie durch die Beziehungsgeflechte von Menschen und Dingen Räume entstanden sind und entstehen. Ohne diese

Vorarbeit, können die Ressourcen, die das Städtische bereithält, nicht erschlossen werden.

Stadt zu untersuchen wie sie „ist", ist ein schwieriges Unterfangen. Wer etwa wollte dabei „Objektivität" für sich in Anspruch nehmen? Der einzige Ausgangspunkt einer Betrachtung der Welt liegt in uns selbst – für die Analyse dessen, was wir vorfinden, müssen wir uns also gerade unserer eigenen Subjektivität versichern. Wichtige Wegbereiter für eine solche Betrachtung von Städtebau und Architektur in ganz alltäglichen Zusammenhängen waren die Architekten Venturi, Scott-Brown und Izenour. Mit ihrem Werk „Learning from Las Vegas" zielten sie darauf ab, sich in die reale Situation hineinzubegeben, deren „Wirklichkeit" zu erfassen, um daraus eine Theorie ableiten zu können. Ein radikaler Perspektivenwechsel vom Architekten, als außenstehendem „Visionär", zum Forscher, der sich mitten hineinbegibt und selbst zum Teil der (Forschungs-)Situation wird. Gemeinsam mit ihren Studierenden machten sie sich unterschiedliche disziplinäre Einflüsse zunutze, um neue Methoden und Medien zur Analyse und Darstellung von Stadt zu entwickeln.

Die Versuchsanordnung und die Fragen von „Learning from" haben weiterhin Bestand. Wie lässt sich Stadt aus dem Vorhandenen heraus weiterentwickeln? Wie umgehen mit dem, was da ist? „Mending broken pottery with gold" – Adam Greenfield verwendete in einem Vortrag auf eindrucksvolle Weise die japanische Praktik der „golden repair" als eine Metapher für einen möglichen Umgang mit dem Bestand unserer Städte. Zerbrochenes Geschirr mit Gold zu kitten erhöht nicht nur dessen materielle Wertigkeit, sondern verbessert auch die statischen Eigenschaften der Gefäße erheblich. In diesem Sinne sollte es auch in unseren Städten darum gehen, „niemals etwas abzureißen, wegzunehmen oder zu ersetzen, sondern immer etwas hinzuzufügen, zu transformieren und weiter zu nutzen", wie es Druot, Lacaton und Vassal in ihrem Manifest „Haltung" (im Ausstellungskontext als Flugblatt in Umlauf) in Worte fassen.

Da „Stadt" eben nicht nur aus gebauten Strukturen, sondern aus Lebewesen, Handlungen, Netzwerken, Wissen besteht, ist es nötig, den Inhalt der Bezeichnung „Bestand" nicht auf physisch-materielle Elemente zu beschränken, sondern weiter zu denken. Wie wird Raum/Stadt produziert? Wer ist daran beteiligt? Analytische Annäherungen an das, was ist, müssen auch danach fragen, wie soziale Beziehungen verknüpft werden und welche Formen der Raumproduktion dadurch in die Stadt eingeschrieben werden. Das zu klären ist notwendig, um zu verstehen, warum Raum – und mithin Stadt – so und nicht anders (re-)produziert wird. Bewohner verfügen über ein enormes (implizites) Wissen, sie sind die Experten vor Ort und die wichtigste Ressource überhaupt.

KAPITEL DREI

Wohnen

(Bohmann, Herbst und Hovy)

Wohnen ist Gestalten

„Ich mag Wohnungen nicht leiden, die seelisch nach Maß gemacht sind" erklärte er. *„Ich käme mir darin vor, als ob ich auch mich selbst bei einem Innenarchitekten bestellt hätte!"*
— Robert Musil, Der Mann ohne Eigenschaften

Eine Wohnung zu beziehen macht eine Menge Arbeit. Schon vor dem Einzug müssen unzählige Umstände abgewogen und Entscheidungen gefällt werden: alleine wohnen oder doch lieber in Gemeinschaft? Mit dem Partner, der Familie, in einer WG oder Kommune, generationsübergreifend, mit den Eltern oder doch ganz anders? In welches Format passen die Wohnwünsche? Haus oder Wohnung, Eigentum oder zur Miete, Alt- oder Neubau, Beletage, Dachgeschoss, Loft oder Bauwagen? Nicht alle haben die Wahl.

Bezieht man eine Wohnung, so stellt man damit einen Bezug zum Ich her. Wie wir wohnen erzählt viel über unsere Verfassung und wie wir unser Selbst verfassen. Der Rückzug in die eigenen vier Wände bietet Schutz und grenzt die Privatsphäre vom öffentlichen Raum ab. Das Wohnen ist ein Vorgang, der das innere Sein im Äußeren verhandelt. Die Wohnung ist ein Ort, an dem wir bei uns selbst zu Hause sein können. Hämmern, bohren, sägen, schleifen, tapezieren, anschließen, streichen — handwerkliche Eingriffe passen den Wohnraum nicht nur unseren Vorstellungen an, sie unterstützen dessen psychologische Aneignung. „Fremdes" wird durch das Tätigsein vereinnahmt und zum „Eigenen". Wunschbilder werden zu Begehrlichkeiten, die gebaute Umwelt entsprechend zu verändern.

Wer in welchem Maße Raum für sich beanspruchen kann, ist abhängig von Machtstrukturen. Teilen sich Individuen Wohnraum, so lässt sich der Anordnung von Gegenständen etwas über die Beziehungen der Einzelnen untereinander ablesen. Ob Objekte Nutzungen ermöglichen oder rein dekorativer Natur sind — sie wirken als Markierungen, die Räume der Gemeinschaft und individuelle Zonen voneinander abgrenzen. Raumaneignung ist ein Kommunikationsprozess und bedeutet häufig Konflikt — eine Auseinandersetzung mit den Vorstellungen der Anderen über die Verteilung der Dinge. Wohnraum stellt den Rahmen für eine Vielzahl existenzieller Aktivitäten: Schlaf, Ernährung, Hygiene, Arbeit, Bildung, Entspannung, Intimität ... Aber kann man diese Aktivitäten nicht auch ohne festen Wohnsitz ausüben? Kann man ohne Wohnung wohnen?

Nach einer Einschätzung der Bundesarbeitsgemeinschaft Wohnungslosenhilfe sind rund 300.000 Menschen in Deutschland wohnungslos, die Tendenz ist steigend. Als Hauptgrund dafür werden die steigenden Mieten in den städtischen Zentren gesehen. Die meisten Betroffenen kommen bei Bekannten, Verwandten oder in Hilfseinrichtungen unter. Ungefähr ein Zehntel aber schlägt sich auf der Straße durch, was schwerwiegende Konsequenzen für Leib und Seele hat. Sich eingestehen zu müssen, einen Mangel in der Wohnraumversorgung nicht aus eigener Kraft beheben zu können, begünstigt laut einer Studie der WHO Störungen der Psyche. „Ohne Heimat sein heißt leiden" schrieb Dostojewski. Doch was bedeutet dies in einer Zeit, in der sich in weiten Teilen der Gesellschaft Lebensläufe immer stärker durch ein hohes Maß an Mobilität auszeichnen? Wie gestaltet sich das Wohnen von Menschen, deren Zuhause mal hier und mal da ist? Beruflich und privat beweglich zu sein, sein zu können, ist eine prestigeträchtige Angelegenheit — man verbindet damit ökonomisches, soziales und kulturelles Kapital der Reisenden. Der schwerwiegende Unterschied von Weltenbummlern und geschäftlich Reisenden zu unfreiwillig Wohnungslosen ist jedoch, dass sie je nach Bedarf und abhängig von den zur Verfügung stehenden Mitteln Dienstleistungen und Räume in Anspruch nehmen können, die für sie Wohnfunktionen erfüllen.

Wie werden diese Entwicklungen wohl zukünftig auf die Wohnweisen wirken? Wie viel „Eigenes" braucht der Einzelne, um zu wohnen? Welche Funktionen können ausgelagert, welche geteilt werden? Und müssen diese rund um die Uhr verfügbar sein? Diversifizierung und Unbeständigkeit in den Lebenslagen der Menschen verwischen zunehmend das Bild einer „Normalität" von Wohnbedürfnissen. Hinter die Frage, wie wir gut miteinander leben können, wird nie eine endgültige Antwort gesetzt werden. Folglich gilt es andere Fragen zu formulieren. Dazu ist es notwendig, das „Wohnen" nicht als eine „natürliche" Aktivität zu betrachten, die es lediglich architektonisch zu umkleiden gilt, sondern als temporäres Ergebnis permanenter gesellschaftlicher Aushandlungsprozesse. Nur so wird es möglich werden, über die bestehenden Gesellschafts- und Bauformen hinaus neue Wohnkonzepte in die Welt zu bringen.

Sebastian Bührig und Bernd Kniess

(Bohmann, Herbst und Hovy)

Housing is Designing

"I can't stand houses with interiors tailored to express one's personality," he declared. "It would make me feel that I had ordered myself from an interior decorator too."
— Robert Musil, The Man Without Qualities

Moving into a flat is a lot of work. Even before the actual move, countless circumstances have to be weighed and decisions made: to live alone or together with others? With your partner, family, shared apartment, commune, multi-generational apartment, with parents, or something completely different? What format best suits the housing requirements? House or apartment, owner-occupied property or rented, old or new building, piano nobile, attic, loft, or trailer? Many options, but not everyone has a choice.

Moving into an apartment is like putting the outer world in relation with the self. How we live says a lot about who we are and how we see ourselves. Retreating to within the four walls of our own home provides protection and defines the boundaries between private and public space. Dwelling is a process of negotiating the inner being in the outer. The apartment is a place where we can be at home with ourselves. Hammering, drilling, sawing, grinding, wallpapering, connecting, painting—creative interventions do not only make the living space better suit our personal taste, they also support its psychological appropriation. The "alien" is conquered by being active and making something "one's own." Desired images change according to the wish to have the built environment reflect them.

Who is allowed to claim how much space for themselves is determined by power structures. If individuals share living space, the arrangement of objects reveals something about the relationships between those individuals. Regardless of whether objects perform a functional use or are of a purely decorative nature, they will always act as markers to define the boundaries between community spaces and individual zones. Appropriation of space is a process of communication that often involves conflict—conflict regarding other people's ideas of how things should be distributed.

Living space provides the framework for a variety of existential activities: sleep, diet, hygiene, work, education, relaxation, and intimacy. But cannot these activities be carried out without a permanent residence? Can you live somewhere without a home?

According to an assessment by the Bundesarbeitsgemeinschaft Wohnungslosenhilfe (Federal Working Community for Assistance to Homeless People), approximately 300,000 people are homeless in Germany at the moment and the number is rising. The main reason for this is the rising cost of rent in urban centers. Most of those affected are taken in by friends, relatives, or by shelters. However, approximately one-tenth land on the street, which has serious consequences for both the body and the soul. According to a study by the World Health Organization, having to admit to not being able to resolve your own housing supply shortage can be psychologically damaging.

"Being without a home means suffering," wrote Dostoevsky. Yet, what does that mean in an age where certain segments of society define themselves increasingly through their mobility? What form does living somewhere take on for people whose home is sometimes here and sometimes there? To be professionally and personally mobile is a prestigious affair, because it is associated with a wealth of economic, social, and cultural resources. Yet there is a massive difference between globetrotters or business travelers and people who are involuntarily homeless. The first group is at least able to make use of available resources, services, and spaces in order to fulfill their residential needs.

How will these developments most likely effect modes of habitation in the future? How much "personal space" does the individual need to live somewhere? Which functions can be outsourced, and which shared? And must they be available around the clock?

Diversification and volatility in the everyday life of people increasingly blur the picture of "normal" with regard to housing needs. A definitive answer to the question of how we can live together well will never be established, which is why we need to formulate different questions. We need to look at "living somewhere" not as a "natural" activity that needs to be contained architecturally, but rather as a temporary result of a permanent, social process of negotiation. Only then will it be possible to introduce the world to new ways of living that go beyond our existing societal and architectural forms.

Sebastian Bührig and Bernd Kniess

Hartmut Häußermann, Walter Siebel

Soziologie des Wohnens

Eine Einführung in Wandel und Ausdifferenzierung des Wohnens

men der Menschen sind zugleich Wohn- oder Behausungseinheiten. Aber sie sind alle durch bestimmte Typen der Raumgestaltung charakterisierbar. Sie sind ja immer Einheiten aufeinander bezogener, ineinander verflochtener Menschen; und wenn auch Art oder Typus dieser Beziehungen gewiß niemals bis ins Letzte und Wesentliche durch räumliche Kategorien ausdrückbar sind, so sind sie doch immer auch durch räumliche Kategorien ausdrückbar. Denn jede Art eines 'Beisammen' von Menschen entspricht einer bestimmten Ausgestaltung des Raumes, wo die zugehörigen Menschen, wenn nicht insgesamt, dann wenigstens in Teileinheiten tatsächlich beisammen sind oder sein können. Und so ist also der Niederschlag einer sozialen Einheit im Raume, der Typus ihrer Raumgestaltung eine handgreifliche, eine - im wörtlichen Sinne - sichtbare Repräsentation ihrer Eigenart" (Elias 1983, 70f.).

Der Wandel der Wohnung und des architektonischen Gehäuses verweisen auf gesellschaftliche Veränderungen, auf den Wandel von Ehe und Familie, von gesellschaftlicher Arbeitsteilung und Herrschaftsorganisation, von Geschlechterverhältnis und Charakterstrukturen - in Elias' Begrifflichkeit: Wandel gesellschaftlicher Figurationen. Allzu schnell wird heute Wohnen mit Familie gleichgesetzt. Der heutige Begriff 'Familie' verstellt aber den Zugang zu früheren Wohnweisen. Das Wort Familie findet erst im 18. Jahrhundert Eingang in die deutsche Umgangssprache. Vorher wurde von Haus gesprochen (vgl. Brunner 1956), ein Hinweis darauf, daß auch die sozialen Tatsachen sich geändert hatten. Familie in ihrer heutigen Form ist keine menschliche Grundkonstante, die außerhalb der Geschichte steht. Sie ist nicht die historische Keimzelle der Gesellschaft, quasi im Naturzustand, sondern selbst Produkt gesellschaftlicher Entwicklung. Das ganze Mittelalter hindurch überlagern und durchdringen die sachlichen Arbeitsbeziehungen des Haushalts als Betriebsstätte die emotionalen Beziehungen zwischen den Haushaltsmitgliedern. Erst im 16. und 17. Jahrhundert begann sich ein 'Familiensinn' als Bewußtsein einer besonderen affektiven Beziehung zwischen Eltern und ihren Kindern zu entwickeln, doch blieb er zunächst auf wenige Familien einer Schicht adliger und bürgerlicher Notabeln beschränkt (Ariès 1988, 547). In kleinbäuerlichen Haushalten gibt es bis ins 19. Jahrhundert hinein noch keinen vom Gesinde, teilweise auch nicht vom Vieh getrennten Rückzugsort für familiale Privatheit (Kanacher 1987, 51).

Bei der Analyse des Wohnens von ahistorischen Befindlichkeiten auszugehen ('wie wohnt der Mensch?'), erweist sich als Unsinn. Abstrahiert man von den epochen-, kultur- und schichtspezifischen Ausformungen des Wohnens, so bleibt als einzige Gemeinsamkeit nur die physische Schutzfunktion der Wohnung. Die aber unterscheidet menschliche Behausungen gerade nicht vom Fuchsbau oder der Bienenwabe. Was den Menschen vor dem Tier auszeichnet - das hat Karl Marx überzeugend dargelegt -, ist seine Fähigkeit, sich seine Welt selbst zu entwerfen. Aufgabe der Soziologie ist es, dem nachzugehen, zu fragen, warum in bestimmten Epochen in bestimmten Gesellschaften sich die Wohnweisen von denen zu anderen Zeiten und anderen sozialen Zuständen unterscheiden. Menschen mußten sich z.B. mit ihren Behausungen nicht nur gegen

die Unbilden der Natur schützen, gegen Witterung und wilde Tiere, sondern auch gegen ihre Mitmenschen. Mauern, Wassergräben oder Alarmanlagen kennzeichnen diese soziale Schutzfunktion des Wohnens, besonders plastisch in den Türmen von San Gimignano, wo innerhalb ein und derselben Stadt die adligen Geschlechter ihre Burgen und Wachttürme errichtet haben, um sich gegeneinander zu verteidigen - aber ist es so anders in New York, in dessen modernen Bürohochhäusern Videokameras selbst noch die Toiletten überwachen? In den Vororten des mittleren Westens dagegen gibt es keine Zäune, und die Haustüren stehen offen. Offenbar sind diese lokalen Gesellschaften nach innen befriedet und nach außen gut genug abgesichert. Auch die Zelte der Nomaden boten keinerlei Schutz gegen Gewalt. Hier war es die Gruppe der Krieger, die diesen Schutz gewährleistete. San Gimignano oder unsere heutige Alarmanlagenkultur sind also nicht Insignien universeller Funktionen, die immer an der Wohnung haften, sondern sehr gesellschaftsspezifische.

Soziologischer Gegenstand ist, was an den verschiedenen Ausformungen des Wohnens jeweils gesellschaftlich verursacht ist und was sich mit unterschiedlichen gesellschaftlichen Formationen verändert, was also historisch wandelbar ist. Nicht nur wie man sich schützt, sondern erst recht wer und was als schutzbedürftig gilt, ist sozial definiert. Die Ehre des Herrn war im Mittelalter schützenswert, nicht die des Gesindes, die Häuser der Stadtbürger standen unter Schutz, nicht die Hütten der Metöken außerhalb der Stadtmauern, und erst mit der Zentralisierung der Staatsgewalt und der Steuerhoheit wurde aus dem Wegezoll, den der adlige Burgherr durchreisenden Kaufleuten abverlangte, Beschaffungskriminalität.

Jede gesellschaftliche Epoche schafft sich ihre besondere Wohnweise als wechselseitigen Zusammenhang von Lebensweise und Gehäuse. Um in diesem breiten Strom des Wandels einen Halt zu finden, von dem aus oder auf den hin die Veränderungen beschrieben werden können, benötigt man einen bestimmten Begriff des Gegenstands. Kontrastierend zum idealtypischen Konstrukt des ganzen Hauses als der vormodernen Wohnweise konstruieren wir einen Idealtypus des modernen Wohnens, der das Besondere der Wohnweise hervorhebt, die sich in der Bundesrepublik in den 50er und 60er Jahren dieses Jahrhunderts durchgesetzt hat. Wir beschreiben im folgenden den Wandel des Wohnens als einen historischen Prozeß, der diesen Typus hervorgebracht hat.

1.2 Der Idealtypus des modernen Wohnens

Mit Idealtypus ist hier im Sinne von Max Weber ein methodisches Konstrukt gemeint, nicht der statistische Durchschnitt aller empirisch vorgefundenen Wohnweisen, und auch nicht der im normativen Sinne ideale, einzig richtige Typus. Idealtypus meint das für eine bestimmte Epoche Typische, das diese Epoche Kennzeichnende eines sozialen Phänomens. Idealtypus ist also weder normatives Kennzeichnen eines sozialen Konstrukt, sondern eine abstrahierende Verdichtung, die das Besondere einer Epoche im Unterschied zu anderen herausarbeitet.

Was ist das Besondere der modernen Wohnweise? Natürlich, daß Mitteleuropäer sich nur noch selten in Zelten aufhalten, schon gar nicht in Pueblos, sondern vorwiegend in Steinhäusern, vom Flachdachbungalow bis zum postmodernen Hochhaus. Wohnen ist heute weitgehend Wohnen in verstädterten Gebieten, nur noch selten im Dorf oder einsamen Gehöft. Schließlich wäre auf technische Ausstattung und Infrastrukturen hinzuweisen wie Zentralheizung, Kanalisation und U-Bahn-Netze. Man könnte auch die durchschnittlich 39 Quadratmeter Wohnfläche pro Kopf erwähnen, die den enormen Wohlstand der Westdeutschen signalisieren. Aber weshalb wird dieser Wohlstand als private Wohnfläche realisiert und nicht in Gemeinschaftseinrichtungen, und weshalb verwenden die Konsumenten ihre wachsenden Einkommen immer noch dazu, ihre Wohnfläche auszuweiten? Eigentümlicherweise wachsen die Wohnfläche und der Wert ihrer Ausstattung sprunghaft, während das, was in der Wohnung notwendigerweise noch erledigt werden muß, rapide zu schrumpfen scheint. Die Berufstätigkeit der Frau, die Auslagerung der Alten und Kranken in Altenheime und Sanatorien, die Unterbringung von Kindern in Kinderkrippen, Kindertagesstätten und (Ganztags-)Schulen oder der Verzicht auf Kinder überhaupt, die Entwicklung der technischen und der sozialen Infrastruktur, der personenbezogenen Dienstleistungen, die steigende Mobilität in der Freizeit, die Entwicklung des Hotel- und Gaststättenwesens und der Freizeiteinrichtungen, generell die zunehmende markt- respektive staatsförmige Organisation immer weiterer Lebensbereiche, all das hat dazu geführt, daß niemand mehr unumgänglich auf eine eigene Wohnung angewiesen ist. Im Prinzip könnte man sein ganzes Leben ohne Wohnung verbringen in Hotels und Eisenbahnabteilen, Konferenzräumen, Autos, Büros, Cafés usw. Alles, was man für alle denkbaren Lebensvollzüge benötigt, ist käuflich (vgl. Häußermann/Siebel 1995). Man braucht einen Briefkasten, bei dem man polizeilich gemeldet ist, ein Mobiltelefon und vor allem Geld. Aber braucht man eine Wohnung? Eigentlich nicht. Und dennoch gibt es einen kontinuierlichen Trend der Ausweitung der Wohnfläche und ihrer immer kostspieligeren Ausstattung mit Möbeln und technischen Geräten. Am Ende eines langen Prozesses, in dessen Verlauf Funktionen an spezialisierte Orte ausgelagert wurden und alle übrigen Personen ausgezogen sind, ist nur noch der Single in der Wohnung geblieben mit einem Haufen von Sachen. Warum hält er an der eigenen Wohnung fest? Anscheinend hat die Wohnung jenseits ihrer Funktionen als austauschbare Servicestation und als Schlaflager, als Basislager für Kleider und Freizeitgerät und als Relaisstation für Telekommunikation an Bedeutung gewonnen: durch die Trennung von Privatheit und Öffentlichkeit und die damit einhergehende Emotionalisierung des Wohnens, durch die Betonung der symbolischen Funktion der Wohnung zur Repräsentation des sozialen Status, durch die Stilisierung der Wohnung als Gegenort zur Arbeitswelt im Zuge der Trennung von Wohnen und Arbeiten, durch die Individualisierung, die eine eigenständige Haushaltsführung für immer jüngere Menschen zur Selbstverständlichkeit werden läßt, und durch die wachsende Privatisierung der Bedürfnisbefriedigung.

Die Wohnung ist der Ort des außerberuflichen Lebens. Ihr Grundriß, ihre Ausstattung und ihre Lage im sozialräumlichen Gefüge der Siedlung organisieren mehr oder weniger direkt dieses Leben. Schließlich ist die Wohnung auch symbolische Gestaltung von Vorstellungen über die richtige Art zu leben. Diese Vorstellungen fallen allerdings erst im 20. Jahrhundert mit dem Leitbild 'Familiengerechtes Wohnen' zusammen. Einem balkanischen Großbauern des 17. Jahrhunderts, einem französischen Aristokraten des 18. Jahrhunderts oder einem preußischen Proletarier des 19. Jahrhunderts war diese Wohnweise fremd. Das Besondere an der Wohnweise des 20. Jahrhunderts erschließt sich aus vier Fragen:

1. Was tut man, wenn man wohnt? Das ist die Frage nach der funktionalen Bedeutung des Wohnens. Wohnen beinhaltet ein von beruflicher Arbeit gereinigtes Leben der verpflichtungsfreien Zeit, der Erholung und des Konsums. Funktional ist die Wohnung Ort der Nicht-Arbeit; das Gegenüber zur betrieblich organisierten Erwerbsarbeit.

2. Wer wohnt mit wem zusammen? Das ist die Frage nach der sozialen Einheit des Wohnens. Die soziale Einheit des Wohnens, der Haushalt, ist die durch rechtliche Bindung (Ehe) und Blutsverwandtschaft gefestigte Gruppe von Mann, Frau und ihren Kindern. Sozial ist die Wohnung Ort der Familie.

3. Wie wird Wohnen erlebt? Das ist die Frage nach der sozialpsychologischen Bedeutung des Wohnens. Wohnen umfaßt Aktivitäten, die mit Scham- und Peinlichkeitsempfindungen verknüpft sind. In der vor dem Blick der Öffentlichkeit schützenden Abgeschlossenheit separater Räume können sich Emotionalität und Körperlichkeit entfalten. Sozialpsycholcgisch ist die Wohnung Ort der Privatheit und Intimität.

4. Wie kommt man zur Wohnung? Das ist die Frage nach der rechtlichen und ökonomischen Verfügung. Die Wohnung wird unter staatlicher Regulierung von einer professionellen Elite entworfen, von einer Industrie produziert, vom einzelnen Haushalt durch Kauf oder Miete auf einem Markt erworben oder in besonderen Fällen nach politisch definierten Kriterien vom Staat zugeteilt. Die Nutzung der Wohnung regeln Hausordnungen, Miet-, Eigentums- und Nachbarschaftsrecht.

Diese vier Merkmale finden sich auch in früheren Epochen. Schon in der Phase der Protoindustrialisierung des ausgehenden 17. und des 18. Jahrhunderts entstanden kleinfamiliale Lebensformen bei Heimarbeitern auf dem Land. Schon in der Antike gab es Mietwohnungen, und die Fuggerei in Augsburg könnte als mittelalterliche Form des Mietwohnungsbaus bezeichnet werden. Was dennoch dazu berechtigt, von einem Idealtypus des modernen Wohnens zu sprechen, ist das Zusammentreffen aller vier Merkmale im heutigen Massenwohnungsbau. Im Schlußkapitel dieses Buches wird gezeigt, daß die Realität sich diesem Bild nur vorübergehend und unvollkommen füge. Aber diese vier Merkmale prägen dennoch die Wohnwirklichkeit wie die Wohnwünsche zumindest bis in die 70er

Jahre - und sie bildeten die Leitlinie für den Massenwohnungsbau im 20. Jahrhundert. Im 'Idealtypus' sind die charakteristischen Merkmale modellhaft zusammengefaßt.

Sie materialisieren sich in Drei-Zimmer-Küche-Bad-WC-Zentralheizung, deren Grundriß und Ausstattung in DIN-Normen detailliert festgeschrieben sind: Der nach Ausstattung, Größe und Lage beste Raum ist das Wohnzimmer, Zentrum der Familie, gelegentlich auch gute Stube für Geselligkeit und Repräsentation, vor allem ein Raum der Freizeit. Es sollte „auch in den kleinsten Wohnungen als Hauptaufenthaltsraum der Familie wenigstens ein Wohnzimmer von behaglicher Weiträumlichkeit ermöglicht werden, das während der Ruhestunden die heutige Enge vergessen läßt" (Klein 1930, zit. nach Kanacher 1987, 176). Alles, was an Arbeit erinnern könnte, was Geruch, Lärm oder Schmutz verursacht, wird draußen gehalten. Das Wohnzimmer signalisiert die Hierarchie der Personen und der Nutzungen in der modernen Wohnung: „Es fällt auf, daß ... der prozentuale Anteil des Kinderzimmers an der Gesamtwohnfläche immer kleiner wird, je größer die Grundfläche des Hauses ist ... Wenn die Gesamtwohnfläche steigt, profitieren hiervon nur die Erwachsenen ... Die üblichen Proportionen der Raumverteilung werden beibehalten, ja eher noch in Richtung einer noch stärkeren Betonung des Wohnzimmers verschoben" (Tränkle 1972, 66f.). Das Wohnzimmer ist der einzige Raum, für den die DIN 18011 'Stellflächen, Abstände und Bewegungsflächen im Wohnungsbau' nur eine Mindestgröße vorschreibt: In Wohnungen für vier Personen sollen 20 Quadratmeter - 18 Quadratmeter, wenn ein gesonderter Eßplatz vorgesehen ist - nicht unterschritten werden.

Gegenüber dem Wohnzimmer sind die übrigen Räume (Schlafzimmer, Küche, Kinderzimmer, Bad, WC) nach Größe, Ausstattung und Lage in der Wohnung so gestaltet, daß sie nur monofunktional benutzt werden können. DIN 18011 schreibt jeweils Mindestmaße für Möbelstellflächen, Abstände und Bewegung vor. Die Küche ist danach reiner Arbeitsraum, dessen Grundriß und Einrichtung durchrationalisiert sind, um die Hausarbeit zu erleichtern. Der Anteil der Küche an der gesamten Wohnfläche ist mit der Entwicklung zum Konsumentenhaushalt, in dem Lebensmittel nur noch 'endverarbeitet' werden, auf ein Minimum reduziert worden.

Das Elternschlafzimmer ist ähnlich normiert: zwei Betten, zwei Nachtschränke, ein Kleider-Wäscheschrank, ein zusätzliches Möbelstück (z.B. Frisierkommode oder Nähmaschine). Wenn kein Kinderzimmer vorhanden ist, „so ist zusätzlich die Stellfläche für das Bett eines Kleinkindes (55 cm x 110 cm) erforderlich" (DIN 18011 2.4.2).

Das Kinderzimmer ist der einzige einer Person zugeordnete Individualraum. Der Beirat des Bundesministeriums für Familie, Jugend und Gesundheit hat gefordert, daß es ein kindliches 'Eigenterritorium', „das vor dem Zugriff anderer gesichert und von den Eltern respektiert werden sollte" geben müsse (zit. nach Kanacher 1987, 236). Aber in der Wirklichkeit ist es meist der kleinste Raum,

16

oft für zwei Kinder. Private Bauherren senken sogar den Anteil der Kinderzimmer an der Wohnfläche noch weiter (vgl. oben). Auch die DIN-Norm 18011 schreibt Spielflächen in Kinderzimmern nicht zwingend vor: „In jedem Kinderzimmer ist eine zur Spielfläche erweiterte Bewegungsfläche von 120 cm x 180 cm erforderlich ... Die Spielfläche kann auch mit dem Eßplatz zu einem Raum oder Raumteil zusammengefaßt werden, wenn dieser durch Fenster belichtet und belüftet und durch eine Tür gegen die Küche abtrennbar ist" (DIN 18011 4.3)

Geräusche und Gerüche aus Küche, Bad und vor allem aus dem WC werden zunehmend als störend empfunden. Daher die Tür zur Küche, erst recht aber die Absonderung der Entleerung und Körperreinigung in ausschließlich darauf spezialisierte Räume. Als einzige andere Funktion für das Bad sieht die DIN 18022 im Bad Stellflächen für 'Wäschepflegegeräte' vor. „In Wohnungen für mehrere Personen ist die Anordnung eines vom Bad getrennten WCs zweckmäßig" (DIN 18022 4.1).

Haushaltsformen jenseits der Kernfamilie, Wohnfunktionen jenseits von Hausarbeit, Erholung und Konsum, Aneignungsformen jenseits individuellen Eigentums oder Miete und Bauformen jenseits von Einfamilienhaus oder Geschoßwohnung kommen in den Wohnwunschbefragungen der 60er und 70er Jahre allenfalls am Rande vor. Die Wohnwünsche scheinen im wesentlichen nur in Details der Grundrißorganisation und der symbolischen Selbstpräsentation sowie hinsichtlich Standort und Verfügungsform zu differieren - aber auch da nur in geringem Maß: Bis zu 80% der Befragten wünschen sich das Eigenheim am Stadtrand.

Der Idealtypus des modernen, kleinfamilialen Wohnens ist nicht nur in DIN-Normen und den subjektiven Wohnwünschen präsent. Er ist auch institutionalisiert in Gesetzen, Förderrichtlinien, Finanzierungsbestimmungen und in den Kategorien der amtlichen Statistik. Diese definiert eine Wohnung wie folgt: „Eine Wohnung ist die Summe aller Räume, die die Führung eines Haushaltes ermöglichen, darunter ist stets eine Küche oder ein Raum mit Kochgelegenheit. Eine Wohnung hat grundsätzlich einen eigenen abschließbaren Zugang unmittelbar vom Freien, einem Treppenhaus oder einem Vorraum, ferner Wasserversorgung, Ausguß und Toilette, die auch außerhalb des Wohnungsabschlusses liegen können" (Statistisches Bundesamt 1995b, 5). Eine Wohnung muß also die Abgeschlossenheit der Privatsphäre garantieren, eine selbständige Haushaltsführung, die mit Essenszubereitung gleichgesetzt wird, und die körperliche Entleerung.

Die soziale Einheit des Wohnens, der Haushalt als Gruppe der zusammen wirtschaftenden und zusammen wohnenden Personen, wird mit der Familie gleichgesetzt: Mehrpersonenhaushalte gelten als Familienhaushalte. Friedrich Burgdörfer schreibt 1917: „Die sozialökonomische Familienstatistik hat ... die statistische Buchführung über die tatsächlichen Formen des menschlichen Zusammenlebens, die Familie im sozialökonomischen Sinne und deren Wirtschafts-

17

führung, kurz über die Haushaltungen und das Haushalten zum Gegenstand" (zit. nach Schubnell 1959, 127). „Haushalt und Familie wurden begrifflich nicht getrennt. Man bezeichnete bei allen Zählungen bis einschließlich 1939 die Mehrpersonenhaushalte - außer den Anstaltshaushalten - rundweg als 'Familienhaushalte', auch wenn sie noch seitenverwandte oder blutsfremde Personen umfaßten. Begründet wurde diese Vermischung von Haushalt und Familie noch 1939 damit, daß die biologische Familie in den meisten Fällen den einzigen Inhalt der Haushalte bilde" (Schubnell 1959, 125).

Erst neuerdings wird berücksichtigt, daß „ledige Personen ohne Kinder, die nicht zu den Familien zählen, einen Haushalt bilden können" (Statistisches Bundesamt 1994, 12). Aber auch heute noch zählen verwitwete, geschiedene oder verheiratete, aber getrennt lebende Personen mit und ohne ledige Kinder sowie ledige Personen mit ledigen Kindern als unvollständige Familien, also als nicht zustandegekommene oder gescheiterte Familien, nicht als eigenständige Haushaltsformen, und in der jüngsten Veröffentlichung des Statistischen Bundesamtes heißt es: „Unter einem Privathaushalt werden alle Menschen verstanden, die zusammen wohnen und wirtschaften, ohne Rücksicht auf ihre verwandtschaftlichen Beziehungen. In unserer Gesellschaft sind Haushalte und Kernfamilie - das sind Eltern mit ihren Kindern - weitgehend identisch" (Statistisches Bundesamt 1995a, 6) - obwohl in derselben Publikation darauf hingewiesen wird, daß in Deutschland 42 Prozent der Bevölkerung nicht in Familien leben (vgl. a.a.O., III).

Richtlinien und Belegungspolitik im sozialen Wohnungsbau zielen auf die eheliche Kernfamilie. Wohnungen für Alleinstehende gelten dagegen als Sonderwohnformen ähnlich denen für Behinderte oder alte Menschen. Die Abgeschlossenheit der Wohnung nach außen, die Trennung von Wohnen und beruflicher Arbeit, die Erfüllung der Vitalfunktionen (Schlafzimmer, Bad, Toilette), die Führung eines selbständigen Haushalts (Küche) sind in den Normen des Wohnungsbaus ebenso verankert wie ein Mindestmaß an Separierung von Funktionen und Personen innerhalb der einzelnen Wohnung: Gemäß der für den Wohnungsbau gültigen DIN-Normen (283, 18 011, 18 022) gehören zu einer Wohnung: Küche, Schlafzimmer, Wohnräume, Wasserversorgung, Ausguß und Abort sowie Nebenräume (Treppen, Flure, Abstellkammern). Räume für berufliche Arbeit dürfen bei der Berechnung der Wohnfläche nicht mitgezählt werden (Zweite Berechnungsverordnung, Teil IV § 42.4). Hausarbeit ist nachrangig: Ein Hausarbeitsraum wird nur empfohlen, wenn dadurch die Größe der übrigen Räume nicht unangemessen eingeschränkt wird. Und im Gutachten „Familie und Wohnen" des wissenschaftlichen Beirats für Familienfragen beim BMJFG heißt es: „Küche, Bad, Wohnzimmer und Elternschlafzimmer dürfen für die nächsten Jahrzehnte zu den kaum veränderbaren Standards des Wohnens gehören" (Bundesministerium für Jugend, Familie und Gesundheit 1975, 28). Die Wohnungsgrundrisse schreiben diese Nutzungen der Räume weitgehend fest. Zwei Drittel des heutigen Wohnungsbestandes sind seit 1949 und überwiegend entsprechend

diesen Richtlinien errichtet worden. Die familiengerechte Wohnform ist gebaute Realität. Damit ist - vermittelt über DIN-Normen, statistische Kategorien, Förderbestimmungen und subjektive Präferenzen - eine Wohnweise allgemein geworden, die noch vor 100 Jahren die Wohnweise einer Schicht war, nämlich des Bürgertums.

Die vier Merkmale des Idealtypus modernen Wohnens - die Zweigenerationenfamilie als soziale Einheit, die Trennung von Wohnen und beruflicher Arbeit, die Polarität von Privatheit und Öffentlichkeit und die individuelle Aneignung durch Kauf oder Miete - haben sich allmählich herausgebildet und in einem Prozeß der Nivellierung von Differenzen zwischen sozialen Gruppen, regionalen Kulturen und zwischen Stadt und Land weitgehend durchgesetzt.

Für die Proletarier des 19. Jahrhunderts war der heute erreichte Wohnstandard ein unerreichbarer Luxus. 1893 wohnten z.B. 28% der Bergarbeiter - und die Bergarbeiter waren im allgemeinen im Wohnungsbereich sogar besser versorgt als die übrigen Arbeiter - im nördlichen Ruhrgebiet als Untermieter oder hatten als sogenannte Schlafgänger nur ein Bett gemietet, das sie sich umschichtig mit anderen teilen mußten. Kurz vor dem Ersten Weltkrieg verfügten 58% der Mitglieder von Arbeiterhaushalten in Wien nicht über ein Bett für sich alleine. Hinzu kam eine heute beinahe unvorstellbare Mobilität: Die Hälfte aller Arbeiter war 1897 im Durchschnitt nicht länger als 11 Tage auf einem Arbeitsplatz beschäftigt. In den Häfen gab es eine Regelung, wonach ein Arbeitsvertrag wenigstens einen halben Tag dauern sollte. Diese extreme Unsicherheit des Arbeitsplatzes hatte zwangsläufig extrem häufige Wohnungswechsel zur Folge. Es ist unmittelbar einsichtig, daß unter solchen Bedingungen sich Intimität, Emotionalität und Familienleben kaum entfalten konnten (Ehmer 1979; Langewiesche 1979).

Dennoch wäre die Erklärung nur halbwahr, die heutige Wohnweise habe sich früher nicht durchsetzen können allein aufgrund ungesicherter Existenz, materieller Not und Rechtlosigkeit. Die Lebensweise des französischen Hochadels im 18. Jahrhundert ist in einer ganz anderen Art und Weise, aber doch ähnlich weit entfernt von dem, was wir als bürgerlich-familiäre Privatsphäre kennen. Die Ehepartner wohnten üblicherweise in getrennten Wohnungen, und jeder hatte sein eigenes Personal. Die Grundrißorganisation kannte kein getrenntes Erschließungssystem, also keine Flure und Dielen, so daß jedes Zimmer zugleich Durchgangszimmer war, was kaum zuließ, geschützte Sphären der Privatheit aufzubauen (Elias 1983). Ähnliches zeigen die römischen Villen. Sie repräsentieren einen Luxus, den das großbürgerliche Wohnen erst im 19. Jahrhundert wieder erreicht hat. Aber das römische Wohnen folgte gänzlich anderen Prinzipien: Noch schärfer als im französischen Hochadel waren in der griechischen und römischen Antike Männerwelt und Frauenwelt räumlich geschieden (Meier-Oberist 1956, 24f.). Teilweise wies das Wohnen in der Antike eher Ähnlichkeit zu bäuerlichen und proletarischen als zu bürgerlichen Wohnweisen auf. Die Wohnküche der Arbeiter war ohne Schleusen wie Vorflure oder Windfang direkt von draußen zugänglich. Privates stieß also ohne Puffer an das Öffentliche.

Nach Maßstäben bürgerlicher Intimität war dies in der Antike noch weit krasser: Man betrat das römische Haus durch das Bad; auch geschlafen wurde nahe dem Eingang, die Gesellschafts- und Eßräume lagen dagegen im hinteren Teil des Hauses. Auch im griechischen Megaron wurde vorne geschlafen, der Herdraum lag hinten.

Für die Mitglieder bäuerlicher Haushalte schließlich ist die Einheit von Wohnen und Arbeiten bis in das zwanzigste Jahrhundert objektiv notwendig und selbstverständlich. In ländlichen Gegenden Frankreichs hat sich das Wohnen aller Haushaltsmitglieder in einem Raum, teilweise noch mit dem Vieh, bis ins 20. Jahrhundert erhalten (Perrot 1992, 360), Reflex sowohl der extremen Armut wie der bäuerlichen Lebensweise. Wohnvorgänge räumlich und zeitlich von der Arbeit in Haus und Hof abzutrennen, hätte der Logik der landwirtschaftlichen Produktion widersprochen.

Wir beschreiben im folgenden, wie sich die moderne Wohnweise allmählich herausgebildet hat. Es ist ein Prozeß, in dessen Verlauf Personen und Funktionen aus dem Haus ausgegliedert, andere wiederum verhäuslicht werden, und der auch innerhalb der Wohnungsgrundrisse seine Spuren hinterlassen hat als räumliche Zuordnung wie als Separierung von Personen und Verrichtungen.

1.3 Wohnen und wohnungsbezogene Infrastruktur

Wenn man die Geschichte des Wohnens als Geschichte der Ausgrenzung und der Eingrenzung von Funktionen und Personen begreift, so ist sie ohne ihr Pendant, die Entwicklung der Organisation der Stadt als ganzer, nicht darzustellen. Wo und wie fand das früher statt, was in der Wohnung verhäuslicht wurde, und wo und wie werden jene Funktionen organisiert, die mit der Auflösung des Ganzen Hauses aus der Wohnung und dem Haushalt ausgegliedert wurden? Die Verhäuslichung der Vitalfunktionen, z.B. die Verlagerung der körperlichen Entleerung in die Toiletten innerhalb der privaten Wohnung, wäre ohne die Entwicklung der technischen Infrastruktur, der Wasserversorgung und der Schwemmkanalisation, gar nicht organisierbar gewesen. Die räumliche Verortung des Schlafens in der privaten Wohnung und seine zeitliche Fixierung in der Freizeit wären ohne die räumliche Konzentration der beruflich organisierten Arbeit im Betrieb und die zeitliche Strukturierung des Tageslaufs durch die Betriebszeiten von Fabriken, Schulen, Behörden und Geschäften gar nicht zu begreifen. Kurz: Die Herausbildung des 'Vergabe'- oder Konsumentenhaushaltes bedingt - und ist zugleich bedingt durch - die Entwicklung von marktförmig und politisch-administrativ organisierter Versorgung und Entsorgung. Beides, die Herausbildung des städtischen Vergabehaushaltes einerseits und der betrieblich organisierten Berufsarbeit, des Geflechts der öffentlichen Infrastruktur und der marktförmigen Versorgung mit Gütern und Dienstleistungen andererseits, sind die zwei Seiten der Urbanisierung.

20

Die Existenz eines städtischen Haushalts ist auf Dauer nur dann möglich, wenn komplementäre Institutionen der sozialen Sicherung und der technischen Infrastruktur vorhanden sind. Der Verlust der Autarkie der Einzelhaushalte im Zuge der Urbanisierung wurde in der juristischen Staatstheorie als Notwendigkeit beschrieben, eine öffentliche „Daseinsvorsorge" zu gewährleisten. Durch den Verlust an „beherrschtem Lebensraum" entstehe eine „Versorgungsnotwendigkeit und Abhängigkeit des Einzelnen von überindividuellen Leistungssystemen" (Forsthoff, zitiert nach Göschel 1983, 4). Dies gilt hinsichtlich der Bewältigung sozialer wie technischer Probleme.

Haushaltsergänzende und -unterstützende Infrastruktur wurde seit Mitte des 19. Jahrhunderts aufgebaut. Die Sozialverwaltungen entwickelten sich dabei aus der schon seit Jahrhunderten praktizierten Armenhilfe (vgl. Scarpa 1995). Diese wandelte sich von einer genossenschaftlich-solidarischen, christlich motivierten Fürsorge zu einem professionellen sozialen Dienst, der immer stärker erzieherischen Charakter annahm, dem allein die quantitative Zunahme der Hilfsbedürftigen wurde zu einer finanziellen Belastung, die die Stadtverwaltungen nicht auf Dauer übernehmen wollten oder konnten. Wichtigste Orientierung von Armenpflege, Fürsorge und Sozialhilfe wurde die Integration in das Erwerbssystem (Krabbe 1989, 100ff.).

Die starke Bevölkerungszunahme in den Städten insbesondere nach den 'Gründerjahren' am Ende des 19. Jahrhunderts schaffte dann ein ganz neuartiges Problem, zu dessen Bewältigung eine verzweigte Sozialbürokratie entstand: Die Zuwanderer mußten eine zeitliche und soziale Disziplin der Lebensführung erlernen, also ihre ländliche Lebensweise abstreifen. Dieser Lernprozeß wäre unter den bestehenden Wohnverhältnissen kaum möglich gewesen. Ländliche Lebensgewohnheiten und städtische Dichte zusammen schaffen hygienische Probleme, die die Erhaltung der Arbeitskraft gefährdeten, und sie schaffen Bedingungen für das Aufwachsen der nächsten Generationen, die deren Sozialisation und Qualifikation für die Erwerbsarbeit verhinderten. Gegen Ende des 19. Jahrhunderts wurden daher Institutionen der Kinder- und Jugendpflege sowie der Gesundheitsfürsorge eingerichtet, die zugleich die Kinder vor den Folgen ungesunder und ungeordneter Wohnbedingungen schützen wie die Eltern zu einer systematischen Fürsorge und Elternschaft anleiten sollten. 1883/87 wurden die ersten schulärztlichen Dienste eingerichtet, da in der Schule die Kinder leichter erreichbar waren. Von hier aus konnten dann die als ursächlich erkannten Wohnbedingungen und Erziehungspraktiken gezielt angegangen werden.

1905 wurden die ersten Gesundheitsämter und kommunalen Krankenhäuser eingerichtet, die die Verlagerung von Pflegediensten aus den Wohnungen heraus besonders anschaulich machen. Krankheit und Tod waren bis dahin - mit Ausnahme der Altenstifte - private Angelegenheiten; in den Wohnungen der Arbeiter war eine Krankenpflege aber weder räumlich noch zeitlich möglich, so daß neue Orte für diese Funktion geschaffen werden mußten. Unterstützt wurde diese Auslagerung von der technischen und wissenschaftlichen Entwicklung der Medizin, deren

21

Hartmut Häußermann war einer der bekanntesten Vertreter der Stadtsoziologie. Bis 2008 leitete er den Lehrbereich für Stadt- und Regionalsoziologie an der Humboldt-Universität zu Berlin. Mit großer Klarheit in Forschung und Sprache thematisierte er Fragen von Integration, Segregation, städtischen Schrumpfungsprozessen und Gentrifizierung.

Walter Siebel ist Universitätsprofessor für Soziologie an der Carl von Ossietzky Universität Oldenburg. Seine Forschungsschwerpunkte sind Regional- und Stadtforschung, Wohnsoziologie, Zusammenhänge von sozialem und räumlichem Wandel, Integrationsfragen.

Eigen - Bau - Weisen. Balkon - Gebrauchsweisen (Michaelis 2012)

143

Sozialpalast (Diane Vincent 2013)

Eigen - Bau - Weisen. Serieller Individualismus (Michaelis 2012)

Wohnen als Handeln

13 Takes

Christopher Dell

Take 0

Drei Aspekte werden in der nachfolgend entfalteten Perspektive auf das Wohnen grundlegend sein: erstens die geschichtlich situierte Produktwerdung des Wohnens, zweitens dessen Produktionsweise und drittens die mit der Produktwerdung annoncierte prinzipielle Problematisierung dessen, was wir unter Raum verstehen. In 13 Takes umspiele ich diese zentralen Motive und betrachte sie aus verschiedenen Richtungen.[1]

Take 1

Die Produktwerdung des Wohnens im 19. Jahrhundert gilt es anzuerkennen. Spätestens seit Mitte des 19. Jahrhunderts war das Wohnen nicht länger feudale Grund- und Bodenangelegenheit, sondern rückte als konstitutiver Teil in das Marktwirtschaftliche ein. Zu einer sozialen Fragestellung geriet Wohnen zunächst im Diskurs bürgerlicher Reformer und ihrer Privatinitiativen. Mit dem Beginn des 20. Jahrhunderts stieg Wohnen zum Gegenstand staatlicher Daseinsfürsorge auf – nach langen Kämpfen fand schließlich das „Recht auf Wohnen" Eingang in die Weimarer Verfassung.

Das sozial orientierte „Neue Bauen" folgte dem Leitbild funktionaler Trennung und der Form eines finalen Produkts. Wohnen wurde von den Funktionen Freizeit und Arbeiten getrennt. Derlei funktionale Vorstellung von Wohnen als Produkt wirkt noch heute in die Planung von Stadt hinein – das belegt das Regelwerk der Baunutzungsverordnung aufs Eindrücklichste. Dieses Unverständnis für die Produkthaftigkeit des Wohnens führte zu eben jenem unklaren Verhältnis, mit dem wir aktuell unserer Weise des Wohnens gegenüber stehen. Ist Wohnen ein Geschäft, Daseinsfürsorge, ein Gut der Allgemeinheit, Lifestyle, Schutzraum, Schauraum? Was ist los mit dem Wohnen?

Take 2

Die praktischen Funktionen Wohnen, Leben und Arbeiten konvergieren im Prozess der Verstädterung heute zunehmend. Darin klingt ein Wandel im Verständnis von der Produziertheit des Produkts Wohnen an. Als gesichert gilt allein, dass Raum aus Handlung entsteht. Das Handeln der urbanen Epoche hat andere Voraussetzungen als jenes der Industrialisierung: Es ist nicht mehr das rational ausgerichtete Handeln präformierter Subjekte, sondern entfaltet sich prozessual in der Interaktion zwischen Akteuren. Dies setzt einen konstruktiven Umgang mit Unbestimmtheit als zentralen Faktor des Handelns voraus – denn Tabula-rasa-Planungen verstellen den Weg zu den Ressourcen des Bestehenden. Das berührt alle praktischen Dimensionen heutigen Alltags, es gilt für das Wohnen ebenso wie für das Entwerfen oder Bauen. Notwendig ist demzufolge ein Basiskonzept, das Handeln als Modell eines konstruktiven Umgangs mit Unbestimmtheit in Gemeinschaft fassen kann.

Take 3

Die Grundlage für eine Theorie der Stadt kann nur auf der Basis einer Redefinition der alten Praktik des Wohnens (die in Anlehnung an Heidegger gleichzusetzen ist mit dem Humanen) geschaffen werden. Menschen haben das „Bedürfnis" zu wohnen; dieses Wohnen ist keine Konstante, sondern ein geschichtlich situierter Fakt. Jegliche Naturalisierungsthese von „dem natürlichen Raum", der „Umwelt", von „auf Bedürfnisse abgestimmten, gelungenen menschlichen Gestaltungen" entlarvt sich als dogmatischer Unsinn, der den Weg für die Sichtbarkeit urbaner Realitäten verstellt. Gleiches gilt für diskursive Naturalisierungstendenzen in Bezug auf das, was gemeinhin unter dem Begriff „Europäische Stadt" firmiert. Die sozio-materialen, ökonomischen und kulturellen Bedingungen des Wohnraums konstituieren „auf der Ebene der sogenannten sozialen oder menschlichen Wirklichkeit keine vornherein festgelegte Form"[2]. In diesem Sinne muss eine Definition das Wohnen als urbane Praxis fassen, in der unterschiedlichste Register von *techne* (Aktivität, mit Techniken ausgerüstet und auf Produkte ausgerichtet), *poeisis* (Schaffung von Werken) und *praxis* (Betätigungen menschlicher Gruppen) ineinandergreifen.

Take 4

Mit dem Topos Wohnen rückt die grundlegende etymologische Beziehung zwischen Wohnen, Ökonomie und Ökologie ins Zentrum des Interesses. Haus, Behausung heißt auf griechisch *oikos*. In dem Begriff versammeln sich Beschreibungen des Be-Wohnens einer gemeinsamen Welt ebenso wie die in ihnen enthaltenen Tausch- und Gebrauchsbeziehungen. Während Ökologie im Griechischen der *oikos*-logie entstammt und auf eine Verknüpfung zwischen Behausung und *logos* rekurriert, hebt *oiko*-nomie auf *nomos*, auf das Gesetz ab und bestimmt, via Verortung in der *polis*, das Recht.[3] Ökologie ließe sich demnach gewissermaßen als die poietisch-materiale Seite von *oikos* bestimmen, während Ökonomie die politisch-praxisorientierte Seite darstellte. Im Wohnen konvergieren das Ökonomische und das Ökologische – daher ist die Ökologie nicht die Wissenschaft von der Natur, sondern das Nachdenken, der *logos*, darüber, wie man an erträglichen Orten zusammenleben kann.[4] Konkret: Ein Obdach befriedigt nicht nur das Bedürfnis nach einem Behälter, in welchem übernachtet oder die private Grenze zum Öffentlichen definiert wird. Im Wohnen laufen unterschiedliche Aspekte wie Symbolisierungsqualität, nachbarschaftliche Einbindung sowie alltägliche Funktionen wie Essen, Schlafen, soziale Kontakte usw. zusammen. Das gilt bis heute. Die Neuerung indes besteht darin, dass Wohnen nicht mehr an einen Ort gebunden ist: „Soziale Einbindung, gar nachbarschaftliches Engagement oder kulturelle Inwertsetzung"[5] müssen nicht an einem „Hauptwohnsitz" realisiert werden, sondern können sich auch andernorts entfalten.

Take 5

Die Verhandlung über das Zusammenleben erinnert daran, dass, wie Heidegger sagt, das Wohnen in ein Weltverhältnis eingelassen ist. Wohnen konstituiert die Weise, in der Menschen auf der Erde existieren. Das heißt, Wohnen ist im Sinne des Habitus, als Gewohnheit des Wohnens zu verstehen, die sich in die alltägliche Lebensweise bettet. Wohnen stellt keine Aktivität dar, wie beispielsweise Fahrrad reparieren oder Wäsche waschen, sondern bildet ein fundamentales Konzept, das gewissermaßen das Ensemble menschlicher Handlungen umhüllt. Dem Wohnen wohnt auf besondere Art eine ontologische Fragestellung inne: Ihm kommen wir nicht durch das Postulat absoluter Seinsweisen auf die Spur, sondern nur durch ein der Weise des Wohnens adäquates Wissen. Am Wohnen vollzogene Daseinsanalysen inspirierten zahlreiche Phänomenologen wie etwa Bollnow, für den sich Wohnen als „authentisch" zeigt. Aus der Beschreibung des Wohnens als „echte, dem Menschen angemessene Befindlichkeit im Raum"[6] entwickelt Bollnow jene Denkfigur des „gelebten Raums", die später sowohl Merleau-Ponty als auch Lefebvre aufgriffen und erweiterten. Eine solche Vorstellung vom Wohnen knüpft an ein fundamental anderes Raumverständnis, als wir es traditionell kennen, an. Raum, so schreibt Heidegger in seinem Text „Bauen, Wohnen, Denken", „ist kein Gegenüber für den Menschen"[7] und kann nicht als externalisierbares Objekt gelten: „Es gibt nicht die

Menschen und außerdem Raum."[8] Mit heutigem Begriffsinventar könnte man sagen: Raum ist vielmehr als „performativ produziert"[9] zu begreifen. Aus dem Begriff des „gelebten Raums" destillierte Lefebvre eine Qualität des wohnenden Lebens. Daran konturiert sich „die urbane Praxis des Wohnens" als jene transformierende Tätigkeit, die das Gegenwärtige, das Städtische ausmacht. Das ringt der Stadtforschung die Erfordernis ab, dem Wohnen innerhalb ihrer Untersuchungen eine vorgeordnete Rolle zuzuweisen und die Frage zu bearbeiten, wie heute Wohnen als urbane Praxis zu beschreiben wäre.[10]

Take 6

Im Funktionalismus wurden Funktionen wie Notdurft, Essen, Schlafen, Hygiene, Sexualität aus der Kategorie Wohnen abgeleitet. Heute dreht sich die Sache herum: Ausgehend von einer Untersuchung des Gebrauchs werden die Strukturen des Wohnens bestimmt – Wohnen ist daher weniger territorial denn als performativer Vorgang zu denken. Ein Blick auf das japanische Wohnmodell hilft bei der Rekonturierung des Begriffs: Wohnen kann in Japan auch heißen, „seine" Wohnung, die private Lagerfläche zu verlassen, um Orte aufzusuchen, an denen Wohnangebote ausgelagert sind. Die Funktion und Fläche der Angebote kompensiert ein Minus an privatem Wohnraum. „Das „Wohnen" findet in Form von mehreren isolierten, temporären Ereignissen statt, die nicht unbedingt mit einem bestimmten Ort oder Platz verbunden werden."[11] Raum ist in diesem Sinne ein strukturelles Feld an Möglichkeiten, zu dem man sich verhalten kann. Wohnfunktionen können an verschiedenen Orten stattfinden. „Zum Schlafen wird der Futon ausgerollt, zum Essen stellt man sich ein Tischchen auf. Gebadet wird außerhalb, im Sento, dem Gemeinschaftsbad, das als eine Art kommunales Zentrum fungiert."[12] Eine europäische Denkweise von Stadt lernt hieran, Wohnen vom Gebrauch und nicht von der Form her zu lesen. Das meint nicht, Form ins Informelle zu wenden, sondern vielmehr Form strukturell zu verstehen und in dieser Perspektive eine generative Diagrammatik von den Ökonomien des Wohnens herzuleiten.

Take 7

Norbert Elias zeigt in seiner Studie „Über den Prozess der Zivilisation", dass die kontinuierliche Transformation von Lebensstilen zum Grundinventar der neuzeitlichen Epoche gehört. Unter Lebensstil wird eine bestimmte Form der Organisation des Alltagslebens, bestimmte Neigungen und Gewohnheiten und vor allem ästhetische Standards und Codierungen verstanden. In dem Begriff spiegeln sich sowohl kulturelle Trends als auch sozialstrukturelle und lebensphasenspezifische Faktoren. Die rasanten Veränderungen ökonomischer, technologischer und kultureller Rahmenbedingungen in der zweiten Hälfte des 20. Jahrhunderts beschleunigen die Multiplikation der Stile und evozieren „größere Wahlmöglichkeiten für die Lebensgestaltung des Einzelnen (...)."[13] Einhergehend mit neuen räumlichen Ordnungen, zunehmender Mobilität und Heterogenität der Stadt lässt sich ein Trend zu Kontingenz und Unübersichtlichkeit beobachten, in dem das, was Ulrich Beck „Individualisierung" genannt hat, eine vorgeordnete Rolle einnimmt. Individualisierung meint „erstens die Auflösung und zweitens die Ablösung industriegesellschaftlicher Lebensformen durch andere, in denen die Einzelnen ihre Biographien selbst herstellen, inszenieren, zusammenflickschustern müssen."[14] Konfrontation und Auseinandersetzung mit den eigenen Wünschen und denen der Anderen avanciert zu dem reflexiven Element von Gesellschaft.[15]

Take 8

Was einst Chance zur sozialen Mobilität war, gerät heute zum Imperativ. Im Zuge der Pluralisierung steigt die Anforderung an die Wohnsubjekte, ihre Lebensführung selbst zu gestalten. Auf den Wohnraum wirkt dies vor allem als Singularisierung zurück: Haushaltsgrößen schrumpfen, während der Flächenbedarf zunimmt. An das Alleinwohnen knüpfen sich bestimmte Stile des Lebens – Verhaltensweisen, Bedürfnisse, Interessen – die wiederum auf die Infrastruktur in den Städten wirken. Wohnen verlagert sich nach außen, Funktionen wie Cafés, Imbissmöglichkeiten, Restaurants mit Mittagstisch, Yogastudios und Modeboutiquen bestimmen die Erdgeschosse zu den Straßen hin, Hinterhöfe quellen über vor Dienstleistungen aller Art. Die „Versingelung" ganzer Stadtteile wirkt sich gravierend auf die soziale Infrastruktur aus, während Stadtpolitik und Bauordnung noch immer am alten Paradigma der Funktionstrennung hängen.

Zukünftig werden vor allem multifunktionale *hubs* im Zentrum der Debatte stehen, in denen Multifunktionalität nicht nur als Kriterium für Versorgungseinrichtungen, sondern für das Wohnen überhaupt gilt. Modulare Zuordnung von Räumen zu Wohnungen und der flexible Grundriss werden mehr und mehr an Relevanz gewinnen, gleichwohl nicht wie in den 60er Jahren als Vorstrukturierung möglicher Ereignisse, sondern als Ermöglichung neuer, nicht in ihrer Totalität vorhersehbarer Nutzungen. Währenddessen zeigt der Trend zur Individualisierung nicht nur integrative Modelle, sondern auch gegenläufige Positionierungen. *Gated communities*, ummauerte Wohnanlagen mit Wachpersonal und residentiellen Serviceangeboten bilden stadträumliche Disparitäten ab. Wohnprojekte, die vor allem auf Exklusivität rekurrieren. Identitätsproduktion entspringt hier einem Wohnen, das sich als „symbolische Ressource in alltäglichen Kommunikationspraktiken als Mittel der Distinktion"[16] artikuliert und in dem Statusbedürfnisse mit individuellen Nutzungsanforderungen konvergieren.

Take 9

Während Individualisierung grundlegend auf die Rekonturierung städtischer Wohnverhältnisse wirkt, gerät ein Aspekt in den Blick, der hier bisher eine untergeordnete Rolle einnahm – der Wandel des Arbeitens selbst. Von Berufstätigen, ob angestellt oder freiberuflich, wird zunehmend Mobilität und damit Multilokalität erwartet; die Verbindung von Arbeit und Mobilität kapriziert sich als zeitgenössische Grundbedingung von Erwerbsarbeit. Moderne Arbeitsmigranten bewegen und orientieren sich permanent in einem Spannungsgefüge zwischen Sesshaftigkeit und Mobilität. Dies wirkt dermaßen auf die Wohnfunktionen der Städte ein, dass sozialräumliche Forschung diese Praxis bereits „gleichberechtigt neben Migration und Zirkulation"[17] stellt.

Da Wohnen im Begriff ist sich gemeinsam mit der Arbeit zu dezentralisieren, meint Multilokalität, „dass neben der ursprünglich bestehenden Wohnung eine zweite Behausung verfügbar ist, die als Ankerpunkt des Alltagslebens an einem zweiten Ort genutzt werden kann."[18] Beck spricht von „Ortspolygamie: Mit mehreren Orten verheiratet zu sein."[19] Solche Polygamie bleibt Gegenstand eines Forschungsfeldes, das in seinem Beginn die Relationen zwischen Arbeiten, Leben und Wohnen als Grundkonditionen von Stadt neu zu befragen hätte.

Take 10

Nicht mehr die Funktion bestimmt das Wohnen, sondern die Wohnformen selbst differenzieren sich, in Konvergenz mit den Arbeitsformen, zunehmend aus. Man könnte sagen, die Funktion dreht sich herum: Die performative Handlungsweise der Wohnenden und die darin eingelassene Unbestimmtheit konstituieren jetzt die Form des Wohnens. Dadurch erwachsen für die Planenden neue Herausforderungen.

Take 11

Neue mediale Formen ermöglichen die Verortung des Heimischseins an fremden Orten und lösen es von originärer Lokalität. Im Zuge dieses Prozesses hybridisiert und temporalisiert sich Wohnen und lokale Wertigkeiten sehen sich zunehmend Verschiebungen ausgesetzt. In einem zunehmend unschärferen Grenzbereich zwischen Arbeiten und Leben markieren Prozesse der Individualisierung ihre ökonomischen Koordinaten der Inwertsetzung. Damit einher geht eine Renaissance der funktional dichten Innenstädte, die mit ihrem engen Dienstleistungsnetz unterschiedlichste Nutzergruppen anziehen. Zog es die wohlhabende Mittelschicht einst in die Eigenheimsiedlung vor die Tore der Stadt, sorgt heute der Zuzug von jungen Familien, Akademikerehepaaren, Unternehmensmanagern, gut situierten Senioren usw. für die ökonomische Aufwertung innerstädtischer Wohnmilieus und verdrängt, in Teilbereichen, die eingesessene Klientel. Auf eine Kurzformel gebracht kann man sagen: Mit der zunehmenden Spaltung der Stadt avanciert die Auseinandersetzung in und um den Stadtraum zum entscheidenden Thema zukünftiger Vergesellschaftung. Damit einher geht die Debatte um ein „Recht auf Stadt", die Frage, was wir überhaupt noch unter dem Begriff „Stadt" verstehen.

Take 12

Das Recht auf Stadt beinhaltet die Aneignung urbanen Raums durch die Bewohner. Aneignung nicht im Sinne von Besitzen, sondern von Gebrauchen, Nutzen. Das Recht auf Stadt zeigt somit ein Recht auf das urbane Leben an. Was aber bedeutet urbanes Leben überhaupt? Wie wollen wir leben? Welche Lebensform wollen wir zum Urbanen beisteuern? Die Proklamation des Rechts auf Stadt thematisiert die Konflikte, welche aus der Ökonomisierung des Stadtraums resultieren und zielt mit der Akzentuierung des Gebrauchs schließlich auf eine Meisterung der Ökonomie. Als Metaform manifestiert es unterschiedliche Rechte: ein Recht auf Freiheit, auf Wohnraum und das Wohnen, auf das Werk (als partizipative Tätigkeit) und des Rechts auf Aneignung, das vom Recht auf Eigentum zu unterscheiden ist. Das Recht auf Aneignung impliziert das Recht auf die Stadt als Werk und eine neue Form von Bürgerschaft, die eher als Stadtbewohnerschaft bezeichnet werden kann. Rechte bestehen in Aneignung und Partizipation, die Pflichten im Beitrag zum Werk Stadt dadurch, dass ein jeder Stadtbewohner sein tägliches Leben als ein urbanes produziert, performt, erhandelt. Die Stadt als Werk entsteht als ihr kreatives Produkt.

Take 13

Obige Überlegungen erschließen sich vor der Grundannahme, dass Raum kein Container, kein Ding an sich, nicht homogen, nicht neutral ist et cetera. Die Erkenntnis, dass Raum weder als (materielles) Objekt noch als reine Idee gefasst werden kann, Raum weder bloße Gegebenheit, äußerliche „Natur" noch reine kulturelle Konstruktionsleistung vorstellt, schafft die Voraussetzung dafür, dass sich die Analyse vermehrt auf die produktive Tätigkeit der Hervorbringung von Raum und weniger auf die kontemplative Betrachtung des Produktes Raum richtet. Man kann sagen: In Relation zur materiell gesellschaftlichen Praxis emergiert sozialer Raum als konkret produzierte gesellschaftliche Wirklichkeit, die im Kontext spezifischer historischer und materialer Produktionsverhältnisse bzw. -bedingungen zu beschreiben ist. Das Alltagsleben ist folglich als entscheidender Faktor und ergiebiger Quell von Daten in Untersuchungen von Raum einzubeziehen.

Wir prognostizieren nicht zu viel, wenn wir sagen, dass sich die entscheidenden Veränderungen zukünftig nicht in revolutionären Zellen, sondern im Alltäglichen abspielen werden. Gleichwohl für das Alltägliche bislang noch wenig kritisches Bewusstsein existiert.[20] In seiner „Kritik des Alltagslebens" schreibt Lefebvre: „Viele Menschen, ja die Menschen im Allgemeinen wissen nicht wirklich, wie sie leben oder sie wissen es nur ungenügend."[21] Das gilt bis heute.

Christopher Dell ist Musiker, Komponist, Improvisationstheoretiker. Als Professor für Urban-Design-Theorie gilt sein Interesse unter anderem den Praktiken und Organisationsformen der zeitgenössischen Stadt.

1. Diese theoretischen Blöcke erschließen sich über die konkrete Praxis des Arbeitens im Masterstudiengang Urban Design an der HafenCity Universität Hamburg und des Lehr- und Forschungsprojekts Universität der Nachbarschaften unter Leitung von Bernd Kniess. Ohne diesen Hintergrund wären meine Werke Replaycity, Die improvisierende Organisation, Ware: Wohnen und Das Urbane nicht entstanden, sie entspringen dessen Mitte. Die methodischen Vorschläge, die dort vor dem Horizont einer „Ermöglichungsarchitektur" erarbeitet werden – vom situationistischen Dérive über diagrammatische Kartierungen bis hin zum kollektiven Re-Design und Um-Bauens, ebenso wie die Form des seriellen Arbeitens in Aneinanderreihungen von Takes und dem diagrammatischen Umspielen von Motiven – sind umgekehrt, unter anderem, vor der Folie einer Handlungstheorie technologischer Improvisation zu lesen und werden durch eben jene erklärbar bzw. fundiert.
2. Lefebvre, Henri: Die Revolution der Städte. Dresden 2003, S. 44
3. Latour, Bruno: Politiques de la nature. Paris 2008, S.184, „Nomos et logos n'appartiennent de plein droit à la polis qu'à condition de ne pas servir de raccourci pour mettre à mal l'état de droit."
4. Latour, Bruno: Selbstporträt als Philosoph. Rede anlässlich der Entgegennahme des Siegfried Unseld Preises, Frankfurt am Main, 28. September
5. Hannemann: „Heimischsein"
6. Bollnow, O.: Mensch und Raum. Stuttgart 1999 (1963), S. 276
7. Heidegger, Martin, Bauen Wohnen Denken, in: Ders., Vorträge und Aufsätze, Pfullingen 1954, S. 157
8. ebda.
9. vgl. Dell, Christopher: Replaycity, Berlin 2011
10. Ich gehe näher auf diese Frage ein in: Dell, Christopher: Das Urbane. Wohnen.Leben.Produzieren. Berlin 2013
11. „Wohnen außer Haus". In: Archplus Juli 2000
12. Ebd.
13. http://www.schader-stiftung.de/wohn_wandel/836.php, abgerufen am 09.09.2012
14. Beck, Ulrich: Die Erfindung des Politischen. Frankfurt am Main 1993, S. 36
15. Beck, Ulrich: Risikogesellschaft. Frankfurt 1986, S. 206
16. Hannemann: „Heimischsein"
17. Weichhart, Peter: „Multilokalität – Konzepte, Theoriebezüge und Forschungsfragen". in: Bundesamt für Bauwesen und Raumordnung (Hg.): Multilokales Wohnen. Informationen zur Raumentwicklung, H. 1/2. Bonn 2009, S. 7.
18. Ebd.
19. Beck; Ulrich: „Ortspolygamie". in: ders. (Hg.): Was ist Globalisierung? Irrtümer des Globalismus – Antworten auf Globalisierung. Frankfurt/M. 1997, S. 127
20. Die Verwendung des Begriffs Bewusstsein intendiert hier und im Folgenden, so weit nicht anders vermerkt, keine Verengung auf Bewusstseinsphilosophie, auch wenn er dieser entstammt. Bedingtheit des Bewusstseins in materiale Praxisformen ist hier ebenso mitgedacht wie die Tatsache, dass in es unbewusste Funktionsweisen hineinspielen. Vgl. Rehmann, Jan: Einführung in die Ideologietheorie. Hamburg 2008, S. 13 ff. Siehe auch: Kapitel 5
21. Lefèbvre, Henri: Kritik des Alltagslebens. Frankfurt a.M. 1975, S. 105

Wie geht's weiter?

„Weiterwohnen" und „Gewohnt werden muss immer" sind zwei Forschungen über verschiedene Wohnhaustypologien. Beide Projekte veranschaulichen im Detail, wie die Verflechtungen von Bewohnern, Nutzungen, Ansprüchen, Eigentumsverhältnissen und rechtlichen Regularien auf die Gebäudestrukturen wirken. Dadurch, dass sie diese „Netzwerke" des Wohnens offenlegen, machen sie Transformationspotenziale greifbar.

Weiterwohnen
Haus- und Lebenszyklen in Alt-Kirchdorf

Aron Bohmann, Charlotte Herbst und Katrin Hovy

VERÄNDERUNGEN IM GARTEN

① Terrasse: Hier entsteht eine Terrasse, den Ausgang gibt es schon, nur das Geländer fehlt noch.

② Schuppen: „Ich dachte mir so vielleicht in zwei, drei Jahren, wenn wir komplett mit dem Haus fertig sind und auch alles in Ordnung ist, kann man das hier als Grill, für Camping, für Fahrräder oder auch für andere Sachen benutzen. Da ist auch schon alles da. Elektrizität ist da und Wasser hab ich schon bis da vorne gezogen."

③ Büsche: „Die Brombeeren und Johannisbeeren, die haben wir auch ein bisschen gedüngt und die sehen dieses Jahr wirklich prächtig aus."

④ Feuerstelle: „Da hinten haben wir unsere Feuerstelle, da haben wir am Anfang was wir aus an Holz aus dem Haus hatten und nicht mehr verwenden konnten nach hinten gebracht und gestapelt. Da haben wir dann unser Osterfeuer gehabt. Das war wirklich ein lustiger Abend."

⑤ Garten: Der Garten ist noch nicht in Angriff genommen, erst soll das Haus fertig werden.

⑥ Grundstücksgrenze: „Die Nachbarn können auch gerne komme und bei uns hier sitzen, da ist nur Rasen. Es ist überhaupt kein Problem und die sind alle ziemlich nett."

Veränderungen im Garten (Bohmann, Herbst und Hovy 2012)

Überarbeitete und gekürzte Fassung
Urban-Design-Projekt

Schaut man sich Alt-Kirchdorf genauer an, sieht man, dass sich über die Jahrzehnte doch einiges verändert hat. Die ursprünglich sehr kleinen Doppelhäuser mit großen Gärten wurden vielfach ergänzt und umgebaut. Die Ursachen der Anpassungen sind vielfältig. Zum Teil haben die Bewohner auf externe Faktoren wie den Zweiten Weltkrieg oder die Sturmflut reagiert, andererseits haben familiäre Veränderungen wie Kinder, Umzüge, Todesfälle zu Modifikationen am Haus geführt.

Der Umstand, dass die Siedlung Anfang der 1930er-Jahre gebaut wurde, hat zur Folge, dass viele der Familienbiografien einen ähnlichen Startpunkt haben. Familiäre und bauliche Veränderungen weisen eine gewisse Synchronizität auf. Neben den Anpassungen der Erstbewohner kommt es in den letzten Jahren vermehrt zu Zuzügen neuer Familien. Auch diese Familien passen die schon zuvor veränderten Häuser ihren eigenen Bedürfnissen an. Ein weiterer Transformationszyklus beginnt.

Die große Gartenfläche bleibt trotz allen Umbaumaßnahmen deutliches Charakteristikum der Siedlung. Alleine die Funktion hat sich vom Nutzgarten hin zum Freizeitgarten gewandelt, er stellt zusätzlich eine Erweiterung der Wohnfläche da.

Hausbiografie

Die Brüder Mojtaba und Morteza wohnen seit 1998 in Hamburg, sie sind gemeinsam mit ihren Eltern vor dem Krieg in Afghanistan geflohen. Ihre Eltern sind nach dem Sturz der Taliban zurückgekehrt, die Brüder blieben, um die Schule zu beenden. Heute studieren beide in Hamburg und leben in Wilhelmsburg. Im Jahr 2010 kaufen Mojtaba und Morteza das Haus in Alt-Kirchdorf. Die Bausubstanz ist sehr schlecht, das Haus steht bereits seit 2008 leer. Ein Abriss war aufgrund der Verbindung zur Doppelhaushälfte nicht möglich. Sie sehen bei dem Kauf des Hauses die Möglichkeit, viele der anstehenden Arbeiten selbst zu machen, dafür ist der Kaufpreis geringer als in anderen Hamburger Gebieten. Nach dem Hauskauf wohnen die zwei Brüder alleine im Untergeschoss. Schiwa, Mortezas Frau, und ihr gemeinsamer Sohn Sobhan-Jusuf wohnen während der ersten Renovierungszeit bei ihren Eltern.

Mojtaba und Morteza wohnen in dem einzigen Raum, der durch einen Ofen beheizt ist, der eine Tür hat und in den kein Wasser hereinkommt. Sie beginnen die Renovierung im Untergeschoss und arbeiten sich nach oben vor. Da beide studieren, muss die meiste Arbeit am Wochenende und in den Semesterferien gemacht werden. Schiwa und Sobhan-Jusuf ziehen ein, als das Erdgeschoss – Küche, Bad und Wohnzimmer – soweit hergerichtet ist. Das Obergeschoss und den Dachstuhl bauen und dämmen sie im Laufe des Jahres. Im Innenraum erinnern nur die steile Treppe ins Dachgeschoss und Glasbausteine im Eingangsbereich an das alte Haus. Von außen ist nicht zu erkennen, wie weit die Renovierung im Inneren schon vorangeschritten ist. In der Garage und im Schuppen lagern noch einige Kisten mit ihren Habseligkeiten, noch sind die Renovierungsarbeiten nicht fertig.

„Es macht mir wirklich sehr Spaß, mit den Händen zu arbeiten und mit dieser Renovierung eigene Werke zu schaffen und eigene Ideen zu verwirklichen. Das war der Punkt, an dem ich gesagt habe, wir holen uns ein Haus, bei dem nicht alles in Ordnung ist und versuchen das dann zu realisieren. Wir haben unten angefangen mit dem Renovieren, da haben wir währenddessen auch gepennt und gelebt. Da war das einzig warme Zimmer im gesamten Haus, das überhaupt noch eine Tür hatte und wo kein Wasser rein kam. Der Vorbesitzer, das war ein Spezialist, der hat hier viele Kunststücke vollbracht... Ich habe dann immer Youtube-Videos angeschaut, wie ich was machen muss. Und wir haben sehr viele Verwandte, die irgendwie handwerklich begabt sind und mitmachen. Ein Kollege von mir, der ist Elektriker von Beruf. Der hat mir gesagt: ‚Du, das Kabel musst du so ziehen!' Dann war er jede Woche da und hat gesagt ‚hast du gut gemacht, das musst du so machen.' Also, das lief alles unter seiner Aufsicht."

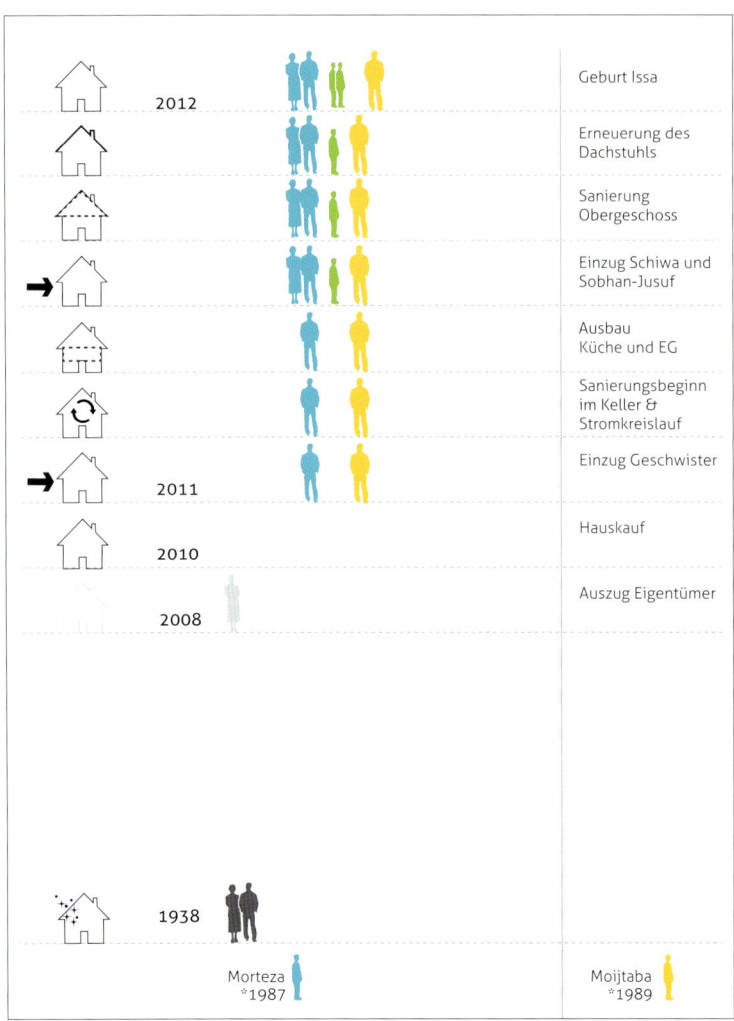

Hausbiografie (Bohmann, Herbst und Hovy 2012)

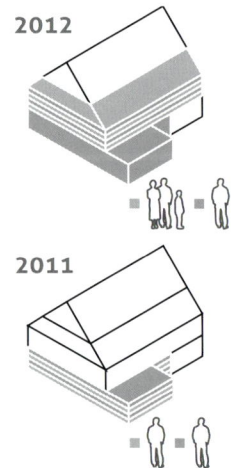

Hausbiografie (Bohmann, Herbst und Hovy 2012)

Gewohnt werden muss immer
Vom Gebrauch und Besitz eines Berliner Mietshauses

Katharina Böttger

Überarbeitete und gekürzte Fassung
Urban-Design-Master-Thesis

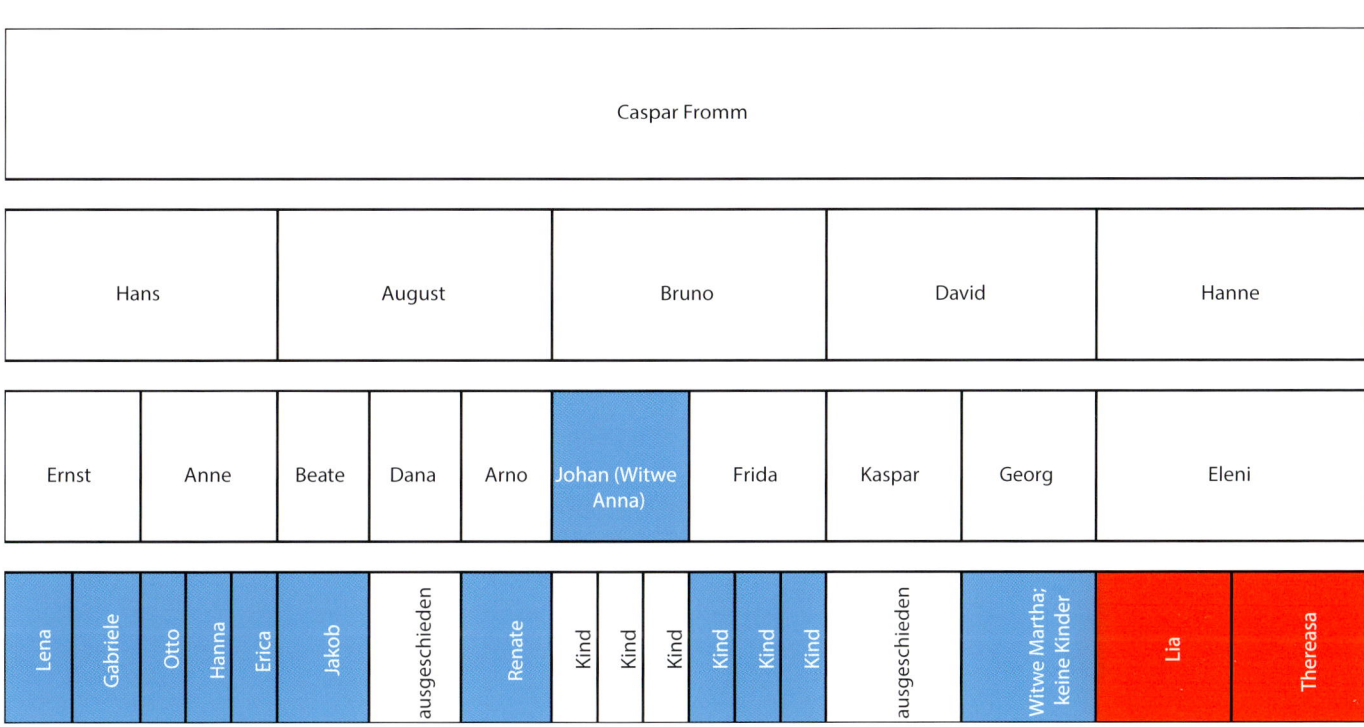

Stammbaum der Erbengemeinschaft eines Berliner Mietshauses.
C Fromm GbR. Zwei Personen mit Anteilen zu je 12,5 Prozent wollen aus der GbR aussteigen.

Was befindet sich hinter der Fassade und dem Immobilienpreis eines Hauses? Dieser Frage entschloss ich mich nachzugehen, indem ich die einzelnen Perspektiven von Mieter*innen und Besitzer*innen eines Wohnhauses exemplarisch untersuchte. Besonders interessant war das Wechselspiel zwischen Besitz und Gebrauch, der Zugriff auf unterschiedliche Ressourcen und die verschiedenen Verbindungen innerhalb des Hauses. Dabei lag der Anspruch nicht nur darin, das Spannungsfeld zwischen den beiden Plakativen: Besitzer*innen und Bewohner*innen zu betrachten, sondern auch die gegenseitigen Bedingungen

und Abhängigkeiten zu untersuchen. Anders als häufig der Fall, ist das Haus im Besitz einer Erbengemeinschaft. Diese organisiert sich als Gesellschaft bürgerlichen Rechts (GbR).
Es liegt im Berliner Stadtteil Prenzlauer Berg, über dessen sozialen Wandel schon viel geschrieben und geforscht wurde. Das Haus steht somit im Kontext einer Lage, die unter einem hohen Verwertungsdruck steht. Die umliegenden Häuser wurden nicht selten von Investoren gekauft.
Während der Untersuchung rückte immer mehr die Frage nach einem möglichen Hausverkauf in den Fokus. Zwei

Eigentümer*innen, der insgesamt 14 Mitglieder der Erbengemeinschaft möchten diese verlassen und es wurde darüber verhandelt, wie es mit dem Haus weitergehen soll. Ein Verkauf hätte sowohl für die anderen Besitzer*innen als auch für die Mieter*innen einen Umbruch bedeutet. Ziel dieser Arbeit war es, die unterschiedlichen Dimensionen und Ressourcen eines Hauses aufzuzeigen und in Bezug zu einander zu setzen, um daraus abzuleiten, welche Folgen ein Hausverkauf hätte sowie daraufhin alternative Eigentumsformen für das Haus zu diskutieren.

Wohnreport

FORSCHERIN [F] Nach der Geburt der Kinder braucht die Familie mehr Platz. 1963 ziehen sie in die zweite gemeinsame Wohnung im Haus. Diesmal ein Treppenhaus weiter ins Quergebäude auf der linken Seite ins dritte Obergeschoss. Die Wohnung ist ein halbes Zimmer größer.

FAMILIE CRAMER [FC] Dann ist hier auf der anderen Seite einer ausgezogen und (…) die zählte als Zweizimmerwohnung. Aber das war so ein ganz schmales Zimmer und ein ganz großes Zimmer, so wie mein Schlafzimmer und da waren wir zufrieden. (…) Da hatten wir ein halbes Zimmer mehr, weil wir zwei Kinder hatten.

F Bei dieser Wohnung fliesen sie die Küche neu, einen Gasherd stellt die KWV zur Verfügung. Auch in dieser Wohnung gibt es kein Badezimmer. Zum Baden gehen sie einmal in der Woche in die Badeanstalt um die Ecke.
1966 zieht die Familie erneut um, in eine Wohnung die im Vorderhaus frei wird. In dieser wohnt die Familie bis heute. Frau Cramer erzählt, wie sie um die Wohnung gekämpft hat.

FC (…) Ich wusste von Frau Peters, dass die Wohnung frei wird.(…) Und da haben wir dann gekämpft. Sie wollten die Wohnung dann verschachern. Und dann bin ich zum Bürgermeister von Berlin gegangen und habe gesagt: Wenn ich die Wohnung nicht bekomme, mein Mann leistet seinen Dienst bei der Armee, und ich habe mich mit meinem Bruder unterhalten, der wohnt in Essen, dann wünsche ich, dass ich ausgewiesen werde aus der DDR mit meinen beiden Kindern. Und da haben wir die Wohnung bekommen.

F Nachdem die Familie die Wohnung letztendlich zugesprochen bekommt, zieht sie im Jahr 1966 ein. Die Renovierungsarbeiten gehen weiter.

FC Raummäßig war die so, wie sie jetzt ist, aber sonst war nichts in Ordnung.
Er fügt hinzu: Die da drüben haben neue Türen gekriegt, neue Fußböden, neue Balken, das Bad gemacht gekriegt und Fenster, und hier haben sie nichts gemacht. Das heißt alle, die hier im Aufgang gewohnt haben.
Frau Cramer ergänzt: Hier wurde nichts mehr gemacht, weil sie kein Geld mehr hatten. Und den Schutt haben sie hier deponiert.
Da habe ich Zeugen, dass wir das Zeug runter getragen haben.

F Hier wird der Umbau des Hauses mit Übernahme des Hauses von der KWV beschrieben, die sogenannte erste Rekonstruktionsphase, wie sie Herr Sonntag erklärt. Die Einzelhandelsflächen werden zu Wohnungen.

FC 1962/63 fing es an. Da wurde alles umgeändert, die ganzen Läden wurden umgeändert. Da wo die Duve mit dem Seifenladen drin war, wurde zu Wohnraum, weil ja Wohnknappheit war.

F Herr Cramer führt weiter aus, welche Konsequenzen die Umbauphase für sie hatte.

FC Hier gab es keine neuen Lichtleitungen, das funktionierte nicht und im Bad war genau dasselbe.

F Weiterhin beschreibt er, was alles in die Wohnung investiert wurde.

FC Ich habe hier ungefähr 35.000 DM reingesteckt. Kann ich belegen. Habe ich alles gemacht. Die Heizungen rein gebaut, sehen Sie ja. Das Bad gemacht, die Fliesen.

F Er zeigt Fotos und erklärt dazu:

FC Da steht ja keine Dusche, nichts. Hier sehen sie die Balken (…) und da sanieren wir praktisch. (…) Das ist schwarz gestrichen alles schon, mit so einer Folie beklebt und dann schwarz gestrichen wegen Isolierung.
(…) Mein Sohn verlegt die Leitung. So sah das aus, alles schwarz gestrichen, isoliert, Beton rein gemacht, so. Warten sie mal.
Hier Gipskartonplatten, weil hier alles krumm und schief war und dann haben wir das gefliest.
Das war dann die erste Wohnung mit Bad, bemerke ich. Was hat das bedeutet?
Na, das war, als wenn wir einen Sechser im Lotto hatten mit einer Badewanne. Das ist doch was Schönes. Und ein Waschbecken und so. Badewanne und alles, alles Eigentum.

F Anfang der 80er-Jahre nimmt die Familie die leer stehende Wohnung aus dem Seitenflügel dazu, um sich zu vergrößern und den Familienbedürfnissen anzupassen. Die Söhne sind mittlerweile älter und brauchen mehr Platz.

FC Da habe ich gesagt: Meine Kinder sind schon groß, da braucht jeder sein eigenes Zimmer. Aus der Küche habe ich ein Zimmer gemacht und noch ein Zimmer, das letzte Zimmer war ein Durchgangszimmer .

F Die Wohnung, die sie dazu nehmen, stand aufgrund von baulichen Mängeln leer. Da Herr Cramer zu diesem Zeitpunkt noch Maurer von Beruf ist, nimmt er die Wohnung, um sie für die Söhne umzubauen. Er beschreibt, warum sie gesperrt war:

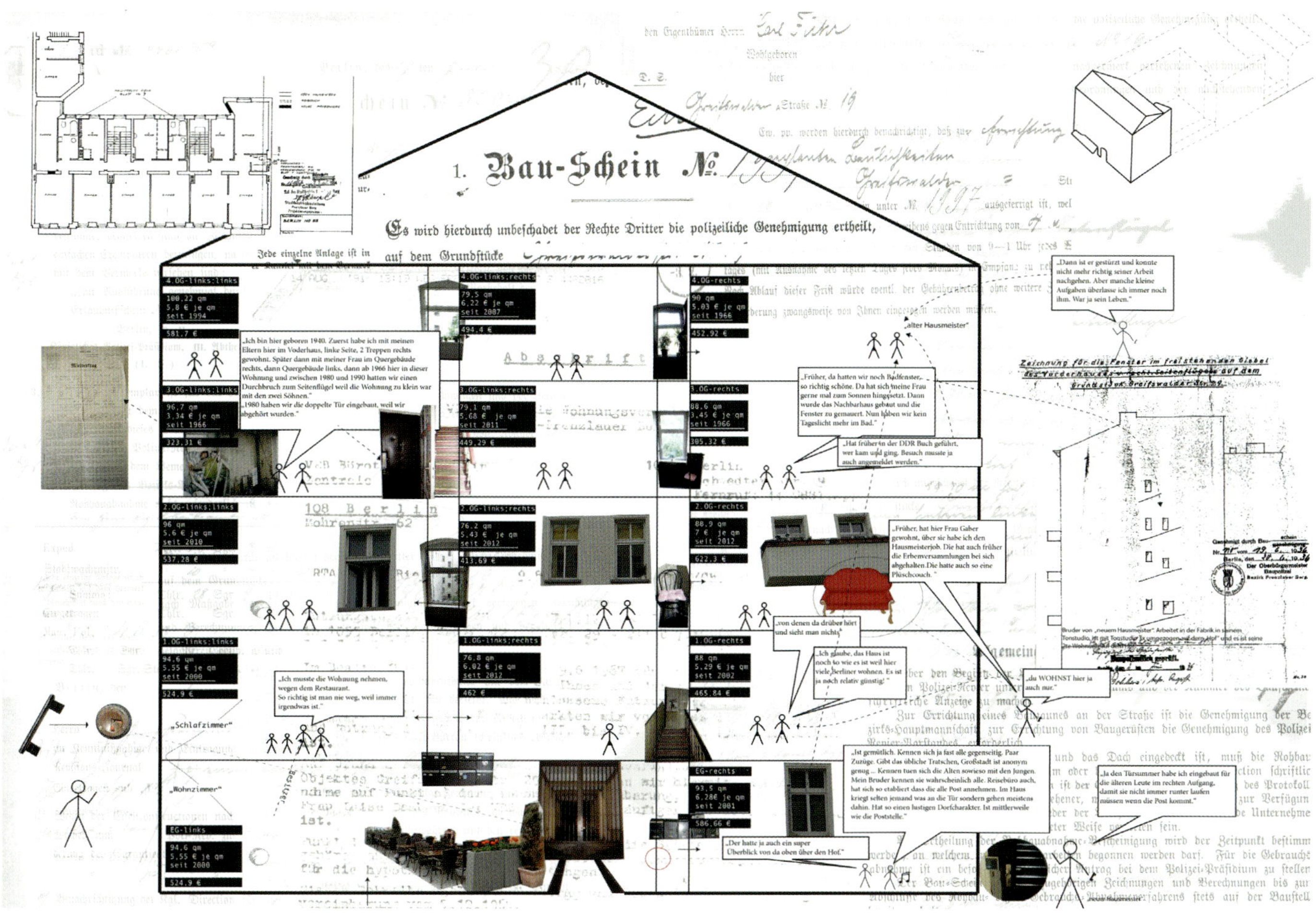

Nutzungsvielfalt eines Berliner Mietshauses (Böttger 2013)

FC   Na weil sie nicht mehr beheizbar war. Deshalb war die Wohnung gesperrt, und dann habe ich den Schornstein abgerissen. Der Schornsteinfeger hat dann gesagt: Du musst den Schornstein abreißen, alles neu machen. Habe ich alles neu gemacht. Die Wohnung da drüben war schon drei bis vier Jahre gesperrt.

F   Auch bei dieser Wohnungsbeschreibung liegt die Betonung auf: Habe ich alles neu gemacht.
Neben dem Schornstein-Abreißen wurden weitere Arbeiten getätigt. Es wird betont, dass alles auf eigene Kosten eingebaut wurde.
Herr Cramer liest aus einem Antrag vor, der zur Übernahme der Wohnung formuliert wurde:

FC   Die Wohnung ist in einem schlechten bautechnischen Zustand. Es müssen folgende Arbeiten ausgeführt werden in der Wohnung: Erneuerung der E-Anlage, Fensterscheiben, Schornsteinflächen, teilweise Sanierung des Fußbodens, Fenster Erneuern, Waschbeckenbereich. Alles auf eigene Kosten.

Wohnen
🔴 Familie
🟠 WG
🟠 Single
🟠 Paar
🟡 Paar über 70

Arbeiten
🟢 Gastronomie
🟢 Musik/Film/Kunst
🟢 Tischler
🟢 Schornsteinfeger
🟢 Reisebüro
🔵 Sport
⚪ Hausmeisterraum

Sonstiges
🔵 Leerstand
⚫ Abstellen
🟢 Treppenhaus
⚪ Unbekannt

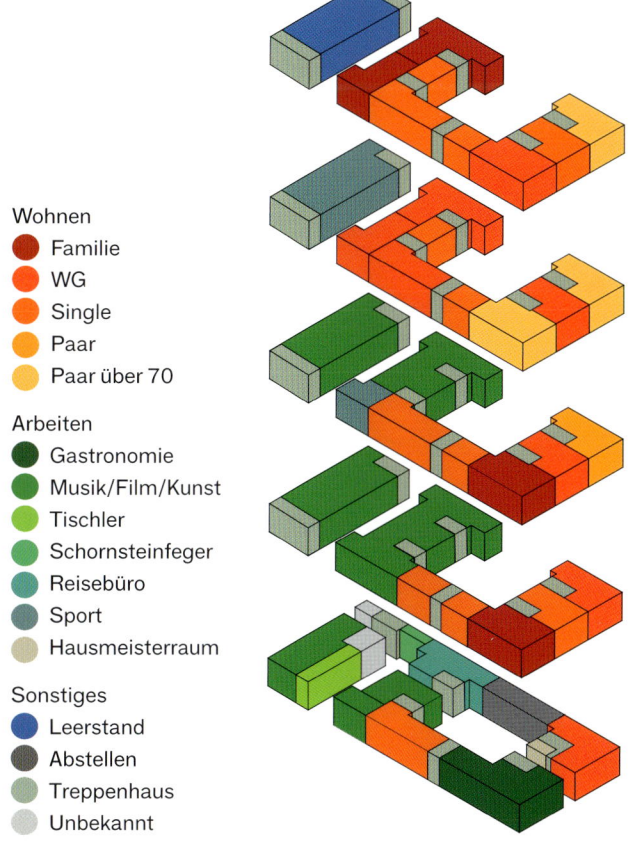

Nutzungsstruktur des Hauses (Böttger 2013)

Das Haus bildete zum Zeitpunkt der Untersuchung eine sensible und unsichere Ressource, aufgrund der zukünftig ungewissen Besitzverhältnisse. Die Frage nach einem alternativen Eigentümermodell und der Zukunft des Hauses ist komplex und hätte je nach Rechtsform, Demokratieverständnis und formuliertem Zweck verschiedene Effekte auf das Haus.

Bei den drei skizzierten Alternativen (Genossenschaft, Baugemeinschaft, Mietshäuser Syndikat) würde das Eigentum der Erbengemeinschaft in den kollektiven Besitz der Bewohner*innen gehen. Sie bieten eine Alternative zum Kauf des Hauses durch einen Investor, bei dem die Erlangung eines maximalen Tauschwertes ohne Rücksicht auf die Konsequenzen für Bewohner*innen im Vordergrund stehen würde.

Eine große Hürde bildet bei allen drei Modellen der Kauf des Hauses, da es durch seinen aktuellen Verkehrswert nicht günstig zu erwerben ist. Notwendig wäre also genügend Grundeinkommen oder die finanzielle Unterstützung durch Spenden und/oder Förderprogramme.

Bei allen drei Modellen spielt die Zeit eine Rolle. Da hier der Anspruch an gemeinsame Entscheidungsfindungen essenziell ist, braucht es ein gewisses Maß an Engagement, welches mit einem höheren Zeitaufwand verbunden ist.

Jedes Modell würde eine Strukturveränderung im Haus bedeuten. Einige Lebensräume würden durch sie gestärkt, andere wahrscheinlich geschwächt werden. Die gegründete Gemeinschaft hätte mehr, der Einzelne weniger Gestaltungsspielraum. Für den Fall eines Hausverkaufs ist es interessant, über alternative Wohnmodelle nachzudenken, sie durchzuspielen und das Haus nicht in seiner ökonomischen Wertsteigerung zu betrachten. Dabei sind rechtliche Formen, Zweck und Abstimmungsprinzipien neu zu verhandeln oder aber auch vorhandene Strukturen beizubehalten.

Im Bezug zu den drei skizzierten Modellen wären aber auch Mischformen denkbar. Zum Beispiel könnten Bewohner*innen, wenn das Haus im Besitz der Erbengemeinschaft bleibt, eine Hausgemeinschaft oder einen Hausverein in

Anlehnung an die frühere Hausgemeinschaftsleitung (HGL) bilden und gemeinsam die zu verkaufenden Anteile am Haus erwerben. Denn die Form der GbR ermöglicht den Verkauf einzelner Anteile. Die Bewohner*innen würden so zu Teileigentümer*innen werden. Je nach Zielsetzung der Hausgemeinschaft, könnte der Gewinn dem Grundeinkommen der Einzelnen zugeschlagen oder in das Haus investiert werden, zum Beispiel in eine Mietpreissenkung oder gemeinschaftliche Anschaffungen für das Haus.

Interessant bei dem Haus ist, dass durch das Wechselspiel zwischen spezifischem Besitz und Gebrauch und den daraus entstandenen Ressourcen sowie ihren Verbindungen untereinander das Haus bereits ein eigenes Modell darstellt. Dieses macht es noch zu einer relativ resilienten Ressource im Vergleich zu seinem Umfeld, wenn es im Bezug zu seinen Mietpreisen und der Heterogenität an Lebensräumen betrachtet wird.

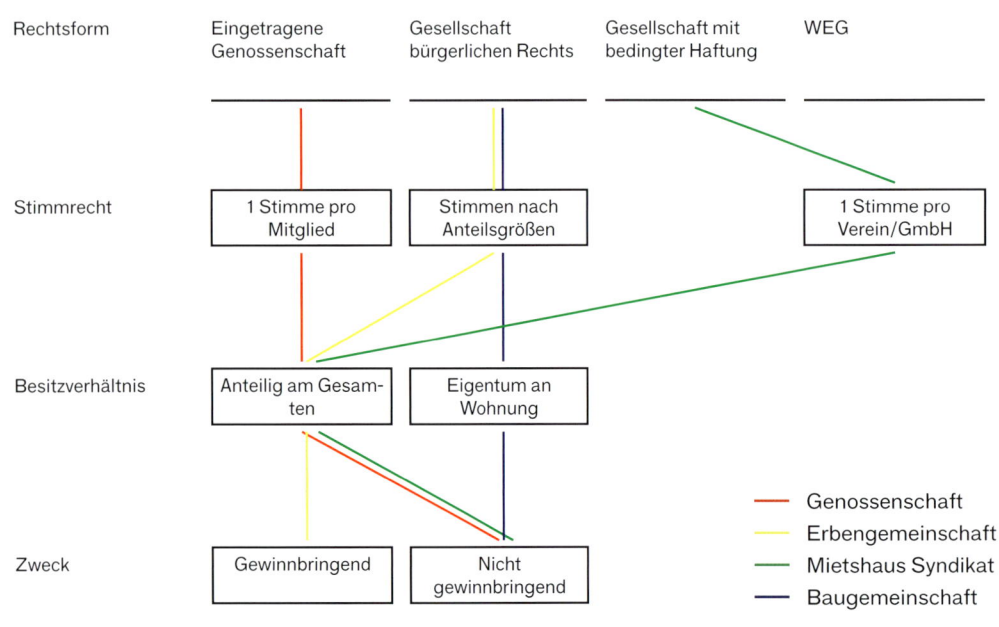

Organisationsstruktur Eigentümermodelle (Böttger 2013)

Im Gespräch mit
Susanne Heiß und Christoph Heinemann
Institut für Angewandte Urbanistik (ifau)

R50, Richtfest (ifau)

R50 ist ein Baugruppenprojekt von ifau, Jesko Fezer und Heide & von Beckerath in Berlin-Kreuzberg. Wir treffen Susanne Heiß und Christoph Heinemann im Gemeinschaftsraum des Wohnprojektes, wo uns die beiden als Architekten und auch Bewohner zum Kaffee empfangen.

Urban Design — Ihr setzt euch mit der Entwicklung neuer sozialer Wohnformen auseinander. Was meint für Euch dieser Begriff des „Sozialen"?
Christoph Heinemann — Wir haben hier vor allem versucht ein kostengünstiges Haus zu bauen. Es gibt dabei bestimmte Regler, mit denen man das Zusammenleben steuern kann. Beispielsweise können Wohnungen kleiner und gemeinschaftliche Bereiche größer geplant werden. Grundsätzlich denken wir, dass durch die Setzung von Prämissen – wie einem hohen Anteil gemeinschaftlicher Räume in Verbindung mit kostengünstigem Bauen – Gebäude entstehen, die mit minimalen Mitteln viel erreichen können. Es braucht ein solides Grundgerüst, das bestimmte Qualitäten bei flexibler Gestaltung zu einem bestimmten Preis bereitstellen kann, um gemeinschaftliche Räume und Nutzungen überhaupt verhandelbar zu machen. Ich würde jedoch nicht sagen, dass dies an eine bestimmte Bauträgerschaft – Baugruppe, genossenschaftliches Wohnen oder sozialer Wohnungsbau – gebunden ist. Das ist vielmehr eine Frage der Architekturkonzeption und der Produktionsbedingungen. Es geht um Standards, die wir „situative Standards" nennen. Es geht darum, Vielfalt zu ermöglichen, ohne dabei individualistisch zu werden.

UD — Welche Bedeutung hat Gemeinschaft für Euch im Hinblick auf das Wohnen?

Susanne Heiß — Dabei geht es nicht nur um gemeinsam genutzte Räume wie Dachterrasse, Garten, Gemeinschaftsraum und so weiter – eine Gemeinschaft wächst auch durch den Planungs- und Bauprozess. Als wir das Projekt begannen, kannten sich einige bereits, aber nach zwei intensiven Jahren kannten sich dann alle. Man ist gemeinsam durch dick und dünn gegangen. In dieser Art von Baugemeinschaften liegt ja alles offen, auch die Kosten. Die ganze Gruppe nimmt Anteil, wenn Komplikationen eintreten, eine Firma Pleite geht …

CH — Wir haben früher in einem während der IBA 84 erbauten Haus gewohnt. Hier sind die Mieter*innen nicht nur alle gleichzeitig eingezogen, sondern hatten damals den direkten Kontakt zu den Architekt*innen und nahmen auch eigene Umbauten vor. Das Commitment der Leute zum Haus war enorm stark, alle fühlten sich für das Gebäude verantwortlich. Das macht im Alltag viel aus.

Die etwas abstraktere städtebauliche Überlegung, die wir mit R50 hatten, ist die, dass durch das Teilen von Räumen ökonomisch und sozial anders agiert werden kann. Der Komfort des Wohnens in der Stadt steht dabei im Mittelpunkt: Die Leute, die hier wohnen, sind aufgrund ihrer Berufsbilder zu einem großen Teil davon abhängig, in der Stadt vernetzt zu sein. Der gemeinschaftliche Raum liegt nicht ohne Grund an der Straße und am Garten. Er bildet die Schnittstelle zur Stadt. Ohne das Gemeinschaftliche überhöhen zu wollen, bildet es für uns eine grundlegende Alltagsfunktion.

SH — Dadurch, dass man einem Haus ein Konzept wie „günstiges, gemeinschaftliches Wohnen" gibt, kommen nur bestimmte Leute dazu. In der Ritterstraße 50, wo wir gemeinsam mit Jesko Fezer und Heide & von Beckerath eine Baugruppe ins Leben gerufen haben, ging es eben darum, möglichst kostengünstig und einfach zu bauen. Zudem legten wir fest, dass wir Gemeinschaftsflächen haben möchten. Das musste jeder, der

später dazu kam, akzeptieren. Und wir haben immer wieder gesagt: Es geht nicht um deine Fliesen und auch nicht um deine Badezimmerobjekte. Hier kannst du deinen Grundriss individuell gestalten – und da durfte man wirklich alles. Wenn Leute normalerweise in Eigentumswohnungen ziehen, ist es ja genau andersherum: Sie beschäftigen sich vor allem mit den Oberflächen, der Rest ist vorgeschrieben. Dass der Gemeinschaftsraum im Erdgeschoss liegt und nicht auf dem Dach, ist zum Beispiel ein Ergebnis gemeinsamer Aushandlungen. Auch die Fassade konnte entsprechend der Grundrisse bestimmt werden. Wir haben lediglich das Gerüst und die Elemente entworfen, mit denen man dann spielen konnte.

Das neue Projekt IBeB am ehemaligen Blumengroßmarkt, wo wir wieder mit Tim Heide und Verena von Beckerath zusammenarbeiten, ist mit fast 100 Einheiten deutlich größer. Wir haben zusammen mit der Selbstbaugenossenschaft ein Konzept entwickelt, das eine vielfältige Mischung ermöglichen soll. Mit den verschiedenen

Andererseits stellt sich die Frage, welche Standards wir eigentlich brauchen? Was wirklich nachhaltig und energetisch wirksam ist, muss neu bewertet und verhandelt werden. Das ist wichtig!

Urban Living, Modell (ifau)

Nutzungen und Wohnungstypen treffen auch unterschiedliche Gruppen und Meinungen aufeinander: Es gibt Wohnungen zwischen 40 und 120 Quadratmeter, auch Ateliers und kleine Studios. Manche eignen sich für Familien, andere für Alleinstehende. Dadurch entstehen sehr unterschiedliche Ansprüche – und es wird durchaus auch mehr gestritten …

UD — Bei welcher Größe liegt die kritische Grenze solcher Aushandlungsprozesse?
CH — Das neue Projekt ist dreimal so groß und wir merken, dass die Gruppengröße eine ganz entscheidende Rolle spielt. Es sind andere Konflikte und es lässt sich feststellen, dass die gemeinschaftlichen Räume nicht größer, sondern kleiner werden – der gemeinsame Nenner fällt kleiner aus …
Bei der Konzeption kleinerer Gebäude kann ein Konflikt durchaus in eine architektonische Setzung überführt werden und damit etwas bereitstellen, was vorher nicht denkbar war. Bei einem großen Projekt ist das schon wesentlich schwieriger. Das spricht aber nicht gegen große Projekte. Man muss diese anders aufstellen, es stehen andere Dinge im Vordergrund. Wir versuchen unterschiedliche Wohnangebote und Nutzungen zu mischen. Wenn das Haus später diese Vielfältigkeit zur Verfügung stellt, haben wir schon viel geschafft. Deswegen haben wir diese Idee einer Mischfinanzierung gestartet. Wir haben, wenn man so will, ein wenig versucht zu ersetzen, was eigentlich auf der Ebene städtischer Wohnungspolitik initiiert werden müsste.

UD — Ihr fördert in Euren Bauprojekten Heterogenität – das bedeutet auch mehr Arbeit. Weshalb tut Ihr das?
CH — Unsere Motivation ist es, ein differenziertes städtisches Wohnen zu ermöglichen, das auch kostengünstig sein muss, damit viele daran teilhaben können. Es geht um Vernetzung, kurze Wege, einen gewissen Komfort – das ist Urbanität. Diese Urbanität hat etwas mit Arbeitswelten, Lebenswelten und Alltagsabläufen zu tun, die die meisten Menschen auf der Welt teilen oder teilen müssen. Ich glaube auch, dass es nicht mehr so ist, dass man aus diesem urbanen Geflecht einfach ausbrechen kann. Man kann nicht einfach irgendwohin ziehen und machen, was man will – weil man dann keinen Job mehr hat. Internet, Facebook, was auch immer … die

Konsequenz ist eben gerade nicht die, dass man die Stadt verlassen kann, sondern ganz das Gegenteil.
SH — Wir haben ein Querfinanzierungsmodell entwickelt: Ein Drittel der Wohnungen und Ateliers sind zu mieten und zwei Drittel sind Eigentum. Die Käufer*innen der Eigentumswohnungen zahlen mehr und fördern damit die Erstellung der Mietwohnungen mit. Das Tolle an dem neuen Projekt ist, dass es nicht – so wie R50 – eine Insel von Künstler*innen, Architekt*innen und im weitesten Sinne „Kreativen" ist, sondern dass die Bewohnerstruktur gemischter ist. Wer hier einzieht, akzeptiert, dass man andere gegenfinanziert oder dass man selbst derjenige ist, der gegenfinanziert wird. Auch das spricht natürlich ganz bestimmte Leute an.

UD — Die Grundstücksvergabe war für das Projekt sehr wichtig. Wie beurteilt Ihr die Art und Weise, in der das Land Berlin mit seinen Flächen umgeht?
CH — Für Baugemeinschaften zum Beispiel hat die Stadt bislang nur wenige Grundstücke zur Verfügung gestellt und davon wiederum sind nur wenige bebaut worden. Das lag daran, dass der Liegenschaftsfonds vor allem den Auftrag hatte, Geld zu machen. Das ändert sich nun ein bisschen, was schon mal sehr positiv ist. R50 und auch das Projekt am Blumengroßmarkt waren konzeptgebundene Vergaben. Zu den Projekten um den ehemaligen Blumengroßmarkt wurden nach dem Kauf der Grundstücke Workshops mit Stadt und Bezirk zur Definition der städtebaulichen und architektonischen Qualität durchgeführt. Das hat viel besser geklappt, als wir am Anfang dachten. Das konzeptgebundene Vergabeverfahren ist unserer Meinung nach ein guter Ansatz. Es hat den Vorteil, dass Interessengruppen einen Rahmen erhalten, der es ihnen ermöglicht, ihre Ideen baulich umzusetzen. Für uns ist wichtig, dass man diese Rahmenbedingungen weiter verbessert.
SH — Man könnte Querfinanzierungskonzepte wie das, was wir mit IBeB erproben, weiterentwickeln. Grundstücke an Investor*innen verkaufen und vereinbaren, dass ein Teil des Gebäudes an eine Genossenschaft übertragen werden muss. Ich denke mal laut – einer/m Investor*in, der so etwas macht, könnte man vielleicht mehr Spielraum geben:

Zum Beispiel dichter zu bauen. Das wäre ein Ansatz, um Kosten umzuschichten.

UD — Wo seht Ihr in der nahen Zukunft die größten Potenziale und Herausforderungen für wirklich bezahlbaren Wohnraum?
In Berlin sind die Diskrepanzen extrem. Alle schreien nach bezahlbarem Wohnraum und setzen Mieten oder Preise an, die unserer Einschätzung nach aber nicht realisierbar sind. Das hat etwas damit zu tun, was ein Neubau kostet. Es gibt eine Kluft zwischen dem, was man zur Finanzierbarkeit erwirtschaften müsste und dem, was die Leute hier in Berlin verdienen. Dabei geht es natürlich übergeordnet um die Höhe von Löhnen und Verteilung von Mitteln. Andererseits stellt sich die Frage, welche Standards wir eigentlich brauchen. Was wirklich nachhaltig und energetisch wirksam ist, muss neu bewertet und verhandelt werden. Das ist wichtig!
Ein weiteres Thema sind die Quadratmeter pro Kopf. Es ist einfach hanebüchen was bei uns passiert! Ich weiß nicht wo wir jetzt gerade sind – bei knapp 50 Quadratmeter pro Nase. Und die sollen dann 21 Grad warm sein… Wir haben im Rahmen von „Urban Living – Neue Formen des städtischen Wohnens" gemeinsam mit Jesko Fezer an einem Wettbewerbsbeitrag für Mietwohnungsbau gearbeitet. Gesellschaftlich relevant fanden wir dabei vor allem die Idee vieler kleiner Einheiten um die 36 Quadratmeter. Weil sie eben klein sind, sichern sie kostengünstiges Wohnen zur Vergleichsmiete. Ihnen vorgelagert gibt es Wintergartenbereiche mit einem Zwischenklima, die als gemeinschaftliche Räume zusammengeschaltet werden können. Das ermöglicht verschiedene Wohnungsgrößen: Singleapartments, WGs, größere Wohnungen für Familien …

UD — In Köln habt Ihr mit Eurem Projekt über ein Bestandshochhaus der Deutschen Welle noch einen weiteren Ansatz erprobt…
Das war ein Konzept für eine Umnutzung. Ein ähnliches Konzept wie für "Urban Living", das wir im Rahmen eines BDA-Workshops zusammen mit Anne-Julchen Bernhardt von BeL angedacht haben. Das Deutsche-Welle-Hochhaus soll asbestsaniert und abgerissen werden – was enorm viel Geld kosten wird und dazu führt, dass die Wohnungen, die auf dem Grundstück viergeschossig gebaut werden sollen, nur

hochpreisig sein können. Wir überlegten, dass man die Gebäudesubstanz nutzen sollte, um deutlich auskömmlichere Lösungen zu entwickeln. Nach der Asbestsanierung verbliebe eine Gebäudestruktur, die so ziemlich jede Wohnidee zulässt. Interessant ist, dass wir hier offensichtlich auf ein Tabu stoßen. Es sind eben richtige Hochhäuser – in den 80er-/90er-Jahren redete man ja gerne von Angsträumen … Das ist natürlich eine Frage der Wohnkultur – können sich die Leute vorstellen, in dieser Typologie zu leben? Da muss man vielleicht besser vermitteln, welche Potenziale darin stecken. Hier in Berlin haben wir zur Nachverdichtung eine Wohnhochhausbebauung vorgeschlagen. Im stadträumlichen Kontext hätte das Sinn gemacht. Aber die Reaktionen waren so, als hätten wir etwas absolut Radikales aufgebracht. Diese Typologie wird einfach nicht als freundlich empfunden.

SH — Das war mit R50 genauso. Es lag kein Plan vor und wir leiteten nach Paragraf 34 aus der Umgebung ab. Der Stadtplaner vor Ort sagte uns, wir könnten hier zwar alles ableiten – nur das Hochhaus in der Nähe, das gäbe es nicht, das wäre ein Fehler im Städtebau. Man wollte eigentlich, dass wir die Blockrandbebauung weiterführen. Das ging aber mit den Abstandsflächen nicht, das hätte komische Winkel ergeben – ein mini-L mit Nordgarten. Wir entschieden: Wir negieren nicht, was drum herum ist und tun nicht so, als gäbe es nur die Blockrandbebauung. Die Mitarbeiter*innen im Stadtplanungsamt sind da oft noch anderer Meinung und verordnen „Reparatur", wenn es eigentlich darum geht, vorhandene Strukturen aufzunehmen und fortzuschreiben.

UD — *Im Berufsbild der Architekt'innen geht es heute um Ausdifferenzierung und unterschiedliche Kompetenzen – wie geht Ihr als Architekturbüro mit diesen Anforderungen um?*

CH — Was das Berufsbild von Architekt*innen anbelangt, so sehen wir Erweiterungen in Richtung Projektentwicklung. Das hat natürlich auch seine Grenzen, bezieht sich aber darauf, das Projekte situativ mit engagierten Akteur*innen entwickelt werden müssen, wenn ein sozialer Mehrwert erwirtschaftet werden soll. Wir hatten schon immer ein Interesse an Gruppenprozessen, Entscheidungsprozessen, Verhandlungen und Verhandlungsräumen – verbunden mit der Frage: Wie wird Architektur hergestellt und was muss sie bereitstellen? Wir gehören sicherlich nicht zu den Leuten die denken, dass Architektur Probleme löst. Wenn wir in unseren Projekten auf Robustheit, Aneignungsfähigkeit, Nachhaltigkeit, Umbaufähigkeit achten und diese Standards mit partizipativen Prozessen verknüpfen, dann sind das unsere Ansprüche an Architektur.

Der Umkehrschluss würde bedeuten: Wir sind die Architekt*innen, wir sind fürs Schöne. Fürs Reden gibt es eine/n Moderator*in, fürs Streiten eine/n Mediator*in und für die Knete eine/n Projektsteuer*in. Dann hat man ein super Team, alle verstehen sich und gehen gemeinsam grillen. Die Häuser, die dabei rauskommen, sind nett. Es geht aber um Architektur und nicht um Kompromisse, ich glaube, das ist wichtig zu sagen. Raum soll zugänglich und günstig sein und vielfältige Handlungen ermöglichen. Das sind ganz klare architektonische, stadträumliche Anforderungen. Bis zu einem gewissen Punkt kann man diese entwerfen. Gute partizipative Prozesse sind immer solche, die einen klaren Spielraum abstecken. Den Nutzer mit einzubeziehen ist sehr wichtig, denn Aspekte, die im Vorfeld nicht ausreichend beachtet werden, entfachen später womöglich Streit. Häuser, die gemeinsam mit einer Gruppe gebaut werden, sind auch deshalb bessere Häuser, weil sie Ressourcen sparen. Es geht vor allem um die Bedürfnisse der Leute – was nicht gebraucht wird, wird weggestrichen. Trotzdem gibt es ein hohes Bewusstsein für den Ort und den Wert des Hauses – weil das für die Leute natürlich eine Rolle spielt. Bestimmte Bauarten kommen eben deshalb nicht in Frage, weil sie ganz klar den Wert des Gebäudes mindern würden. Und Wert meint hier nicht nur Geldwert, da achten die Leute sehr genau drauf. Sollte man gar nicht meinen. Die Identifikation mit dem Haus ist viel größer.

UD — *Ein wichtiger Teil Eurer Arbeit ist es, Konflikte auszudiskutieren. Welche neuen Herausforderungen entstehen dadurch für Architekt'innen? Und was bedeutet das für die Ausbildung?*

SH — Ich glaube, jemand von der Uni könnte das erst mal gar nicht. Man wächst von einem Projekt zum nächsten und eignet sich die Sachen an. Ich glaube, man müsste weiter professionalisieren, was Projektsteuer*innen machen, die übergreifend auch in der Projektentwicklung arbeiten. Für die intelligente Nachverdichtung der Städte braucht man Leute, die von verschiedenen Sachen Ahnung haben und die Dinge zusammenbringen können. Wir haben uns zum Beispiel über Jahre spezifisches Wissen angeeignet. Nur deshalb meine ich auch sagen zu können, was in Kreuzberg gebraucht wird – aber eben nur für dieses Viertel. Beim Stadtplanungsamt wissen die das auch, aber die machen keine Konzepte für Grundstücke. Verkauft wurde bislang meist an diejenigen, die am meisten boten. Der Liegenschaftsfonds müsste ein paar kreative Leute einsetzen, die Konzepte für Grundstücke schreiben können. Momentan sitzen da ja überwiegend Rechtsanwält*innen und Vermarkter*innen. Auf Seite der Stadt braucht es solche „Querdenker" ebenso.

CH — Es muss bei Entwurfsprojekten, ob städtebaulich oder architektonisch, stärker auf komplexe Zusammenhänge geachtet werden. Das bedeutet Ökonomie, gesellschaftliche Prozesse, Fragen nach den Bauherr*innen und Gruppenprozessen – Nutzer*innen, Nutzung und Gebrauch mit hineinzudenken in die Architektur. Das wäre meine Forderung an das Architekturstudium selbst. Es entstehen aber auch andere Berufsbilder. Die Projektsteuerer sind wie gesagt bisher alle „selfmade". Ich finde es absehbar, dass diese Schnittstellenleistungen in gemeinschaftlichen Prozessen durchaus Inhalt einer eigenen Ausbildung sein könnten. Wenn wir von situativen Standards reden, so kann man das auch auf die Stadt beziehen. Die Situation, also der Einzelfall, steht nicht im Widerspruch zur Verallgemeinerung. Städtebaulich würde ich das auch so sehen: Ein situativeres Agieren in der Stadt steht nicht im Widerspruch zu einem ganzheitlichen Stadtverständnis – politisch wie räumlich. Das hat immer etwas mit dem Bewusstsein für Prozesse zu tun. Das heißt natürlich auch etwas für die Ausbildung.

Das Interview führten Sebastian Bührig und Bernd Kniess

R50, Wohnung (Andrew Alberts)

Es geht aber um Architektur und nicht um Kompromisse, ich glaube, das ist wichtig zu sagen.

Im Gespräch mit Sabine Wolf Genossenschaft Kalkbreite

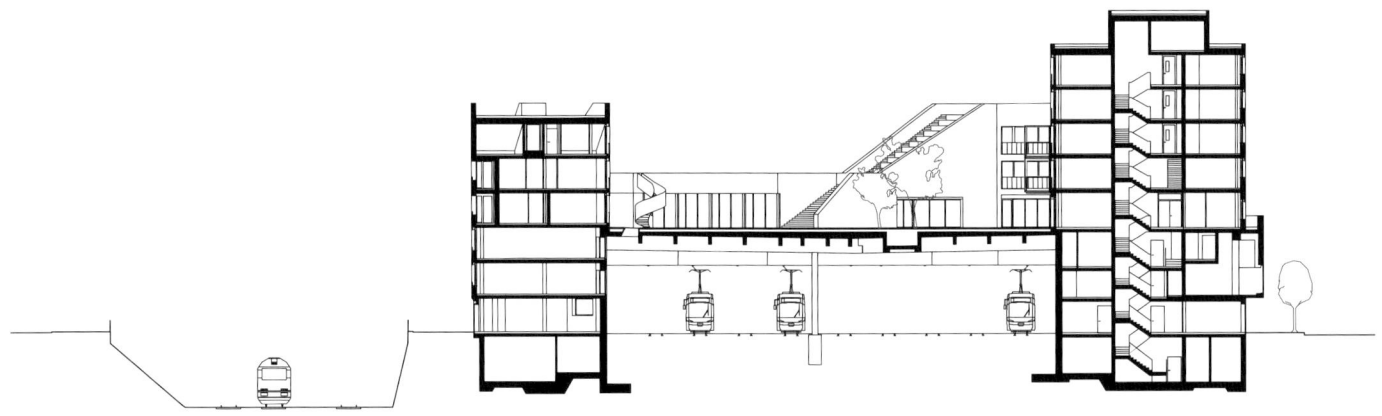

Schnitt (Genossenschaft Kalkbreite)

In Zürich traf ich Vorstandsmitglied und Pressesprecherin Sabine Wolf, um mich von ihr durch die „Kalkbreite" führen zu lassen. Im Anschluss führten wir ein Interview in E-Mail-Korrespondenz über den Prozess des genossenschaftlichen Bauprojektes.

UD — Wie kam die Idee in die Welt, Wohnungsbau über einer Tramabstellanlage zu realisieren und wie wurde ein bebaubares „Grundstück" daraus?
Sabine Wolf — Seit den späten 1970er-Jahren gab es aus verschiedenen politischen Richtungen immer wieder Versuche, das Areal im Besitz der Stadt Zürich für eine Bebauung beziehungsweise Überbauung freizugeben. Die Verkehrsbetriebe Zürich (VBZ) betreiben hier eine Tramabstellanlage, auf die sie nicht verzichten können. Deshalb musste erst ein Weg gefunden werden, wie die verschiedenen Nutzungen und Ansprüche auf dem Areal vereint werden könnten. Als 2003 das Gerücht kursierte, die Stadt wolle auf dem Areal einen Dienstleistungsriegel, aber keinen Wohnraum realisieren, ergriff damals ein Quartierbewohner die Initiative, um die Stadt vom weit größeren Potenzial zu überzeugen.

UD — Was führte die Initiatoren zusammen, wie haben sie sich organisiert und wie wurde das Programm entwickelt?
SW — Gemeinsam mit dem stadt.labor, einer öffentlichen Plattform, auf der Fragen zur Stadtentwicklung debattiert werden, wurde im Frühling 2006 ein Workshop organisiert. Mit Inseraten in verschiedenen lokalen Zeitungen wurden weitere Interessierte zur Teilnahme eingeladen. Ziel war es, eine gemeinsame Vision für das Areal zu entwickeln. Zunächst wurde dann ein Verein gegründet, aus dem schon 2007 dann die Genossenschaft Kalkbreite hervorging.

UD — Wie verlief die Verhandlung mit Eigentümer, Politik und Verwaltung?
SW — Eigentümerin ist die Stadt Zürich. In Zürich gibt es eine lange und erfolgreiche Tradition des genossenschaftlichen Wohnungsbaus. Die Abgabe eines Areals an eine Genossenschaft im Baurecht ist gängige Praxis. An der Kalkbreite war die Situation trotzdem in mehrfacher Hinsicht besonders: Einerseits waren die Anforderungen an ein künftiges Bauprojekt extrem komplex, auch – aber nicht nur – wegen der Tramabstellanlage. Andererseits hatten die Bewerber*innen der

„Genossenschaft Kalkbreite in Gründung" außer einer starken und vom Quartier mitgetragenen Vision zunächst nichts vorzuweisen. Die Stadt bewies großen Mut mit ihrer Entscheidung, ausgerechnet uns das Baurecht zu übertragen. Im Wettbewerb hatten sich schließlich auch andere, bereits etablierte Genossenschaften beworben. Obwohl wir nach außen vielleicht wie ein bunt zusammengewürfelter Haufen wirkten, waren wir ein sehr professionelles Team, das viele wichtige Kompetenzen in sich vereinte. Das war für den gegenseitigen Vertrauensaufbau sehr wichtig und sicherte die Grundlage dafür, dass die Verhandlungen in alle Richtungen meist sehr konstruktiv waren.

*UD — Wie verhielten sich die Vorschläge und Ideen der künftigen Bewohner*innen und Gewerbetreibenden zu baurechtlichen, -technischen und -wirtschaftlichen Rahmenbedingungen?*
SW — Das Projekt wurde, wie man so schön sagt, phasengerecht weiterentwickelt. Oder anders formuliert: Wichtig war es, immer die richtige Flughöhe zu erwischen, offen die jeweiligen Spielräume bekannt zu geben, neugierig zu sein auf die Ideen vieler anderer, die Phasen

und ihre Dauer klar zu strukturieren und sich früh Gedanken darüber zu machen, wie Vorschläge und Ergebnisse aus Workshops wieder Eingang in die Planung finden können. Wir waren eine Mischung aus Prozessgestaltern, Moderatoren und Mediatoren. Wenn so etwas gelingt, stehen Vorschläge und Ideen nicht im Widerspruch zu planungsrechtlichen Rahmenbedingungen, sondern loten allenfalls die Grenzen aus. Dann wird es spannend!

UD — *Gewerbliche Nutzungen sind eher ungewöhnlich für genossenschaftliche Wohnbauprojekte — weshalb wagte sich die Genossenschaft Kalkbreite an diese Aufgabe?*
SW — Einer der großen Unterschiede zu konventionellen Planungsprozessen ist, dass es tatsächlich keine Planung von oben ist. Es ist eine aus den Bedürfnissen des Quartiers heraus entwickelte Vision von einem „neuen Stück Stadt". Stadt ist nicht nur Wohnen. Auch nicht nur Arbeiten. Oder Verkehr. Im Ideal ist sie ein vitaler, kleinteiliger Nutzungsmix aus Wohnen, Arbeiten, Freizeit, Konsum und Erholung, nutzt Synergien und lebt Vielfalt. Davon waren wir überzeugt und für den Ort scheint es die richtige Entwicklung gewesen zu sein, sonst würde er auch

vom Quartier nicht so gut angenommen werden.

UD — *Auf welche Weise und zu welchem Zeitpunkt wurde die Unterstützung durch externe Experten hinzugezogen, wann kamen die Architekten ins Spiel?*
SW — 2009 lobten wir gemeinsam mit der Stadt einen offenen, einstufigen und internationalen Architekturwettbewerb aus. Im Lauf des Projekts wurde von verschiedenen Seiten immer wieder Übersetzungsarbeit geleistet: Wir haben unsere gemeinsam erarbeitete Vision in ein Architekturprogramm gepackt. Die Architekten und Landschaftsarchitekten entwarfen daraus ein Bauprojekt. In öffentlichen Veranstaltungen haben wir dann die Arbeit der Experten erklärt, unsere Ideen diskutiert und sie für das weitere Vorgehen wieder in Aufträge an die Experten umformuliert. Gewissermaßen mussten wir alle mehrsprachig sein und zwischen den Ebenen hin und her jonglieren. Externe Experten haben wir immer dann dazu geholt, wenn wir gemerkt haben, dass beispielsweise in Veranstaltungen wichtige Fragen aufgeworfen wurden, die wir nicht selber beantworten konnten. Zum Beispiel tauchte

in einer Veranstaltung die Frage nach der zu erwartenden Elektrosmogbelastung im Gebäude auf. Wir haben sie von einem Experten berechnen und einschätzen lassen, die Ergebnisse diskutiert und letztendlich in der Baukommission beschlossen, Abschirmnetze in die Aussenfassaden einlegen zu lassen. Ein anderes Beispiel war die Frage nach der erlaubten Anzahl an Freigängerkatzen. Auch hier haben wir einen Experten angefragt, der uns beraten hat. Die beiden Beispiele zeigen ganz gut, wie die Fragen und damit auch das Projekt immer konkreter wurden – die Katzenfrage kam rund zwei Jahre nach der Elektrosmogfrage.

UD — *Wie wurden die Entscheidungsfindungs- und Abstimmungsprozesse mit all den Projektbeteiligten organisiert?*
SW — Es war von Anfang an klar, dass hier „Partizipation" keine Alibi-Übung sein würde. Vielleicht sind Projekte wie die Kalkbreite wirklich Pioniere einer neuen Planungskultur: Bei der engen Verzahnung von Stadtentwicklung, Projekt und gemeinschaftlichem Prozess findet Partizipation nicht nur als Anhörung im gesetzlich vorgeschriebenen Rahmen und in professionell moderierten Veranstaltungen

Innenhof (Linda Münger)

statt, sondern wird zur eigentlichen gestaltenden Kraft. Erst aus der gemeinsamen Diskussion von Wohn-, Arbeits-, Lebens- und Stadtentwicklungsfragen entstehen innovative Projekte, Wohn- und Lebensideen – und nicht schon vorher. In der Prozessgestaltung haben wir versucht, der Planung immer einen Schritt voraus zu sein, damit das, was wir beispielsweise in Workshops an Anforderungen entwickelt haben, auch noch umgesetzt werden konnte. Ein sehr enger und intensiver Austausch der Verantwortlichen in Vorstand, Geschäfts- und Projektleitung war für das Gelingen ganz zentral. Wir haben uns alle um verschiedene Schwerpunkte gekümmert wie Nachhaltigkeit, Wohnen, Gewerbe, Nutzung und Betrieb etc. – so wusste beispielsweise unser Projektleiter immer, wer für welches Thema

Ansprechpartner*in war und konnte uns sagen, bis wann er zu welchem Thema eine Entscheidung brauchte. Wir haben uns dann zusammengesetzt und überlegt, was die richtige Form ist, um zu Ergebnissen zu kommen: Ist es eine öffentliche Veranstaltung, ein interner Workshop, eine Umfrage, eine Exkursion …

UD — In einer Dokumentation des Projektes wird festgestellt, dass „Nachhaltigkeit" häufig als eine leere Phrase verwendet wird. Welche Inhalte sind in der Kalkbreite mit diesem Anspruch verknüpft?
SW — Wir haben von Anfang an eine große gemeinsame Matrix erarbeitet, die konkrete Ziele in den drei Dimensionen sozial, ökonomisch, ökologisch festhielt. Im Lauf der Zeit haben wir – eigentlich ähnlich wie beim Bauprozess – die zunächst recht

abstrakten Ziele differenzierter erarbeitet. Diese wurden schließlich durch Maßnahmen zur Umsetzung ergänzt und, ganz wichtig, den zuständigen Personen oder Arbeitsgruppen zugeordnet. Als Reflexions- und Kontrollebene haben wir ebenfalls von Anfang an externe Monitorings in Auftrag gegeben – mit der Frage: was sind unsere Ziele, wo stehen wir und was wollen wir noch erreichen? So konnten wir Schritt für Schritt dort nachjustieren, wo es nötig war. Wenn sich Maßnahmen widersprachen oder gegenseitig ausschlossen, haben wir sie ausdiskutiert und bewusst eine Entscheidung in die eine oder andere Richtung getroffen. Bei ganz vielem ist es doch einfach …

...wichtig, dass man Entscheidungen bewusst trifft. Wenn sie sich später als falsch herausstellen, kann man wieder neu diskutieren, aber immerhin die alten Entscheide begründen.

UD — Eine Frage zum gemeinschaftlichen Wohnen: Gemeinschaft bedeutet immer auch eine Unterteilung in diejenigen, die dazugehören und die, die es nicht tun. Inwiefern wird es — insbesondere nach dem intensiven Gemeinschaftsbildungsprozess — für neue Mitglieder möglich sein, Teil der Gemeinschaft zu werden und wie wird das geregelt?

SW — Wenn eine Wohnung frei wird, wird sie unter den Genossenschafter*innen ausgeschrieben. Eine Vermietungskommission in der auch Bewohner*innen vertreten sind, entscheidet darüber, wer den Mietvertrag bekommt. Ein zentrales Kriterium ist, dass die soziale Durchmischung entsprechend unserer Kriterien stabil bleibt. Um Interessierten und auch Neumieter*innen die Kalkbreite in groben Zügen vorzustellen, haben wir die Ergebnisse des intensiven partizipativen Prozesses mit rund 50 Leuten in den Jahren 2010 bis 2011 auf einer Website veröffentlicht: http://anleitung.kalkbreite.net. Die Kalkbreite soll für alle, die Interesse haben, offen sein. „Dabei" ist ja nicht nur, wer dort wohnt. Die einen fühlen sich vielleicht beim Einkauf in einem der Läden in der Kalkbreite wohl, die anderen beim Film im Kalkbreite-Kino Houdini, die dritten in einer der Bars, andere in der „Sans-Papier"-Anlaufstelle, als Gäste im Innenhof oder der Pension, als Mieter*innen einer Wohnung oder eines Sitzungszimmers. Sie alle tragen ihren Teil zur Gemeinschaft bei. Geregelt ist es nur dort, wo es Verantwortliche und Entscheidungen braucht, wie eben bei der Vermietung.

UD — Auch der Begriff der „sozialen Durchmischung" ist heutzutage stark strapaziert — welche Kriterien wurden durch die Mitglieder der Genossenschaft aufgestellt, um dieses Ziel praktisch umzusetzen?

SW — Wir haben uns die soziale Durchmischung auf Stadt- und Quartierebene angeschaut und sie nach einer längeren Diskussion an den Enden etwas verschoben: Es sollen mehr ältere Menschen und Kinder in der Kalkbreite leben als im benachbarten Quartier. Die gesamte Auseinandersetzung mit der Umgebung im unmittelbaren und größeren Kontext war wichtig, weil die Kalkbreite kein Fremdkörper sein sollte, sondern Teil ihrer Umgebung. Auch diese Kriterien sind in der „Anleitung Kalkbreite" veröffentlicht. Dazu zählen: Durchmischung der Mieterschaft nach Lebensphasen (Haushaltstyp und Alter), nach Einkommen (unter Berücksichtigung des Vermögens), nach Berufs- und Bildungshintergrund sowie nach Staatsangehörigkeit. Die Unterstützung benachteiligter Menschen oder Gruppen ist ein vom Vorstand verabschiedetes Ziel: Es gibt einen Solidaritätsfonds, der weiteren Menschen die Möglichkeit einräumen soll, in der Kalkbreite wohnen zu können. Wir arbeiten außerdem mit einer Stiftung zusammen, die vier Wohnungen an Menschen mit Migrationshintergrund vermietet. Aktuell wohnen in der Kalkbreite 260 Menschen aus 17 Nationen, davon 60 Kinder.

UD — Wie findet sich die Idee des gemeinschaftlichen Wohnens in der Architektur wieder?

SW — Zentralstes Element ist sicherlich die sogenannte Rue Intérieure: eine Art innere Erschließungsstraße, die alternierend zwischen dem dritten und vierten Obergeschoss einmal durch das Gebäude läuft. Sie verbindet nicht nur die Menschen und ihre Wohnungen miteinander, sie ist Ort der Begegnung und des Austauschs und verbindet die sieben Treppenhäuser der Kalkbreite aneinander. Ihren Start nimmt die Rue in der sogenannten Halle, dem zentralen „Marktplatz" der Kalkbreite: hier liegen die halböffentlichen Nutzungen wie Sitzungszimmer, Caféteria, Pensionszimmer, Bibliothek und Waschsalon; hier steht als zentrale Anlaufstelle der „Desk", an dem unsere „DeskJockeys", das Betriebs- und Verwaltungsteam der Kalkbreite, arbeiten. Außerdem befinden sich hier die Briefkästen

Rue Intérieure (Genossenschaft Kalkbreite)

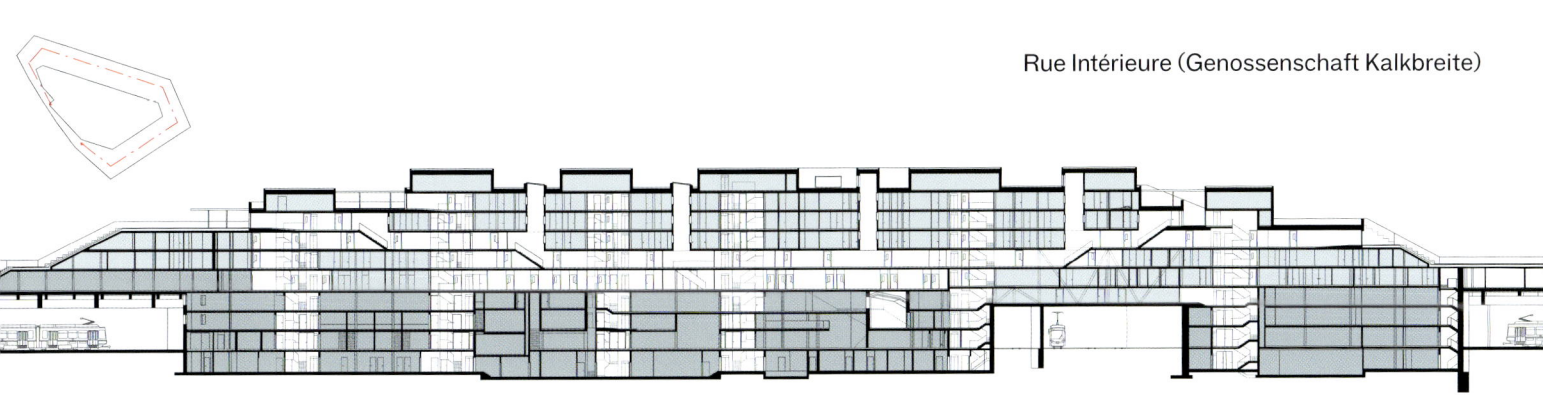

167

Aufgang Innenhof (Linda Münger)

aller 97 Wohneinheiten, das heißt früher oder später kommen alle Bewohner*innen hier vorbei und laufen trockenen Fußes über die Rue nach Hause.

UD — Eine wichtige Voraussetzung für „gemischtes" Wohnen sind günstige Mieten. Mit 240 CHF/m²/Jahr ist das Mietniveau für einen Neubau auf dem Züricher Wohnungsmarkt unter dem Durchschnitt — wie geht das?
SW — Die Kalkbreite ist ein zertifizierter Minergie-P-Eco-Bau, das heißt die Anforderungen an die Materialien waren ohnehin sehr hoch. Wir konnten zeigen, dass sich dennoch bezahlbarer Wohnraum realisieren lässt, indem wir uns – und in regelmäßigen Veranstaltungen auch die Öffentlichkeit – gefragt haben:

Was ist nötig, was nicht? Wo ist die Schmerzgrenze?

Brauchen wir luxuriös veredelte Oberflächen oder ist auch mit weniger qualitätsvolles Bauen möglich? Wichtig war uns, dass wir nicht billig bauen wollten, sondern günstig – das ist ein bedeutsamer Unterschied! An der einen Stelle gespartes Geld haben wir immer wieder an

anderer Stelle investiert, wo es uns einen Mehrwert versprach. So haben wir eine Sauna im Haus und ein Urban-Gardening-Areal, außerdem gut 300 Quadratmeter nutzungsoffene Räume, in denen die Mieter*innen nach und nach ihre Ideen umsetzen können – wie zum Beispiel einen Musikraum, eine Werkstatt, ein Nähatelier.

UD — Die Bewohner Zürichs leben aktuell auf durchschnittlich 46 Quadratmetern. In der Kalkbreite liegt die Wohnfläche mit 32 Quadratmetern pro Kopf deutlich darunter – ein Plädoyer für eine neue Genügsamkeit der Genossenschafter'innen?
SW — Nicht nur der Genossenschafter*innen – intelligente Konzepte sind auch im privaten Wohnungsbau realisierbar! Wer in der Kalkbreite wohnt, lebt eine Kombination aus Genügsamkeit bei der individuellen Wohnfläche und Großzügigkeit an gemeinschaftlichen Raumangeboten.

UD — Der „flexible Grundriss" beschäftigt schon seit über 100 Jahren die Architekt'innen – auf welche Weise ist das Wohnen in der Kalkbreite flexibel?
SW — In vielerlei Hinsicht, dazu zwei ganz unterschiedliche Beispiele: Die Kalkbreite ist eine Stützen-Platten-Konstruktion, das heißt, die Wände – ebenso wie die

Fassade – übernehmen keine tragenden Funktionen. Sie sind im Leichtbau errichtet und bieten so eine grundsätzliche Flexibilität, weil Wohnungen beispielsweise durch das Weglassen oder Ergänzen von Wänden auch nach der eigentlichen Fertigstellung zusammengeschlossen oder geteilt werden können. In der Kalkbreite haben sich im Rahmen des gut einjährigen Erstvermietungsprozesses tatsächlich an drei Stellen Gruppen zusammengefunden, die gerne in größeren Einheiten zusammenwohnen wollten, als wir das ursprünglich dachten.

So hat die größte Wohnung nun nicht neuneinhalb Zimmer, sondern 17.

Sie ist ein Zusammenschluss aus drei Wohnungen und hat entsprechend auch drei Bäder und Küchen. Ein anderes Beispiel ist konzeptioneller Art: Wir haben im Gebäude neun „Jokerzimmer" realisiert. Das sind Zimmer die zu einer Wohnung temporär (bis zu drei Jahre) dazugemietet werden können und mithilfe derer man relativ flexibel auf sich verändernde Familienkonstellationen reagieren kann.

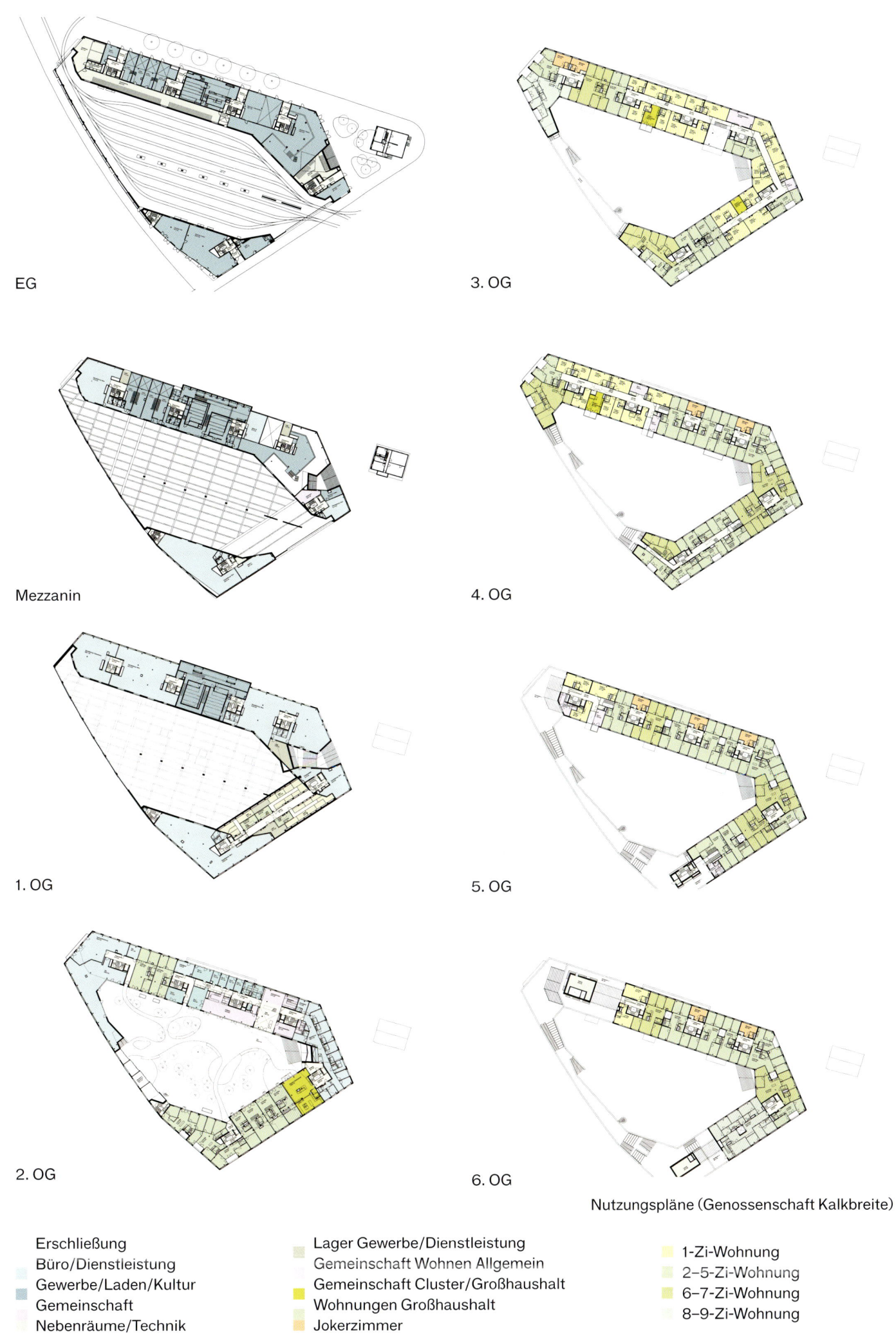

EG

Mezzanin

1. OG

2. OG

3. OG

4. OG

5. OG

6. OG

Nutzungspläne (Genossenschaft Kalkbreite)

Erschließung
Büro/Dienstleistung
Gewerbe/Laden/Kultur
Gemeinschaft
Nebenräume/Technik

Lager Gewerbe/Dienstleistung
Gemeinschaft Wohnen Allgemein
Gemeinschaft Cluster/Großhaushalt
Wohnungen Großhaushalt
Jokerzimmer

1-Zi-Wohnung
2–5-Zi-Wohnung
6–7-Zi-Wohnung
8–9-Zi-Wohnung

Rezeption (Volker Schopp)

Beispielsweise kann so der 80-jährige Vater zur Tochter ziehen, ohne unmittelbar in ihrer Wohnung zu leben. Oder ein Paar mit einer fast volljährigen Tochter bezieht in der Kalkbreite eine Dreizimmerwohnung plus ein Jokerzimmer: Wenn die Tochter zum Studium wegzieht, können die Eltern in ihrer Wohnung bleiben, ohne ebenfalls umziehen zu müssen. Wir haben strenge Belegungsvorschriften – Anzahl Zimmer minus eins = Anzahl Bewohner*innen – bei Unterbelegung muss man über kurz oder lang die Wohnung wechseln oder sich Gedanken über andere Wohnformen machen, beispielsweise die Alters-WG.

UD — Die Kalkbreite erfährt gerade viel Aufmerksamkeit und zieht zahlreiche Besucher an – wie arrangieren sich die Bewohner damit? Wie werden dabei Privatheit und Öffentlichkeit von einander getrennt?
SW — Schon gut anderthalb Jahre vor dem Bezug der Kalkbreite haben wir den sogenannten Gemeinrat eingeführt: Einmal im Monat findet eine Art Haus-Vollversammlung statt, eingeladen sind alle

Bewohner*innen, Gewerbler sowie regelmäßige Nutzer*innen. Im Vorfeld wird eine Einladung mit den aktuellen Themen verschickt. Dann wird gemeinsam diskutiert, erarbeitet und beschlossen. Die Fragen von Öffentlichkeit und Privatheit waren schon recht früh ein Thema und werden es auch immer wieder sein. Es ist eine Auflage des Baurechtsvertrags mit der Stadt, dass der Innenhof öffentlich zugänglich sein muss. Die Regelung des Zugangs zu den Dachterrassen – der gemeinschaftlich privaten Außenräume der Bewohner*innen – ist Aufgabe des Gemeinrats. Aktuell ist ein Teil davon für Interessierte begehbar, andere Teile sind durch filigrane Kordeln abgetrennt. Die Lösung ist aktuell für die Bewohner*innen die richtige. Sollte sich das ändern, wird es erneut im Gemeinrat diskutiert.

UD — Auf welche Weise verhält sich der Wohn- und Gewerbebau zu seiner nachbarschaftlichen Umgebung?
SW — Er fügt sich ein: Das Quartier ist geprägt durch Blockrandstrukturen, die

Straßenansicht (Volker Schopp)

Kalkbreite greift die Typologie auf. Entlang der städtebaulichen Achse der Badenerstrasse behauptet sich der Bau mit seinen hier acht Geschossen und bietet der heterogenen Umgebung, in der auch das „Lochergut", ein Wohnhochhaus aus den 1960er-Jahren steht, ein vis-à-vis; Richtung Süden zum Seebahngraben hin strahlt er eine gewisse Leichtigkeit aus mit seiner abgestuften Dachlandschaft.

UD — Wohnst Du selbst in der Kalkbreite?
SW — Nein, ich habe es mir lange und intensiv überlegt und dann beschlossen loszulassen. So bin ich für die Bewohner*innen keine Altlast – sie sollen sich die Kalkbreite so zu eigen machen, wie es ihren Bedürfnissen entspricht. Ich habe meine Entscheidung nicht bereut. Es war mir klar, dass, wenn ich Wohnen nicht nur einfach konsumieren will, der Aufwand in der Kalkbreite anzukommen, höher sein würde als an anderen Orten. Meine Einschätzung war richtig und ich bin jederzeit gerne zu Besuch und kann mir gut vorstellen, mich im Alter auf eine

Wohnung zu bewerben – das Baurecht läuft bis 2102.

UD — Inwieweit kann das Konzept der Kalkbreite Vorreiter für folgende Bauprojekte sein?
SW — In Zürich und der Schweiz sind wir in der glücklichen Situation, dass wir nicht die einzige Genossenschaft sind, die in vergleichbaren Planungsprozessen und mit ähnlichen Konzepten an Projekte herangeht. Wir haben den Beweis der Übertragbarkeit damit gewissermaßen schon erbracht. Die Grenzen setzen meiner Meinung nach nicht die ordnungspolitischen Rahmenbedingungen, sondern Fragen der Finanzierung. Auch hier haben wir es in Zürich vergleichsweise einfach, ein Gesetz von 1924 regelt die Förderung der Genossenschaften, beispielsweise mit Darlehen bis zu einer gewissen Grenze.

UD — Welche Empfehlungen würdest Du anderen gemeinschaftlichen Bauvorhaben mit auf den Weg geben?
SW — Offen, mutig und neugierig zu sein,

ohne sich selbst zu überschätzen und darauf zu vertrauen, dass man gemeinsam weiter kommt als alleine. Künftige Nutzer*innen, ob als Bewohner*innen, Gewerbler*innen oder Quartier, kennen ihre Bedürfnisse schließlich selbst am besten.

Das Interview führten Sebastian Bührig und Bernd Kniess.

Bauherrschaft: Genossenschaft Kalkbreite
Baurechtsgeberin: Stadt Zürich, Liegenschaftsverwaltung Architektur: Müller Sigrist Architekten AG, Zürich Umgebungsplanung: Freiraumarchitektur GmbH, Luzern Baumanagement: B&P Baurealisation AG, Zürich

"It isn't impossible to indefinitely postpone the future."
(Koolhaas zitiert in Druot, Lacaton & Vassal 2007)

In conversation with Jean Philippe Vassal
Lacaton & Vassal

Mit der Transformation des Wohnhochhauses Tour Bois Le Prêtre aus den 1960er-Jahren setzten Jean Philippe Vassal und seine Kollegen Anne Lacaton und Frédéric Druot ein zukunftsweisendes Zeichen für den Umgang mit dem Bestand. Wir treffen Jean Philippe Vassal an seinem Schreibtisch im Dachgeschoss der Universität der Künste in Berlin, wo er als Professor für Entwerfen und Stadterneuerung unterrichtet.

UD — In your Manifesto—"Attitude"—you claim, together with Anne Lacaton and Frédéric Druot, that the impact of your profession as an Architect should cause as little inconvenience as possible.
Jean Philippe Vassal — There is more and more complexity in the city. So we should have more and more work to do, more and more commissions to find solutions to the problems and difficulties of the city, with the maximum of precision.

It always starts with the existing city and we have to find situations to improve, to repair or to take care of—the people, their tranquility, their quietness, the space around them... all of these things that exist.

We have to take an interest in the situations, the opportunities, the capacity and the incompleteness of the existing city, to talk to people, and understand conflicts. The situation is complex. Our job is to work and play with this complexity, to take it as a richness; not like it is, but in its capacity of evolution and transformation, like an horizon. This implies always opposing standardized thinking that presupposes an empty block with no problems. Simplifying a situation through "tabula rasa," a "masterplan" leaves no influence for the architect—you would just need to find a nice form, change a color.... The intelligence of our work is rooted in complexity, to take from it the maximum of quality, with the maximum of precision. There is always a quality that you can improve or a bad situation you can transform. The worse the situation, the better the answer can be.

UD — The 'Tour Bois Le Prêtre' was labeled as uninhabitable in the nineties, its demolition was suggested by many. It was the first prototype that was realized and is based on your study on the transformative potentials of large format social housing blocks from the sixties. How about the relation between your research and the project?
JPV — In France you have a group of specialists for refurbishments, who stated ten to twenty years ago that transforming a building would be much more expensive than to demolish and rebuild. Somehow they managed to convince a lot of people. However—if you work precisely on the question of economics, it is possible to refurbish a building for a much lower price, and above all, to allow for much more ambition.
There is some truth behind that, yet people don't want to talk about it: in France, in many cases, demolition of buildings

becomes an excuse to take away the inhabitants. So it is not a problem of the building itself, but a problem of the people inside, a social problem. By arguing that the building is poor, it should not be the occasion to remove the poor. Some firms behind this system want to demolish and rebuild because they make money with it. But the transformation of buildings could support the economy as well....

We tried to develop an alternative. With the book *Plus* we tried to create a basis to make this project possible.

We produced it for the ministry of culture, on which we as architects depend on in France. It seems that there was no real interest on the part of the Ministry. Finally, the Municipality of Paris saw the potential of it and was interested in our work. As they were not sure what to do with 'La Tour Bois le Prêtre:' standard refurbishment or demolition. They asked the owner to try this proposal and they organized a competition based on our study. The guideline was that the transformation of the building should be cheaper than its demolition and rebuilding. They called it "metamorphosis." Five teams entered the competition. In the end we won.

UD — What about the people living in the building?
JPV — Some of the inhabitants were part of the jury. They were very anxious of changes to their flats. When you lose your apartment

173

EQUIVALENCE

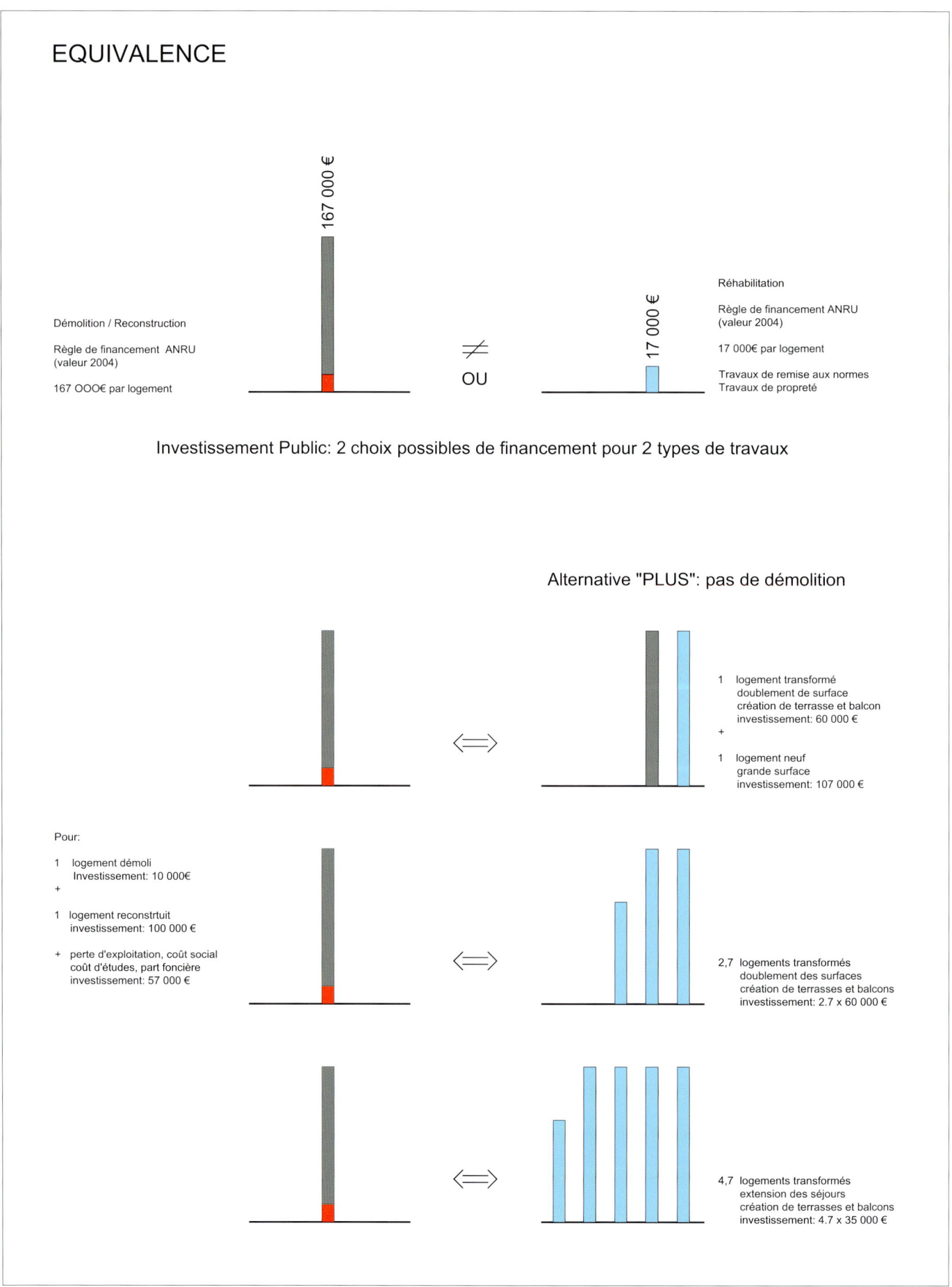

167 000 €

Démolition / Reconstruction

Règle de financement ANRU
(valeur 2004)

167 OOO€ par logement

≠ OU

17 000 €

Réhabilitation

Règle de financement ANRU
(valeur 2004)

17 000€ par logement

Travaux de remise aux normes
Travaux de propreté

Investissement Public: 2 choix possibles de financement pour 2 types de travaux

Alternative "PLUS": pas de démolition

⟸

1 logement transformé
doublement de surface
création de terrasse et balcon
investissement: 60 000 €

+

1 logement neuf
grande surface
investissement: 107 000 €

Pour:

1 logement démoli
Investissement: 10 000€

+

1 logement reconstrtuit
investissement: 100 000 €

+ perte d'exploitation, coût social
coût d'études, part foncière
investissement: 57 000 €

⟸

2,7 logements transformés
doublement des surfaces
création de terrasses et balcons
investissement: 2.7 x 60 000 €

⟸

4,7 logements transformés
extension des séjours
création de terrasses et balcons
investissement: 4.7 x 35 000 €

Equivalence (Druot, Lacaton & Vassal 2007)

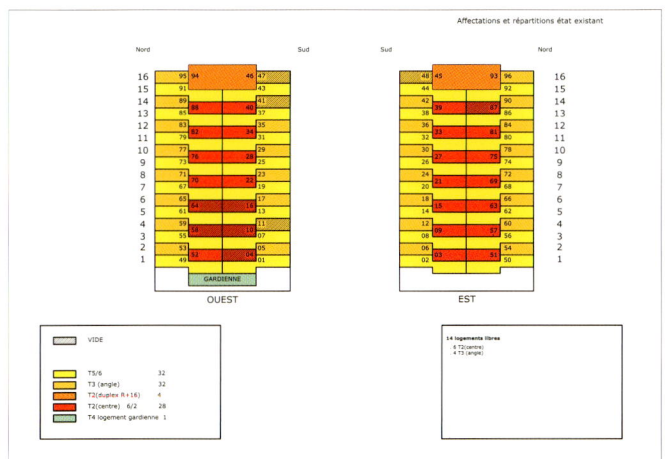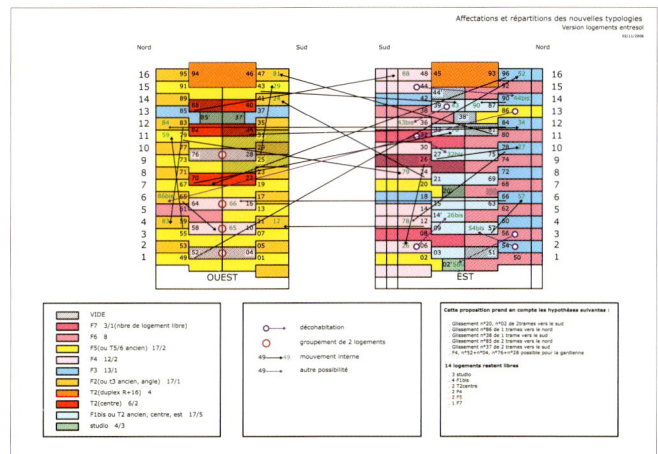

Zuweisungen und Verteilungen von neuen Typologien. Die internen Umzüge der Bewohner sind mit Pfeilen markiert (Arch+ Nr. 203/2011)

in Paris, you never know whether you have to move to the east, the south, or the west, or perhaps to the suburbs. This means you will lose the connection to all your friends in the area that you lived in. We probably won, because our proposal offered only small changes, and only additions. The first meetings were really tense and difficult. The people feared being disturbed or even forced to leave. The client—the owner who wanted to transform the building—was a bit afraid of the inhabitants, he didn't really want to see or talk to them, and didn't want to know about problems.... We were always pushed back and forth between the owner and the inhabitants.

UD — How did you deal with that?
JPV — Step by step we explained our project. Because nearly half of the families didn't want to change the level or orientation of their flats we modified our project. We tried to fit our plans more precisely to the needs of the people. We did this by maximizing the extensions on all sides. This gave us the freedom to adapt to the needs of the people. Most of the time we architects place ourselves in situations of minimum, which makes it very hard to discuss solutions because we are bound by the tight constraints of the minimum. But if you place yourself into a situation of maximum, you can really grasp a problem. This created very interesting discussions, which led to alternative proposals.
Then, at a certain point, we had to push the owner in order to prevent him from raising the rents. Nowadays people pay

almost as much as they did before. The rent is a bit higher, but people pay less for heating and maintenance. The heating system is much more efficient and the insulation is much better. In this way, it was possible to increase the size and quality of the flats without increasing the price of the rents for apartments.

UD — How was it financed? Who is the owner?
JPV — These buildings are very old. They were built in the sixties and today they are written-off assets. So there is no need for higher rents in terms of profitability. The owner is Paris Habitat, a public agency part of the Paris Municipality .
In fact, we could keep the rent at the same price, because it was much cheaper to transform the building than to demolish and rebuild it. It seems logical for us to say that rents could depend on what you really pay for a project, as a function of what the cost is for the collective.

UD — Did the Project support the ideas of your studies?
JPV — Yes. At the same time our understanding became more and more precise. Especially the function of a public-private ownership is very complex. But when you develop a precise knowledge of these economic structures you realize that a transformation is always much more efficient and offers much more possibilities to develop generosity. Sometimes there are people inside, sometime not, sometimes you have asbestos inside that you have to

remove first.... The question is: what we consider as the foundation of the city, to come back to tabula rasa of the empty plot, or to think that all these square meters of all levels of these existing buildings represent the real ground— the capital. In Paris there is a shorttage of around 200,000 flats. All around the big cities in France we need 1,000,000 additional affordable flats overall. At the same time there is this tendency to demolish a lot of these old high-rise buildings. Seven or eight years ago, the political decision was made to spend 15 billion euros to demolish more than 100,000 flats and rebuild 90,000 new flats. Spending 15 billion to loose 10,000 flats in a situation where additional flats are needed—that's an incredible misuse of money.

UD — How did you deal with the fact that people were living in the building during the transformation process?
JPV — It's much more difficult when people are living in the building during the process. However, it also creates very positive constraints. With the people inside, everyone, not only ourselves, feels responsible and is obliged to do the job quickly, delicately, and efficiently. We work from the outside. To renovate the facade of a building you build scaffolds. We do the same, but the 'scaffold' is permanent and quite large. This way we add space to the outside and reduce the troubles of the inhabitants. During the works they can stay in their flats, use the bathrooms... only in a few cases did people need to go

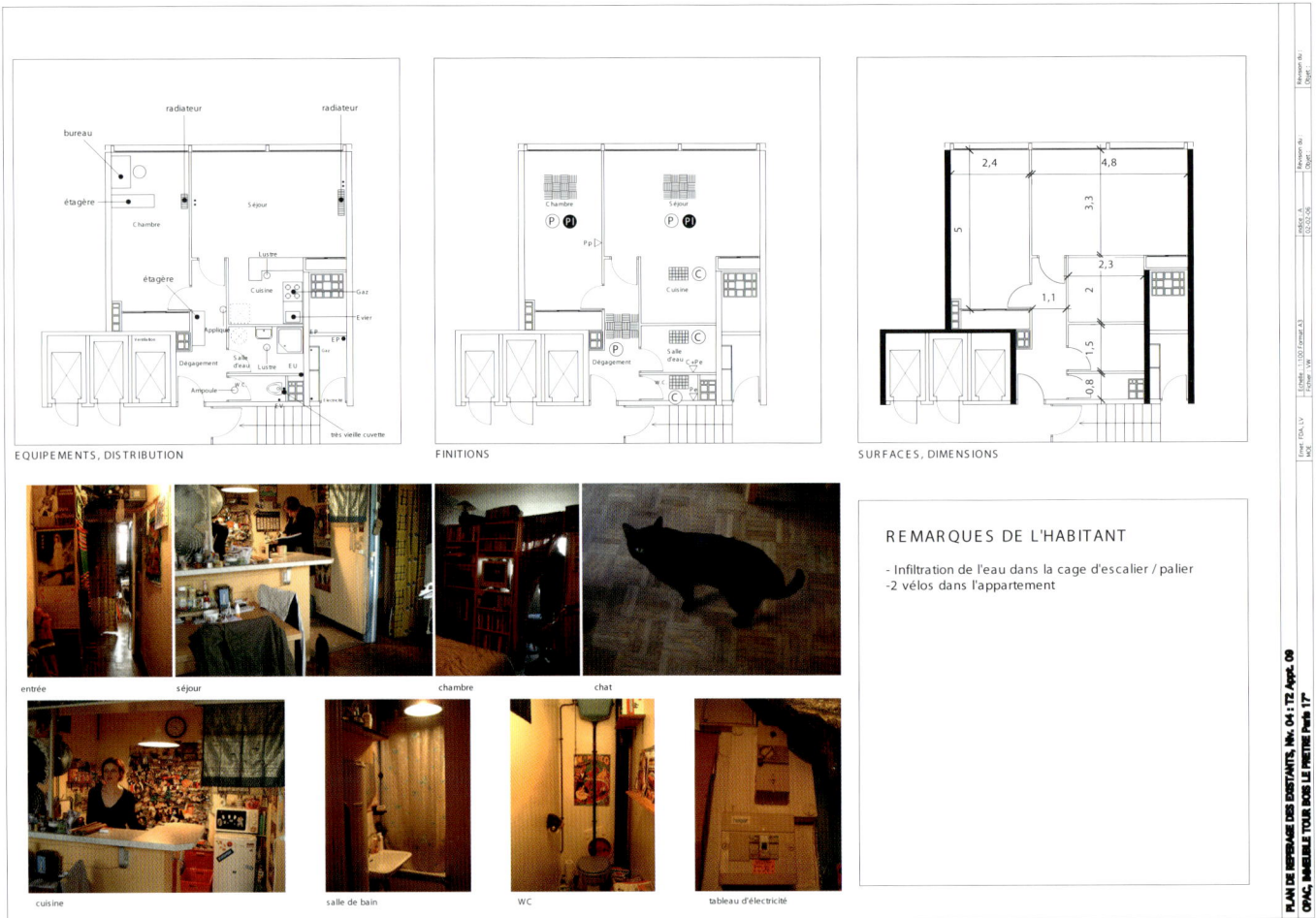

EQUIPEMENTS, DISTRIBUTION

FINITIONS

SURFACES, DIMENSIONS

REMARQUES DE L'HABITANT
- Infiltration de l'eau dans la cage d'escalier / palier
-2 vélos dans l'appartement

entrée   séjour   chambre   chat

cuisine   salle de bain   WC   tableau d'électricité

Wohnreport (Druot, Lacaton & Vassal 2006)

to a temporary flat for one or two nights. Probably this is a good way.

UD — *Today this project is perceived as an exemplary lesson. Still there are 'experts' who argue that your concept is not working out.*
JPV — Most of the time money is the main question. Therefore it's very important to demonstrate that alternative concepts are possible, that we can make a difference. Today there is no more generosity. Most of the time, solutions are defined by the needs of the market. The market functions with bad quality, lack of generosity, and scarcity. If you take France or Paris as an example, the market is very happy with the current situation. As we need several thousand additional flats, it is possible to rent out a single bedroom of 10 square meters for over 500€ per month. The property owners maximize their benefits with this situation. They don't want to change this.

UD: *Is there any situation in which you would recommend the demolition of a building?*
JPV — Generally, we would never recommend the destruction of a building. It's a way of thinking. If you have to demolish, this decision is mostly based on the results of a study. Nevertheless I am sure, we can find buildings in worse conditions, if we take a look at the historic parts of our European cities. In their old parts, built in the 18th century, you will find wooden floors that are not horizontal, life-threatening stairs, termites in the wood, little sunlight and so on.... When there is a fire, it's most of the times in one of those buildings. We keep these buildings for historical reasons, so why should we demolish modern ones. There are tons of arguments. Instead of demolishing buildings, I think we should analyze their capacities, their qualities. At the very least, they often represent robust floors. And most of the time, they keep the life, the history, the souvenir of their inhabitants. This is not about nostalgia or historical monuments. Starting from the existing will provide something much better than the standard—and cheaper.

UD — *Might local initiatives of residents become development projects in the near future?*

JPV — Yes, I hope so! Because they live in the area, have friends near by or go there for their jobs, these people are motivated to take care. They are connected to their place. That should be one of the most important components of any development project in the future.

On a technical level you can transform nearly every building. The interesting and important part is the people, the life inside the building.

Sometimes you enter a flat and you find an incredible decoration, telling you of all the things that happened thirty years ago. You can't see this from the outside. It can be an activity or a relationship: the bakery offering courses for children or a woman offering French and English lessons. Little

176

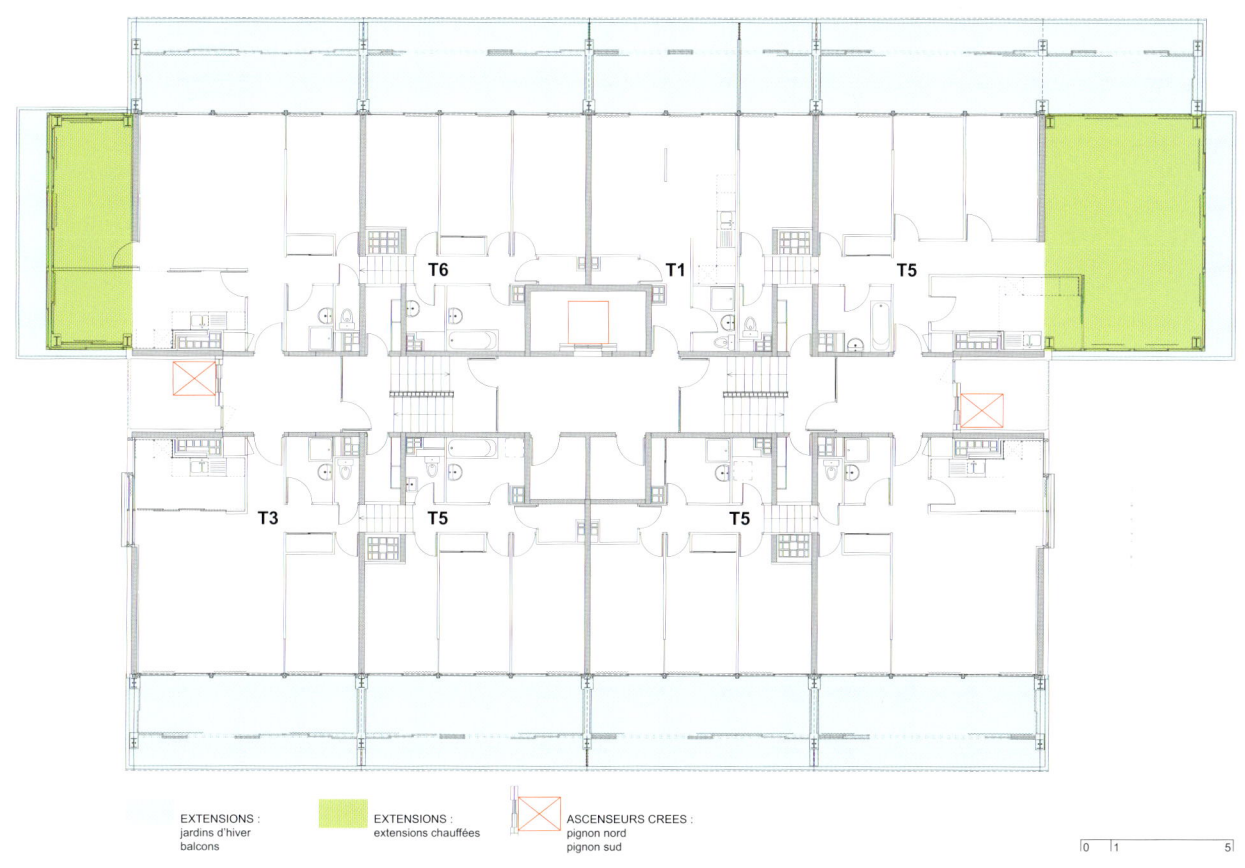

EXTENSIONS :
jardins d'hiver
balcons

EXTENSIONS :
extensions chauffées

ASCENSEURS CREES :
pignon nord
pignon sud

0 | 1 | 5

Wohngeschoss nach dem Umbau (Arch+ Nr. 203/2011)

details like these are the most important part of any transformation project.

In case of the 'Tour Bois le Prêtre,' the situation had become worse and worse over the years. Many people from North Africa came here in the sixties, very happily. In the beginning the ambience was really good, but the social relations and buildings deteriorated over the years. The project was an occasion to come back, to meet and discuss again in order to form a common objective for the transformation process.

UD — How did this affect your role as an architect?

JPV — As an architect, it's good when you can be close to your client. I think we should start to move closer to the inhabitants as well. Work together with them and develop common strategies. In the 'Tour Bois le Prêtre' we supported the inhabitants, because the client had the idea to repaint everything in white to paint all the flats, everything really, white again. We told him to take a look at all the incredible decorations and asked the companies to be very careful. Some of the people had

wooden floors, placed by themselves, others had changed their bathrooms… a few flats were in very, very bad condition, but most of them were in very good shape. Some people even wanted to paint their flats on their own—so we could lower the price.

UD — This sounds like a broader idea of sustainability…

JPV — Yeah, sure! Taking a look at all those demolition plans, you find sustainability as a key argument. Sustainability should first of all be about preserving existing buildings, in order to spend less energy, less money, produce less dust and less noise. It should consider the work of the people, who constructed this building in the first place. For example, in China they demolish a lot of buildings because they want to have much greater capacity. If buildings are destroyed in Europe, the result is mostly a loss of capacity. To take down a building of 50 meters in Paris is bound to a regulation that cuts the new building back to 30 meters. In China it might be better to demolish old buildings because you can increase the capacity. I am not sure.

We made a study for Brussels where they wanted to keep a tower in the center of the city that was basically a skeleton of steel with an incredibly fragile fire protection. We only worked on the feasibility, based on which a competition was organized. The tower was quite high, nearly 70 or 80 meters. The winning project surrounded the tower—like we are doing—and at the same time they wanted to keep the proportions. So they added 10 or even 15 levels. In some cases you can increase the capacity by transforming an old building.

UD — You claim "Luxury for all!" Would you please explain the idea?

JPV — The interesting part of architecture is going beyond standards by using the existing urban environment and adding to it. To do "with" means to take the opportunity of what already exist and deal precisely with the question of economy. We like to work with the idea of "luxury," because we realized that the quality of housing has decreased continually during the last 50 years. If, for example, you look at the Hansa Viertel in Tiergarten, things were much better in the fifties than what

GRP-Transformation von 530 Wohnungen, Gebäude G, H, I, Quartier Grand-Parc, Bordeaux – Lacaton & Vassal, Druot, Hutin (Philippe Ruault)

we are building today. Some technical problems are different now, but this is not the reason. People want more foam, more isolation, triple glass... the quality of the space, the possibility of movement—going to the balcony from the living room and going back to the sleeping room etc.—we lose all these movements one can perform in a modern building. Today, luxury has to be economic and democratic, simply for all. There is no reason not to make it.

UD — What is good housing?
JPV — Freedom, light, and space. People very often talk about public space. It's ok to work on public space, but the precondition is to have good private space. This is very important.
I have always been impressed by the 'Case Study Houses,' a social housing program in the US of the fifties and sixties—these very simple steel frames, totally transparent towards the view, are still probably the most fantastic villas today, although they were done with economic objectives. They were built on the West Coast, and we could reinterprete the same situation in the city: a case study at each level, at the 10th, 15th level, as on the groundfloor... This means good housing for me: a villa, a transparent space with some land

(place) around it. At every level you should have this possibility. It's why we develop winter gardens, balconies, etc. It enables movement and freedom—we come back to this idea now—you can go through the entrance, the living room, you take the corridor, then bedrooms, and you enter the last bedroom. You leave through the transparent sliding door, enter the winter garden, step on the balcony and come back to the living room. You move around the rooms exactly like in a house with a garden. To enable this kind of movement on every level is fantastic. Then you can work with density.
Then, we could leave the groundfloor free, We should not start with flats on the ground floor. Perhaps it's good to leave 6 or even 9 meters to create capacities, open up possibilities—spaces for sport, meeting rooms, swimming pools, a bakery, restaurants, the city... if you have no immediate use you can simply wait for something that could happen.

UD — How do you live?
JPV — In a small flat, with a nice view. I like to live on the last level.

UD — What are the main challenges we should concentrate on?

JPV — We have to start from urban situations with all their complexity and problems. It's best to start with the most difficult ones, as these are the ones where you have the biggest chance of changing something in a positive way. We need to start from the existing situation with the inhabitants, the neighbors, and the people around to try to develop, to improve, and to extend. From architecture for specific situations urbanism can develop. The starting point is the flat, one flat, it means a continuous attention to its inhabitant, repeated 100, 5,000, 200,000 times over. But in the end we should keep the doors open. The city should be open to everyone and contain a lot of possibilities.

UD — What would be your advice for young people studying architecture?
JPV — Be curious! Curiosity is very important. Look at plenty of things, do not stay too much in the office or the school. Go directly to the site, talk with the people and dream about things—nearly utopian things, nearly utopian.

Das Interview führten Sebastian Bührig und Bernd Kniess

Wohnung vor und nach dem Umbau (Philippe Ruault)

Was ist mit denen, die nicht können, wollen, dürfen?

Untersuchungen der Wohnrealitäten von Akteuren, die ihre Wohnraumversorgung aus unterschiedlichen Gründen nicht (länger) selbst in die Hand nehmen können. Dies sind Projekte, an denen sich unter anderem besonders deutlich zeigt, welche Potenziale die interdisziplinäre Urban-Design-Herangehensweise für die Erforschung von Wohnbedürfnissen und Alltagsbewältigungsstrategien eröffnet. So arbeiteten am Thema des Altenwohnens im Hamburger Stadtteil Steilshoop beispielsweise eine Architektin und ein Mediziner zusammen, um sich den Fragestellungen einer alternden Gesellschaft anzunähern.

A Home for Single Men
Collective Housing

Sarah Asseel und Mathias Schnell

Urban Design Project
revised and shortened version

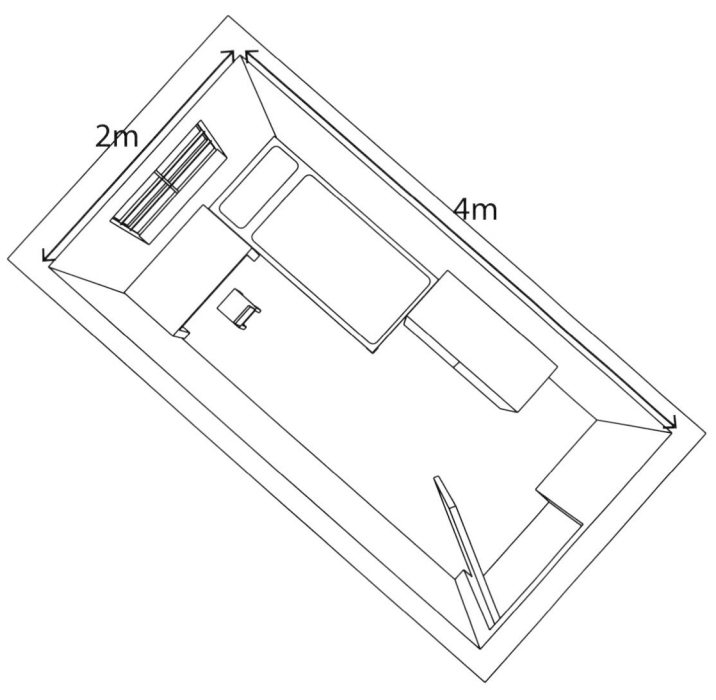

Typical individual space in the Ledigenheim
(Asseel und Schnell 2013)

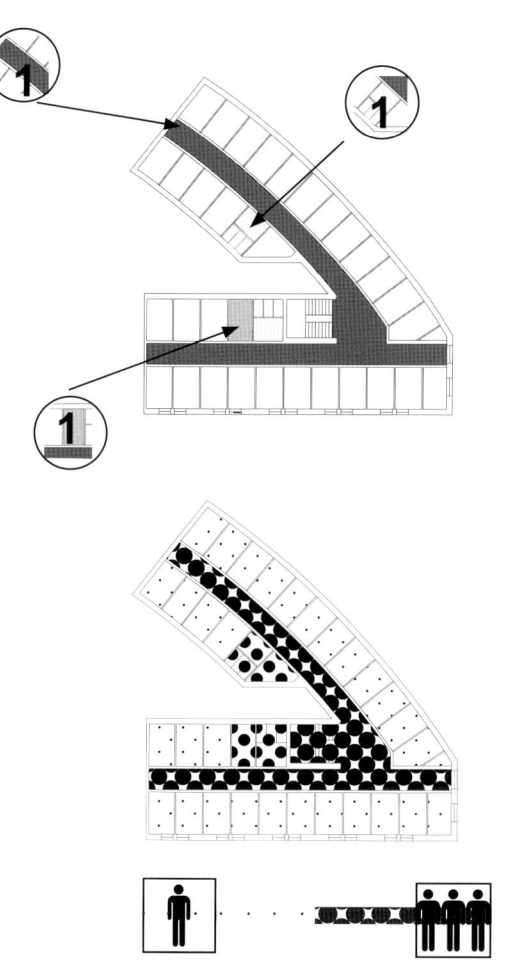

Instant Shift between individual and collective
space (Asseel und Schnell 2013)

The Ledigenheim got our attention in 2011 through an article in the local newspaper "Hamburger Abendblatt" which described how the residents are fighting against an investor's plan to transform the layout of the building into exclusive single apartments.

Before approaching the history and current situation of the Ledigenheim, we first familiarized ourselves with the concept in general. In addition, we investigated the area of Neustadt Süd where the property is located. The analyses of the neighborhood, which we developed locally, were examined in the context of a variety of data provided by the statistical office of the City of Hamburg.

The Ledigenheim is part of a building block which was built in 1912 on a 3,900 m² large triangular property, surrounded by Rehhoffstrasse, Pasmannstrasse and Herrengraben in Neustadt-Süd. When it was completed, the block had 15 five-storey apartment buildings with 170 small apartments and the Ledigenheim with 112 furnished single rooms.

„Man spricht immer von der Hausgemeinschaft, es ist aber viel mehr eine Wohngemeinschaft. [...] Dass heißt, wenn jemand von extern entscheidet, dass hier jemand dazuzieht, entscheidet er auch, mit wem ich die Dusche teile."

„Ich habe ja nicht viel Rente. 870 Euro, damit kann ich keine Wohnung mit 600 bis 700 Euro Miete zahlen, da habe ich ja nichts mehr vom Leben."

Jade Jacobs (36)
Co-founder of the Arbeitsge-
meinschaft Rehhoffstrasse. He
studied Visual Communication
with a focus on Media Theory
at the Academy of Fine Arts in
Hamburg.

Peter Amtmann (78)
Has been living in the Ledigenheim for 26 years. He spent
much of his time on ships, in bunks
wich usually had less space. Today
he does not need more space.
He pays 153 Euros rent.

„Wir brauchen doch nicht mehr. Man schafft sich doch mit 65 keine größere Wohnung an. Ich brauch das nicht. Will ich nicht."

„Für einen Investor ist es attraktiv, in Städten mit Wohnungsmangel zu investieren. Einfach weil es eine hohe Nachfrage gibt, kaum ist eine Wohnung leer, stehen wieder fünf bis zehn Mieter da und brauchen die Wohnung. Das ist für uns ein sicheres Geschäft und wir können die Mieten anheben."

Werner Scobel (67)
Has been living in the Ledigenheim
for 44 years. He has always done
assembly work. He enjoys life
in the Ledigenheim, it is like a
"small functioning community."

Niels Lorentz Nielsen
Investor
Core Property Manage-
ment, Denmark

Daily Users (Asseel und Schnell 2013)

Perspective (Asseel und Schnell 2013)

Wohnen in der Stadt
Qualitative Einblicke in Wohnformen und Wohnbedürfnisse von Hamburger Obdach- und Wohnungslosen

Sandro Haier und Laura Hellmann

Überarbeitete und gekürzte Fassung
Urban-Design-Projekt

Was bedeutet Wohnen für Wohnungslose? Anhand der Gruppe von wohnungs- und obdachlosen Menschen in Hamburg soll gezeigt werden, wie Betroffene mit ihrer eigenen Wohnungslosigkeit und Obdachlosigkeit umgehen und auf welche Weisen sie ihre Wohnraumbedürfnisse selbst in die Hand nehmen. Darüber hinaus wird analysiert, wie ihnen durch Hilfssysteme begegnet wird, welche Angebote ihnen die Stadt Hamburg entgegenbringt, um ihnen Wohnen in der Stadt zu ermöglichen. Anhand dieser Arbeit wird deutlich, dass das individuelle Wohnen mehr braucht als nur die eigenen vier Wände. Wohnen und Wohnraum (bzw. Wohnung) müssen dabei inhaltlich weiter gefasst und gedacht werden.

Biografie Oleg, 34 Jahre

Über Oleg kann wenig Biografisches berichtet werden. Er lebt seit zwei Jahren unter der Brücke am Fischmarkt in St. Pauli. Im Winter hat er bereits am Winternotprogramm in der Spaldingstraße teilgenommen. Ursprünglich aus Polen kommend, unternahm er vor knapp drei Jahren den Versuch, in Hamburg reguläre und „fair bezahlte" Arbeit zu finden. Das ist misslungen. Auch er verkauft die Straßenzeitung Hinz & Kunzt; sein Verkaufsplatz ist der Real am Berliner Tor. Daneben hilft er an mehreren Tagen in der Woche in einer Kneipe aus, sammelt Leergut und lebt von Spenden bzw. vom Buchverkauf, der an der Brücke betrieben wird. Infolge des gescheiterten Migrationsverlaufes hat sich die Alkoholabhängigkeit bei ihm verstärkt.

Stufe	Merkmale d. Obdach- u. Wohnungslosen	Programm
Stufe 1	• keine Wohnung	• Dringlichkeitsschein
Stufe 2	• keine Wohnung • Schulden • negative Schufa-Einträge	• Innerhalb von zwei Jahren werden Schäden am Mietobjekt bis zu einer Höhe von EUR 65/qm übernommen • im Einzelfall kann „Starthilfe" beantragt werden
Stufe 3	• keine Wohnung • Schulden • negative Schufa-Einträge • Personen wird kein eigenständiges Wohnen zugetraut	• Im ersten Jahr übernimmt ein Träger den Mietvertrag und fungiert als Ansprechpartner in allen Mietsachen • das Untermietverhältnis kann bis zu sechs Monate verlängert werden • wenn der Mietvertrag ein Jahr erfolgreich läuft, geht der Mietvertrag auf den Mieter über • sozialpädagogische Betreuung • es gelten die Garantien der Stufe 2; im Einzelfall kann „Starthilfe" beantragt werden
Stufe 4	• Personen können aufgrund intensiver persönlicher Probleme nicht vermittelt werden	• Bleiben in Wohnunterkünften • solange sich die persönliche Situation nicht verbessert, besteht keine Chance auf ein erfolgreiches Mietverhältnis

Einstufungssystem für Obdach- und Wohnungslose der Fachstelle für Wohnungsnotfälle in Hamburg (Quelle: Interview mit Hr. Hönig am 25.07.2014, Fachstelle Wandsbek; Drucksache 20/5867 Bürgerschaft der Freien und Hansestadt Hamburg - 20. Wahlperiode)

„Starthilfe"-Programm
• Hilfe bei der Organisation von Um- und Einzug • Persönliche Unterstützung und Betreuung im Rahmen des Sozialengagements, eventuell Weitervermittlung und Begleitung in weitergehende flankierende Hilfen • Unterstützung bei der Beantragung von Direktüberweisung der Miete • Geldverwaltung und Umgang mit Geld

Wohnsituation: Oleg unter der Brücke (Haier und Heldmann 2014)

Ortsbeschreibung

Eine breite Promenade folgt der Straße etwas erhöht vom Fischmarkt fast bis ganz
nach vorn zu den Landungsbrücken. Sie
dient auch als Hochwasserschutzanla-
ge, denn die Promenade säumt die Straße nur auf der Elbseite. Auf der Höhe des
Park Fiction verläuft eine Fußgängerbrücke über die Straße. Unter dieser Brücke
wohnen derzeit drei Personen. Sie haben
sich unter der Treppenanlage, die auf die
Brücke führt, eingerichtet. Mit Bettgestel-
len, Matratzen, Tischen und Stühlen sowie einigen Regalen (Bücher, Möbel und
Bettzeug sind sämtlich gefunden oder geschenkt worden). Eine Buchverkaufswand
wurde ebenfalls aufgebaut. Zur Elbe hin
sind sie durch eine circa 1,50 Meter hohe
Mauer geschützt. Allerdings ist zwischen
der Treppenanlage, die links und rechts
auf die Fußgängerbrücke führt, und dieser
Mauer noch eine Spalte, sodass Oleg dort
nicht ganz vor Niederschlag geschützt ist.
Zur Straße hin, direkt unter der Treppenanlage und der Brücke, ist es aber trocken.
Zwei Pfeiler stehen inmitten des Raumes,
der sich hier eröffnet. Ein größeres Bett
ist unter der linken Treppe aufgestellt. In
der Spalte zwischen der Mauer und der
Treppe ist ein Gästebett zum Großteil unter der Treppe aufgebaut worden. Entlang

der Mauer stehen unter anderem mehrere
Stühle und zwei Regale. Circa zwei Meter
vom großen Bett entfernt, steht der erste Pfeiler in der Mitte des Raumes. Einen
Meter weiter folgt der zweite Pfeiler. Halb
im Zwischenraum der Stützen und ganz
unter der Brücke, hat das Einzelbett einen
gut geschützten Platz. Das dritte Bett,
welches wieder etwas grösser ist, steht
mit dem Kopfteil am rechten Pfeiler und
ist ebenfalls vollständig durch die Brü-
ckenanlage vor Niederschlag geschützt.
Als Spaziergänger auf der Promenade
kann man von allen Seiten in den dort ge-
schaffenen „Wohnraum" Einsicht haben.

Wohnen vor Ort

Oleg schläft im rechten Bett. Oft ist er
tagsüber unterwegs, jedoch bleibt er am
Wochenende meist vor Ort und verbringt
Zeit mit seinen Bekannten. Sie spielen,
trinken oder schlafen. Ab und an verkaufen sie Bücher von ihrer Bücherwand,
aber eigentlich wirkt diese mehr wie eine
Selbstbedienungstheke. Täglich kommt
die Stadtreinigung bei der Fischmarkt-
brücke vorbei und nimmt den angesam-
melten Müll mit. Der Platz wird täglich von
Oleg gefegt. Licht ist abends durch die be-
leuchtete Promenade gegeben. Eigentlich

haben sie einen Grill, um sich Essen zu er-
wärmen, jedoch ist das verboten. Ebenso
das Verhüllen von Teilen der Brücke, um
einen besseren Schutz vor Wind und Wet-
ter zu erreichen. Eine Toilette gibt es vor
Ort nicht und so wird abseits des Wohn-
raumes an die Mauer uriniert. Unter der
Woche verbringt Oleg neben dem Schlafen nur zwei Stunden unter der Brücke und
ist nicht mehr als zehn Stunden täglich
vor Ort. Zum Wochenende wandelt sich
dieses Bild und er ist mitunter ganztägig
vor Ort, trifft verstärkt auf Bekannte und
Freunde oder holt Schlaf nach, der unter der Woche verloren gegangen ist (so
wie bei einem Forschungsspaziergang
beobachtet).

Tagesablauf

Oleg steht jeden morgen sehr früh auf.
Vormittags ist er oft bei Hinz & Kunzt sowie an seinem Verkaufsplatz. Oleg geht oft
auf der Reeperbahn Pfandflaschen sammeln. Am Nachmittag bringt er meist die
gesammelten Flaschen mit dem Fahrrad
zur Leergutannahme und fährt von dort
aus entweder die Anlaufstellen ab, um die
Angebote abzurufen oder tritt seinen Job
in der Kneipe an.

Gerontopolis
Vom Altsein in Steilshoop

Helena Hahn und Frank Müller

Überarbeitete und gekürzte Fassung
Urban-Design-Projekt

In der prognostizierten demografischen Entwicklung der westlich-industrialisierten Welt zeichnet sich ein relativer und absoluter Anstieg des Anteils älterer Menschen an der Gesamtbevölkerung ab. Die Probleme des demografischen Wandels in Deutschland werden dabei meist auf dem Land – sowohl Ost wie West – verortet. Dort, wo die jungen Familien wegziehen und die Alten in zu großen Einfamilienhäusern zurückbleiben; dort, wo die Infrastruktur ausgedünnt wird und das Versprechen über äquivalente Lebenschancen zumindest für diese Generation immer fraglicher wird. Die Forschungsanstrengungen in diesem Bereich blenden jedoch meist die Lebensbereiche der Menschen aus, die in der Stadt älter werden.

Auch wenn uns von zahlreichen Werbeplakaten das Bild urbaner Silberrücken entgegenscheint – mobil, agil, aktiv, konsum- und kulturorientiert, wirtschaftlich abgesichert, sozial eingebunden und mit barrierefreier (Eigentums-)Wohnung in zentraler Großstadtlage –, so zeigt die quantitative Empirie ein ganz anderes Bild:

Hamburg ist eine wachsende Stadt. Trotz Zuzug hielt sich das Verhältnis von Jungen zu Älteren in den vergangenen 20 Jahren etwa die Waage: Etwa 18 Prozent machen die über-65-Jährigen an der Hamburger Bevölkerung aus. Während jedoch manche Stadtteile sich in den vergangenen 20 Jahren erheblich verjüngt haben, ist in anderen der Anteil der Alten deutlich angestiegen. In der Hansestadt zeigt sich eine Tendenz der demografischen Clusterung, wie die Auswertung von Einwohnerdaten des Statistikamts Nord zeigt.

Ein gutes Beispiel dafür ist der Hamburger Stadtteil Steilshoop; ein durch eine Großwohnsiedlung geprägter Stadtteil mit einem großem Anteil an Transferleistungsbeziehern, dessen Bevölkerungsanteil an über 65-Jährigen sich in den vergangenen 20 Jahren verdoppelte. In Steilshoop kann der Beginn einer demografischen Segregation beobachtet werden, den wir mit dem Begriff „Gerontopolis" besetzen wollen und den wir für diesen Stadtteil weiter untersucht haben. Wir stellen uns dabei die Fragen: Wie richten die Bewohner*innen ihr Leben in diesem Stadtteil ein? Welche stadträumlichen Barrieren und welche Resilienzfaktoren ergeben sich für die Einzelnen? Dabei soll ganz explizit die Einnahme von Perspektiven vermieden werden, welche sooft in diesem Zusammenhang gebraucht werden und ein ganz spezifisches Bild vom Alter(n) reproduzieren: Dazu gehört etwa das Alter vordringlich als einen Lebensabschnitt von körperlicher und kognitiver Einschränkung zu sehen und dieses im wesentlichen als Abweichung von einer vermeintlich gesunden und jungen Norm zu definieren – anstatt sich dem Alter(n) in seiner Ganzheit als übergreifendes kulturell-sozial-somatisches Phänomen anzunähern.

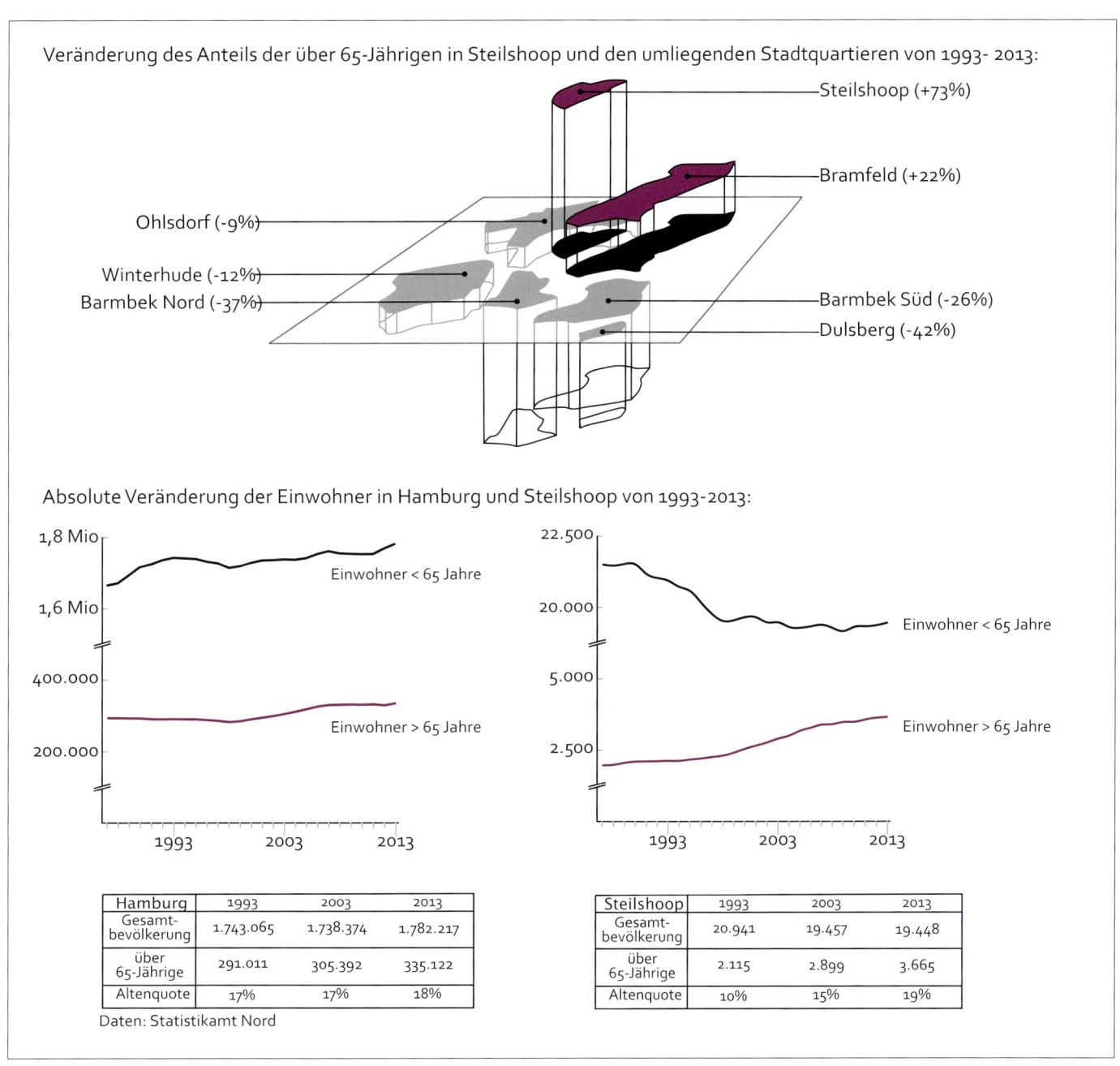

Veränderung des Anteils der über 65-Jährigen in Steilshoop und den umliegenden Stadtquartieren von 1993-2013:

Steilshoop (+73%)

Bramfeld (+22%)

Ohlsdorf (-9%)

Winterhude (-12%)
Barmbek Nord (-37%)

Barmbek Süd (-26%)
Dulsberg (-42%)

Absolute Veränderung der Einwohner in Hamburg und Steilshoop von 1993-2013:

1,8 Mio

Einwohner < 65 Jahre

1,6 Mio

400.000

Einwohner > 65 Jahre

200.000

1993   2003   2013

22.500

20.000

Einwohner < 65 Jahre

5.000

2.500

Einwohner > 65 Jahre

1993   2003   2013

Hamburg	1993	2003	2013
Gesamt-bevölkerung	1.743.065	1.738.374	1.782.217
über 65-Jährige	291.011	305.392	335.122
Altenquote	17%	17%	18%

Daten: Statistikamt Nord

Steilshoop	1993	2003	2013
Gesamt-bevölkerung	20.941	19.457	19.448
über 65-Jährige	2.115	2.899	3.665
Altenquote	10%	15%	19%

Zahlen bitte! (Hahn und Müller 2014)

Diese Vorstellungen sind geprägt von einem eindimensionalen Schematismus und finden ihre räumliche Ausprägung in solitären Rollstuhlrampen an Häusern. Wie wir in qualitativen Interviews mit Bewohner*innen von Steilshoop erfahren haben, fehlt es jedoch ebenso an Unterstellmöglichkeiten für Rollatoren wie auch für Kinderwägen, die man eben nicht mit in die Wohnungen nehmen könne. Der Aufzug halte nur im Zwischengeschoss und es sei fast unmöglich, den Rollator die halbe Treppe abwärts zu wuchten.

Auch im sozialen Alltag dient „Alter" viel zu oft einer einseitig pauschalisierenden Etikettierung von Menschen. Dies wurde uns etwa im Zusammenhang mit der Bewirtschaftung des eigenen Schrebergartens, einem der wichtigsten Orte unserer

Beforschten, geschildert: Alleinstehende ältere Frauen stehen unter besonderer Beobachtung der Gartenvereine. Ihnen traut man das Gärtnern und die Aufrechterhaltung der Gartenordnung nicht zu und drängt sie zunehmend von ihren angestammten Parzellen. Dass man sich Hilfe sucht oder Gärten gemeinschaftlich bewirtschaftet, ist nicht vorgesehen. Während die Beschäftigung von Haushälter*in und Putzhilfe im Haushalt jedoch vollkommen legitim erscheint, bleibt die Gartenarbeit im Schrebergarten eine nicht deligierbare Ehrensache. Konzepte gemeinsamer Nutzung, die Ältere integrieren könnten, wären wünschenswert, setzen jedoch eine Verschiebung der Sinnkonzepte über die Funktion von Schrebergärten voraus. Weg vom repräsentativen/symbolischen und

damit im Alter wesentlich wertlosen Kapitalsobjekt, hin zu einem (therapeutischen) Nutzwert: Der Garten als Sinnzweck. Welche bessere Selbstwirksamkeit könnte man erzielen, als das selbst gesäte Gemüse aufzuziehen, zu ernten und dann in der eigenen Parzelle geschmackvoll zuzubereiten, um es dann gemeinsam mit Freunden zu verzehren?

Das Altern in Steilshoop ist zumeist eingebettet in mannigfaltige Formen von Vergemeinschaftungen, die ähnliche Funktionen erfüllen wie Familienverbünde: Austausch von Aufmerksamkeiten, Hilfe im Haushalt, gemeinschaftliches Organisieren von Freizeit, Verteilen und Teilen von Lebensmitteln und so fort. Familiär wirkende Verbindungen fußen dabei meist nicht auf typischen heteronormativen

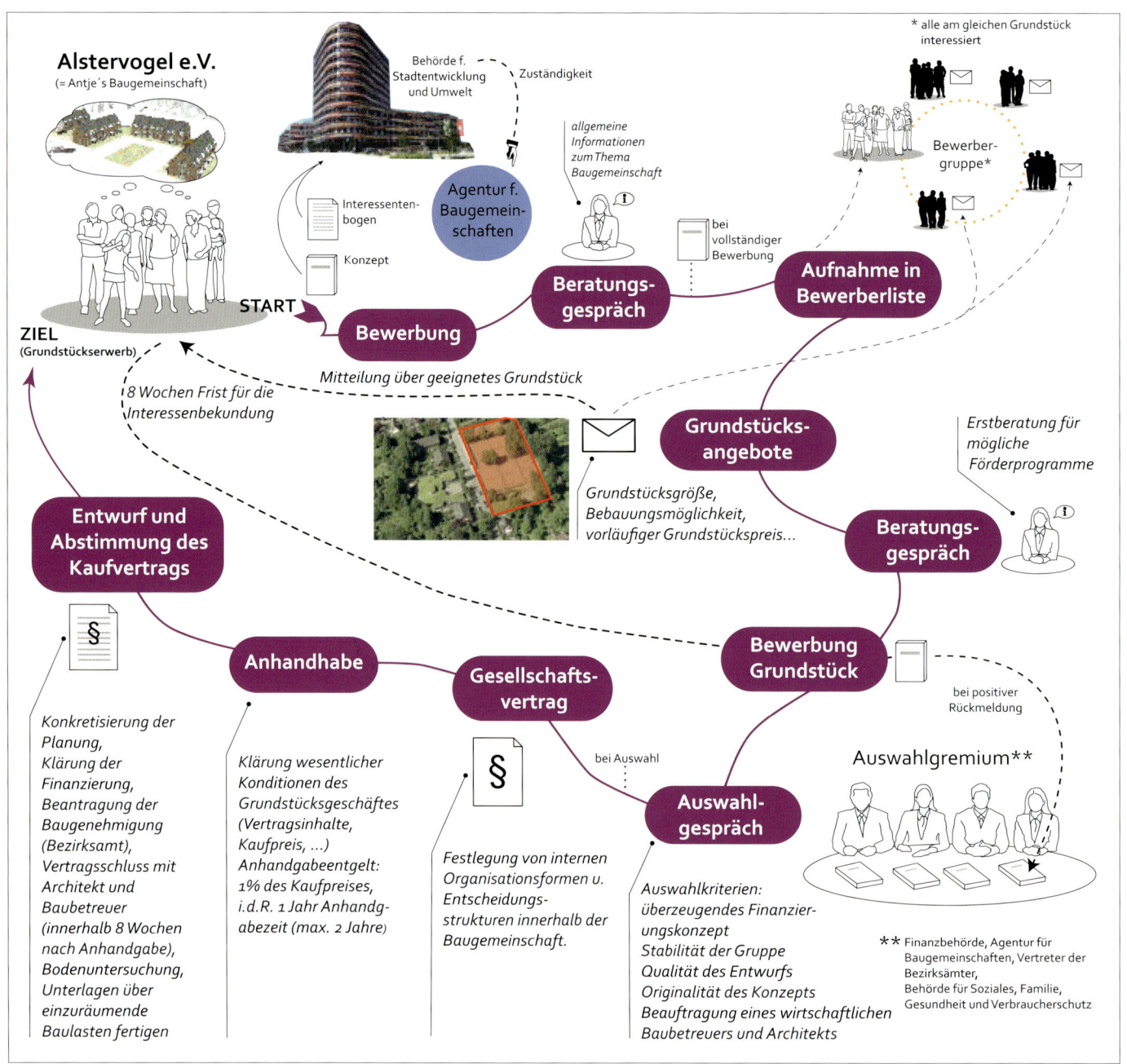

Verfahren einer Grundstücksvergabe an Baugemeinschaften (Hahn und Müller 2014)

Familienkonstellationen, die auf lebenslangen Partnerschaften basieren. Ebenso wenig sind die Verbindungen an ein gleiches Alter gekoppelt. Vielmehr sind es regelmäßig wiederkehrende Aktivitäten, Verlässlichkeiten, räumliche Nähe und gemeinsame Aufgaben, Sorgen und Probleme, die höchst unterschiedliche Personen zusammenführen. All die unterschiedlichen beobachteten Formen der Vergemeinschaftung, die unterschiedliche Funktionen für die Individuen erfüllen, haben sich gewissermaßen „natürlich", ungeplant, ungerichtet über

einen langen Zeitraum gemeinsamen Zusammenlebens entwickelt; immer wieder scheinen dabei auch Unzulänglichkeiten des eigenen Körpers, der Lebensumgebung und der Lebenssituation ausschlaggebend zu sein.

Solche Beziehungen scheinen sich wohl schwerlich intendiert planen oder gestalten zu lassen; jedoch können Räume, in denen solche Verbindungen ermöglicht werden, durchaus Berücksichtigung finden. Durch unsere Forschung konnten wir ganz grundsätzlich eruieren, wie wichtig es ist, in den Stadtraum insgeheime

Aufgaben einzuschreiben, die sowohl individuell wie auch kollektiv zur Betätigung herausfordern. So besitzen etwa Orte, an denen es Stimmungen und Gefühle wahrzunehmen und zu konsumieren gibt, eine wichtige Bedeutung. Die Gestaltung des Stadtraums unter Verwendung von haptischen, optischen und olfaktorischen Elementen, die auf diese Aufgaben insgeheim verweisen, sollte dabei federführend sein. Dem Geruchssinn kommt dabei besondere Bedeutung zu; ist er doch derjenige, der eine direkte Verbindung zum emotionalen Gedächtnis herstellt. In der

Schematische Darstellung von Antjes Laube:

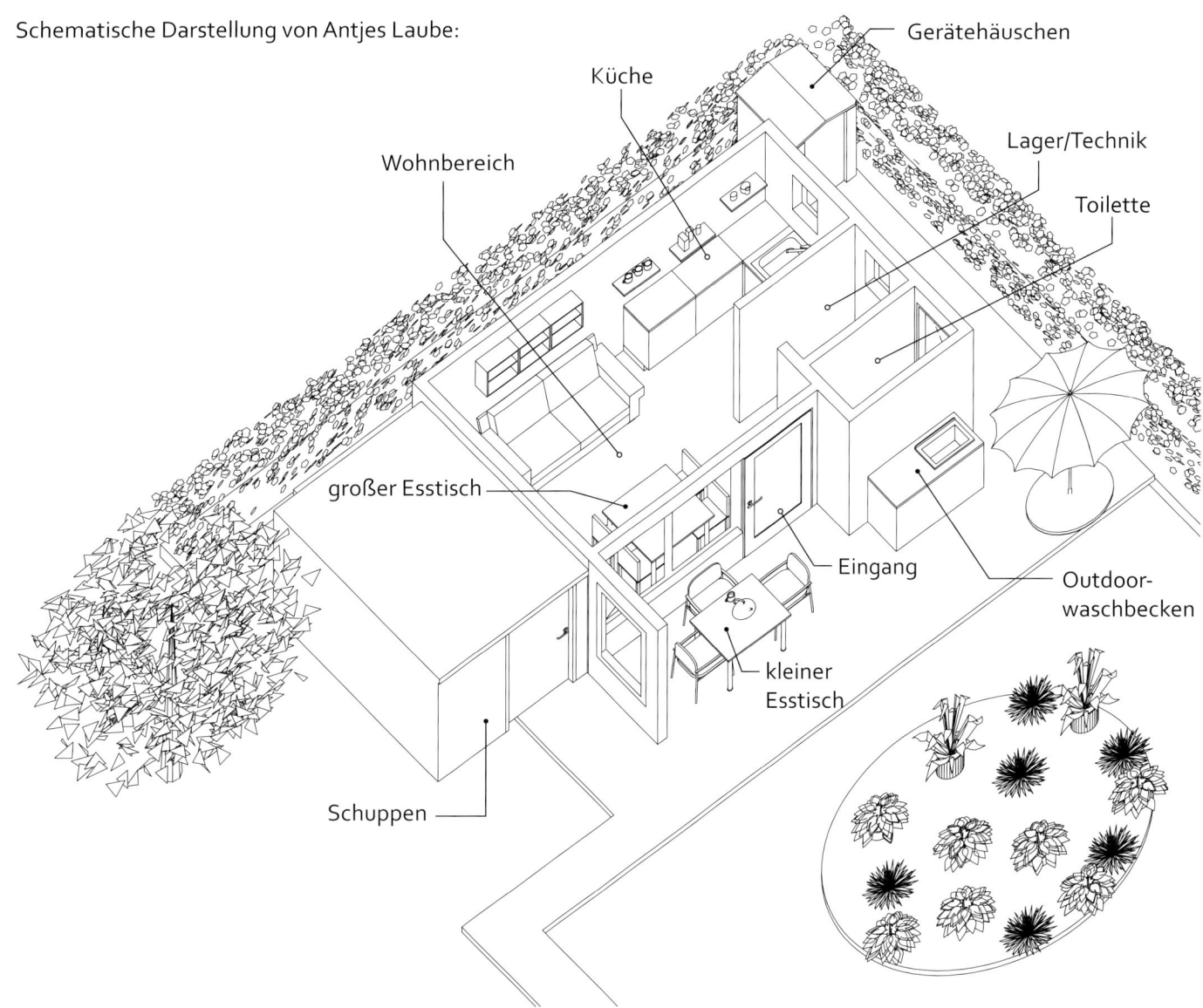

Gerätehäuschen

Küche

Wohnbereich

Lager/Technik

Toilette

großer Esstisch

Eingang

Outdoor-
waschbecken

kleiner
Esstisch

Schuppen

Schematische Darstellung von Antjes Laube (Hahn und Müller 2014)

Betreuung von Demenzerkrankten werden so beispielsweise Duftstoffe eingesetzt, um basale Reize zu stimulieren.

Unsere Beforschten sprachen mit uns unter anderem darüber, wie schade es sei, dass der Wochenmarkt in Steilshoop zwischenzeitlich aus Rentabilitätsgründen abgeschafft wurde. Auf dem Gelände wurde unlängst der fünfte Discountsupermarkt in diesem Stadtteil errichtet. Der Laden bietet kaum taktile oder olfaktorische Reize, er regt nicht zum Sinnieren an, was man heute kochen, welches Lebensmittel man mit einem anderen kombinieren und welche Freunde man aus der Nachbarschaft zum Essen einladen könnte. Die gedankliche Kombination von verschiedenen verpackten Lebensmitteln zu einem Essensgericht erfordert eine hohe Abstraktionsleistung; gerade Demenzerkrankte kapitulieren angesichts dieser hohen kognitiven Herausforderung. „Das gibt manchmal Tränen im Discounter", wie uns eine Mitarbeiterin eines ambulanten Pflegedienstes berichtet. In Steilshoop haben sich jedoch andere Orte etabliert, die als direkter Gegenentwurf zur discounterisierten Einkaufslandschaft gelten können. So findet sich etwa das „Büdl", eine Lebensmittelausgabestelle der Tafel, welches dieselben Produkte wie der Discounter in wenigen Metern Entfernung anbietet, aber darüber hinaus noch vielmehr zu bieten hat: Gerüche, Betätigungsfelder, kommunikativer Austausch, Sozialberatung… Ein Marktplatz des Sozialen, unter anderen Vorzeichen.

Ab durch die halbe Welt
Die Not verwalten? Asylbewerberunterkünfte in Hamburg

Textcollage
Originale erschienen in: Bergholter, Anna Verena et al. (2012): Wohnunterkünfte in Hamburg. Mehr als ein Dach über dem Kopf? Stadtplanungs-Projekt
und Seifert, Jörg (2015): Schlafplatz statt Lebensraum. Deutsches Architektenblatt Online

OMAIRA NOORI

Es war ein milder Herbstmorgen im Jahr 1993, als sich Familie Rashed auf den Weg nach Indien machte, um ihr Heimatland Afghanistan zu verlassen. Aufgrund des andauernden Krieges zwischen den Taliban und Mudschaheddin war Afghanistan keine sichere Umgebung mehr für Masoud, seine Frau Sharifa, die beiden fünf- und sieben-jährigen Kinder, Ali und Lisa und Masouds Mutter Zahra. Das Ziel des Ehepaares war es, in Hamburg ein neues Leben aufzubauen. Sie wollten es so wie Masouds Schwester machen und in Deutschland ein neues und sicheres Leben beginnen. Sie war bereits drei Jahre zuvor mit ihrer Familie nach Deutschland geflüchtet und wünschte sich, dass ihr Bruder und seine Familie ihnen folgen würden. Ihre Heimat zu verlassen war keine einfache Entscheidung, obwohl sie in ihrem Land schon viel Leid und Elend gesehen hatten. Den endgültigen Entschluss, aus ihrem Land zu fliehen, haben sie immer versucht zu verdrängen.

Besonders für Zahra war es niemals eine Option, ihr Heimatland zu verlassen. Sie sagte immer zu ihren Kindern, dass sie lieber in ihrer Heimat sterben möchte, als in einem anderen, fremden Land. Sie war eine starke und sehr emanzipierte Frau, die ihre insgesamt fünf Kinder alleine aufzog, nachdem ihr Mann bei einem Autounfall ums Leben gekommen war. Sie war Zahnärztin und führte ihre eigene kleine Praxis in Kabul. Die Entscheidung darüber, ob sie fliehen sollten oder nicht, musste Masoud für seine Mutter mit treffen. Er log sie an und sagte, dass sie nur eine kurze Zeit nach Indien fahren, bis sich die Situation in Afghanistan etwas beruhigen würde.
Für Masoud war es auch kein einfacher Entschluss das Land, das er so liebt und in dem er aufgewachsen war, zu verlassen. In Afghanistan war er ein erfolgreicher Geschäftsmann, der mit seiner Familie in einem großen Haus wohnte und vier Bedienstete hatte. In der Region,

JÖRG SEIFERT

Asylsuchende stellen ihren Antrag an der Grenze oder im Inland und werden in beiden Fällen erst einmal an die nächstgelegene Erstaufnahmeeinrichtung verwiesen. Per Zentralcomputer werden sie entsprechend dem sogenannten Königsteiner Schlüssel, basierend auf Steuereinnahmen und Bevölkerungszahlen, einem Bundesland zugewiesen, wo sie dann das Verfahren mit Erst- und Folgeunterbringung durchlaufen müssen. Auf Hamburg entfallen nach diesem jährlich neu berechneten Schlüssel gut 2,5 Prozent, auf Baden-Württemberg beispielsweise 13 Prozent, Bayern 15,3 Prozent, Schleswig-Holstein 3,4 Prozent, Mecklenburg-Vorpommern 2,0 und Bremen 0,9 Prozent.

in der er lebte, war er ein hoch angesehener Mann, der sich mit seinen erfolgreichen Geschäftsideen einen Namen gemacht hatte. Seine beiden fünf- und siebenjährigen Kinder, Lisa und Ali, schickte er auf die beste Privatschule in Kabul.

Sharifa war leidenschaftliche Direktorin einer Grundschule in Kabul. Auch sie schmerzte die Tatsache, dass sie ihr Heimatland verlassen mussten, jedoch hatte sie immer die Zukunft ihrer Kinder im Blick, die in Afghanistan unter den gegebenen Umständen sehr bedrohlich gewesen wäre.

Masoud arbeitete damals eng mit der russischen Regierung zusammen und war somit im Visier der Taliban. Zum Zeitpunkt der Flucht hatte sich die Macht der islamistischen Extremisten in Afghanistan stark ausgebreitet.

Zum letztendlichen Entschluss, Afghanistan zu verlassen, kam die Familie, nachdem das letzte übriggebliebene Nachbarhaus in der direkten Umgebung von einer Bombe zerstört worden war. Nach diesem Ereignis war ihnen klar, dass sie unter diesen Umständen nicht mehr in Afghanistan bleiben konnten.

In Indien konnte die Familie einige Zeit bei einem befreundeten Geschäftspartner von Masoud wohnen. Sie blieben insgesamt zwei Monate dort, bevor sie sich mit dem Flugzeug auf den Weg nach Moskau machten. In Moskau verweilten sie weitere zwei Monate, bis sie ihre Angelegenheiten erledigen konnten und eine Erlaubnis für die Einreise nach Deutschland bekamen.

Bei ihrer Ankunft in Hamburg wurden sie von der Familie von Masouds Schwester am Flughafen erwartet. Nach knapp vier Jahren Trennung war die große Familie wieder vereint. Zahra war froh, ihre Tochter und ihre Enkelkinder wiederzusehen, jedoch wurde ihre Freude von dem Gedanken, dass sie womöglich nie wieder in ihr Heimatland Afghanistan zurückkehren können würde, getrübt.

Die erste Nacht nach ihrer Ankunft verbrachte die Familie bei Masouds Schwester in der Wohnung. Am nächsten Tag machte sich die Familie auf den Weg zur Ausländerbehörde und stellte den Antrag auf Asyl. Der erste Schritt zum Anfang eines neuen und sicheren Lebens war getan und die erste schwere Last fiel von den Schultern aller Beteiligten. Nach der Antragsstellung wurde die Familie in einem Containerschiff für Flüchtlinge untergebracht. Für die Familie war der Aufenthalt in dieser Erstaufnahmestelle die schlimmste Zeit in Hamburg. Ihre Gefühle waren zweigeteilt: Einerseits war die Freude über die Ankunft in

JÖRG SEIFERT

Die Sozialbehörde ging im Juni 2014 von einem Gesamtfehlbedarf von 4200 Plätzen in der öffentlichen Unterbringung aus, im April lag die Zahl noch bei 2700 Plätzen. Eingerechnet sind hier zwar auch die Wohnungslosen, die Zahl verdeutlicht aber insbesondere auch die dramatische Lage in der Zentralen Erstaufnahme. Diese findet derzeit für die dem Bundesland Hamburg Zugewiesenen an vier, demnächst vielleicht fünf Standorten statt.

In Hamburg obliegt die gesamte Unterbringung von Zuwanderern einem einzigen Träger: fördern und wohnen (f&w) – eine Anstalt des öffentlichen Rechts, hervorgegangen aus dem ehemaligen Amt für Heime – verfügt an fast 70 Standorten über insgesamt gut 10000 Plätze. Allerdings nicht nur für Asylbewerber, Flüchtlinge und Spätaussiedler, sondern auch für Obdach- und Wohnungslose, die oft in gemischten Einrichtungen zusammenleben. Als städtisches Unternehmen setzt f&w um, was der Senat beschließt und was Sozial- und Innenbehörde planen. Letztere ist zuständig für die sogenannte Zentrale Erstunterbringung, die das Asylverfahren für die ersten drei Monate in Deutschland vorsieht, während die Folgeunterbringung in der Verantwortung der Sozialbehörde liegt.

OMAIRA NOORI

Hamburg und somit den Anfang eines sicheren Neustarts sehr groß, aber andererseits waren sie von den Umständen auf dem Flüchtlingsschiff verstört. Sie hatten keine Ansprüche, was die Ausstattung des Zimmers betraf, in dem sie wohnten. Es entsetzte sie jedoch, dass auf dem Schiff Kinder neben Junkies und Drogenhändlern spielen und sich aufhalten mussten.

JÖRG SEIFERT

Zu differenzieren ist zwischen dauerhaften und mittelfristigen Unterbringungen sowie zwischen kurzfristigen Lösungen und absoluten Notmaßnahmen, ferner zwischen Gemeinschaftsunterkünften, also Mehrbettzimmern mit gemeinsam genutzten Küchen und Sanitäranlagen, und abgeschlossenen Wohnungen – die etwa 40 Prozent ausmachen. Und schließlich gibt es auch gravierende Unterschiede zwischen der Zentralen Erstunterbringung und den verschiedenen Standorten der Folgeunterbringung.

Nach drei Monaten Aufenthalt in der Erstaufnahmestelle waren sie glücklich darüber, dass ihr Asylantrag akzeptiert wurde und sie die Unterkunft verlassen konnten. Aufgrund der politischen Situation in Afghanistan und der Tatsache, dass die Familie wegen der früheren Zusammenarbeit mit den Russen besonders bedroht war und politisch verfolgt wurde, wurden sie als asylberechtigt eingestuft. Somit hatten sie eine befristete Aufenthaltserlaubnis in Deutschland.
Nach ihrem Aufenthalt auf dem Flüchtlingscontainerschiff wurde die Familie in eine Wohnunterkunft im Hamburger Stadtteil Lemsahl-Mellingstedt, die neu entstanden war, zugewiesen. Dort bewohnten sie insgesamt drei Zimmer. Die Küche, das Badezimmer und die Toiletten mussten sie sich mit weiteren Bewohnern des Hauses teilen.
Für Zahra, Scharifa und Masoud war die Wohnsituation sehr befremdlich, aber unter ihren Umständen waren sie glücklich darüber, dass sie und ihre Kinder in einem sicheren Umfeld leben können.

Viele der temporären Anmietungen und Neubaumaßnahmen seit Ende der 1980er Jahre sind Resultate schneller Reaktionen auf akute Notsituationen. Dazu zählen vor allem auch die Pavillondörfer in Holzrahmenbauweise. Anfang der 1990er-Jahre wurden in eher peripheren Lagen insgesamt 17 solcher Gemeinschaftsstandorte errichtet. Obwohl nur für fünf Jahre konzipiert, ist knapp die Hälfte dieser zweigeschossigen Holzhäuser noch heute in Betrieb. Aktuell wurden einige der Pavillondörfer durch Neubauten erweitert, die sich stark an den Bauten der ersten Generation orientieren, aber mit abgeschlossenen Wohnungen für Familien realisiert wurden.

Mit der Zeit lernten sie in der Wohnunterkunft mehr Menschen kennen, die auch aus Afghanistan geflüchtet waren. Sie konnten ihre Geschichten teilen und sich gegenseitig dabei unterstützen, in Hamburg Fuß zu fassen. Besonders Zahra war glücklich darüber, Frauen in ihrem Alter aus Afghanistan kennenzulernen und sich mit ihnen über die schönen Zeiten in ihrer Heimat zu unterhalten. Kurze Zeit nach der Ankunft in der Wohnunterkunft hatten sich Masoud und zwei weitere Familienväter, die Masouds Schicksal teilten, als Zeitungszusteller beim Hamburger Abendblatt beworben und den Job bekommen. Ihre Englischkenntnisse reichten dafür, mit dem Chef zu kommunizieren und Zeitungen auszutragen. Mit einer befristeten Aufenthaltsgenehmigung war es schwer, eine Vollzeitstelle mit einem festen Arbeitsvertrag zu finden. Um eine unbefristete Aufenthaltsgenehmigung zu erlangen, musste er jedoch mindestens acht Stunden am Tag arbeiten. Über einen befreundeten Nachbarn hatte Masoud schließlich eine Vollzeitanstellung als Reinigungskraft bekommen. Die Umstellung

192

OMAIRA NOORI

vom angesehenen Geschäftsmann zum Toilettenmann war
für ihn verständlicherweise schwer. Es war ihm jedoch bewusst, dass es der einzige Weg war, sein dauerhaftes Leben
in Deutschland aufzubauen.

Die Zeit in der Wohnunterkunft in Lemsahl- Mellingstedt
hat die Familie positiv in Erinnerung. Sie haben dort viele
Freunde kennengelernt und ihre ersten Hürden in Deutschland
überwunden. Nach fünf Jahren in Lemsahl-Mellingstedt zog
die Familie in eine Wohnunterkunft im Hamburger Stadtteil
Duvenstedt. Dieser war nur zehn Minuten von der Wohnunterkunft in
Lemsahl-Mellingstedt entfernt. Auch in dieser Unterkunft waren die
Rasheds Erstbewohner. Es war ihre erste eigene Wohnung, die sie als
Mieter bewohnten. Sie mussten aus der Wohnunterkunft in Lemsahl-
Mellingstedt ausziehen, weil sie eine Aufenthaltserlaubnis
hatten und somit nicht mehr auf die Unterbringung in Wohn-
unterkünften angewiesen waren. Für die Familie war es je-
doch schwierig, mit dem Gehalt von Masoud eine eigene
Wohnung zu finden.

Aus diesem Grund konnten sie als „normale" Mieter in der
neu entstandenen Wohnunterkunft in Duvenstedt gegen eine
vergünstigte Miete ihre eigene Wohnung beziehen. Für die
Familie fühlte es sich wie Luxus an, ihre eigene Küche, Toilette und ein
eigenes Badezimmer zu haben. Auch in dieser Unterkunft konnten sie
neue Kontakte mit Familien knüpfen, die aus ihrer Heimat geflohen waren. Die Familie gliederte sich immer besser in Hamburg ein
und besonders die Kinder fanden schnell Anschluss in der
Schule und neben ihren Freunden aus der Wohnunterkunft
dort auch deutsche Freunde.

Nach knapp sieben Jahren in Deutschland bekam die Familie
ihre unbefristete Aufenthaltsgenehmigung. Es war einer der
glücklichsten Tage in ihrem Leben. Ihr dauerhafter Aufenthalt in Deutschland war somit gefestigt und die Angst vor
Abschiebung rückte in weite Ferne. Sie zogen in eine neue Wohnung in
Lemsahl-Mellingstedt, die keine Wohnunterkunft war und wo sie deutlich überwiegend von deutschen Nachbarn umgeben waren. Zu diesem
Zeitpunkt fühlten sie sich in ihrer zweiten Heimat angekommen und
auch Zahra hat den Gedanken, ihr restliches Leben in Deutschland zu
verbringen, akzeptiert.
Alles, was die Familie sich in Afghanistan aufgebaut hatte, musste sie
aufgeben. Auf die Flucht nahmen sie nur das Nötigste und ein paar
Erinnerungsfotos an die Heimat mit. Es war für sie keine freiwillige
Entscheidung zu fliehen, ihr Schicksal hat sie dazu gezwungen und sie
mussten sich damit anfreunden.

JÖRG SEIFERT

Bei Anhörungen der Bezirksversammlungen zur Erschließung neuer Standorte ist die Sozialbehörde inzwischen vorbereitet auf die
immer wieder gestellte Frage, was diese Menschen denn den „lie-
ben langen Tag" machen. Verwiesen wird auf Integrations- und
Sprachkurse. Mit Aufenthaltserlaubnis können Zuwanderer 600
Stunden und mit Duldung 300 Stunden in Anspruch nehmen. Letz-
teres entspricht zwei bis drei Stunden täglich über ein halbes Jahr
– ein überschaubarer Teil des Lebensalltags, der eben nicht selten
über mehrere Jahre an die Einrichtungen der öffentlichen Unterbringung gebunden ist.

Es gibt in Hamburg keine verbindlichen Vorgaben zu räumlichen
Mindestanforderungen in der öffentlichen Unterbringung. f&w hat
aber für die Wohnraumgrößen pro Person interne Richtwerte entwickelt. Diese liegen in den Gemeinschaftsunterkünften bei 7,5 Quadratmetern (ohne Nebenflächenanteile) sowie bei 15 Quadratmetern in abgeschlossenen Wohnungen mit Nebenflächenanteilen.

Wurden 2013 bundesweit insgesamt 109 580 Asylerstanträge gestellt, so werden für dieses Jahr 175 000 erwartet. Der inoffizielle
„Plan B" der Innenbehörde, alle verfügbaren Reserven wie Notzelte
und Feldbetten von DRK, THW und Johannitern zu mobilisieren,
könnte schon sehr bald in Kraft treten.

Da kann ja jeder kommen
Eine Annäherung an das deutsche Asylrecht

Renke Gudehus und Jakob Kempe

Überarbeitete und gekürzte Fassung
Urban-Design-Projekt

Das fundamentale Problem des deutschen Asyl- und Aufenthaltsrechts lässt sich in einem Satz darstellen: Wer auf die Frage „möchten Sie in ihr Land zurück?" mit Nein antwortet, oder auch nur den Kopf schüttelt, kann unter Umständen eingesperrt werden. Denn eine Verneinung bedeutet, dass davon ausgegangen werden muss, die Person werde der Ausreisepflicht nicht freiwillig nachkommen oder könnte sich der Abschiebung entziehen. Das gegenwärtige System ist so konstruiert, dass es gegenüber Flüchtlingen ein Machtungleichgewicht erzeugt, das in einem Rechtsstaat eigentlich undenkbar sein sollte. Nicht nur werden sie konsequent benachteiligt, sondern erhalten oft nicht einmal die Chance, ihre Rechte durchzusetzen. Es ist wie der Versuch, ein Schachspiel zu gewinnen, ohne die Regeln zu kennen. Ohne die Arbeit der vielen (ehrenamtlichen) Unterstützer wäre die Situation noch viel katastrophaler. Flüchtlinge werden in diesem Apparat von Menschen mit verbrieften Rechten zu Bittstellern degradiert, ihren Forderungen wird so die Legitimation entzogen. Der Erhalt einer Aufenthaltserlaubnis ist keine Selbstverständlichkeit, sondern ein Akt der Gnade seitens des Staates. Die vielen Fristen, Erlaubnisse und Anträge lassen die Menschen für keine Sekunde vergessen, dass sie fremd sind, nicht nach Deutschland gehören, sich ihren Aufenthalt verdienen müssen.

Was schätze ich an der Arbeit? Ach, gibt viele Sachen. Die unterschiedlichen Leute, die reinkommen, die Anträge, die sie stellen ... dann das sich gegenseitig ausspielen. Also für mich ist es ja ... ist ja immer ein Spiel, ne? Sie kommen rein, versuchen einen längeren Aufenthalt zu bekommen - ich versuche, den Aufenthalt zu beenden. Dann fahr ich morgens raus, guck' nach, ob die noch da sind ... dann sind sie nicht da, dann sind die Kollegen von der Polizei unterwegs, greifen sie, dann weiß man, aha, sie sind ja doch da. Und irgendwann fährt man sie auch noch zum Flughafen, und die Flughäfen sind ja verstreut in Deutschland ... ist schon ok.

– Sachbearbeiter der Hamburger Ausländerbehörde (Richter 2005)

Erschüttert hat mich, dass die meisten Sachbearbeiter überhaupt kein Gefühl dafür zu haben scheinen, dass sie etwas Schreckliches tun und was sie im Leben der Betroffenen auslösen. Da wird viel schöngeredet. ... Im Grunde ist es die klassische Beamtenmentalität - eine gestellte Aufgabe unhinterfragt zu erledigen. ... Dem haben die Zuschauer aber vehement widersprochen. Sie hätten den Eindruck, dass die Behördenmitarbeiter verdrängen würden, welche schrecklichen Folgen ihr Handeln hat und dass sie ihr Wissen darüber unter einer großen Härte verstecken würden.

– Michael Richter (Weikert 2006)

Wer über grundsätzliche Forderungen hinausgehend etwas bewirken möchte, braucht eine genaue Kenntnis der Sachlage. Doch obwohl der gesetzliche Rahmen von grundlegender Bedeutung ist, ist das Wissen über ihn eher begrenzt. Zwar herrscht weder Desinteresse noch ein Mangel an Informationen. Doch Umfang und Komplexität sowie zahlreiche Unterschiede zwischen EU- und Bundesländern machen das Verfahren äußerst undurchsichtig. In Medienberichten liegt der Fokus meist auf den Betroffenen selbst. Zwar wird oft auf problematische Regelungen verwiesen, die Zusammenhänge jedoch selten erklärt. Die Gesetzestexte und Erläuterungen zum Asylverfahren wiederum geben wenig Aufschluss über die Probleme, die sie in der Praxis verursachen. Dazu kommen das schiere Volumen und die Komplexität des Apparates, die zahlreichen Ausnahmen, Unterschiede zwischen den jeweiligen EU- und Bundesländern und ein Vokabular, das selbst für Muttersprachler intuitiv schwer zu verstehen ist – wieviele Menschen können schon aus dem Stegreif den Unterschied zwischen Aufenthaltserlaubnis und Aufenthaltsgestattung erklären? Sich aus den einzelnen Fragmenten ein genaues Bild zusammenzusetzen, ist daher mit einigem Aufwand verbunden.

Das Ziel dieser Arbeit ist es, einen Überblick über das deutsche Asylrecht und insbesondere das Asylverfahren zu bieten. Dieses soll dabei allerdings nicht vereinfacht werden, damit wichtige Details aus Gründen der Übersichtlichkeit nicht unter den Tisch fallen. Herausgekommen ist dabei eine Grafik, die einerseits die ganze Komplexität des Verfahrens aufzeigt, andererseits aber gerade dadurch sehr praktisch nutzbar ist, da sich auf diese Weise jeder Asylbewerber im System exakt verorten lässt.

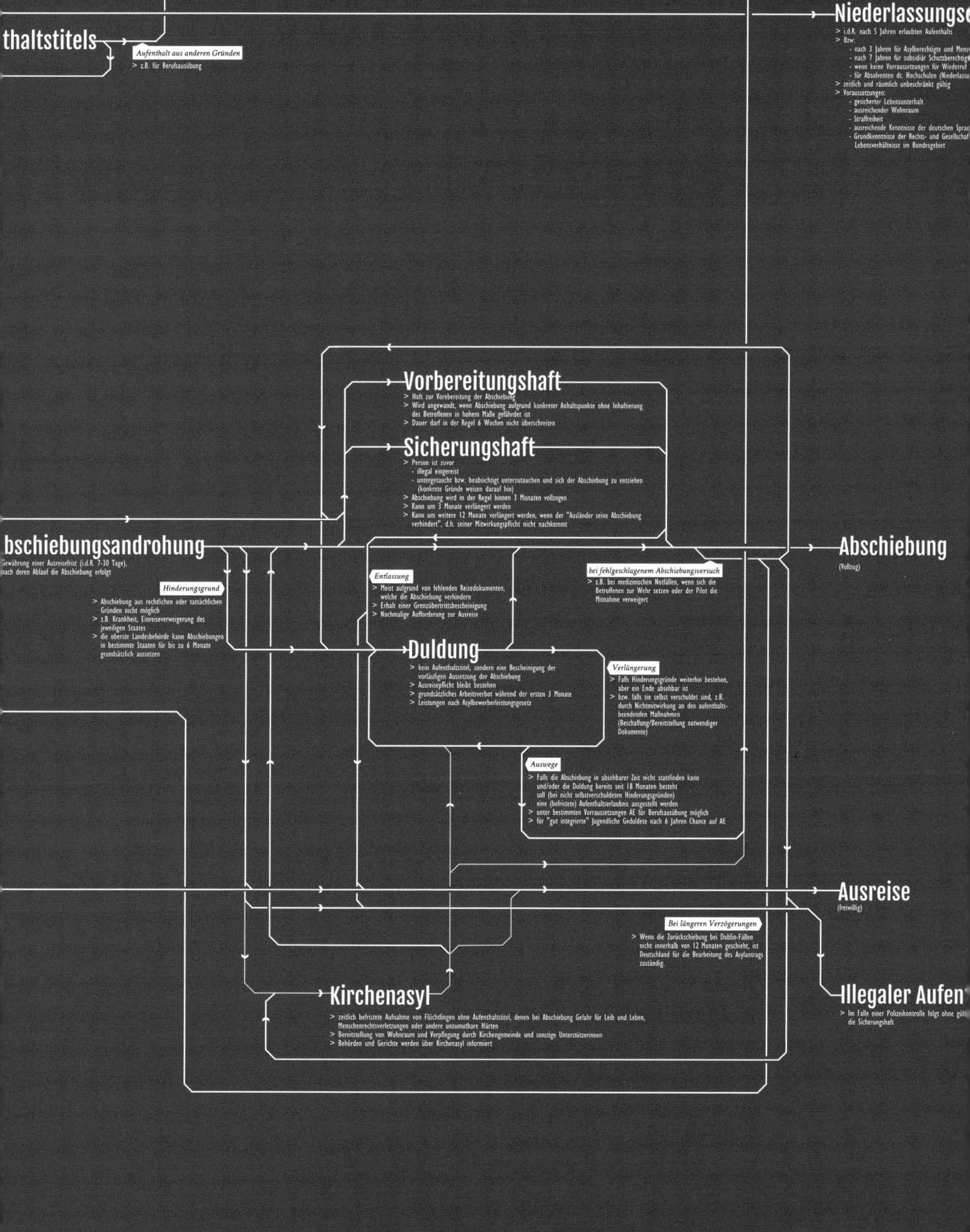

thaltstitels

Aufenthalt aus anderen Gründen
> z.B. für Berufsausübung

Niederlassungse

> i.d.R. nach 5 Jahren erlaubten Aufenthalts
> Bzw.:
> - nach 3 Jahren für Asylberechtigte und Mens
> - nach 7 Jahren für subsidiär Schutzberechtig
> - wenn keine Vorraussetzungen für Wiederruf
> - für Absolventen dt. Hochschulen (Niederlassu
> zeitlich und räumlich unbeschränkt gültig
> Vorraussetzungen:
> - gesicherter Lebensunterhalt
> - ausreichender Wohnraum
> - Straffreiheit
> - ausreichende Kenntnisse der deutschen Sprac
> - Grundkenntnisse der Rechts- und Gesellschaf
>   Lebensverhältnisse im Bundesgebiet

Vorbereitungshaft
> Haft zur Vorbereitung der Abschiebung
> Wird angewandt, wenn Abschiebung aufgrund konkreter Anhaltspunkte ohne Inhaftierung
> des Betroffenen in hohem Maße gefährdet ist
> Dauer darf in der Regel 6 Wochen nicht überschreiten

Sicherungshaft
> Person ist zuvor
> - illegal eingereist
> - untergetaucht bzw. beabsichtigt unterzutauchen und sich der Abschiebung zu entziehen
>   (konkrete Gründe weisen darauf hin)
> Abschiebung wird in der Regel binnen 3 Monaten vollzogen
> Kann um 3 Monate verlängert werden
> Kann um weitere 12 Monate verlängert werden, wenn der "Ausländer seine Abschiebung
> verhindert", d.h. seiner Mitwirkungspflicht nicht nachkommt

bschiebungsandrohung
Gewährung einer Ausreisefrist (i.d.R. 7-30 Tage),
nach deren Ablauf die Abschiebung erfolgt

Abschiebung
(Vollzug)

Hinderungsgrund
> Abschiebung aus rechtlichen oder tatsächlichen
> Gründen nicht möglich
> z.B. Krankheit, Einreiseverweigerung des
> jeweiligen Staates
> die oberste Landesbehörde kann Abschiebungen
> in bestimmte Staaten für bis zu 6 Monate
> grundsätzlich aussetzen

Entlassung
> Meist aufgrund von fehlenden Reisedokumenten,
> welche die Abschiebung verhindern
> Erhalt einer Grenzübertrittsbescheinigung
> Nochmalige Aufforderung zur Ausreise

bei fehlgeschlagenem Abschiebungsversuch
> z.B. bei medizinischen Notfällen, wenn sich die
> Betroffenen zur Wehr setzen oder der Pilot die
> Mitnahme verweigert

Duldung
> kein Aufenthaltstitel, sondern eine Bescheinigung der
> vorläufigen Aussetzung der Abschiebung
> Ausreisepflicht bleibt bestehen
> grundsätzliches Arbeitsverbot während der ersten 3 Monate
> Leistungen nach Asylbewerberleistungsgesetz

Verlängerung
> Falls Hinderungsgründe weiterhin bestehen,
> aber ein Ende absehbar ist
> bzw. falls sie selbst verschuldet sind, z.B.
> durch Nichtmitwirkung an den aufenthalts-
> beendenden Maßnahmen
> (Beschaffung/Bereitstellung notwendiger
> Dokumente)

Auswege
> Falls die Abschiebung in absehbarer Zeit nicht stattfinden kann
> und/oder die Duldung bereits seit 18 Monaten besteht
> soll (bei nicht selbstverschuldeten Hinderungsgründen)
> eine (befristete) Aufenthaltserlaubnis ausgestellt werden
> unter bestimmten Vorraussetzungen AE für Berufsausübung möglich
> für "gut integrierte" Jugendliche Geduldete nach 6 Jahren Chance auf AE

Ausreise
(freiwillig)

Bei längeren Verzögerungen
> Wenn die Zurückschiebung bei Dublin-Fällen
> nicht innerhalb von 12 Monaten geschieht, ist
> Deutschland für die Bearbeitung des Asylantrags
> zuständig.

Kirchenasyl
> zeitlich befristete Aufnahme von Flüchtlingen ohne Aufenthaltstitel, denen bei Abschiebung Gefahr für Leib und Leben,
> Menschenrechtsverletzungen oder andere unzumutbare Härten
> Bereitstellung von Wohnraum und Verpflegung durch Kirchengemeinde und sonstige Unterstützerinnen
> Behörden und Gerichte werden über Kirchenasyl informiert

Illegaler Aufen
> Im Falle einer Polizeikontrolle folgt ohne gült
> die Sicherungshaft

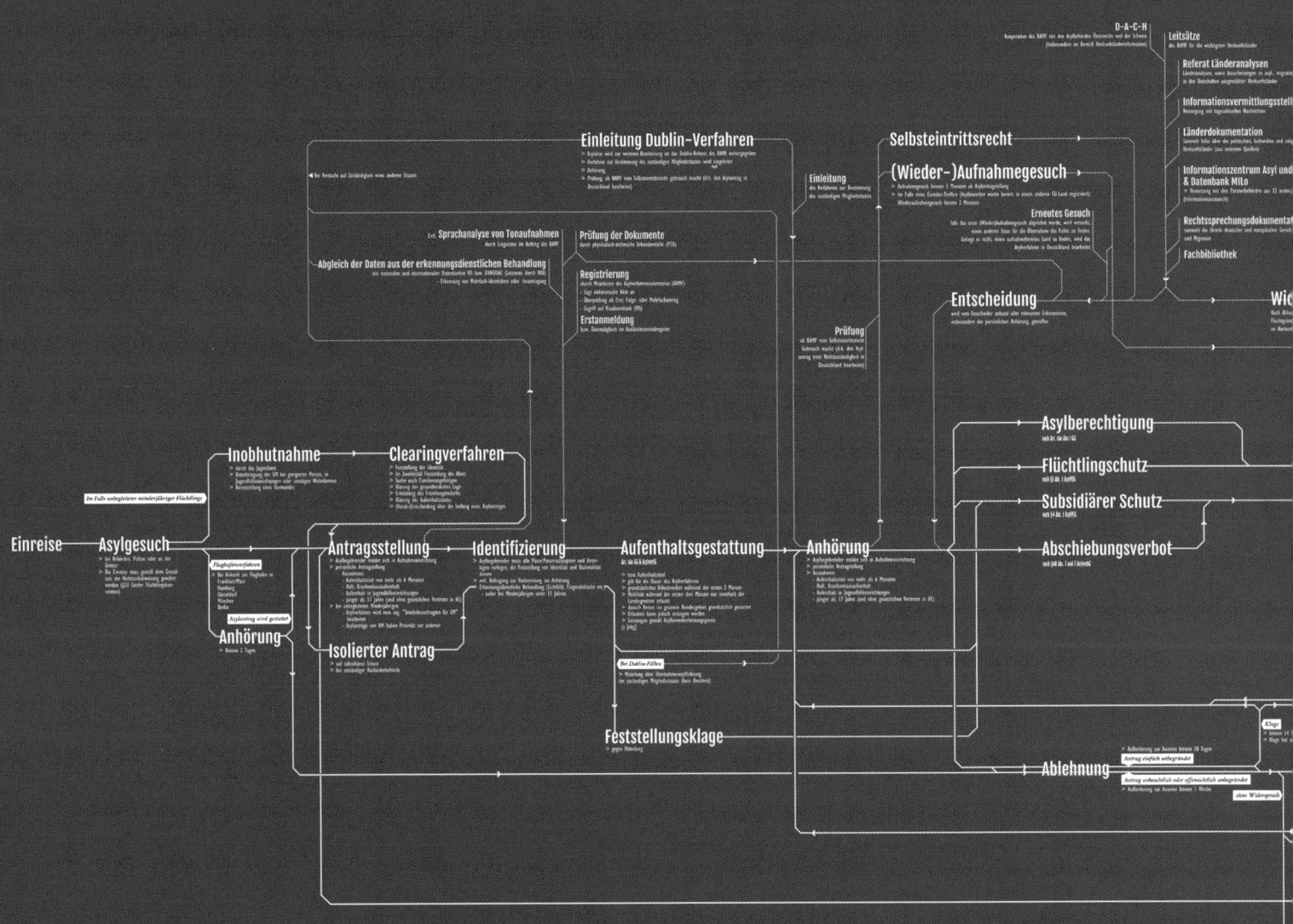

Verfahren

Aufenthaltserlaubnis

Verlängerung

Anhörung

Abschiebungsanordnung

Ausweisung

Rücknahme/Auflösung

Verlust des Aufenthaltstitels

Aufenthalt aus anderen Gründen
> z.B. für Berufsausbildung

Niederlassungserlaubnis

Abweisung

Berufung

weitere Revisionen

Vorbereitungshaft

Sicherungshaft

Abschiebungsandrohung

Hinderungsgrund

Entfernung

bei fehlgeschlagenem Abschiebungsversuch

Abschiebung

Duldung

Verlängerung

Auswege

Ausreise

Bei längeren Verzögerungen

Kirchenasyl

Illegaler Aufenthalt

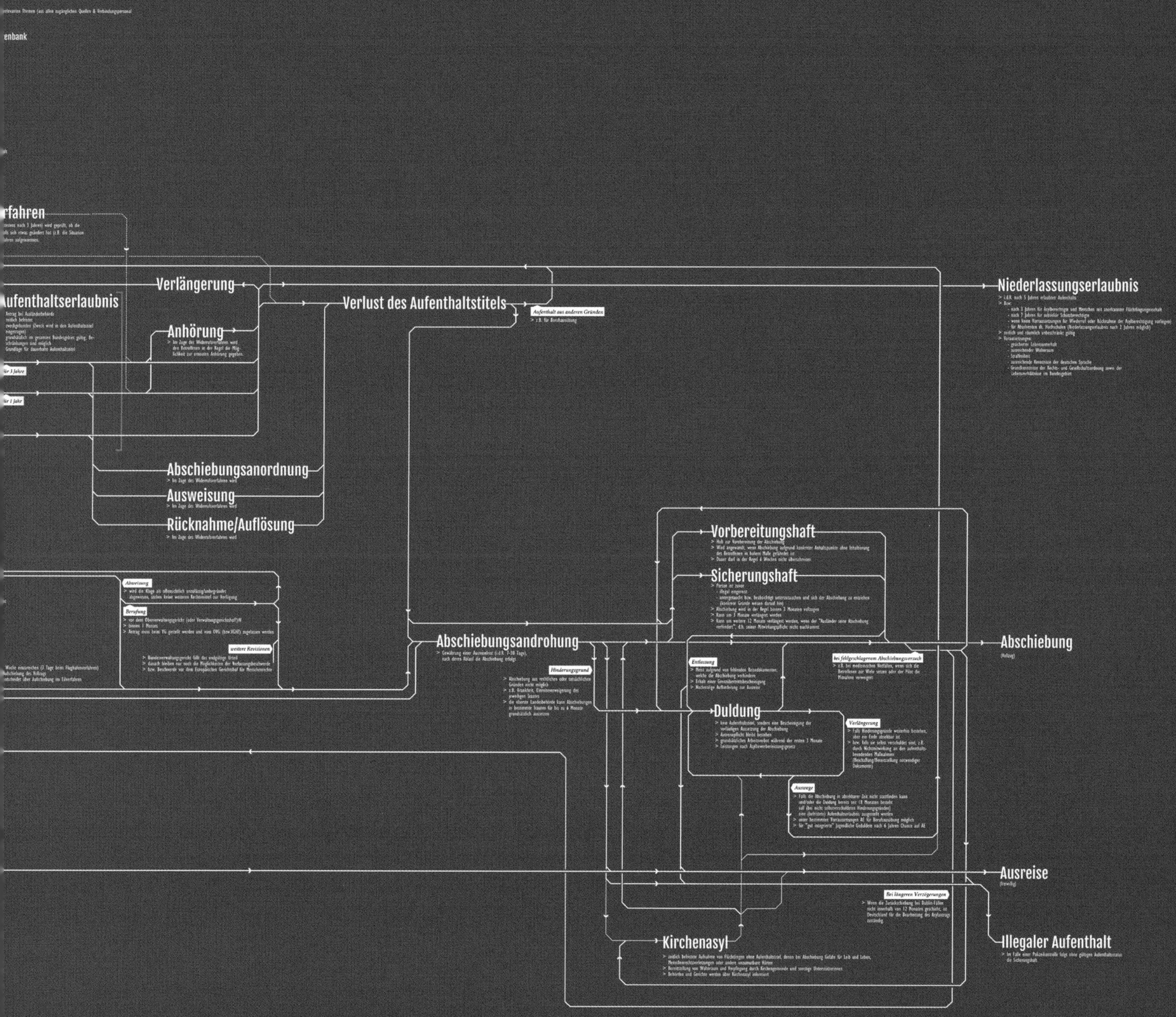

Die Unwägbarkeiten der Flucht enden nicht mit der Einreise nach Deutschland. Der Weg bis zum gesicherten Aufenthalt ist lang, intransparent und gepflastert mit bürokratischen Hürden. (Gudehus und Kempe 2015)

Learning
in process

(Petra Wiesbrock)

Stadtentwicklung
durch Transformation

Das Moment ist eine höhere Form der Wiederholung, des Neubeginns, des erneuten Auftauchens, des Wiedererkennens gewisser bestimmbarer Beziehungen zum Anderen (oder zum Nächsten) und zu sich selbst.
— Henri Lefebvre, Kritik des Alltagslebens

Lautes Gepolter vor dem Fenster reißt mich aus dem Schlaf. Was ist das nur? Ich drehe mich um und vergrabe meinen Kopf unter dem Kissen. Irgendwas stimmt mit dem Bezug nicht, anders als sonst — und das Kissen selbst, ungewohnt schlaff. Moment! Meine Beine stecken in einem Schlauch fest. Ein Schlafsack. Natürlich! Jetzt macht alles Sinn — Ich bin gar nicht in meinem Bett. Es ist Donnerstag und ich habe in der UdN geschlafen. In welchem Zimmer eigentlich? Bin ich allein? Scheint so. Die Theaterleute sind dann also doch alle im Theaterraum untergekommen. Passt ja. Wie spät ist's eigentlich? Ich mach nochmal ein paar Minuten die Augen zu. Nochmals Einschlafen wird schwierig bei dem Gehämmere. Jetzt weiß ich's wieder — das Gerüst, sie beginnen mit dem Gerüstbau. Auf dem Gang geht eine Tür. Das Geräusch kam von rechts, Mädchenzimmer. Schritte, Tür, Pause, Nichts, Toilettenspülung, Schritte, Tür, Pause, Dusche — das Bad ist jetzt erst einmal besetzt. Ich dreh mich noch mal auf die Seite. Toller Abend gestern. Super Jamsession. Schön, dass die Theaterfraktion und die beiden aus der Band miteingestiegen sind. Gute Leute. Die Tür zum Foyer geht. In der Küche ist anscheinend schon ordentlich Betrieb. Frühstück! Dann dusch ich halt danach.

„Guten Morgen!" Geschäftiges Treiben rund um den großen Küchenblock. Meine liebsten Mitbewohnerinnen auf Zeit machen Rührei mit frischen Kräutern aus unserem Garten. Ob ich was abhaben möchte? Oh ja! Ihr seid großartig! Die Sängerin — wie war doch gleich ihr Name? — räumt den Geschirrspüler mit den Kochutensilien von gestern Abend aus. Lecker war's. Am Küchentisch eine Gruppe kaffeetrinkender Studierender, die bestimmt am Bauprojekt teilnehmen. Die große Fensterwand zur Terrasse am Park ist herausgenommen. Auf der Terrasse

sitzen weitere Bewohner und frühstücken mit Studienfreunden und Workshopteilnehmern. Einer von ihnen erzählt gerade einer Gruppe touristischer Besucher der „Internationalen Bauausstellung" in blumigen Bildern über unser spannendes Haus. Begeistertes Lachen und Applaus. Auch wenn ich die Pointe nun zum hundertsten Mal höre, muss ich dennoch schmunzeln. Kindergejohle aus der Ferne. „Tor!" Wem gehören eigentlich die Teefilter, die ich immer benutze? Letzte Woche hab ich zwei Flaschen Olivenöl mitgebracht, das wird schon passen. Die Haustür steht offen. Mein Zimmernachbar hängt grad Wäsche auf, während sich hinter ihm Studierende in Baumontur fleißig im Gerüstbauhandwerk üben und eine alte Dame ihren Mini-Yorkshire nicht davon abhält, uns an den Zaun zu pinkeln. „Verzeihung, was machen sie da?" ruft sie unserem Bauleiter zu. Gute Frage!
Vor der Fensterfront baumeln Beine von verhäkelten Feuerwehrschläuchen in den Bäumen/Zwei Workshopteilnehmer skypen nebenan freudig aufgewühlt auf italienisch/Im großen Allzweckversammlungsraum hinter der Küche werden leere Bier- und Limoflaschen und der Tischtennisplattentisch weggeräumt und Stühle für den Vortrag am Nachmittag aufgereiht/Ein kleines Mädchen sitzt auf einem alten Schulsportunterrichtssprungpferd, das mein Gelegenheitszimmernachbar vom Sperrmüll gerettet hat, und dirigiert ihren kleinen Freund, der Tiere neben ein Zitat von Foucault an der großen Kreidemalhauswand neben dem Eingang zeichnet/ Die Gastdozentin geht an ihrem Rechner die Folien einer Präsentation durch, während ihr ein alter Seemann von Dekompressionskammern, der Handballbundesliga und den Ursprüngen des Folk berichtet/Von der offenen Galerie auf dem Dachboden dröhnt elektronische Musik aus Laptopboxen/Die Putzfrau zieht einen wuchtigen Industriestaubsauger und ruft ihrem Mann am Ende des langen Gangs etwas auf serbisch zu/An der Wand prangt in großen grellgrünen Lettern die Antwort auf alles: „42".

Sebastian Bührig und Bernd Kniess

(Elke Rieger)

Urban Development through Transformation

The moment is a higher form of repetition, renewal and reappearance and of the recognition of certain determinable relations with otherness (or the other) and the self
— Henri Lefebvre, Critique of Everyday Life

A loud roar from outside the window wakes me up suddenly. What is that? I turn over and bury my head under the pillow. Something is wrong with the duvet cover, it's different, and even the pillow is unusually limp. Wait a second! My legs are stuck in a tube. A sleeping bag. Of course! Now it all makes sense—I'm not in my own bed. It's Thursday and I slept in the UoN last night. What room am I in anyway? Am I alone? Seems so. The theater people must all be sleeping in the theater room. Makes sense. What time is it anyway? I'll shut my eyes again for a bit. But it will be hard to fall back asleep with all that pounding going on. Now I know— the scaffolding, they started putting up the scaffolding. In the hallway I hear a door open. The sound came from the right, the girls' room. Steps, door, pause, scratch, toilet flushing, steps, door, pause, shower—well now the bathroom is occupied. I turn over again. Last night was great. Super jam session. Nice that the theater group and the two from the band joined in. Good people. The door to the foyer opens. There seems to be a lot going on in the kitchen. Breakfast! I'll shower later.

"Good morning!" Hustle and bustle around the large kitchen island. My dear temporary flatmates making scrambled eggs with fresh herbs from our garden. Do I want any? Oh yeah! You guys are great! The singer— what was her name again?—is emptying the dishwasher from the pots and pans used for last night's dinner. It was delicious. At the kitchen table, a group of coffee-drinking students who are probably part of the construction project. The large window wall to the terrace facing the park has been removed. More residents from the building are sitting on the terrace, having breakfast with student friends and workshop participants. One of

them is now speaking in florid detail about our exciting house to a group of visitors from the "International Building Exhibition." Delighted laughter and applause. And I still have to smile even though I have heard that punch a hundred times. I hear children in the distance. "Goal!" Whose tea filter is this anyway? I've been using it. But I brought two bottles of olive oil last week; that should fix it.

The front door is open. My next-door neighbor is hanging out the wash to dry, while behind him, students dressed in construction gear are diligently practicing the craft of assembling scaffolding and an elderly lady has no problem with the fact that her mini Yorkshire is peeing on our fence. "Excuse me, what are you doing?" She calls out to our construction manager. Good question! In front of the windows, legs of crocheted fire hoses dangle from the trees / next door, two workshop participants excitedly Skype in Italian / in the large all-purpose meeting room behind the kitchen, people clear away empty beer and soda bottles and the ping-pong table is removed to make room for rows of chairs for this afternoon's lecture / a little girl sits on an old school gym class jumping horse that my temporary flatmate rescued from the trash, and gives directions to her small friend, who is drawing animals next to a quote by Foucault on the large chalk wall on the side of the house / the guest lecturer is going through the visual material of a presentation on her computer, while an old sailor tells her of decompression chambers, the German Handball League, and the origins of the people / from the open gallery in the attic electronic music blares from laptop speakers / the cleaning lady navigates a powerful industrial vacuum cleaner and shouts something in Serbian to her husband at the end of the long corridor / emblazoned on a wall in large bright green letters is the answer to everything: "42."

Sebastian Bührig and Bernd Kniess

Die Universität der Nachbarschaften
Low-Budget-Restnutzung
eines alten Gebäudes

The University of Neighborhoods
Low-budget Residual Use
of an Old Building

Sebastian Bührig, Bernd Kniess und Ben Pohl

Ein Ort des Lernens, des Forschens, des Experimentierens soll die „Universität der Nachbarschaften" sein. Nicht nur „Universität", auch Labor, Baustelle, Bühne – so das Konzept. Der selbstgesetzte Anspruch ist nicht gering: zeitgemäße Bildungsformen sollen an den Schnittstellen von Kultur, Wissen und Stadtentwicklung erarbeitet und erprobt werden. Initiiert als eine Kooperation der Internationalen Bauausstellung Hamburg und der HafenCity Universität ist das Projekt mit einem studentischen Wettbewerb unter dem Titel „Experiment auf der Insel" gestartet. Im weiteren Verlauf kommen die Kampnagel Internationale Kulturfabrik GmbH und das Bauunternehmen Max Hoffmann GmbH als Partner hinzu. Wie das Vorhaben in der Praxis wird funktionieren können, ist noch nicht klar. Sicher ist jedoch, dass es kein IBA-Info-Pavillon oder ein Community-Center werden soll – sondern ein Ort der Erarbeitung und des Austauschs von Wissen in „Nachbarschaft". So soll ein Ort des Miteinanders von Studierenden, Lehrenden, Forschern, Künstlern, Nachbarn aus Wilhelmsburg und anderen Teilen Hamburgs sowie Besuchern aus Deutschland, Europa und aller Welt entstehen. Die experimentelle Anordnung einer anderen Idee von Universität. Für solche Formen gemeinsamen Arbeitens und Studierens (und später auch Wohnens) braucht es einen Raum, der nicht durch seine baulichen Strukturen die Nutzung reglementiert, sondern im Gegenteil neue, (noch) ungeahnte Möglichkeiten eröffnet, ihn nach Erforder- und/oder Bedürfnislagen anzueignen. Raum ist in diesem Verständnis nicht als etwas Gegebenes zu begreifen, sondern als etwas, das produziert und gestaltet werden muss.

The "University of the Neighborhoods" is designed to be a place of learning, of research, and of experimentation. But it is even more than a "university," it is also a laboratory, a construction site, and a stage. This self-imposed challenge is not undemanding; the plan is to develop and test contemporary forms of education within the context of culture, knowledge, and urban development. The project is launched by a student competition entitled "Experiment auf der Insel" (Experiment on the Island) and initiated as a collaboration between the International Building Exhibition Hamburg and HafenCity University. Kampnagel International Culture Factory GmbH and the construction company Max Hoffmann GmbH will also be added as partners. How the project will actually function in practice is not yet clear, but we do know that it will not be an International Building Exhibition (IBA) information pavilion or a community center, but rather a site for the development and exchange of knowledge concerning "neighborhood." It is planned to allow a place of coexistence to emerge for students, teachers, researchers, artists, and neighbors from Wilhelmsburg and other parts of Hamburg, as well as visitors from Germany, Europe, and around the world: It is the experimental arrangement of a new and different concept of university. Such forms of collaboration, studying, and later living, need a space in which use is not regulated by architectural structures, but a space that opens up new and unprecedented opportunities for it to appropriate required and/or needed situations. Space, in this context, should not be understood as something given, but as something that has to be produced and designed.

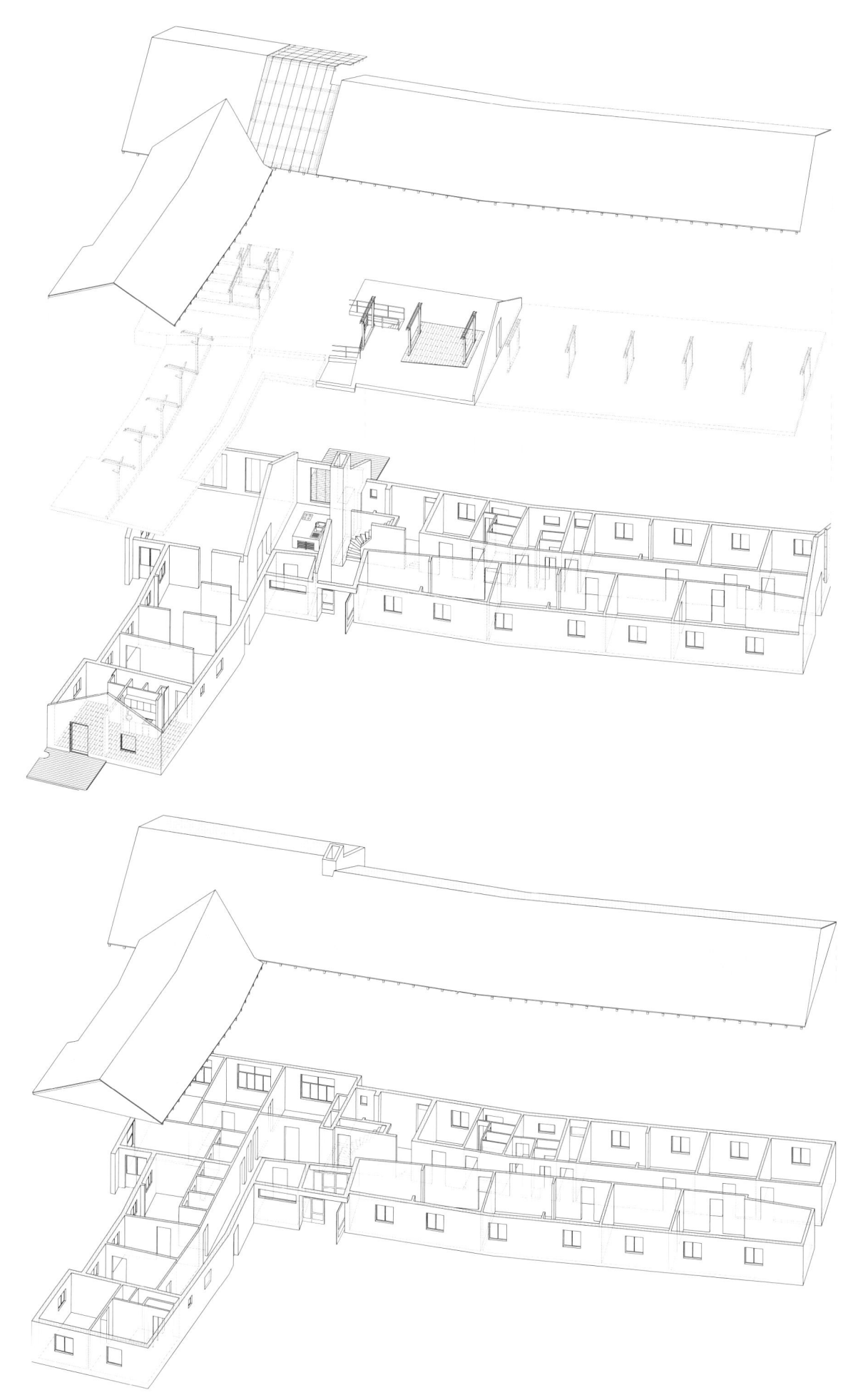

Ausgangspunkt der Auseinandersetzung: ein leerstehendes Gebäude,
Zeichen des Nicht-Mehr und Noch-Nicht (Ben Becker)

205

Kann das weg?

Ein altes Gebäude aus den 1950er-Jahren im Hamburger Stadtteil Wilhelmsburg stellt den Rahmen dieser Handlung. Nach 13 Jahren Leerstand ist es durch deutliche Spuren von Verwahrlosung und Vandalismus gekennzeichnet – kaum mehr als eine Schrottimmobilie. Nach dem Krieg als Ledigenwohnheim für Frauen errichtet, diente das Haus bis in die 90er-Jahre als das Gesundheitsamt des Stadtteils. Ein anlässlich der IBA durchgeführter studentischer Wettbewerb bringt zwar einen Preisträger, jedoch keine Vorschläge für Nutzungsoptionen. Ein einziges Team schlägt als Alternative zu Abriss und verschiedenen Formen temporärer Strukturen den Umbau der bestehenden Bausubstanz vor und sticht mit diesem Ansatz hervor. Jedoch stellen die Studierenden, in gewohnter Weise, zunächst die notwendigen Bauarbeiten an den Anfang des Projektes, mit deren Umsetzung sie professionelle Architekten und Baufirmen betrauen wollen. Was sie dabei nicht beachtet haben ist, dass diese Baumaßnahmen, ohne einem programmatischen Ansatz zu folgen, das für die fünfjährige Projektlaufzeit vorgesehene Budget bereits in Gänze aufbrauchen würden. Dennoch soll das Gebäude ein letztes Mal vor seinem endgültigen Abriss für die IBA-Laufzeit in Betrieb genommen werden. Was tun? Es muss umgedacht und das ausgezeichnete Konzept weiterentwickelt werden. Die Prioritäten werden verschoben: Das verfügbare Budget soll nicht in erster Linie die Wiederherstellung des Gebäudes finanzieren, sondern einen Prozess in Gang setzen und weitere Entwicklungen ermöglichen.

Selber machen! Ermöglichungsarchitektur

Das Gebäude ist anfänglich nur eine leere Hülle. Die Fenster zerbrochen, Waschbecken und Toiletten aus den Wänden gerissen, Graffiti an teilweise zerstörten Wänden … Nichtsdestotrotz kommen wir überein, dass es wenig sinnvoll ist, das Gebäude für fünf Jahre professionell herrichten zu lassen – um es dann wieder fachgerecht abbrechen zu lassen. Warum also sollte die theoretische sowie praktische Auseinandersetzung mit einem dauerhaften Provisorium nicht Gegenstand eines Labors für Architekten, Bauingenieure, Stadtplaner und Urban Designer sein? Dies bedeutet für alle Beteiligten, sich auf die bestehende Situation einzulassen, sich mit der Materie zu befassen, um daraus Themen zu destillieren und Handlungsoptionen abzuleiten. Mit dem Projekt „Universität der Nachbarschaften" stellen wir zunächst vor allem Fragen von Nachhaltigkeit in Um-, Zwischen- beziehungsweise in diesem Fall tatsächlich Restnutzung in den Mittelpunkt. In einer prozessoffenen Auseinandersetzung soll eingeübt werden, nicht Mängel beheben oder Probleme lösen zu wollen, sondern potenzielle Qualitäten des Vorhandenen zu erkennen und zur Entfaltung zu bringen. Eine Frage der Haltung: Sucht man Probleme zu identifizieren und zu lösen, so bringt dies nur neue Probleme hervor. Wird hingegen die Möglichkeit des Scheiterns von vornherein miteinbezogen, so führt dies auf den Weg eines konstruktiven Umgangs mit Ungewissheiten. Dieses Experiment in Einklang mit den Anforderungen eines konkreten Lehrbetriebs zu bringen, stellt angesichts festgezurrter Bologna-Curricula eine große Herausforderung dar – ein solches Langzeit-Selbstbauprojekt lässt sich nicht in

Can It Be Thrown Away?

An old building from the 1950s in the Hamburg district of Wilhelmsburg provides the framework for the project. It has been vacant for thirteen years and shows clear signs of neglect and vandalism—it is little more than a ruin. Built after the war, initially as a residence for single women, it served as the public health department of the district until the nineties. A student competition on the occasion of the IBA yields a winner, yet no proposals regarding options for its use. One team makes a proposal that stands out from the rest: as an alternative to demolition and various forms of temporary structures they propose to convert the existing building. However, the students, as is usual, first consider the initial construction work necessary at the beginning of the project, the implementation of which they will entrust to professional architects and construction companies. What they do not consider about this process is that, unless a programmatic approach is followed, this preliminary construction work will immediately exhaust the entire budget earmarked for the five-year duration of the project. Nevertheless, the building is to be used one last time for the duration of the IBA, before its final demolition. What to do? Everything needs to be rethought and the superb concept developed further. The priorities have shifted: the available budget is not meant to purely finance the restoration of the building, but also to set a process in motion and allow for further developments.

Do it Yourself! Enabling Architecture

The building is initially just an empty shell. The windows broken, sinks and toilets torn from the walls, graffiti on semi-destroyed walls… nevertheless, we all agree that it makes little sense to have the building professionally restored only to have it professionally demolished five years later. So why can't a laboratory for architects, engineers, town planners, and urban designers be the theoretical and practical examination of a long-term, temporary solution? This means that all parties are to engage in the existing situation, to deal with the actual material in order to distill questions from it and derive options for action. In the project "University of the Neighborhoods" we prioritize, above all, questions regarding sustainability in reuse, intermediate use, or in this case residual use. In a process of open debate we aim to identify and unfold potential qualities in existing architecture and not to remedy defects or solve problems. It is a question of attitude: identifying and solving problems only produces new problems. But if the prospect of failure is incorporated from the outset, it is more likely that constructive approaches to uncertainties will be developed. To align this with the requirements of a specific educational goal is a major challenge given the strict Bologna curricula—it is difficult to squeeze a long-term self-build project such as this into standard seminar double periods. Different conditions have to be set in order to synchronize time frames, activities, needs, and location. We need to coordinate the schedules of university students from various programs, as well as exchange students, school students, and vocational students, plus teachers, construction companies, and many others. We are now developing a complex matrix of people, needs, and interests in order to organize a logical sequence of work and construction phases.

standardisierten Seminardoppelstunden organisieren. Andere Rahmenbedingungen müssen definiert werden, um Zeitfenster, Aktivitäten, Erfordernisse und Standort in Einklang zu bringen. Von Beginn an müssen Zeitpläne von Studierenden aus verschiedenen Studiengängen, aber auch von Gaststudierenden, Schülern und Berufsschülern, Lehrenden und Baufirmen und vielen weiteren Akteuren koordiniert werden. Wir entwickeln eine komplexe Matrix aus Akteuren, Anforderungen und Interessen, um die logische Abfolge von Arbeitsabschnitten und Bauphasen zu organisieren. Neben der Wiederherstellung notwendiger Infrastruktur wie Elektrizität, Wasser- und Abwasserleitungen, sanitäre Anlagen et cetera, entfernen wir als eine der ersten Maßnahmen die halb zerstörten Wände. Vier vormals kleine Räume werden so zu einem großen zusammengefasst, den wir fortan als Seminarraum nutzen. Hier treffen wir uns, um die weiteren Schritte zu erarbeiten, zu verhandeln und voranzutreiben. In einem allerersten Seminar beschließen wir, dass das Gebäude, respektive Projekt, überhaupt erst einmal „eröffnet" werden muss, damit die Arbeit aufgenommen werden kann. Es geht darum, ein allgemeines Gespür dafür zu bekommen, was an dem Ort einmal werde sein können.

In Kooperation mit der Wiener Künstlergruppe „God's Entertainment" entwickeln wir für die „Eröffnung" die Performance „Shivers". Gemeinsam mit Akteuren aus Nachbarschaft und Universität wird das ganze Gebäude in Beschlag genommen: Es gibt einen „Afroshop", ein „Wilhelmsburg TV", die „individual dance bands" und einen „boys' choir", den „tunnel of horrors", eine „beach bar" und vieles mehr. Die „Musiccooperation" bietet Kindern und Jugendlichen aus der Nachbarschaft eine Bühne für ihre Rap-Aufführungen. Eine „Kultur-Küche" lädt Nachbarn ein, für Nachbarn zu kochen. Es entstehen multiple Überlagerungen von Realitäten und unterschiedliche Formen der Teilhabe. Ein dichtes Netz von Möglichkeiten und Risiken verknüpft Performer mit Besuchern, die ihrerseits aktiv werden. Die Grenzen zwischen Gästen und Gastgebern, Zuschauern und Machern, Bühne und Publikum lösen sich zunehmend auf. Schließlich wird klar: Die Teilnehmer selbst sind es, die das Ereignis hervorbringen. Keinem der Anwesenden ist zu diesem Zeitpunkt bewusst, welche Bedeutung all dies Durcheinander für den weiteren Prozessverlauf haben wird. Kaum jemand ahnt, dass mit diesem Ereignis bereits ein großer Teil des späteren Programms der UdN erarbeitet worden ist. Dennoch verweisen diese Überlagerungen schon auf die Möglichkeiten, die im Projekt angelegt sind.

We begin by restoring essential infrastructure such as electricity, water and sewage pipes, sanitary fittings, and so on, as well as removing the half-destroyed walls. This turns four smaller spaces into one large space that we use as a seminar room where we meet to develop, negotiate, and expedite the subsequent steps. In our very first seminar, we decide that the building, or project respectively, must first be "opened" before work can begin. To help us get a general sense of what the place can become.

For the opening, we create a performance called "Shivers," together with the Vienna art group "God's Entertainment." The building is in full use by people from the neighborhood and the university. There is an "African Shop," a "Wilhelmsburg TV" "individual dance bands" and a "boys' choir," the "tunnel of horrors," a "beach bar," and much more. The "Musiccooperation" provides children and young people from the neighborhood with a stage for rap performances. A "culture kitchen" invites neighbors to cook for other neighbors. What emerges are various superimpositions of realities and different forms of participation. A close network of opportunities and risks linked performer with visitors, who in turn become active themselves. The boundaries between guests and hosts, viewers and creators, stage and audience gradually dissolved. Then it becomes very clear that the participants themselves are the ones producing the event. None of those present are aware of the significance all this productive chaos will have for the future process. Hardly anyone suspects that, with this event, a large part of the subsequent UoN program is being worked out. Nevertheless, these superimpositions are early testimony to the opportunities that are generated by the project.

(Ben Becker)

Hang On!

Den Beteiligungsprozess zur Umgestaltung des angrenzenden Parks „Rotenhäuser Feld" nehmen wir zum Anlass, das Spektrum möglicher Nutzungen auszuloten. Mit den zur Diskussion stehenden Programmen werden auch Kinder als Nutzer*innen in den Blick genommen. Deshalb stellen wir uns die Frage, wie sie durch temporäre und experimentelle Interventionen im städtischen Raum unmittelbar an den Planungs- und Gestaltungsprozessen in ihrer Nachbarschaft teilhaben können. In unserem Baumhausbaucamp entwickeln Kinder aus der Nachbarschaft während ihrer Sommerferien gemeinsam mit Studierenden und den Architekten Benjamin Becker und Philipp Löper

Hang On!

The participation process for the redesign of the adjacent park, "Rotenhäuser Feld" is an opportunity to explore a range of possible uses. We also include children as users in the programs under discussion. We investigate how they can participate directly in the planning and design processes in their neighborhood by means of temporary and experimental interventions in urban space. In our tree house construction camp, children from the neighborhood work together to develop experimental prototypes during their summer vacation, in collaboration with university

experimentelle Prototypen, die zeigen, dass Baumhäuser auch ganz anders aussehen können, als man sich das gemeinhin vorstellt. Der Prozess verläuft ähnlich wie in der „richtigen" Baubranche – allerdings mit dem Unterschied, dass es sich bei den „Bauherren" um Fantasiefiguren handelt, welche die Teams beauftragen, ihnen ein Haus in den Bäumen zu errichten. Es ging zunächst darum, möglichst viele Informationen über den Auftraggeber, seine Charaktereigenschaften, Lebensumstände und spezielle Vorlieben in Erfahrung zu bringen, um mit diesem Wissen dann entsprechende Konstruktionen zu entwerfen. In spielerischen Formfindungsprozessen gehen Bewegungsabläufe von Kindern genauso in die Gestaltung mit ein wie die Erkenntnisse aus Versuchen mit recycelten Materialien. Für die Auswahl der Baustoffe und Konstruktionstechniken ist neben dem Wiederverwertungs-Gedanken vor allem ausschlaggebend, dass sie sich auf möglichst einfache Art verarbeiten ließen und somit das aktive Bauen mit Kindern überhaupt erst ermöglichen. Noch lange nach den Workshops spielen dort Kinder in den Bäumen – fragt man sie, wer die Baumhäuser gebaut hat, dann können fast alle die Namen der beteiligten Konstrukteure aufzählen. Die Kinder aus der Nachbarschaft verbindet eine gemeinsame Geschichte mit den Bauwerken.

(Ben Becker)

Low-Budget

Da für die weitere Wiederinbetriebnahme, Um- und Neunutzung des Gebäudes nur begrenzte finanzielle und materielle Mittel zur Verfügung stehen, gilt es neue Wege zu beschreiten. Unsere Low-Budget-Restnutzung des Gebäudes folgt einer eigenen Logik: Es wird gebaut und gleichzeitig versucht, Baumaterial zu organisieren. Da wir als institutioneller Akteur nur unter streng reglementierten Vorgaben in der Lage sind, benötigte Baustoffe einzukaufen oder Firmen zu beauftragen, entstehen ökonomische, vor allem aber kulturelle Verhandlungsnotwendigkeiten und -räume. Immer wieder stellt sich die Frage, was die Gegenleistung eines möglichen Geschäfts sein kann, wenn die übliche Form der monetären Entlohnung sich nahezu ausschließt. Andere Formen des Tauschens werden ausgehandelt. Gegenwerte zu definieren gerät zum wesentlichen Bestandteil der Arbeit. Diese Austauschbeziehungen werden zunehmend entscheidend. Um in einer solchen Situation überhaupt agieren zu können, müssen zu jedem Zeitpunkt Menschen gewonnen werden

students and the architects Benjamin Becker and Philipp Löper, demonstrating that tree houses can look very different from what one had previously thought. The process is run in a similar way to the "real" construction industry—with the difference that the "clients" here are fantasy characters who commission the teams to build a house in the trees. We first have to gather as much information as possible about the client—her character, life circumstances, and special preferences—and then use this information to design the appropriate structures. Playful form-finding processes are used to include both the movement patterns of children as well as the findings from experiments with recycled materials into the design. It is important to select materials and construction techniques that are recyclable and simple for the children to use. Children play in the trees long after the workshops are finished—if you ask them who built the tree houses, the children can name off the top of their head almost all of the builders. The children from the neighborhood share a common history with the structures.

Low Budget

Since the financial and material resources for further re-commissioning, conversion, and any new use of the building are very limited, we have to break new ground. Our low-budget residual use plan for the building follows its own logic: it will be built while at the same time trying to organize material with which to build it. Because we are an institution, the conditions under which we can purchase building materials or can commission contracts are very strict, but this in turn creates the need for economic, and even more importantly, cultural negotiations and spaces. The question arises again and again of how a service can be compensated if the usual form of monetary compensation is not possible. Different forms of barter are negotiated. Defining equivalent values becomes an essential part of the work.

These types of exchanges are increasing in significance. It is not possible to be productive in a situation such as this, unless you find people who can be onsite at all times. People who are willing to lend a hand, to contribute their knowledge and skills, and, not least of all, to bring their own ideas to the project and make it their own. Each structural intervention in the building is based on the movements and experiences of its users and is being done to challenge new situations. Each structural intervention anticipates the continuous "constructive deconstruction."

This approach to the existing house leads us to develop a system of re- and up-cycling: whatever we remove from the existing building is usually reused providing it with a new function and utilizing it at a different place. We usually get the necessary building materials from demolition sites, where they are discarded as supposed garbage. With the demolition of an adjacent gym, for example, high-quality oak parquet flooring and a long needed boiler became available. The radiators we require are quickly found after researching other demolition sites in Hamburg. We commission professionals for the first time to install the technical and heating systems. Thanks to the heating, we can finally work in the cold seasons.

die vor Ort sind und dabei bleiben. Menschen die Hand anlegen, ihr Wissen und ihr Können einbringen und nicht zuletzt mit ihren eigenen Wünschen an das Projekt herantreten und es sich zu eigen machen. Jeder strukturelle Eingriff ins Gebäude basiert auf den Bewegungen und Erfahrungen seiner Nutzer und wird unternommen, um neue Situationen herauszufordern. Jede bauliche Intervention antizipiert den kontinuierlich angelegten „konstruktiven Rückbau".

In diesem Umgang mit dem bestehenden Haus entwickeln wir eine Logik der Re- und Upcyclings: Was wir aus dem Bestand entfernen, wird meist weiterverwendet, indem es mit einer neuen Funktion versehen wird und an anderer Stelle wieder zum Einsatz kommt. Materialien die hinzukommen, stammen weitgehend von Abrissbaustellen, auf denen sie als vermeintlicher Müll weggeschmissen worden wären. Mit dem Abriss einer benachbarten Turnhalle werden beispielsweise wertiges Eichenparkett und ein längst benötigter Heizkessel verfügbar. Fehlende Heizkörper können nach kurzer Recherche auf weiteren Abrissbaustellen in Hamburg eingesammelt werden. Mit der technischen Installation und Inbetriebnahme der Heizanlage beauftragen wir allerdings zum ersten Mal eine professionelle Firma. Dank der Heizung können die Aktivitäten endlich auch auf die kalten Jahreszeiten ausgeweitet werden.

(Ben Becker)

Programm

Es geht aber nicht nur um die temporäre Nutzbarmachung eines alten Gebäudes. Ein Zusammenspiel von Akteuren aus Nachbarschaft und Universität soll entwickelt werden. „Nachhaltigkeit" entsteht hier nicht nur durch das Zusammenwirken von Dingen, sondern auch aus den Beziehungen von Akteuren. In der Auseinandersetzung mit dem konkreten Lebensalltag im Stadtteil werden strukturelle Merkmale, Praktiken und Formen dessen untersucht, was es tatsächlich bedeutet, „Nachbar" zu sein.

Zur weiteren Aktivierung der UdN beginnen wir Seminare und Projekte unseres Masterstudiengangs Urban Design an den neuen Standort zu verlegen. Hinzu kommen Veranstaltungen wie Internationale Workshops, Summer Schools und Konferenzen, mit denen wir erneut die Möglichkeiten des Gebäudes ausloten. Neben dem Bauen, dem Lernen und Üben, dem Präsentieren und dem professionellen Austausch werden die Nutzungsmöglichkeiten beständig erweitert: Durch die Ausweitung von Lehr- und

Program

But it is not just about the temporary utilization of an old building. We develop an interaction between people from the neighborhood and those from the university. "Sustainability" is created from the relationships between the people involved and not only by an interaction of things. By becoming involved with the actual daily life in the district, we explore what it means to be a "neighbor" in regards structural features, practices, and forms.

To further set the UoN in motion, we begin to move the seminars and projects of our master's program in Urban Design to the new location. We also continue to explore the building's possibilities in events like international workshops, summer schools, and conferences. In addition to the building, the learning, the practical work, the presentation, and the professional exchange, we are also constantly expanding on its potential uses: by adding to and further developing the teaching and research formats, functions such as sleeping, teeth-brushing, showering, cooking and washing begin to emerge. The impact radii resonate throughout the neighborhood: things necessary for day-to-day life have to be purchased, processes need to be organized, contact has to be made with neighbors. We work, research, eat, discuss, and celebrate together. We understand the openness of the project as an invitation to appropriate this place—to engage in projects, people, time, experience, conflicts, university, architecture, research, and so on. We take a new perspective with each step. We create situations in order to reflect on our understanding of relational space and its production.

Wilhelmsburg Orchestra

The Wilhelmsburg Orchestra founded by Professor Christopher Dell in 2010 is a "research orchestra." Everyone is welcome to join—the only thing you need is enthusiasm for music. We are concerned with making music together as a performative practice of pooling. In the context of the University of Neighborhoods' program requirements, we are trying to set processes in motion through our actions. An experimental platform to get into the logic of the neighborhood, not only to observe, but also to activate. We work with minimal structures, making it possible for anyone to join the orchestra regardless of musical ability, but allowing for a maximum of complexity. This provides diverse insights into the musical community of Wilhelmsburg.

We also become involved in the intercultural aspects of a culture-in-between. In this sense, we no longer understand "culture" as something given, but as part of a process, as the result of actions. If we stop merely "having" culture and begin practicing it, then we can understand culture essentially as a process of co-production. Again and again, the question arises of how we can work together to bring about this process of everyday cultural production in a conscious way: to employ musical practice as an expression of the city and what we make of it.

Forschungsformaten kommen Funktionen wie schlafen, Zähne putzen, duschen, kochen und spülen ... hinzu. Die Wirkungsradien erweitern sich in die Nachbarschaft: Dinge des täglichen Bedarfs müssen eingekauft, Abläufe organisiert, mit Nachbarn muss Kontakt aufgenommen werden. Es wird gemeinsam gearbeitet, geforscht, gegessen, diskutiert und gefeiert. Die Offenheit des Projekts verstehen wir als Einladung, sich den Ort anzueignen – sich selbst in Beziehung zu setzen zu Projekten, Menschen, Zeit, Erfahrungen, Konflikten, Universität, Architektur, Forschung ... Mit jedem weiteren Schritt nehmen auch wir neue Perspektiven ein. Wir schaffen Situationen, um unser Verständnis eines relationalen Raums und seiner Produktion zu reflektieren.

(Philip Wilson)

Wilhelmsburg Orchester

Das 2010 von Professor Christopher Dell gegründete Wilhelmsburg Orchester ist ein „Forschungsorchester". Jeder ist willkommen mitzumachen – das Einzige, das mitgebracht werden muss, ist Begeisterung für Musik. Es geht uns um das gemeinsame Musizieren als performative Praxis der Vergemeinschaftung. Im Sinne der Programmatik der Universität der Nachbarschaften versuchen wir durch unser Handeln Prozesse zu initialisieren. Ein Versuchsaufbau, um in die Logik der Nachbarschaft hineinzukommen, nicht nur zu beobachten, sondern auch zu aktivieren. Gearbeitet wird mit minimalen Strukturen, durch die der Zugang zum Orchester niedrigschwellig gehalten, andererseits eine maximale Komplexität überhaupt erst ermöglicht wird. So ergeben sich vielfältige Einblicke in die musikalische Community Wilhelmsburgs.
Dabei beziehen wir uns auch auf die interkulturellen Aspekte einer Kultur–im–Zwischen. In diesem Sinne verstehen wir „Kultur" nicht länger als etwas Gegebenes, sondern als Teil eines Prozesses, das Ergebnis von Handlungen. Wenn wir Kultur nicht länger „haben", sondern praktizieren, begreifen wir sie wesentlich als einen Prozess der Ko-Produktion. Immer wieder stellt sich dann die Frage, wie wir diesen Prozess der alltäglichen Kulturproduktion in einer bewussten Weise gemeinsam hervorbringen können. Musikalische Praxis als Ausdruck von Stadt und dem, was wir daraus machen.

(Kai Michael Dietrich)

How to Live Together?

At the beginning of the project, the premises are only used very pragmatically to accommodate international guests from the summer schools, but the advantages of living and working in one place are soon very obvious. Hence, the housing options become the structural framework for numerous workshops. Shortly thereafter the first students move in, in order to become immersed in the neighborhood as part of their research. Living on the Elbe islands becomes a central focus of the student projects, which in turn are based on their own living experience. As "embedded researchers" the students and young researchers see the UoN as a research station and the starting point from which to survey people, things, conflicts, and stories in the Wilhelmsburg neighborhood. They are involved in a range of issues that emerge from their observations and focus on topics such as housing, local practices of city production, micro-economies, exchange relationships, networks, diffusion of information, re- and up-cycling of materials, DIY, low-budget architecture, community involvement in the neighborhood, education, and much more. They rely on a variety of research methods, which they modify according to their research interests.

Establishing various forms of housing introduces a number of different noteworthy fields of interest to the University of Neighborhoods: who belongs and who does not? And what does it mean to belong? Customary ideas of housing and co-habitation affect the process and the form of the community. Appropriation leads to symbolic privatization, which is sometimes perceived as an all-powerful right. These claims stem from how long a member has "belonged," but are not self-evident from their duration alone. The claims must be constantly re-instated in order to be maintained. The housing system of the UoN is repeatedly disrupted by new members and the associated processes. The challenge for everyone involved is to constantly position oneself anew and to bring one's own position in line with the others. There is an obvious dilemma here: on the one hand there is the desire to introduce order and to stabilize conditions, on the other hand there is an obvious need to destabilize precisely these arrangements in order to allow for or even enable new features. And it is exactly this constant negotiation and renegotiation of coexistence, this entering into and dissolving of structures that turns out to be an integral part of the project. This does not only apply

(Vedran Skansi)

to the conditions within the UoN—but the collaborations with the institutional structures of HCU, IBA, Kampnagel, Max Hoffmann, and so on, are also continually being re-established and re-defined. At this time, residents, studio guests, participants and researchers from Hamburg and all over the world, as well as Wilhelmsburg neighbors are meeting together in the UoN kitchen. The traditional, functional assignments and familiar systems of day-to-day university life do not apply here. Rather, the active participants of the UoN, with their actual, socio-spatial collocation in the neighborhood, investigate coexistence in the city from the wide range of different programs, including the specific demands of its participants—which makes it clear that this vast superimposition of activities requires a great amount of spatial and temporal organization. Conflicts produce new agreements. To this end, the relevant active participants and relevant objects must be differentiated in the various action patterns. This makes it possible to spatially appropriate the building in its details.

Wie zusammen leben?

Zu Beginn des Projekts werden die Räumlichkeiten lediglich äußerst pragmatisch zur Unterbringung internationaler Gäste der Summer Schools genutzt. In diesem Zusammenhang offenbaren sich die Vorzüge kombinierten Wohnens und Arbeitens am selben Ort. Deshalb werden die Wohnmöglichkeiten alsbald zur strukturellen Rahmung zahlreicher Workshops. Kurz darauf ziehen die ersten Studierenden ein, um im Rahmen ihrer Forschungsarbeiten selbst Teil der Nachbarschaft zu werden. Ausgehend von ihren eigenen Wohnerfahrungen wird das Wohnen auf den Elbinseln zu einem Schwerpunkt studentischer Projekte. Als „Embedded Researcher" verstehen die Studierenden und jungen Forscher die UdN als Forschungsstation und Ausgangspunkt, um Menschen, Dingen, Konflikten und Erzählungen in der Nachbarschaft Wilhelmsburgs zu folgen. Sie engagieren sich in einer Bandbreite von Fragestellungen, die sich aus ihren Beobachtungen ergeben, und fokussieren Themenfelder wie Wohnen, lokale Praktiken der Stadtproduktion, Mikroökonomien, Tauschbeziehungen, Netzwerke, Diffusion von Informationen, Re- und Upcycling von Materialien, Selbstbau, Low-Budget-Architektur, soziales Engagement in der Nachbarschaft, Bildung und vieles mehr. Ihren Interessen folgend, setzen sie dabei eine Vielfalt von Forschungsmethoden ein und modifizieren diese entsprechend ihrer Erkenntnisinteressen.

Die Etablierung verschiedener Wohnformen bringt in der Universität der Nachbarschaften eine ganze Reihe weiterer Spannungsfelder hervor: Wer gehört dazu, wer nicht? Und was gehört dazu, dazuzugehören? Gewohnheitsmäßige Vorstellungen vom Wohnen wirken auf den Prozess und die Gestalt der Gemeinschaft. Aneignungen führen zu symbolischen Privatisierungen, die mitunter als übergeordnetes Anrecht empfunden werden. Solche Ansprüche, die aus der Dauer der Zugehörigkeit abgeleitet werden, sind nicht selbstverständlich von Dauer, sie müssen zu ihrem Erhalt permanent wiederhergestellt werden. Das Wohnsystem UdN wird immer wieder durch neu hinzukommende Akteure und die dazugehörigen Abläufe gestört. Die Herausforderung ist es dabei für alle Beteiligten, sich ständig neu zu verorten und die eigene Position ins Verhältnis zu denen der Anderen zu bringen. Ein Dilemma wird offensichtlich: Einerseits besteht das Verlangen, Ordnungen einzuführen und Verhältnisse

Kitchen Salon

The kitchen of the University of Neighborhoods is the place in the house where things come together. It acts not only as an inviting meeting place, but also as an interface between the "private" areas of researchers/inhabitants, the community rooms of everyday use, the uses as a teaching and research institution, and the public areas for the neighborhood and visitors. The kitchen generally represents a significant centrality in homes—it unites people, food, and means of production such as energy, infrastructure, and tools. A place of production and reproduction, as well as the exchange of knowledge and goods. What we eat, how and when we eat, and how we prepare a meal all generate spatial arrangements and socio-economic relationships at the local and global level. Even here, cooking and eating together requires and enables advanced forms of communication and interaction—which ultimately also affect the lasting (further) development of the project.

(Julian Bauer)

zu stabilisieren, andererseits wird die Notwendigkeit erkannt, diese Anordnungen zu destabilisieren, um somit Neuerungen zulassen beziehungsweise überhaupt erst ermöglichen zu können. Eben jenes Verfahren ständiger Aushandlung des Miteinanders, das Eingehen und Lösen von Verbindungen stellt sich als wesentlicher Bestandteil des Projektes heraus. Das trifft nicht nur auf die Verhältnisse innerhalb der UdN zu – auch die Verknüpfungen mit den institutionellen Strukturen von HCU, IBA, Kampnagel, Max Hoffmann et cetera werden fortwährend konstituiert und rekonturiert. In der Küche der UdN treffen in dieser Zeit Hausbewohner, Ateliergäste, Seminarteilnehmer und Forscher aus Hamburg und aller Welt und Wilhelmsburger Nachbarn zusammen. Traditionelle funktionale Zuweisungen und gewohnte Ordnungen universitären Alltags greifen hier nicht. Vielmehr hinterfragen die Akteure der UdN mit ihrer konkreten sozial-räumlichen Anordnung in der Nachbarschaft das Zusammenleben in der Stadt. Aus der großen Bandbreite verschiedener Programme samt spezifischen Ansprüchen ihrer Teilnehmer. Daran wird deutlich, dass es bei der großen Überlagerung von Aktivitäten eines hohen Maßes an räumlicher und zeitlicher Organisation bedarf. Aus Konflikten entstehen neue Übereinkünfte. Dazu müssen in den verschiedenen Handlungsmustern die jeweiligen Akteure und relevanten Gegenstände differenziert werden. So kann die räumliche Aneignung des Gebäudes in ihren Details nachvollzogen werden.

(Vedran Skansi)

(Ben Pohl)

Die Küche der Universität der Nachbarschaften ist der Ort, an dem die Dinge im Haus zusammenlaufen. Sie fungiert nicht nur als einladendes Foyer, sondern auch als Schnittstelle zwischen den „privaten" Bereichen der Forscher/Bewohner*innen, den gemeinschaftlichen Räumen alltäglichen Gebrauchs, den Nutzungen als Lehr- und Forschungsinstitution und öffentlichen Bereichen für Nachbarschaft und Besucher. Die Küche im Allgemeinen stellt eine bedeutende Zentralität im Wohnen dar – sie bringt Menschen, Lebens- und Produktionsmittel wie Energie, Infrastruktur, Werkzeuge zusammen. Ein Ort der Produktion und der Reproduktion ebenso wie des Austauschs von Wissen und Gütern. Was wir essen, wie und wann wir essen, wie wir vor- und zubereiten, bringt räumliche Anordnungen und sozioökonomische Relationen auf lokaler und globaler

Hotel***?

How to present a project, developed for the occasion of the International Building Exhibition, that is to deliberately disappear in its last phase? Our objective is to give an account of our five-year process, during which an empty house became and is becoming a laboratory, workshop, construction site, stage, rehearsal room, auditorium, seminar and conference room, shared housing, summer camp, studio, gallery, kitchen, cafe, bar, restaurant, movie theater, film studio, theater, and dance floor. To recreate such a superposition of active members-networks and functions, it is best to just get inside. This thought led to the idea of turning the University of Neighborhoods into "Hotel Wilhelmsburg." A constructive confusion is to be re-activated and the approaches of "embedded research" and "re-design," which were developed in the UoN, investigated one last time. The "hotel" format serves here as a tool to gather different active members from the university, politics, administration, business, neighbors, guests of the International Building, and all those interested in urban issues. "Hotel" is here to be understood as a metaphor, a context for the practical study of the relationship between host and guest.

(Ben Pohl)

(Vedran Skansi)

Ebener hervor. Gemeinsames Kochen und Essen erfordert und ermöglicht auch hier erweiterte Formen der Kommunikation und Interaktion – die schließlich auch auf die beständige (Weiter-)Entwicklung des Projektes einwirken.

Hotel***?

Wie stellt man anlässlich des Präsentationsjahrs einer Internationalen Bauausstellung ein Projekt aus, dessen anvisiertes Ziel das eigene Verschwinden in der letzten Projektphase ist? Unser Anliegen ist es, dabei unseren fünfjährigen Prozess zu vermitteln, in dessen Verlauf ein leeres Haus zu Labor, Werkstatt, Baustelle, Bühne, Proberaum, Hörsaal, Seminar- und Konferenzraum, Wohngemeinschaft, Sommerlager, Atelier, Galerie, Küche, Café, Bar, Restaurant, Kino, Filmstudio, Theater, Tanzfläche ... wurde und wird. Um eine solche Überlagerung von Akteursnetzwerken und Funktionen nachzuempfinden, begibt man sich am besten mitten hinein. Aus dieser Überlegung heraus entwickeln wir die Idee, die Universität der Nachbarschaften zum „Hotel Wilhelmsburg" zu machen. Noch einmal soll ein konstruktives Durcheinander forciert und die in der UdN entwickelten Ansätze von „Embedded Research" und „Re-Design" ein letztes Mal erprobt werden. Das Format „Hotel" dient dabei als Werkzeug, um unterschiedliche Akteure aus Universität, Politik, Verwaltung, Wirtschaft, Nachbarn, Gäste der Internationalen Bauausstellung und all diejenigen, die an Fragen der Stadtentwicklung interessiert sind, zu versammeln. „Hotel" ist hier zu verstehen als eine Metapher, eine Rahmung für die praktische Erforschung der Beziehungen zwischen Gastgeber und Gast. Die Bedeutung des Ortes als ein diskursiver Raum, in dem aktuelle ortsspezifische als auch globale Fragen städtischer Entwicklungs- und Transformationsprozesse mit einer breiten Öffentlichkeit verhandelt werden, tritt so deutlich in Erscheinung. Erneut stellt sich die Frage, wie das Gebäude weiterentwickelt werden muss, um es für die extreme Situation zwischen „Hotel"-Betrieb und Abriss zu modifizieren. Eine Herausforderung und eine hervorragende Gelegenheit, Erfahrungen und Erkenntnisse in einer experimentellen Versuchsanordnung zu überprüfen und öffentlich zu machen. Grundlegend ist die Frage nach privaten Rückzugsbereichen und deren Verhältnis zu gemeinschaftlich genutzten

What becomes vividly clear is the significance of the place as a discursive space, in which both current site-specific and global issues of urban development and transformation processes are to be negotiated with a broader public. Again, the question arises how the building should be further developed, to modify it for the extreme situation between "hotel," operation, and demolition. A challenge and an excellent opportunity to review and share the experiences and the knowledge gained in an experimental test arrangement. Fundamentally, the question addresses private retreat areas and their relation to areas of common use. What functions, spaces, and times can be shared? What new spatial arrangements, agreements, conflicts, agreements, and programs can this yield? How can a minimum of resources produce of a maximum of "luxury?" What does that mean in practice? With a small amount of money but a great amount of time, a team of international students, architects and artists, friends, and teachers, under the guidance of trained experts such as Benjamin Becker, Benjamin Foerster-Baldenius, Andrea Hoffmann, Peter Fattinger, Martin Kaltwasser, Ton Matton, and others, transforms an old building into a transdisciplinary discourse space addressing the development of (coexistent) living and the city of the future. With each intervention, the building structure will be reduced and, if necessary, expanded upon using lightweight and temporary material (such as borrowed scaffolding, building materials gathered from around the district). The procedure was a decisive factor here: different to "real" construction sites, we follow a general direction yet have no pre-established plan. The building and the organization of the building materials and the building process are all synchronized. The plan is created while building. Detours are not seen as weakness, but as a necessary and desirable element of process-oriented and collective learning and producing—improvisation as technology.

(Ben Pohl)

Räumen. Welche Funktionen, Räume und Zeiten können geteilt werden? Welche neuen räumlichen Anordnungen, Verträge, Konflikte, Übereinkünfte und Programme ergeben sich daraus? Wie kann mit einem Minium an Aufwand von Ressourcen ein möglichst maximales Maß an „Luxus" realisiert werden? Was heißt das aber in der Praxis? Mit wenig Geld und großem Zeitbudget transformiert ein Team aus internationalen Studierenden, Architekt*innen und Künstler*innen, Freund*innen, Lehrenden unter Begleitung erfahrener Expert*innen wie Benjamin Becker, Benjamin Förster-Baldenius, Andrea Hoffmann, Peter Fattinger, Martin Kaltwasser, Ton Matton und anderen ein altes Gebäude auf experimentelle Weise in einen transdisziplinären Diskursraum über die Entwicklung des (miteinander) Wohnens und der Stadt der Zukunft. Mit jedem Eingriff wird die Bausubstanz reduziert und allenfalls durch leichte und temporäre Materialien ergänzt (wie zum Beispiel ein geliehenes Gerüst, im Stadtteil eingesammelte Baumaterialien). Entscheidend war hierbei die Vorgehensweise: Anders als auf „richtigen" Baustellen gibt es anstelle eines vorgefertigten Plans nur eine grobe Richtung. Das Bauen und die Organisation des Baumaterials und des Bauprozesses finden synchron statt. Der Plan entsteht beim Bauen. Umwege werden dabei nicht als Schwäche, sondern als notwendiger und gewünschter Bestandteil eines prozessorientierten und kollektiven Lernens und Produzierens bewertet. Improvisation als Technologie.

UD-Arbeitsweise

Motiv unserer Arbeit ist es, innovative Wege in der Untersuchung und Gestaltung des Gegenstands „Stadt" zu gehen. Unserem Verständnis nach sind dazu Lehre, Forschung und (Design-) Praxis auf neue Weise zusammenzubringen. Gestaltungsprozesse müssen aus Wissensbeständen abgeleitet und/oder empirischen Erkenntnissen über den zu gestaltenden Kontext zugrundeliegen. Die Universität der Nachbarschaften ist eine vielseitige, lernende Einrichtung, in der theoretische Inhalte ganz konkret und praktisch erlebbar werden. Es ist genau diese Beziehung zwischen Theorie und Praxis, lehren und lernen, die sowohl Studierende wie auch das gesamte Team dazu bringt, die eigene Rolle zu reflektieren – um festzustellen, dass diese Form des Arbeitens weniger eine Form des Forschens und Gestaltens ÜBER oder FÜR, sondern vielmehr MIT einer spezifischen „Nachbarschaft" ist. Dabei wollen wir vor allem ausleuchten, welche der untersuchten Praktiken möglicherweise für zukünftige Anforderungen an veränderte Wohn- und Lebensbedingungen bedeutsam werden könnten. Es geht dabei um ein erweitertes Verständnis von Wohnen, das Nachbarschaft ebenso mit einbezieht wie auch andere Stadträume, an die Wohnfunktionen ausgelagert sind: Die Orte der Arbeit, der Ausbildung, Krankenhäuser, Altenheime, Hotels ... aber auch Orte der Freizeit, des Vergnügens, des Spiels, der Versorgung und der Ruhe oder der gastronomischen Angebote ... Kioske, Bäckereien, Cafés, Kneipen ... zählen dazu. Eine derart erweiterte Vorstellung führt möglicherweise zu neuen Überschneidungen von Wohnen, Arbeiten und Freizeit in verschiedenen Gemeinschaften, die sich über die funktionalen Anordnungen der Moderne hinwegsetzen und diese erweitern.

UD Method of Operation

The objective of our work is to approach the examination and design of the "city" as object in an innovative manner. We believe that teaching, research, and (design) practice should be united in new ways. Design processes need to be derived from knowledge and/or based in empirical intelligence of the context to be designed. The University of Neighborhoods is a versatile learning institution where theoretical content is experienced in a very concrete and practical manner. It is precisely this relationship between theory and practice and teaching and learning which makes students and the entire team reflect on their own role to determine that this way of working is less a form of research and design ABOUT or FOR, but rather WITH a specific "neighborhood." We especially want to illuminate which of the investigated practices could possibly be significant for future requirements regarding changing housing and living conditions. It is about a broader understanding of housing that also involves the neighborhood as well as other urban spaces to which residential functions are outsourced: by this we mean the places of work, education, hospitals, nursing homes, hotels... but also places of leisure, pleasure, play, supply, and of rest or of eating... kiosks, bakeries, cafes, and pubs. An idea as broad as this may lead to new intersections of living, working, and leisure in different communities who defy and expand upon the functional configurations of Modernism.

Skizze Möglichkeitsraum UdN und Erweiterung Hotel?Wilhelmsburg (Illustration Mattia Gammarotta)

(Katrin Borchers)

(Ben Becker)

(Ben Becker)

(Ben Pohl)

(Katrin Borchers)

(Ben Pohl)

(Ben Pohl)

(Ben Pohl)

(Ben Becker)

(Ben Becker)

(Ben Pohl)

(Ben Pohl)

(Ben Becker)

(Ben Pohl)

(Ben Pohl)

(Ben Becker)

(Vedran Skansi)

(Ben Becker)

(Felix Amseln)

(Felix Amseln)

（Felix Amseln）

（Tabea Michaelis）

(Katrin Borchers)

(Vedran Skansi)

(Jennifer von der Kammer)

(Vedran Skansi)

(Ben Becker)

(Jennifer von der Kammer)

(Ben Pohl)

(Ben Pohl)

TOM PAINTS THE FENCE

Re-negotiating Urban Design

Promoted by the SEEDS Project
(European Union und The Interreg IVb
North Sea Region Programme)

UD HCU | HafenCity Universität Hamburg

European Union

The Interreg IVB North Sea Region Programme

SEEDS

Herausgeben von / Edited by
Bernd Kniess
Christopher Dell

Der Studiengang Urban Design (UD) arbeitet an einer forschenden und gestaltenden Befassung von und mit Stadt. Stadt ist Welt, sie ist kein Gegebenes, sondern produziert. An sie binden sich Wissensformen, die das kollektive Stadtmachen und dessen Darstellungen als eine spezifische Weise der Verständigung ernst nehmen, die produktiv weitergedacht werden wollen. Die Fragen entstehen bei den Akteuren – ähnlich wie in Mark Twains Roman, wo die Nachbarskinder Tom Sawyer zuerst verspotten, weil er als Strafarbeit den Zaun streichen muss, um später, durch Toms Verhandlungsgeschick, den Pinsel selbst in die Hand zu nehmen. *Tom Paints the Fence* bezieht sich auf diesen Akt sozialer Interaktion. Dieses politische Verständnis von Stadt kann nicht alleine vermittelt, es will ebenso (ein)geübt werden: mit der offenen Form der *Takes*. Den exemplarischen Rahmen liefert das Projekt Universität der Nachbarschaften, das in Bezug auf Forschung, Lehre, Praxis untersucht und auf Möglichkeitsräume ausgelotet wird.

3

The Urban Design (UD) degree programme takes an investigative and creative approach to engaging with and being engaged in the city. City is world; it is not a given fact, but rather something that is produced. It is bound up with forms of knowledge that take collective "city-making" and representations of it seriously as a specific kind of understanding and seek to be the productive object of further enquiry. Questions arise among the actors—as in Mark Twain's novel, where the neighbourhood kids start out by making fun of Tom Sawyer because he has to paint the fence as a punishment, only to end up taking hold of the brush and doing the painting themselves, having been won over by Tom's clever arguments. *Tom Paints the Fence* refers to this act of social interaction. This political understanding of "city" cannot simply be mediated in isolation; it is also to be practised (repeatedly): with the open form of what we call the *take*. The Universität der Nachbarschaften (Neighbourhoods University) project provides the model framework, whereby ideas relating to research, teaching, and practice are explored, and realms of possibility are sounded out.

Photos: Ben Pohl (1), Vedran Skansi (2), Felix Anselm (3), Ben Becker (4)

Spector Books

Autorenverzeichnis

Alberts, Andrew. R50. Fotografie

Amseln, Felix: Universität der Nachbarschaften. Fotografien

Asseel, Sarah und Schnell, Mathias (2013): A home for single men. Collective housing. Urban-Design-Projekt

Balzer, Michael; Kniess, Bernd und Sill, Klaus (Hrsg.): Stadt-Schnitt „Ost-West-Strasse". Hamburg

Bauer, Julian: Universität der Nachbarschaften. Fotografien

Becker, Ben: Universität der Nachbarschaften. Fotografien

Benz, Lene et al. (2011): Hansa Platz. Ambivalent. Urban-Design-Projekt

Bergholter, Anna Verena et al. (2012): Wohnunterkünfte in Hamburg. Mehr als ein Dach über dem Kopf?
    Stadtplanungs-Projekt

Bohmann, Aron; Herbst, Charlotte und Hovy, Katrin (2012): Weiterwohnen. Haus- und Lebenszyklen in
    Alt-Kirchdorf. Urban-Design-Projekt

Borchers, Katrin: Universität der Nachbarschaften. Fotografien

Böttger, Katharina (2013): Gewohnt werden muss immer. Vom Gebrauch und Besitz eines Berliner Mietshauses.
    Urban-Design-Master-Thesis

Bourdieu, Pierre (2005): Verstehen. In: Bourdieu et al. (Hrsg.): Das Elend der Welt und Diagnosen alltäglichen
    Leidens an der Gesellschaft. Konstanz. 393-410

Breckner, Ingrid (2010): Gentrifizierung im 21. Jahrhundert. In: Aus Politik und Zeitgeschichte 17/2010. 29-32

Bührig, Sebastian und Dietrich, Kai (2010): Strukturen urbaner Subsistenz. Das Beispiel Kirchdorf-Süd. Urban-
    Design-Projekt

Bührig, Sebastian (2013): Wohnen an der Kotti D´Azur. Über die raumbildende Praxis zeichenhafter Ein-,
    Über- und Neuschreibungen. Wissenschaftsroman. Urban-Design-Master-Thesis

Bührig, Sebastian und Kniess, Bernd (2016): Lang lebe derBestand. Schätzen was da ist, die Stadt ist gebaut.

Bührig, Sebastian; Kniess, Bernd und Pohl, Ben (2016): Die Universität der Nachbarschaften Low–Budget–
    Restnutzung eines alten Gebäudes

Bührig, Sebastian; Peck, Dominique und Scheler, Christian (2016): Statistik

Bundesstiftung Baukultur (2014): Baukulturbericht 2014/15. Gebaute Lebensräume der Zukunft – Fokus Stadt.
    Berlin

Burckhardt, Lucius (1988): Was entdecken Entdecker? In: ders.: Die Fahrt nach Tahiti. Kassel. 3-7

Calvino, Italo (1972): Die unsichtbaren Städte. München

Debord, Guy (1990): Theorie des Umherschweifens. In: Der große Schlaf und seine Kunden. Situationistische Texte
    zur Kunst. Hamburg. 33-40

Dell, Christopher (2016): Wohnen als Handeln. 13 Takes.

Denzin, Norman (2007): Symbolischen Interaktionismus. In: Flick, Uwe und von Kardoff, Ernst und Steinke, Ines
    (Hrsg.): Qualitative Forschung. Ein Handbuch. Reinbek bei Hamburg. 136-149

Dietrich, Kai Michael. Universität der Nachbarschaften. Fotografien

Druot, Frédéric; Lacaton, Anne und Vassal, Jean Philippe (2006): Wohnreport

Druot, Frédéric; Lacaton, Anne und Vassal, Jean Philippe (2007): Equivalence

Druot, Frédéric et al. (2011): Fallstudie 9: Der Tour Bois-le Prêtre in Paris. In: Arch+ Nr. 203

Ermer, Tessa (2013): Das Eigene und das Fremde. Subjektive Annäherungswege an urbane
Überschneidungsräume. Urban-Design-Master-Thesis

Fanderl, Nora (2013): Chicago 2012 / Auf der Suche nach dem ‚People's Plan'. Urban-Design-Master-Thesis

Gammarotta, Mattia: Skizze Möglichkeitsraum UdN & Erweiterung Hotel?Wilhelmsburg

Gudehus, Renke und Kempe, Jakob (2015): Da kann ja jeder kommen. Eine Annäherung an das deutsche
Asylrecht. Urban-Design-Projekt

Hahn, Helena & Müller, Frank (2014): Gerontopolis. Vom Altsein in Steilshoop. Urban-Design-Projekt

Harnack, Maren (2012): Das Bild der Großsiedlungen

Häußermann, Hartmut und Siebel, Walter (2000): Soziologie des Wohnens: Eine Einführung in Wandel und
Ausdifferenzierung des Wohnens. München

Haier, Sandro und Hellmann, Laura (2014): Wohnen in der Stadt. Qualitative Einblicke in Wohnformen und
Wohnbedürfnisse von Hamburger Obdach- und Wohnungslosen. Urban-Design-Projekt

Holm, Andrej und Lebuhn, Henrik (2013): Die Stadt politisieren. Fragmentierung, Kohärenz und soziale
Bewegungen in der „Sozialen Stadt". Gekürzte und bearbeitete Fassung. Im Original erschienen in:
Kronauer, Martin und Siebel, Walter (Hrsg.): Polarisierte Städte. Soziale Ungleichheit als Herausforderung für
die Stadtpolitik. Frankfurt am Main. 194-215

Holtmann, Jan (2010): Kunst & Sportverein Wilhelmsburg

Homann, Anna-Lena (2014): Das St. Pauli Prinzip. Möglichkeiten eines Aushandlungsraumes. Urban-Design-
Master-Thesis

Kniess, Bernd et al. (2010): Atlas des Ungeplanten. Urban-Design-Projekt

Kniess, Bernd et al. (2014): De-Zentral. Facetten des Urbanen. UD-Atlas. Hamburg

Kniess, Bernd und Vollmer, Hans (2014): Praktiken und Materialitäten urbanen Selbstbaus und der Sparsamkeit.
In: Hengartner, Thomas und Schindler, Anna (Hrsg.): Wachstumsschmerzen. Gesellschaftliche
Herausforderungen der Stadtentwicklung und ihre Bedeutung für Zürich. Zürich. 87-109

Latour, Bruno (2008): Selbstporträt als Philosoph. Rede anläßlich der Entgegennahme des Siegfried Unseld
Preises. Frankfurt am Main

Law, John (2006): Notizen zur Akteur-Netzwerk-Theorie: Ordnung Strategie und Heterogenität. In: Belliger, Andréa
und Krieger, David, J. (Hrsg.): ANThology. Ein einführendes Handbuch zur Akteur-Netzwerk-Theorie. Bielefeld.
429-446

Lefebvre, Henri (1987): Kritik des Alltagslebens. Grundrisse einer Soziologie der Alltäglichkeit. Frankfurt am Main

Marcus, George E. (1995): Ethnography in/of the world System: The Emergence of Multi-Sited Ethnography.
In: Annual Review of Anthropology, Vol. 24. 95-117

Meichelböck, Franziska und Sommer, Nina (2011): Urbanitäten. Urban-Design-Projekt

Michaelis, Tabea (2012): Programm Möglichkeitsraum. Urban-Design-Master-Thesis

Michaelis, Tabea; Pohl, Ben und Schülke, Julian (2010): Towards a landscape of possibilities. Urban-Design-
Projekt

Michaelis, Tabea: Universität der Nachbarschaften. Fotografien

Müller, Max; Scheler, Christian und Vollmer, Hans (2012): Hammerbrook(-lyn). Vom Teilzeit- zum
Vollzeiturbanismus. Urban-Design-Projekt II

Müller, Max (2012): Umnutzen! Strategische Ansätze zur Umnutzung von Büroimmobilienleerständen. Urban-Design-Projekt

Münger, Linda (2015): Kalkbreite. Zürich

Musil, Robert (2011): Der Mann ohne Eigenschaften. Hamburg

NASA Earth Observatory (2014): Night on Earth

Noori, Omaira und Seifert, Jörg (2016): Wohnen auf der Flucht. Textcollage – Originale erschienen in: Bergholter, Anna Verena et al. (2012): Wohnunterkünfte in Hamburg: Mehr als ein Dach über dem Kopf? Stadtplanungs-Projekt und Seifert, Jörg (2015): Schlafplatz statt Lebensraum. Deutsches Architektenblatt Online

Oertzen, Jürgen v. (2006): Grounded Theory. In: Behnke et al. (Hrsg.): Methoden der Politikwissenschaft. Neuere qualitative und quantitative Analyseverfahren. Baden-Baden. 145-154

Ploch, Beatrice (1994): Vom illustrativen Schaubild zur Methode. In: Greverus, Ina-Maria (Hrsg.): Kulturtexte: 20 Jahre Institut für Kulturanthropologie und Europäische Ethnologie. Frankfurt am Main. 113-133

Pohl, Ben und Vollmer, Hans (2013): Das kommende Mahl. Von der Feuerstelle zur Tischnachbarschaft. Urban-Design-Master-Thesis

Pohl, Ben: Universität der Nachbarschaften. Fotografien

Rieger, Elke: Universität der Nachbarschaften. Fotografien

Ruault, Philippe: GRP-Transformation de 530 logements, bâtiments G,H,I, quartier Grand-Parc, Bordeaux

Schaefer, Kerstin (2013): Die Wilde 13: Durch Raum und Zeit in Hamburg-Wilhelmsburg. Hamburg

Schlapkohl, Ann-Kristin (2012): Großsiedlungen. Eine Transformationsstudie. Urban-Design-Master-Thesis

Schmid, Christian (2011): Henri Lefebvre und das Recht auf Stadt. Gekürzte und bearbeitete Fassung. Im Original erschienen in: Holm, Andrej und Gebhardt, Dirk (Hrsg.): Initiativen für ein Recht auf Stadt. Theorie und Praxis städtischer Aneignungen. Hamburg. 25-52

Schopp, Volker (2015): Kalkbreite. Zürich

Seifert, Jörg (2015): Schlafplatz statt Lebensraum. Deutsches Architektenblatt Online

Spradley, James (1980). Participant Observation. New York

Skansi. Vedran: Universität der Nachbarschaften. Fotografien

Strauss, Anselm L. und Corbin, Juliet (1996): Grounded Theory. Grundlagen Qualitativer Sozialforschung, Weinheim. 3-55

Strauss, Anselm L. (2006): Grundlagen qualitativer Sozialforschung. Datenanalyse und Theoriebildung in der empirischen soziologischen Forschung. München

Terkessidis, Mark (2013): Kollaboration statt Integration. Interkulturelle Herausforderungen an die Stadt der Zukunft. Original erschienen in: vhw (Bundesverband für Wohneigentum und Stadtentwicklung e.V.), Forum Wohnen und Stadtentwicklung (Hrsg.): Diversität und gesellschaftlicher Zusammenhalt in der Stadt, Heft 5/2013. Berlin. 226-230

Tucholsky, Kurt (2011) Dürfen darf man alles. München

Von der Kammer, Jennifer: Universität der Nachbarschaften. Fotografien

Vincent, Diane (2013): Sozialpalast

Weiss, Schadi (2013): X-Berg Trash

Welz, Gisela (1991). Street Life. Alltag in einem New Yorker Slum. Frankfurt am Main

Wiesbrock, Petra: Universität der Nachbarschaften. Fotografien

Wilson, Philip: Universität der Nachbarschaften. Fotografien

Yildiz, Erol (2011): Stadt und migrantische Ökonomie: Kultur der Selbständigkeit. In: Hillmann, Felicitas (Hrsg.): Marginale Urbanität. Bielefeld

Impressum

Dieses Buch ist ein Kooperationsprojekt des wohn-bund e.V. und der HafenCity Universität Hamburg, Arbeitsgebiet Urban Design, Prof. Kniess. Die enthaltenen Materialien sind eine Werkschau aus dem Lehralltag des UD-Masterstudiengangs, zusammengesetzt aus Studierendenarbeiten und Beiträgen von Kolleg*innen aus Forschung und Praxis.

Herausgeber
wohnbund e.V.
Aberlestraße 16/RGB
81371 München

HafenCity Universität Hamburg
Urban Design
Überseeallee 16
20457 Hamburg

info@wohnbund.de
www.wohnbund.de

Vorstand wohnbund e.V.
Constance Cremer
Klaus Habermann-Nieße
Ulrike Hausmann
Horst Hücking
Conny Müller
Birgit Schmidt
Reiner Schendel †

Konzept und Redaktion
Bernd Kniess und Sebastian Bührig

Übersetzung
Laura Bruce

Gestaltung
Jakob Kempe, Dominique Peck mit Unterstützung von Rodrigo Martinez

Umschlaggestaltung
Bild von Ben Pohl, Bearbeitung Jakob Kempe

Schrift
F Grotesk, Rasmus

Druck und Bindung
DZS Grafik d.o.o., Ljubljana

Bibliografische Information der Deutschen Natio-nalbibliothek
Die Deutsche Nationalbibliothek verzeichnet diese Publikation in der Deutschen Nationalbibliografie; detaillierte bibliografische Daten sind im Internet über http://dnb.d-nb.de abrufbar.

jovis Verlag GmbH
Kurfürstenstraße 15/16
10785 Berlin

www.jovis.de

jovis-Bücher sind weltweit im ausgewählten Buchhandel erhältlich. Informationen zu unserem internationalen Vertrieb erhalten Sie von Ihrem Buchhändler oder unter www.jovis.de.

ISBN 978-3-86859-407-2